RAT FÜR KULTURELLE ZUSAMMENARBEIT

Kontaktschwelle
Deutsch als Fremdsprache

Markus Baldegger
Martin Müller
Günther Schneider
in Zusammenarbeit mit
Anton Näf

LANGENSCHEIDT
BERLIN · MÜNCHEN · WIEN · ZÜRICH

Der Europarat wurde am 5. Mai 1949 von zehn Nationen gegründet; die Zahl seiner Mitglieder ist inzwischen auf 21 angewachsen. Sein Ziel ist es, ,,seine Mitglieder zu größerer Einheit zu führen, um jene Ideale und Grundsätze, die gemeinsames Erbe aller sind, zu bewahren und in die Tat umzusetzen sowie ihren wirtschaftlichen und gesellschaftlichen Fortschritt zu fördern''. In Verfolgung dieses Zieles werden Fragen von gemeinsamen Interessen erörtert, Übereinkünfte geschlossen und gemeinsame Aktionen auf den Gebieten der Wirtschaft, des Sozialwesens, der Kultur, des Bildungswesens, der Wissenschaft, des Rechtswesens und der Verwaltung unternommen.

Der Rat für kulturelle Zusammenarbeit wurde vom Ministerkomitee des Europarats am 1. Januar 1962 eingesetzt, um Vorschläge für die Kulturpolitik des Europarats zu erarbeiten, das gesamte Kulturprogramm der Organisation zu koordinieren und durchzusetzen und die Gelder des Kulturfonds hierfür aufzuteilen. Alle Mitgliedsstaaten des Europarats sowie der Heilige Stuhl und Finnland als Unterzeichner der Europäischen Kulturkonvention sind im Rat für kulturelle Zusammenarbeit vertreten.

Die Arbeiten des Rats für kulturelle Zusammenarbeit im Bereich des modernen Fremdsprachenlernens dienen der Förderung und Entwicklung des gegenseitigen Verständnisses, der Zusammenarbeit und der Mobilität in Europa. Zur Erreichung dieses Ziels wirkt der Europarat darauf hin, daß mehr und mehr alle Schichten der Bevölkerung moderne Fremdsprachen lernen und daß der Sprachunterricht verbessert wird. Zu diesem Zweck

- stellt der Europarat allen Interessierten ein grundlegendes Instrumentarium für die systematische Planung, den Aufbau und die Durchführung von Lernprogrammen zur Verfügung, welche auf die Bedürfnisse und Motivation der Lernenden und die gewandelten Erfordernisse unserer Gesellschaft abgestellt sind;
- hilft der Europarat bei der Vorbereitung der Lehrerschaft auf ihre entsprechende Rolle in solchen Programmen;
- baut der Europarat den Rahmen für enge und wirksame internationale Zusammenarbeit bei der Förderung des Sprachenlernens weiter aus.

Dem gleichen Ziele dienen auch zahlreiche Untersuchungen, die im Auftrag des Rats für kulturelle Zusammenarbeit durchgeführt und zum Teil in der vorliegenden Reihe von Europaratsveröffentlichungen zum Fremdsprachenunterricht veröffentlicht wurden. Allerdings muß klargestellt werden, daß die in diesen Untersuchungen vertretenen Ansichten in keiner Weise eine offizielle Regierungspolitik oder die Politik des Ministerkomitees oder des Generalsekretärs des Europarats darstellen.

Ersuchen um die Genehmigung zum Abdruck oder zur Übersetzung sind an den Direktor der Abteilung für Bildung, Kultur und Sport beim Europarat, Postfach 431 R6, F-67006 Straßburg-Cedex, Frankreich, zu richten.

Auflage: 5. 4. 3. 2. 1. | Letzte Zahlen
Jahr: 1985 84 83 82 81 | maßgeblich
Copyright © Europarat, Straßburg 1980
Druck: Negele-Druck, Augsburg
Printed in Germany · ISBN 3-468-49450-5

Inhaltsverzeichnis

Teil III   Grammatik-Inventar

Anhang

Hinweis an den Leser

Die ,,Kontaktschwelle" ist ein Grundelement innerhalb des Baukastensystems für den Fremdsprachenunterricht in der Erwachsenenbildung, das gegenwärtig von einer Expertengruppe des Europarats entwickelt wird.

In einer Erprobungsphase sollen die zugrundeliegenden Arbeitshypothesen überprüft und Erfahrungen für die weitere Arbeit gewonnen werden.

Personen und Institutionen, die bereit sind, an der Erprobung dieses Ansatzes mitzuwirken, werden gebeten, mit dem Europarat Kontakt aufzunehmen.

Vorwort

Zur ‚Threshold-Level-Familie' tritt mit der *Kontaktschwelle* ein viertes Familienmitglied neben
J. VAN EK *The Threshold Level* (1975), *Un niveau-seuil* (1976) des CREDIF und *Un nivel
umbral* (1979) von P. SLAGTER. In seiner Pionierarbeit erforschte VAN EK, explizit wie niemand
vor ihm, die sprachlichen Handlungen, mit denen der Lernende je nach seinen kommunikativen Bedürfnissen voraussichtlich konfrontiert wird, wenn er in einem anderen Land Alltagssi-
tuationen zu bewältigen hat und persönliche und soziale Beziehungen aufzubauen beginnt. VAN
EKS ausführliche Behandlung der Funktionen von Äußerungen in der Kommunikation sowie
der allgemeinen und spezifischen Konzepte, die in der Sprache zum Ausdruck gebracht werden, war die erste konsequente Durchführung eines lernerzentrierten, funktionalen und notio-
nalen Ansatzes zur Lernzielbestimmung für den Fremdsprachenerwerb. Dieses Werk ist denn
auch in den fünf Jahren seit seiner Veröffentlichung außerordentlich einflußreich gewesen.

Un niveau-seuil baut auf den bei VAN EK geschaffenen Grundlagen auf. Das von DANIEL
COSTE geleitete Team des CREDIF hat jedoch eine Reihe neuer Aspekte eingeführt. Statt sich
auf eine einzelne Publikumsgruppe festzulegen und sich auf deren spezifische Bedürfnisse zu
konzentrieren, bietet *Un niveau-seuil* eine Fülle von Material, aus dem Kursautoren und Lehrer
auswählen können, was für ihr jeweiliges Zielpublikum benötigt wird. Die Darstellung der
Sprachfunktionen wurde erweitert durch ein Kapitel *Actes de parole* mit einer Sammlung von
Ausdrucksformen für Sprechakte, die nach ihrer kommunikativen Funktion angeordnet sind
und für deren Realisierung eine breite Skala stilistischer Alternativen aufgezeigt wird. Die als
Exponenten der einzelnen Funktionen und der allgemeinen Begriffe etwas atomistisch behan-
delten grammatischen Strukturen wurden systematisch in einer kommunikativen Grammatik
erfaßt.

Die *Kontaktschwelle* hat wie alle guten Kinder die besten Züge beider Elternteile geerbt
und weiterentwickelt. Teil I stellt prägnant und klar die Grundprinzipien der Lernzielbeschreibung dar, definiert die Zielgruppe und erläutert näher die verschiedenen Dimensionen des
Lernziels, ergänzt durch praktische Hinweise für die Benutzung. Teil II bietet eine detaillierte
Darstellung der sprachlichen Exponenten von Sprechakten und allgemeinen wie spezifischen
Begriffen, die nach einem straffen Begriffsraster organisiert sind. Im anschließenden Gramma-
tikteil sind auf glückliche Art formale und funktionale Kategorien verbunden.

Deutschlehrern in den verschiedensten Ländern wird mit der *Kontaktschwelle* ein wirksa-
mes und praktisches Werkzeug für einen auf direkte Kommunikation ausgerichteten Sprachunterricht in die Hand gegeben. Wir von der Projektgruppe für moderne Sprachen sind zuver-
sichtlich, daß sie positiv aufgenommen und breite Verwendung finden wird und so zu einem
besseren und zielgerichteteren Fremdsprachenlernen beiträgt. Wir sind überzeugt, daß unsere
Fachkollegen, die europäische Sprachen unterrichten, die *Kontaktschwelle* als das nehmen, was
sie sein will: nämlich nicht eine endgültige Lösung, die Behörden und Lehrer in allen Ländern
blindlings übernehmen müßten, sondern eine Grundlage, die es Planern, Autoren und Lehrern
ermöglichen soll, die Bedürfnisse der Lernenden, für die sie zuständig sind, sorgfältig zu prüfen
und sie in ihre Arbeit einzubeziehen.

Unter Berücksichtigung der Motivationen und Fähigkeiten der Lernenden sowie der zur Verfügung stehenden Mittel können dann dieses Modell und seine Inhalte gebraucht werden, um realistisch die für die jeweilige Lernergruppe adäquaten Ziele zu bestimmen. Es bleibt dann die Aufgabe, angemessene Methoden und Materialien zu entwickeln und anzuwenden sowie brauchbare Tests zur Kontrolle des Lernfortschritts und des Lernerfolgs zu entwerfen und durchzuführen. Wir hoffen, daß die *Kontaktschwelle* den Benutzern hilft, ihre Arbeit wirksamer zu gestalten, welche Rolle ihnen im umfassenden Gemeinschaftswerk für den Fremdsprachenunterricht auch zukommen mag. Wir würden uns freuen, von ihnen zu hören, welche Erfahrungen sie mit diesem Arbeitsinstrument gemacht haben, welche Probleme sich bei der Umsetzung in die Praxis stellten und wo sich besondere Vorteile oder Schwierigkeiten ergaben. Denn indem wir lernen, Probleme zusammen anzugehen und gemeinsam Erfahrungen zu machen, lassen wir die europäische Zusammenarbeit lebendige Wirklichkeit werden.

J.L.M. Trim
Berater beim Projekt des Europarats
für moderne Sprachen

Teil I
Lernzielbeschreibung

1 Vorbemerkungen

1.1 Zur Entstehung

Als Teil eines größeren Projekts des Europarats zur Entwicklung eines Baukastensystems für den Fremdsprachenunterricht in der Erwachsenenbildung wurde 1975 *The Threshold Level* von J.A. VAN EK veröffentlicht.[1] Die bemerkenswerte Wirkungsgeschichte des *Threshold Level* blieb nicht auf den Unterricht für Englisch als Zielsprache und auch nicht auf die Erwachsenenbildung beschränkt. Die Konzeption des *Threshold Level* als pragmatische Bestimmung einer minimalen kommunikativen Kompetenz in der Fremdsprache hatte in den letzten Jahren auch in den Diskussionen um eine Neuorientierung des Unterrichts für Deutsch als Fremdsprache einen bedeutenden Stellenwert, wobei immer wieder der Wunsch geäußert wurde, über ein dem *Threshold Level* entsprechendes Instrument für das Deutsche verfügen zu können.

Aufgrund eines 1974 vom Europarat erteilten Auftrags wurden von A. PECK Vorarbeiten zur Entwicklung eines „deutschen Threshold Levels" durchgeführt.

Das 1976 veröffentlichte französische Pendant zum *Threshold Level* mit dem Titel *Un niveau-seuil* brachte Innovationen einmal durch die Berücksichtigung und Kategorisierung mehrerer Zielgruppen, zum andern durch eine Weiterentwicklung und Differenzierung des Beschreibungsapparats. So wurde vor allem ein sehr komplexes Kategoriensystem für den Bereich der Sprechakte verwendet und der Versuch einer inhaltsbezogenen, kommunikativen Grammatik vorgelegt.[2]

Im Sinne der Dynamik des Projekts des Europarats wäre es wünschenswert gewesen, auch bei der Ausarbeitung der Lernzielbestimmung für Deutsch als Fremdsprache die vorhandenen Ansätze weiterzuentwickeln und das Beschreibungsmodell zu erweitern. Dafür hätte jedoch eine Veröffentlichung weiter hinausgeschoben werden müssen. Um den Anfragen und Wünschen vieler Interessenten gerecht zu werden, hat die Expertengruppe des Europarats daher beschlossen, zunächst in einem ersten Schritt kurzfristig einen Entwurf ausarbeiten zu lassen, der in bezug auf die Zielgruppenbestimmung sowie in Inhalt und Umfang dem *Threshold Level* für Englisch entspricht.

Die bei der Ausarbeitung gemachten Erfahrungen (und das heißt nicht zuletzt, daß zu manchen Bereichen unbedingt detailliertere Untersuchungen durchgeführt werden müssen) sollen, zusammen mit den Ergebnissen einer kritischen Diskussion des Entwurfs und seiner Erprobung in der Praxis, ausgewertet werden: für eine revidierte und erweiterte Fassung sowie zur Bestimmung von Lernzieleinheiten für andere Zielgruppen und höhere Niveaus.

So sieht auch das Autorenteam, dem nur sehr wenig Zeit für die Arbeit zur Verfügung stand, in der vorliegenden Veröffentlichung nicht ein Endprodukt, sondern einen Entwurf, der, wie wir hoffen, auch in dieser Fassung schon ein brauchbares Instrument für die Entwicklung von Lehrmaterialien und für eine verbesserte Planung des Unterrichts für Deutsch als Fremdsprache darstellt, der zugleich aber auch Anstöße für Weiterentwicklungen geben soll.

Grundlage unserer Arbeit waren *The Threshold Level* und die für die gewählte Zielgruppe relevanten Teile in *Un niveau-seuil*. Die Vorarbeiten A. PECKs zu einem „deutschen Threshold Level" wurden sorgfältig geprüft und bei der Auswahl der Lexik berücksichtigt.

Der Deutsche Volkshochschul-Verband und das Goethe-Institut haben, teilweise in Kontakt mit den Arbeiten der Expertengruppe des Europarats, eine Neufassung des *Zertifikats Deutsch als Fremdsprache* ausgearbeitet, und der Deutsche Volkshochschul-Verband hat einen *Grundbaustein Deutsch als Fremdsprache* zum Zertifikat vorgelegt.[3] Die Materialien für das revidierte Zertifikat und den Grundbaustein wurden uns freundlicherweise schon vor der Veröffentlichung zur Verfügung gestellt. Damit konnten hier die Ergebnisse von Erfahrungen und Untersuchungen dieser beiden Institutionen bei der Auswahl der sprachlichen Ausdrucksmittel als wichtiges Korrektiv genutzt werden. Weitere Quellen für Anregungen und Überprüfungen bildeten neuere, auf die Vermittlung einer kommunikativen Kompetenz ausgerichtete Lehrmaterialien sowie linguistische und fachdidaktische Veröffentlichungen der letzten Jahre.

Namentlich danken möchten wir für Anregungen, Hinweise oder Kritik zum Manuskript: R. DITTRICH vom Goethe-Institut in München, G. VON DER HANDT von der Pädagogischen Arbeitsstelle des Deutschen Volkshochschul-Verbands, R. NOWACEK vom Bayerischen Volkshochschul-Verband, A. PECK vom Language Teaching Center der University of York sowie den Mitgliedern der Expertengruppe des Europarats, insbesondere J.L.M. TRIM, J.A. VAN EK, D. COSTE und R. RICHTERICH. NANETTE FRITSCHE danken wir herzlich für die geduldige Mitarbeit am Register.

Es sind Anregungen und Beiträge aus vielen Quellen in diesen Entwurf eingeflossen. Für die getroffenen Entscheidungen und Mängel tragen jedoch nur die Autoren die Verantwortung.

1.2 Benutzerkreis

Dieses Buch richtet sich an alle, die mit der Planung, Entwicklung oder Durchführung von Deutschkursen beschäftigt sind. Insbesondere an Verantwortliche für Curricula-Entwicklung und Organisation in der Weiterbildung für Erwachsene, an Autoren von Lehrmaterialien und Produzenten von Kursprogrammen im Medienverbund sowie an Lehrer für Deutsch als Fremdsprache. Für die Arbeit mit den Listen sprachlicher Ausdrucksmittel werden beim Benutzer Sprachkompetenz, Beurteilungskompetenz z. B. in bezug auf die Registerwahl und ,,landeskundliche'' Vertrautheit vorausgesetzt. Die Listen sind nicht für Lernende angelegt. Vorschläge für den Gebrauch dieses Arbeitsinstruments werden im Abschnitt 6.2 gegeben.

1.3 Überblick

In einem ersten Teil werden zunächst die Kriterien für die Entwicklung und Abgrenzung des Lernziels *Kontaktschwelle* beschrieben.

Teil II (Exponenten) präzisiert Inhalt und Umfang des Lernziels in Form von Listen mit Vorschlägen für die Auswahl sprachlicher Ausdrucksmittel. Diese Sprachmittel sind in Teil III nach grammatischen Gesichtspunkten inventarisiert. Zwei ausführliche Register im Anhang (Begriffsregister und alphabetische Wortliste) sollen den Umgang mit den Listen des zweiten Teils erleichtern.

2 Rahmen und Grundprinzipien

Das Projekt der Expertengruppe des Europarats ist schon an verschiedenen Orten ausführlich vorgestellt worden und wird in der Einleitung vom Projektleiter erläutert.[4] Wir können uns daher hier darauf beschränken, den Rahmen für die folgende Lernzielbestimmung in Form von Stichworten abzustecken.

2.1 Lernerzentriert

Dieses erste Grundprinzip ,,Der Lernende steht im Zentrum'' – zu verstehen in Opposition zu einem Ansatz, der vom Lehrstoff ausging – hat inzwischen etwas den Charakter eines wohlfeilen Schlagwortes gewonnen. Dasselbe gilt für damit verbundene Leitideen wie Demokratisierung, Emanzipation, Selbstbestimmung. Was jedoch nicht heißt, daß die Realität von Planung und Praxis des Fremdsprachenunterrichts für Erwachsene diesem Postulat immer schon entspricht.

Die allgemein formulierte Maxime bildet den Ausgangspunkt für die Entwicklung des gesamten Projekts, und sie sollte auch der Maßstab für Kritik und Verbesserungen sein, sowie Richtschnur bei der Umsetzung in die Praxis. Eng verbunden mit diesem Grundsatz ist ein zweiter: wirklich vom Lernenden ausgehen bedeutet auf seine Bedürfnisse und Interessen eingehen.

2.2 Bedürfnisorientiert

Wissenschaftliche Erhebungen und Analysen von Sprachlernbedürfnissen – vom einzelnen und der Gesellschaft aus gesehen – stecken erst in den Anfängen. Abgesehen von wenigen Ausnahmen detaillierter Beschreibungen etwa berufsspezifischer Anforderungen bleiben wir weitgehend auf Erfahrungswerte und Einschätzungen angewiesen, die zwar vorwissenschaftlich sind, über die aber zumindest für Lebensbereiche des Alltags ein durchaus tragfähiger Konsensus besteht. Allgemein müssen wir davon ausgehen:

- es gibt eine große, wenn auch nicht hoffnungslos unüberschaubare **Vielfalt** von verschiedenartigen Bedürfnissen, Interessen und auch Zwängen;
- für den einzelnen handelt es sich um „individuelle Bedürfnisse", aber er hat jeweils einen Teil seiner Bedürfnisse mit anderen Menschen gemeinsam. Aufgrund dieser **Gemeinsamkeiten** lassen sich Gruppen bilden. Eine Gruppe ist dadurch bestimmt, daß bei denjenigen, die zu ihr gehören, eine weitgehend gleichartige Kombination von Bedürfnissen und Zielen vorliegt. Die Gruppen werden größer oder kleiner sein, je nachdem, ob es sich um gemeinsame allgemeine oder spezielle Bedürfnisse handelt. Wie im sozialen Bereich, so kann der einzelne auch in bezug auf seine Sprachlernbedürfnisse gleichzeitig oder nacheinander zu verschiedenen Gruppen gehören;
- Bedürfniskombinationen sind keine festen Größen. Bedürfnisse können wechseln, geweckt werden, verschwinden. Der **Wandel** der Bedürfnisse wird u. a. bestimmt durch Faktoren wie: neue Bekanntschaften, berufliche, soziale, politische Veränderungen – und nicht zuletzt durch ein Bewußtmachen der oft nicht explizit formulierten Bedürfnisse und durch den Prozeß des Sprachenlernens selbst.

Als notwendige Ergänzung zu diesen summarischen Feststellungen sei verwiesen auf das komplexe Modell zur Bestimmung der Bedürfnisse von Erwachsenen, die eine Fremdsprache lernen wollen, das R. Richterich und J.L. Chancerel vorgelegt haben und das auch die Grundlagen für ein auf Partizipation gegründetes Aushandeln von praktikablen (Kompromiß-) Lösungen liefert.[5]

2.3 Baukastensystem

Um den vielfältigen Bedürfnissen Rechnung zu tragen, hat sich die Expertengruppe des Europarats die Entwicklung eines Baukastensystems vorgenommen, das es dem einzelnen ermöglichen soll, entsprechend seinen Bedürfnissen, Fähigkeiten und Mitteln einzelne Einheiten aus dem Baukasten auszuwählen oder zu kombinieren.

Die Entwicklung und Einführung eines solchen Baukastensystems erfordert und fördert, wie man hoffen darf, Kooperation verschiedener Institutionen. Damit stellt sich unter anderem die Aufgabe der gegenseitigen Information unter den Bildungseinrichtungen – und auch die der Information für die Lernenden.

Um dem Anspruch eines (als flexibel und offen intendierten) Systems zu genügen, muß für die Bestimmung seiner Elemente – der verschiedenen Einheiten – ein gemeinsamer Satz von Definitionskriterien angewendet werden. Das von der Expertengruppe entwickelte Definitionsmodell wurde mit der Definition des Lernziels *Threshold Level* erstmals erprobt.

Werden für das Erreichen des Lernziels einer Einheit in einem irgendwie gearteten institutionellen Rahmen Zertifikate ausgestellt, so nimmt das Baukastensystem (Unit-System) die Form eines Unit-Credit-Systems an. Das Angebot von Zertifikaten oder Diplomen kann zum Beispiel aus psychologischen oder beruflichen Gründen wichtig sein. So wird denn auch an der Entwicklung und Erprobung von Modelltests gearbeitet. Gleichzeitig wird jedoch auch der Weiterentwicklung von Verfahren zur Selbstbeurteilung durch die Lernenden ganz besondere Bedeutung beigemessen.

Die Angabe, wie das Erreichen eines Lernziels überprüft werden kann oder soll, ist jedoch nicht notwendiger Bestandteil der Lernzieldefinition selbst. Im folgenden werden die Lernziele ohne Bezug auf Testverfahren beschrieben.

2.4 Pragmatischer Ansatz

Der Lernzielbestimmung für die Einheiten des Baukastensystems liegt eine pragmatische Beschreibung der Kommunikation zugrunde. Sie ist also bestimmt durch gegenwärtige Forschungsrichtungen, die unter Bezeichnungen wie „Pragmatik", „pragmatische Linguistik", „Sprechhandlungstheorie" und ähnlichen bekannt sind.

Kommunikation wird dabei als Ereignis und Handlung verstanden und ausgehend von extra-linguistischen Faktoren beschrieben.

Im Modell zur Bestimmung der Lernziele für die Einheiten des Baukastensystems werden vor allem die folgenden pragmatischen Faktoren unterschieden:

- die Kommunikationsteilnehmer, ihre Rollen und Beziehungen
- der äußere situative Rahmen
- die Kommunikationsform (Medium)
- Einstellungen und Sprechakte
- das Thema
  Zur Gewinnung eines Rasters für die Auswahl sprachlicher Ausdrucksmittel wird unterschieden zwischen allgemeineren Konzepten wie „Gegenstand" oder „Zeit" („Allgemeine Begriffe") und spezielleren Konzepten wie „Kleidung" („Spezifische Begriffe").

Damit wird eine Auswahl pragmatischer Faktoren berücksichtigt. In der jetzigen Fassung werden Aspekte wie Phonetik, Intonation, Lautstärke und nichtverbale Kommunikationsformen wie Gestik und Mimik nicht expliziert.

2.5 Europäischer Kontext

Die Expertengruppe des Europarats ging davon aus, daß aufgrund der Gemeinsamkeiten soziokultureller Gegebenheiten in den europäischen Ländern zumindest für die europäischen Sprachen ein einheitlicher, nicht-sprachspezifischer Beschreibungsapparat angewendet werden könne und so für die einzelnen Sprachen separat nur noch die Auswahl der Exponenten, d. h. der sprachlichen Ausdrucksmittel, vorgenommen werden müsse.

Damit ist das Problem der Universalien berührt und die Frage gestellt, inwieweit die gewählten Kategorien – Sprechakte, Begriffe – wirklich „nicht-sprachspezifisch" sind. Diese Fragen können und müssen hier nicht erörtert werden, es empfiehlt sich jedoch vorsichtiger zu formulieren, in welchem Sinne die Kategorien, die in den Inventaren des zweiten Teils jeweils in der linken Spalte stehen, als nicht-sprachspezifisch bezeichnet werden können.

Die ausgewählten Sprechakte und Notionen werden nicht definiert, sondern nur durch die metasprachliche Verwendung von Ausdrücken der Umgangssprache benannt und identifiziert, z. B. ,,sich entschuldigen", ,,jemanden um etwas bitten" oder ,,Richtung", ,,Form", usw. Damit kommen einzelsprachliche Semantik und Konnotationen der Benennungen mit ins Spiel, und es ergeben sich so auch Unschärfen und Verschiebungen in bezug auf die benannten Sachverhalte. Diese Unschärfen sind wissenschaftlich unbefriedigend; die Abweichungen bei den Kategorien der verschiedenen einzelsprachlichen Fassungen des Threshold-Level-Modells dürften jedoch praktisch ausgeglichen werden dadurch, daß einerseits die jeweilige einzelsprachliche Fassung von Muttersprachlern oder in Zusammenarbeit mit Muttersprachlern ausgearbeitet wird, andererseits aber das Kategoriensystem anderer Fassungen – in unserem Fall des *Threshold Level* und des *niveau-seuil* – als Orientierung benutzt wird.

Die Ausarbeitung der einzelsprachlichen Fassungen durch Muttersprachler soll auch verhindern, daß die plausible, aber vereinfachende Arbeitshypothese vom gemeinsamen soziokulturellen Hintergrund zu Verfälschungen führt.

Mit der gemachten Einschränkung, daß zwischen den Kategorien in *Threshold Level, Un niveau-seuil* und *Kontaktschwelle* keine Eins-zu-eins-Beziehung besteht, wird man jedoch sagen können, daß sie insgesamt vergleichbare und gleichwertige Fassungen e i n e r Lernzielbestimmung darstellen.

2.6 Explizite Lernzielbestimmung

Lernziele werden im folgenden bestimmt durch die Beschreibung dessen, was der Lernende am Ende des Lernprozesses tun können soll und wie er es tun können soll. Es ist ein Charakteristikum der Arbeiten der Expertengruppe, daß bei den Lernzielbestimmungen ein hohes Maß an Explizitheit angestrebt wird. Seinen äußerlich sichtbaren Niederschlag findet das Postulat einmal im Umfang der Veröffentlichungen und dann vor allem in der Form langer, detaillierter aufeinander bezogener Listen. Das hat manche Leser eher abgeschreckt und zu Reaktionen geführt wie: Solche Systematisierungen und differenzierte Auflistungen mögen ja wissenschaftlich (gemeint: für den Wissenschaftler) ganz interessant und notwendig sein, für die Praxis (für den Praktiker) sind sie jedoch nicht brauchbar und überflüssig. Die folgende Lernzielbeschreibung ist für Praktiker bestimmt und doch um eine relative Explizitheit bemüht, wobei auch Redundanz in Kauf genommen wird. Daher sollen kurz die Hauptvorteile der detaillierten Lernzielbeschreibung genannt werden.

- ,,Explizitheit" meint nicht mathematische Exaktheit. Und bewußt wird auf den Versuch formalisierter Darstellungen verzichtet. Angestrebt wird eine Genauigkeit der Beschreibung, die möglichst sicherstellt, daß das Gesamtlernziel und die Feinlernziele von verschiedenen Benutzern annähernd gleich verstanden und interpretiert werden.
- Je expliziter die einzelnen Beschreibungen sind, desto leichter sind sie kritisierbar. Die Explizitheit löst nicht Probleme, aber sie schränkt die Gefahr ihrer Verschleierung ein. Mit dem Versuch möglichst genauer Beschreibungen wird die Lernzieldefinition bewußt der Kritik ausgesetzt, um Revisionen und Verbesserungen durch die Benutzer zu ermöglichen und zu provozieren.
- Die detaillierte Auflistung auch von Feinlernzielen und die Inventare mit ihren Über- und Unterkategorien ermöglichen – einem vielleicht ersten Eindruck der Starrheit zum Trotz – gerade eine flexible Benutzung, indem sich relativ leicht und kontrolliert aufgelistete Elemente herausnehmen, durch andere ersetzen oder ergänzen lassen, in Abhängigkeit von den Bedürfnissen der Lernenden oder auch bei der Erstellung von Inventaren für andere Zielgruppen oder höhere Niveaus.

Gemessen an dieser Idealvorstellung sind die Angaben in dieser Arbeit gewiß oft genug zu wenig explizit. Das gilt sowohl für die metasprachliche Deskription (Terminologie und Vollständigkeit) als auch für die Inventare der sprachlichen Ausdrucksmittel, in denen z. B. die Verwendungsmöglichkeiten eher angedeutet und Restriktionen nicht expliziert werden.

2.7 Flexibilität

Die Forderung nach Flexibilität ergibt sich aus den Leitideen, die mit den Stichwörtern „lernerzentriert", „bedürfnisorientiert", „Baukastensystem" angedeutet wurden. Flexibilität ist so ein Merkmal des Systems selbst. Die analytisch-explizite Darstellung soll dem Benutzer eine flexible Auswertung erleichtern. Zudem wird durch offene Formulierungen und durch spezielle Signale auch in den Inventaren immer wieder auf die Notwendigkeit von Anpassung und Auswahl hingewiesen werden.

Doch alle Prinzipiendeklarationen und Vorsichtsmaßnahmen bei der Darstellung können Mißdeutung oder Mißbrauch nicht verhindern; man sollte die Beharrungs- und nivellierende Integrationskraft von Traditionen, Institutionen und (Lehrmittel-) Marktgesetzen nicht unterschätzen. Voraussetzung dafür, daß bei der Umsetzung in die Praxis nicht gerade das Merkmal der Offenheit des Modells verlorengeht, bleibt eine flexible Grundeinstellung des Benutzers. Die Arbeit der Expertengruppe des Europarats wäre völlig mißverstanden, wenn aus der Aura von Namen wie „Experten" und „Europarat" ein kanonischer Charakter hergeleitet würde. Deshalb sei für die gesamte folgende Darstellung hier betont: Die Bestimmung der *Kontaktschwelle* ist kein „Lehrplan", kein Kanon, kein Passepartout. Sie bietet den Entwurf eines Rasters, der es ermöglichen soll, rational und begründet Entscheidungen zu treffen, das schließt ein: begründet auszuwählen, zu verändern oder zu ergänzen.

2.8 Ausklammerungen, Implikationen

Die *Kontaktschwelle* beschreibt, was der Lernende am Ende des Lernprozesses in realen Kommunikationssituationen tun können soll. Dabei bleibt der Lernprozeß selbst, und damit das brennende Problem der Didaktisierung, ausgeklammert.

In der Vergangenheit haben oft „Methoden" und deren Tragfähigkeit die Lernziele bestimmt. Hier wird mit der Lernzielbestimmung der Schritt getan, der sinnvollerweise am Anfang der Planung von Fremdsprachenprogrammen stehen muß. Die Didaktisierung ist sekundär, nicht im Sinne von zweitrangig, weniger wichtig, sondern weil sie die Lernzieldefinition voraussetzt. Wenn hier vom „Methodenproblem" abstrahiert wird, so geschieht das auch nicht in der Meinung, die beschriebenen Lernziele könnten mit jeder beliebigen Methode erreicht oder gleich effektiv erreicht werden. Möglichkeiten und Probleme einer dem Ziel „kommunikative Kompetenz in der Fremdsprache" adäquaten Didaktik sind schon in zahlreichen Veröffentlichungen diskutiert worden, und unter anderem hat sich auch die Expertengruppe des Europarats mit den Implikationen des Projekts (Didaktisierung, Lehrerfortbildung, Organisation) beschäftigt.[6] Hier können diese Fragen nicht behandelt werden; der Leser sollte nur darauf hingewiesen werden, was er nicht erwarten darf. Die *Kontaktschwelle* registriert nicht, was der Lernende vielleicht als Mittel zum Zweck, für den Unterricht, lernen muß (z. B. Lese- und Schreibfertigkeiten für den Unterricht). Nicht expliziert wird auch die soziale Interaktion im Unterricht, d. h. der gesamte Komplex des classroom-discourse. Kontrastive Aspekte bleiben unberücksichtigt, und es wird auch keine Progression auf dem Weg zum Ziel einer minimalen kommunikativen Kompetenz geboten. Auch die Listen sprachlicher Ausdrucksmittel sind keine „Lehrmaterialien", sondern nur ein Hilfsmittel für die Planung, Ausarbeitung und Beurteilung von Lehrmaterial.

3   „Grundstufe" oder „Schwellen"?

Innerhalb des von der Expertengruppe des Europarats entwickelten Baukastensystems bezeichnet „Schwelle" ein erstes unterstes Lernzielniveau, bestimmbar als für die Bedürfnisse einer Zielgruppe ausreichende, minimale, ausbaufähige kommunikative Kompetenz.

- Für die Bedürfnisse einer Zielgruppe „ausreichend" meint, daß es sich um ein selbständiges Lernziel handelt, das für sich genommen sinnvoll ist, und nicht nur eine Etappe auf dem Weg zu einem Ziel, sondern selbst Endziel sein kann.
- „Minimal" ist ein relativer Begriff. Das Minimum an sprachlicher Kompetenz ist zu präzisieren einerseits in bezug auf das, **was** bzw. **wieviel** getan werden kann (Auswahl z. B. von Rollen, Situationen, Themen), andererseits in bezug auf das **Wie** (z. B. minimale Angemessenheit, geringe Variationsmöglichkeiten). Daraus ergibt sich, daß ein kommunikatives Minimum nicht durch Setzungen wie „1000 frequente Wörter" oder „100 Unterrichtsstunden" abgegrenzt werden kann. Bei „Minimum" ist auch mitverstanden, daß dieses Niveau in einer nicht allzu langen Zeit zu erreichen sein soll.
- Mit „ausbaufähig" wird gefordert, daß durch den Erwerb der Teilkompetenz ein Weiterlernen nicht nur nicht blockiert werden darf, sondern Grundlagen für ein Weiterlernen zum Erwerb anderer, komplexerer Teilsysteme geschaffen werden. Insofern handelt es sich um ein Basislernziel im Baukastensystem.
- „Kommunikative Kompetenz" – näher bestimmt als Teil- und Basiskompetenz schließt ein, daß ein **funktionierendes** Teilsystem gegeben sein muß und die Fähigkeit zur Bewältigung von Situationen nicht auf eine Serie erfahrener, geübter Situationen beschränkt bleibt, sondern wirksam übertragbar ist auf neue oder teilweise neue Situationen.

Diese globalen Bestimmungen erlauben doch erste Abgrenzungen. Unterhalb des angedeuteten Schwellenwertes liegen danach Lernziele, die nicht allen angeführten Bedingungen entsprechen. So gibt es – und vielleicht sollte es sie vermehrt geben – Lernzieleinheiten, die für die Bedürfnisse bestimmter Zielgruppen genügen, jedoch keine kommunikative Kompetenz begründen und keine Grundlage für Erweiterungen bilden. Entsprechende Inventare bestehen aus sehr begrenzten Listen zu verstehender und produktiv kaum kombinierbarer Fertigteile, die z. B. einem betreuten Pauschaltouristen ausreichen, etwas zu bestellen oder zu kaufen, oder einer Sekretärin ermöglichen, ankommende Auslandsgespräche weiterzugeben, oder einen Techniker in den Stand setzen, fremdsprachige Eintragungen in einem Schaltplan zu verstehen.

Unterhalb des Schwellenwertes lassen sich auch Zwischenlernziele bestimmen, bei denen ein unvollständiges, ausbaufähiges Teilsystem gegeben ist, das aber nur für einen Teil der festgestellten oder eingeschätzten Bedürfnisse einer Zielgruppe ausreicht.

Für Englisch liegt als Zwischenlernziel zum *Threshold Level* ein *Waystage* vor.[7] Er wurde entwickelt in didaktischer Absicht (Motivation der Lernenden durch ein etwa in der halben Zeit erreichbares Nahziel); er ist abgeleitet nach den Kriterien des Threshold-Level-Modells und durch Auswahl aus dem Inventar des *Threshold Level*. Als Zwischenlernziele könnten auch kleinere Einheiten wie Unterrichtsreihen angesehen werden.

Man hat in den Arbeiten des Europarats das erste eigenständige Lernziel mit der zum Terminus gewordenen Metapher „Schwelle" benannt. Wir müssen dabei von Konnotationen wie „Barriere" absehen und auch von der Bedeutung „Stufe" im Sinn von „Treppenstufe", von der man ja noch weiter muß, um zu einem Ziel zu kommen. Mit dem Bild der Schwelle soll ausgedrückt werden, daß durch das Lernzielniveau dem Lernenden ein Zugang eröffnet wird: innerhalb des Baukastensystems – als Angebot für Weiterbildung – ein Zugang zu höheren, spezialisierteren Einheiten; vor

allem aber ein Zugang zu einem realen Erfahrungs-, Handlungs- und Interaktions-
raum.

Innerhalb des Baukastensystems wäre es am ökonomischsten, wenn man schlicht
e i n e ,,Schwelle zur Kommunikation" annehmen könnte. Von den kommunikativen
Bedürfnissen der Lerner her gesehen aber sind verschiedene Zugangsmöglichkeiten
vorzusehen. Um im Bild zu bleiben: Es ist zu fragen, ob jemand über die Schwelle
einer Bibliothek mit Fachliteratur treten will, oder ob er in einem Land, in dem die
Fremdsprache gesprochen wird, in ein Café gehen will, um etwas zu trinken und Leute
kennenzulernen; ob die Schwelle in ein Büro führt mit einem Arbeitsplatz, zu dem die
Erledigung fremdsprachiger Korrespondenz gehört, oder in eine Fabrik in einem
fremden Land mit Vorgesetzten und Kollegen, die eine andere Sprache sprechen. Bei
aller Unterschiedlichkeit gibt es Gemeinsames für die verschiedenen Schwellen. So
dürften in jedem Fall ,, Mitteilungen" und ,,Begründungen" eine Rolle spielen, Konzepte wie ,,Zeit" und ,,Raum" sowie sprachliche Ausdrucksmittel wie ,,Personalpro-
nomen", ,,Präpositionen", ,,Konjunktionen", ,,Aussagesatz" und ähnliches. Bishe-
rige Erfahrungen berechtigen uns aber nicht zu der Annahme, daß die Summe des
Gemeinsamen – zusammengestellt zu einer Grundstufe – einen Zugang auch nur zu
einem, geschweige denn zu mehreren Kommunikationsbereichen ermöglicht. Dafür
scheinen die Unterschiede zu groß: die Verschiedenheit von Akten in der Interaktion
und im Diskurs, die Differenz von gesprochener und geschriebener Sprache, die
Unterschiede im Wortschatz usw.

Das doppelte Interesse, genauer erfassen zu können, was ,,gemeinsamer Grund-
stock" ist, und Schwellen zu beschreiben, die in einen Kommunikationsbereich führen, hat sich in den zwei Modellen *The Threshold Level* und *Un niveau-seuil* verschieden konkretisiert.

The Threshold Level beschreibt eine Schwelle für e i n e breite Publikumsgruppe –
flexibel für Anpassungen an Subgruppen und verstanden als Vorlage von Fassungen
für andere Zielgruppen. So ist ein *Threshold level for school* erschienen.[8]

Un niveau-seuil berücksichtigt fünf große Zielgruppen: 1. Touristen und Rei-
sende, 2. ausländische Arbeitnehmer und ihre Familien, 3. beruflich oder wissenschaftlich Tätige, die im eigenen Land Fremdsprachenkenntnisse brauchen, 4. Schü-
ler, 5. Erwachsene und junge Erwachsene in der schulischen oder universitären Weiterbildung. Das angemessene Inventar für eine einzelne Zielgruppe ist vom Benutzer
durch Auswahl aus dem offenen Gesamtinventar des *niveau-seuil* zu erstellen.

Beide Formen haben ihre Vor- und Nachteile:
Beim *Threshold Level* besteht – wenigstens solange für andere Zielgruppen keine
eigenen Schwellenbeschreibungen vorliegen – die Gefahr, daß er als Grundstufe miß-
deutet wird oder vorschnell mit oberflächlichen Anpassungen als Grundlage für
andere Zielgruppen verwendet wird.

Beim *niveau-seuil*, dessen wichtige Vorteile die größere Offenheit und die
Berücksichtigung mehrerer Adressatengruppen sind, werden mit den Auswahlmög-
lichkeiten auch viele Probleme an den Benutzer weitergegeben, für den z. B. schwer
zu überblicken ist, ob den Kommunikationsbedürfnissen der verschiedenen Gruppen
in gleicher Weise Rechnung getragen ist, und den die integrierte Darstellung des
Sprachinventars für verschiedene Gruppen zu einer Erhöhung des Niveaus für die
einzelne Zielgruppe verleiten könnte. Wie in der Einleitung gesagt, ist die vorliegende
Arbeit schon aus äußeren Gründen mehr an den *Threshold Level* gebunden und damit
derselben Gefahr von Mißdeutung und falscher Verwendung ausgesetzt. Daher müßten unbedingt Schwellenbeschreibungen für andere Zielgruppen folgen. Und in verschiedenen Institutionen werden ja auch von pragmatischen Ansätzen aus Projekte
wie ,, Deutsch für ausländische Arbeitnehmer" entwickelt.

Die separate, zeitlich gestaffelte Ausarbeitung hat auch ihre Vorteile: Die einzelne Lernzielbestimmung ist leichter kritisierbar, damit leichter revidierbar. Erleichtert werden auch vergleichende experimentelle Erprobungen. Die Konzentration auf eine Publikumsgruppe bringt spezifische Probleme in den Blick. Von daher könnten schwerpunktmäßig Weiterentwicklungen und Erweiterungen des bisherigen Deskriptionsansatzes eingebracht werden, z. B. im Hinblick auf Textsortenbeschreibung und Inventare vom Leser/Hörer-Standpunkt aus. Die Erkenntnisgewinne könnten bei Revisionen schon vorliegender Entwürfe genutzt werden – und vielleicht könnte eine Art Konkordanz der verschiedenen Inventare für mehrere Zielgruppen das flexible Instrument sein, das wir uns wünschen.

Was im folgenden vorgelegt wird, ist also keine Grundstufe und darf nicht der einzige Zugang für ein flexibles Baukastensystem bleiben. Es ist nicht **das** Basislernziel, sondern nur der Entwurf **eines** Basislernziels für eine größere Publikumsgruppe. Dieses Lernziel nennen wir Kontaktschwelle.

4 Die Zielgruppe

Bei der Zielgruppe – in Europa vielleicht die potentiell größte Gruppe von Erwachsenen, die Deutsch als Fremdsprache lernen wollen – handelt es sich um eine sozial recht heterogene Gruppe. Zur Zielgruppe gehören Erwachsene,

– die für kürzere Aufenthalte in deutschsprachige Länder oder Regionen reisen und sich dort im Kontakt mit deutschsprechenden Muttersprachlern in nicht berufsspezifischen Situationen verständigen wollen

und/oder

– die im eigenen Land oder in Drittländern gelegentliche, nicht berufsspezifische Kontakte mit Deutschsprechenden (Muttersprachlern/Nichtmuttersprachlern) haben oder haben wollen.

Bevor ausgehend von dieser allgemeinen Charakterisierung die vorhersehbaren Kommunikationssituationen präzisiert werden, einige Erläuterungen:

– Die manchmal verwendete Etikettierung ,,Touristen'' für diese Zielgruppe greift zu kurz und ist mißverständlich. Im modernen Tourismus haben sich sehr unterschiedliche Formen entwickelt. Die Palette reicht von organisierten Reisen, die Kontakte mit Muttersprachlern eher verhindern, oder Aufenthalten in ,,touristisch erschlossenen'' Gebieten mit internationalem Charakter bis hin zum Individualreisenden und dem ,,Sprachtouristen'', die Kontakt mit der Bevölkerung des Aufenthaltslandes suchen. Die *Kontaktschwelle* schließt die Verständigungsbedürfnisse in typisch touristischen Situationen ein, orientiert sich aber auch an den Gruppen, die an sozialen Kontakten und an Gesprächen interessiert sind, die über rein praktische Bedürfnisse hinausgehen.
– Es wird bewußt von Aufenthalten in ,,deutschsprachigen Ländern und Regionen'' ausgegangen, ohne Festlegung auf ein einzelnes Land. Wo begründet eine Beschränkung oder Konzentration auf ein bestimmtes Land oder eine bestimmte Region angenommen werden kann, ist vom Benutzer eine entsprechende Auswahl und Adaptation vorzunehmen. Beispiele für Subgruppen sind etwa Bewohner von grenznahen Gebieten oder die Bewohner der nichtdeutschsprachigen Gebiete der Schweiz, die primär an Kontakten in der Deutschschweiz und mit Deutschschweizern interessiert sein können. Für solche Subgruppen könnten Varianten der *Kontaktschwelle* erstellt werden. Dabei wäre z. B. beim Hörverständnis auch ein Verstehen von stärker dialektgefärbtem Sprechen und von Dialektäußerungen in Kontakteinleitungsphasen einzubeziehen, und der Wortschatz wäre den regionalen Varianten anzupassen.

5 Das Lernziel „Kontaktschwelle"

5.1 Soziale Domänen

Eine erste, relativ allgemeine Abgrenzung kann gewonnen werden, wenn wir nach dem Verhältnis der Zielgruppe zu bestimmten sozialen Domänen fragen. Als „soziale Domänen" werden durch die gesellschaftliche Entwicklung bestimmte Aktivitätsfelder bezeichnet, in denen spezifische Normen gelten, die ein für diese Sphäre typisches Verhalten und Sprachverhalten bedingen. Als solche sozialen Domänen werden in der Regel unterschieden: (a) Familienleben, (b) Arbeitsleben und Ausbildung, (c) Freizeit (Bekanntschaften, Geselligkeit, kulturelles Leben), (d) öffentliche und private Dienstleistungsinstitutionen, (e) Massenmedien, (f) sonstige Bereiche (z. B. Kirche, Militär).[9]

Bei nichtdauernden Aufenthalten kann der Ausländer mit all diesen Bereichen in Berührung kommen, aber sie werden in unterschiedlicher Weise für ihn Aktivitätsfelder sein, in denen er als Mitspieler den jeweiligen Normen und Erwartungen unterworfen wäre. So wird er in der Regel nicht im eigentlichen Sinn am Familienleben teilnehmen und denselben Bedingungen, Erwartungen und Sanktionen unterstellt sein wie die Familienmitglieder (außer eventuell bei Verwandtschaftsbeziehung, Heirat oder in offeneren Familienformen wie Kommunen). Auch wenn er bei einer Familie – „mit Familienanschluß" – wohnt, behält die Art der Beziehung den Charakter des Typs Bekanntschaft (c), und die Anwesenheit eines Dritten beeinflußt die Art des Gespräches der Familienmitglieder. Die Fähigkeit, an reinen Familiengesprächen teilzunehmen, wird daher für unsere Zielgruppe nicht erforderlich sein.

In Abgrenzung von anderen Zielgruppen wie „Immigranten", „ausländische Arbeitnehmer" werden die Mitglieder unserer Zielgruppe auch nicht dem Berufsleben integriert und damit den für die Arbeitswelt typischen Normen und Konstellationen unterstellt. Sonderfälle wären: kurzfristige Übernahme einer Arbeit aus Geldmangel oder Ferienarbeit in geschäftlichen, industriellen oder landwirtschaftlichen Betrieben oder in sozialen Einrichtungen wie soziale Arbeitslager. Die allgemeine Kompetenz auf dem Niveau *Kontaktschwelle* wird bei solchen Sonderfällen, die im folgenden vernachlässigt werden, ein rasches Hinzulernen in der Realsituation ermöglichen. Das für den Bereich „Berufsleben" Gesagte gilt ähnlich für den Bereich „Ausbildung". Lernende, die eine längere schulische, berufliche oder universitäre Ausbildung in deutschsprachigen Ausbildungsstätten planen, müssen als gesonderte Zielgruppe angesehen werden. Ein Spezialfall innerhalb unserer Zielgruppe ist der „Sprachtourist".

Im Unterschied zu den sozialen Bereichen „Familienleben", „Arbeitsleben und Ausbildung" und Spezialbereichen wie „Militär" sind für unsere gesamte Zielgruppe die übrigen sozialen Domänen als Aktivitätsfelder von Bedeutung. Das gilt in noch zu präzisierendem Umfang für den Dienstleistungsbereich ebenso wie für den Bereich Freizeit, wobei allerdings bei kürzeren Aufenthalten der Zugang zu stabilen Freizeitgruppen (z. B. Vereine) mit besonders typisierten Verhaltensweisen und Sprachcodes begrenzt sein dürfte. Aus linguistischen Gründen werden besonders beim Bereich „Konsumtion von Massenmedien" große Einschränkungen zu machen sein.

Als Schwerpunkte wählen wir also für die Zielgruppe die folgenden sozialen Domänen aus:

– Freizeit (Bekanntschaften, Geselligkeit, kulturelles Leben)
– öffentliche und private Dienstleistungsinstitutionen
– Massenmedien (begrenzter Gebrauch)

Die Auswahl von Aktivitätsfeldern bedeutet natürlich nicht, daß die übrigen Bereiche als **Thema** ausgeschlossen werden.

5.2 Kommunikationspartner, Rollen und Beziehungen

Art und Ablauf kommunikativer Ereignisse werden mitbestimmt durch den Status, die Rollen und die Beziehungen der Kommunikationsteilnehmer. Und zwar ist entscheidend, inwieweit die Merkmale und Rollen des Partners in der aktuellen Situation erkennbar sind, wie sie eingeschätzt werden, d. h. welches Vorwissen über den Partner besteht und welche gegenseitigen Erwartungen gegeben sind. Insofern ist jede Situation individuell, und das individuelle Vorwissen, die individuellen Erwartungen lassen sich nicht operationalisieren. Wir unterscheiden im folgenden:

1. die relativ stabilen Identitätsmerkmale
2. die wechselnden Funktionsrollen
3. die effektive Einstellung
4. den Bekanntschaftsgrad
5. das Rangverhältnis

5.2.1 Identitätsmerkmale

– Geschlecht
– Alter
– Familienstand
– Nationalität
– Sprache (Muttersprachler/Dialektsprecher/Fremdsprachiger)
– Status

Diese Faktoren können, aber müssen nicht alle für konkrete Sprechsituationen relevant sein. Durch Kombinationen gleicher und ungleicher Merkmale bei den Partnern ergeben sich verschiedene Konstellationen wie: älterer/jüngerer Partner, Erwachsener/ Jugendlicher, Mann/Frau, Verheiratete/Unverheiratete usw. Die Wahl der Anredeformen wird beispielsweise durch solche Konstellationen (neben Bekanntschaftsgrad und Übereinkunft) gesteuert. Ob und inwieweit der soziale Status (gegründet z. B. auf Schichtzugehörigkeit, Ausbildung, Beruf) bedeutsam wird, hängt von der Betonung des Status durch die Gesprächsteilnehmer, von der Einschätzung und Beachtung durch den Partner und dem spezifischen Situationskontext ab.

5.2.2. Funktionsrollen

Innerhalb der verschiedenen Aktivitätsfelder (Domänen) übernehmen wir wechselnd unterschiedliche soziale Rollen oder Funktionsrollen. Sehr abstrakt könnten die Rollen **Bittender/ Gebender** angesetzt werden, wobei Bitten und Geben sowohl auf Dinge, Informationen als auch auf Kontakt zu beziehen wäre. Die folgende, unter Berücksichtigung der sozialen Domänen erstellte Liste nennt für die Zielgruppe typische Rollenkonstellationen, ohne daß dabei Vollständigkeit und ins Detail gehende Differenzierung angestrebt wird. Die (Berufs)Rollen, für die **keine aktive** Rollenkompetenz der Lernenden notwendig ist, sind eingeklammert. Die Rollenkonstellationen sind teilweise an bestimmte Schauplätze gebunden.

– Kunde/(Verkäufer)
– Kunde/(Dienstleistungspersonal, z. B. Post-, Bankbeamte, Tankwart)
– Kunde,Gast/(Bedienungspersonal, z. B. Kellner)
– Zivilperson/(Amtsperson, z. B. Zöllner, Polizist)
– Patient/(Arzt, Krankenhauspersonal)
– Passagier/(Personal, z. B. Schaffner, Taxichauffeur)
– Passagier/Passagier (in öffentlichen Verkehrsmitteln)
– Verkehrsteilnehmer/Verkehrsteilnehmer, z. B. Fußgänger, Autofahrer
– Autofahrer/Mitfahrer, z. B. Autostopper
– Eingeladener/Gastgeber
– Nachbar/Nachbar, z. B. Zimmernachbar, Sitznachbar

- Informationssuchender/privater Informant, z. B. Ortskundiger
- Informationssuchender/(Auskunftspersonal, z. B. Bahnhof, Verkehrsamt)
- Zuschauer-Zuhörer/(öffentlicher Sprecher, z. B. Reiseführer, Redner, Medien)
- privater Gesprächspartner/privater Gesprächspartner (z. B. Meinungsaustausch)

5.2.3 Affektive Einstellung

In bezug auf die affektive Einstellung läßt sich begründet keine Auswahl vornehmen. Verallgemeinert können unterschieden werden:

- Sympathie
- Neutrale Einstellung
- Antipathie

Eine detailliertere Aufteilung wird bei den Sprechakten im Abschnitt ,,Gefühlsausdruck" gegeben.

5.2.4 Bekanntschaftsgrad

Wesentlichen Einfluß auf die Sprechsituation hat der Bekanntschaftsgrad der Teilnehmer. Er bestimmt zum Teil die Themenwahl, die Auswahl kommunikativer Akte (einen Fremden fragt man bei der ersten Begegnung zum Beispiel nicht ,,Wie geht es Ihnen?") und die Registerwahl.
Zu berücksichtigen sind die Grade:

- nicht bekannt
- kaum bekannt
- bekannt
- gut bekannt/befreundet

Der Einschluß der Beziehung ,,gute Bekannte/Freunde" hat natürlich für das Niveau der *Kontaktschwelle* erhebliche Konsequenzen. Es müssen minimale Voraussetzungen gegeben werden, Bekanntschaften und Freundschaften anzuknüpfen und aufrechtzuerhalten.

5.2.5 Rangverhältnis

Die Beziehung zwischen den Kommunikationspartnern kann symmetrisch oder asymmetrisch sein. Die Asymmetrie mit der Dominanz eines Partners kann beruhen auf hierarchischen Strukturen (so vor allem im Familien- und Arbeitsleben), auf faktischer oder angemaßter oder vom Partner angenommener Macht aufgrund von Status, Berufsrolle, Informationsvorsprung oder Sachkompetenz.

Die Ungleichheit kann vom untergeordneten Partner negativ eingeschätzt oder freiwillig akzeptiert werden (z. B. im Patient-Arzt-Verhältnis). In bezug auf die Sprecher ergeben sich die Merkmale:

- privilegiert, dominant
- gleichberechtigt
- untergeordnet

Im Kontakt zwischen Muttersprachlern und Fremdsprachigen auf dem Niveau der *Kontaktschwelle* ist immer eine Ungleichheit aufgrund der Sprachbeherrschung gegeben, die vom Muttersprachler zur Stärkung seiner Position ausgenutzt werden kann. Es wird daher wichtig sein, den Lernenden Mittel zu geben, sich zu behaupten und sich zum Beispiel durch Kritik gegen Anmaßungen zu wehren. Andrerseits kann davon ausgegangen werden, daß der Muttersprachler, wenn er an einer Fortsetzung des Kontakts interessiert ist, in seinem Sprachverhalten auf die Kenntnisse des Partners Rücksicht nimmt.

5.3   **Kommunikationsräume**

5.3.1   Sprachliche Interaktionen werden mehr oder weniger determiniert durch den Ort, an dem Kommunikation stattfindet. ,,Kommunikationsraum" ist dabei nicht nur als geographischer Ort zu verstehen, sondern als sozialer Raum, Handlungsraum, Wahrnehmungsraum.

Mit der folgenden geographischen Einteilung sind auch soziokulturelle Räume benannt:

- Land
- Region
- Ort (Stadt/Land)

Zu ,,Land" wurden in der Zielgruppenbeschreibung schon genannt:

- die deutschsprachigen Länder und Länder mit deutschsprachigen Regionen.
- das eigene Land des Lernenden als Ort der Verständigung mit Deutschsprechenden. (Hier sind andere Bedingungen gegeben, z. B. größere Vertrautheit, keine deutschsprachigen Aufschriften, Schilder usw.)
- andere Länder, in denen Deutsch als Verständigungssprache gebraucht werden kann.

In bezug auf die deutschsprachigen Regionen können für die Zielgruppen keine Einschränkungen gemacht werden, d. h. zum Beispiel: der Lernende muß befähigt werden, Muttersprachler mit verschieden regional gefärbter Standardsprache zu verstehen.

Anders als vielleicht bei einer Auswahl für bestimmte Berufsgruppen läßt sich für unsere Zielgruppe auch keine weitere Eingrenzung in bezug auf den Ort vornehmen; es sind ebenso städtische Verhältnisse (internationale Schilder, Selbstbedienungsgeschäfte) als auch ländliche Verhältnisse zu berücksichtigen. Bestimmte Ereignisse und Handlungen werden eher im Freien, andere im Innern von Gebäuden erwartet. Zum Beispiel draußen: ansprechen von Unbekannten, Rufen aus Entfernung und dergleichen. Andrerseits können gleichartige soziale Handlungsräume draußen oder drinnen sein, z. B. Wirtschaft – Gartenwirtschaft, Geschäft – Markt usw.

5.3.2   Präzisere Anhaltspunkte für die Bestimmung der Sprechereignisse gewinnen wir, wenn wir von spezifischen sozialen Handlungsräumen wie Restaurant, Geschäft usw. ausgehen. Über die Funktion dieser Räume, die nach objektiven Bedürfnissen innerhalb der Gesellschaft ausdifferenziert sind, besteht allgemein ein großes Vorwissen. Die Unterschiede in den europäischen Ländern sind verhältnismäßig gering. In Einzelfällen müssen die Erwartungen zu den Handlungsmöglichkeiten (z. B. durch Informationsfragen) verifiziert oder korrigiert werden. Auch bei Einheimischen ist nicht unbedingt das Vorwissen gegeben, ob zum Beispiel Straßenbahnkarten beim Schaffner, an speziellen Schaltern, an Automaten, am Kiosk oder in Tabakgeschäften gekauft werden können.

Die spezifischen sozialen Handlungsräume können teilweise unterschiedlichen Aktivitätsfeldern (Domänen) zugeteilt werden. Für den Kellner ist das Café Arbeitsplatz, für den Gast gehört es in der Regel zur Domäne Freizeit. Verbunden mit den Erwartungen zu den sozialen Handlungsräumen sind Erwartungen in bezug auf die zugehörigen Funktionsrollen (vgl. 5.2.2).

Unter Berücksichtigung der gewählten Aktivitätsfelder werden im folgenden spezifische Orte aufgelistet, die für die Zielgruppe als wahrscheinliche Handlungsschauplätze angenommen werden können. Dabei geht es nicht um soziologische Systematisierung und nicht um ins einzelne gehende Vollständigkeit. Die Unterteilungen sollen nur den Überblick und den Gebrauch als Check-Liste erleichtern:

Privaträume
>   Haus, Wohnung, Zimmer, Garten . . .

Unterkunftsorte
>   Hotel, Pension, Jugendherberge, Ferienhaus, Zimmer bei Privat, Campingplatz

Gaststätten
>   Restaurant, Wirtschaft, Café, Raststätte, Imbißstube, Selbstbedienungsgaststätte
>   Diskothek, Tanzlokal, Nachtklub . . .

Diverse Dienstleistungsinstitutionen
>   Verkehrsamt, Reiseauskunft, Reisebüro
>   Anmeldestelle
>   Post, Telefonzelle
>   Fundbüro
>   Krankenhaus, Wartezimmer, Arzt-Sprechzimmer, Apotheke
>   Frisör
>   Tankstelle, Reparaturwerkstatt

Staatliche Institutionen
>   Polizeistelle
>   Zoll

Geschäfte
>   Kaufhaus, Selbstbedienungsgeschäft, Spezialgeschäft: Bäcker usw.
>   Kiosk, Markt

Verkehrsmittel
>   Flugzeug, Schiff, Bahn, Bus, Straßenbahn, U-Bahn, Taxi
>   Privatfahrzeug

Abfahrtstellen für Verkehrsmittel
>   Flughafen, Bahnhof, Haltestelle, Taxistand
>   Fahrkartenschalter
>   Warteraum

Verkehrswege
>   Fußgängerwege, -zonen, Straßen, Autobahn, Plätze
>   Parkplatz

Besichtigungsorte
>   Museum, Ausstellung, Kirche, Burg usw.

Erholungsgebiete
>   Park
>   auf dem Land, Wald, Gebirge, Strand, Fluß, See, Meer
>   Freibad/Hallenbad, Sportplatz /-halle

Kulturelle Einrichtungen
>   Kino, Fernsehraum, Theater
(Bildungsinstitutionen)
>   (Sprachschule, Sportschule, Kongreßhaus, Klassenzimmer)
(Arbeitsplatz)
>   (Büro, Fabrik, diverse in anderen Abschnitten genannte Räume)

Die eingeklammerten Orte werden nur für einen kleinen Teil der Zielgruppe Kommunikationsort sein, was nicht ausschließt, daß solche Orte als Gesprächsthema (Kap. 5.6) für die gesamte Zielgruppe zu berücksichtigen sind.

5.3.3   Quer zu der Zuteilung in dieser Liste lassen sich allgemeine Merkmale der Kommunikationsorte und der Beziehung von Ort und Sprechereignis festhalten.

Von der Funktion der Orte aus können wir fragen, zur Erfüllung welcher Bedürfnisse sie bestimmt und geeignet sind. Grob lassen sich unterscheiden:

- praktische, handlungsbezogene Bedürfnisse
- kognitive Bedürfnisse
- Kontaktbedürfnisse

Damit sind erste Anhaltspunkte für die Auswahl von Sprechakten und Themen gegeben. Einzelne Orte sind funktional weniger festgelegt (z. B. etwas trinken, Meinungsaustausch, Kontaktgespräch im Café), andere haben nur eine präzis fixierte Funktion (z. B. Fahrkartenschalter, Wechselstube). Je begrenzter die Funktion einer Institution, desto vorhersehbarer sind die Aktionen, Reaktionen, sprachlichen Handlungen der Partner. Mit einer deutlichen Tendenz zu recht einsilbigen Gesprächen, zu elliptischer Rede oder schweigender Interaktion (,,Einmal Köln, hin und zurück" – ,,77 Mark"; Hinreichen eines Schecks – Geld vorzählen). Wenn allerdings das Vorwissen ergänzt werden muß, wird die sprachliche Interaktion komplexer. Ebenso, wenn der muttersprachliche Partner in solchen Routinegesprächen zum Beispiel sehr schnell oder undeutlich spricht. Dann werden etwa Rückfragen, Aufforderungen, etwas zu wiederholen oder zu paraphrasieren notwendig. In der Regel bleiben die Gespräche in Institutionen zeitlich sehr kurz, und sie müssen teilweise auch unter Zeitdruck abgewickelt werden können.

Zur Relation von Ort und Sprechereignis läßt sich weiter fragen, ob der Kommunikationsort häufig auch Gesprächsgegenstand ist (bei allerlei Besichtigungen, Stadtbesichtigung, Zimmerbesichtigung), ob konkrete Bezugsobjekte wahrnehmbar sind und damit die Möglichkeit, sich zeigend oder mit deiktischen Mitteln auf anwesende Dinge oder Personen zu beziehen (z. B. in Geschäften: ,,das da", ,,ein Pfund davon") oder ob der Ort reiner Gesprächsort ist, also keine Beziehung zwischen Ort und Thema besteht:

- Ort als Gesprächsthema
- Bezugsobjekte anwesend
- Bezugsobjekte nicht anwesend
- Ort als bloßer Gesprächsort

An manchen Orten, besonders in städtischen Gebieten, ist kein direkter Kontakt mit Trägern von Funktionsrollen möglich oder nötig, wenn deren Funktion durch bestimmte Organisationsformen (Selbstbedienungsrestaurants, -geschäfte) oder durch Automaten erfüllt werden (Fahrkartenautomat, Verkaufsautomaten, Tankautomat, Parkuhren usw.). In diesen Fällen spielen neben den Objekten und oft vorhandenen graphischen Darstellungen auch Aufschriften eine Rolle. Aufforderungen und Informationen durch Schilder und Aufschriften sind auch für andere als die eben genannten Fälle typisch (z. B. Verkehrsschilder, Geschäftsbezeichnungen, Schalteranschriften usw.). Dieser Aspekt ebenso wie die Tatsache, daß an manchen als wichtig ausgewählten Orten Aufforderungen oder Informationen über Lautsprecher vermittelt werden (z. B. am Bahnhof, in öffentlichen Verkehrsmitteln, in Massenmedien), wird bei der Abgrenzung der Kommunikationsformen und der Fertigkeiten zu berücksichtigen sein. In diesen Fällen besteht zwar am jeweiligen Ort keine Möglichkeit, Fragen an den ,,Sender" zu stellen, andrerseits ist es häufig möglich, anwesende Personen zu den durch Aufschriften oder Lautsprecherdurchsagen gegebenen Informationen zu befragen.

5.4 Kommunikationsformen (Medien und Fertigkeiten)

Aus der Charakterisierung der Zielgruppe, der Rollenkonstellationen und der Kommunikationsorte ergibt sich für die *Kontaktschwelle* eine sehr starke Konzentration auf die mündliche Kommunikation und die spontan gesprochene Sprache. Rezeption und Produktion schriftlicher Texte können demgegenüber sehr viel enger eingegrenzt werden.

Die folgende Übersicht gibt eine erste, noch zu präzisierende Abgrenzung:

Mündliche Kommunikation:

direkte mündliche Kommunikation	face-to-face-Gespräch in Institutionen und privat	2 Teilnehmer oder kleine Gruppen; Möglichkeit zum Wechsel von Hörer- und Sprecher-Rolle
mündliche Kommunikation über Kanal, zwei- seitig	Telefongespräche	Hörer-/Sprecher-Rolle
mündliche Kommunikation über Kanal, einseitig	öffentliche Lautsprecher-durchsagen/Meldungen über Radio und Fern-sehen	Hörer-Rolle

Schriftliche Kommunikation:

	Formulare	Leser-/Schreiber-Rolle
	private Schreiben	Leser-/Schreiber-Rolle
	kurze öffentliche Texte mit Informations- oder Anweisungscharakter	Leser-Rolle

Aktivitäten wie die Produktion und Rezeption von längeren gesprochenen Texten für die Öffentlichkeit (z. B. Vorträge) oder die Lektüre von Aufsätzen und Büchern sind damit schon ausgeschlossen. Was die Lernenden im einzelnen verstehen und ausdrük-ken können sollen, wird in den folgenden Kapiteln durch die Auswahl von Sprechak-ten und Themen weiter eingegrenzt. Wir wollen hier jedoch schon eine zusammenfas-sende Beschreibung der sprachlichen Fertigkeiten geben, verbunden mit Anmerkun-gen zum Fertigkeitsgrad. Die traditionell unterschiedenen vier Fertigkeiten – Hören, Sprechen, Lesen, Schreiben – sind in realen Kommunikationssituationen vielfach gekoppelt (Hören und Sprechen, Lesen und Aussprechen, Hören und Aufschreiben usw.). Aus Gründen der Übersichtlichkeit werden die Fertigkeitsbereiche im folgen-den getrennt beschrieben. Alle Angaben sind im Rahmen der Listen zu den Sprechak-ten und Themen zu verstehen.

5.4.1 Hörverständnis

Die Lernenden werden sehr viel mehr verstehen müssen als sie selbst aktiv zu formu-lieren brauchen. Wie der muttersprachliche Gesprächspartner formuliert, ist nicht vorhersehbar oder gar in Form von begrenzten Listen zu erfassen. Wir können und müssen zwar davon ausgehen, daß die Muttersprachler sich in ihrem Sprachverhalten auf die Kenntnisse und Fähigkeiten des fremdsprachigen Partners einstellen. Andrer-seits wissen wir, daß die nicht im Umgang mit Ausländern geübten Muttersprachler auch beim Willen zur Rücksichtnahme nicht unbedingt die Strategien zur Reduktion und Verdeutlichung ihrer Aussagen verwenden, über die beispielsweise Fremdspra-chenlehrer verfügen (und die oft genug noch die Dialoge in Lehrmaterialien prägen).

„Hörend verstehen" meint nicht Wort für Wort verstehen, sondern ein Erfassen einmal der Äußerungsintentionen des Partners und zum andern – je nach Situation – der Grundaussage oder auch von Details seiner Äußerungen. Rückfragen zu den Intentionen und Einstellungen des Partners sind oft kommunikativ problematischer als Rückfragen in bezug auf den Informationsgehalt oder die Bedeutung von Ausdrük-ken. Das Erkennen der Intentionen und Einstellungen ist jedoch in konkreten Situa-tionen in Verbindung mit Mimik, Intonation oder Lautstärke vielfach problemlos möglich. Für das Heraushören von Grund- oder Detailinformationen spielt die situativ oder thematisch durch den Gesprächsablauf gesteuerte Erwartung des Hörers eine große Rolle. Sie ermöglicht es, trotz des Vorkommens unbekannter Wörter oder auch Strukturen und trotz teilweise undeutlicher Aussprache Äußerungsinhalte zu erschließen.

Diese Hinweise zum globalen und selektiven Verstehen und zur Rolle der Hörererwartung sind mitzudenken, wenn im folgenden versucht wird, kurz zusammenzufassen, was die Lernenden auf dem Niveau der *Kontaktschwelle* verstehen können sollen:

In zweiseitiger Kommunikation:

- die wahrscheinlichen Reaktionen von Gesprächspartnern auf eigene Äußerungen des Lernenden
- nicht-reaktive Äußerungen der Gesprächspartner zu Sachbereichen, die der Lernende auch selbst ansprechen konnte
- Warnrufe, Hilferufe
- kürzere Anweisungen und Sachinformationen oder Sachfragen am Telefon

und zwar in allen diesen Fällen,

- wenn der Gesprächspartner sich der überregionalen Standardsprache bedient mit nur leicht regionaler, schicht- oder gruppenspezifischer Färbung bzw. mit leicht ausländischem Akzent,
- bei einer Sprechgeschwindigkeit, die eher im unteren Bereich dessen liegt, was in der Kommunikation zwischen Muttersprachlern normal ist.

Ohne Anspruch auf explizite Beschreibung sei eine allgemeine Erläuterung zum Fertigkeitsgrad hinzugefügt. In der direkten Kommunikation kann das Verstehen durch Verständnisfragen gesichert, korrigiert oder ergänzt werden. Entsprechende Strategien werden im Inventar der Sprechakte berücksichtigt. Unter den oben angegebenen Bedingungen sollte der Lernende die Äußerungen des Partners so weit – so ,,gut" – verstehen, daß der Fortgang des Gesprächs nicht durch dauernde Rückfragen für den Partner ,,unzumutbar" gestört oder verlängert wird (vgl. dazu auch die Anmerkung unter ,,Sprechen").

Bei einseitiger Kommunikation über Medien sollten die Lernenden in der Lage sein:

- spezielle, für sie wichtige Informationen aus Lautsprecherdurchsagen zu entnehmen (z. B. am Bahnhof, in öffentlichen Verkehrsmitteln)
- bei Sendungen über Massenmedien (Radio, Fernsehen) zu erfassen, um welche Art von Sendung es sich handelt, und aus Informationssendungen speziell gesuchte Mitteilungen zu entnehmen (z. B. Wetter, Verkehrszustand in einer bestimmten Region).

Zur Abgrenzung der Hörverständnisfertigkeit noch zwei Erläuterungen:

1. Das so umschriebene Lernziel Hörverständnis setzt unter anderem voraus, daß der Lernende gewöhnt ist an authentische Hörtexte, an normale Sprechgeschwindigkeiten, an weniger deutliche Artikulation, an verschiedene Ausprägungen des überregionalen Standards, an Verzerrung der Sprache durch Medien; daß er für bestimmte Themenbereiche über einen erweiterten rezeptiven Wortschatz verfügt und daß der potentielle Wortschatz genutzt wird (dazu gehören: Internationalismen, sprachgeschichtlich verwandte Wörter aus der Muttersprache oder anderen gelernten Fremdsprachen sowie aufgrund elementarer Wortbildungsregeln durchschaubare Ableitungen und Komposita zu bekannten Wörtern). Auf solche Voraussetzungen, auf die Wichtigkeit von Techniken zur Erschließung unbekannter Elemente aus dem Redekontext und überhaupt auf die Bedeutung instrumenteller Fertigkeiten kann hier im Rahmen einer nicht unterrichtsbezogenen Lernzielbeschreibung nur hingewiesen werden.

2. Die Abgrenzung für das Hörverständnis ist streng zielgruppenbezogen. Das heißt, sie geht von dem aus, was für alle Mitglieder der Zielgruppe als wichtig angesehen wird.

Ein wahrscheinlich großer Teil der Zielgruppe dürfte auch an einem zumindest ansatzweisen Verstehen anderer Textsorten interessiert sein, z. B. von Radio- und Fernsehsendungen, Theater, Filmen. Solche Interessen sind auch gegeben bei Lernergruppen, die nicht das Ziel oder die Möglichkeit haben, in direkten Kontakt mit Deutschsprachigen zu treten.

Aufgrund der wachsenden Bedeutung der Massenmedien sollte als notwendige Ergänzung (oder auch Alternative) zur *Kontaktschwelle* unbedingt eine eigene Lernzielbeschreibung folgen zu einer elementaren rezeptiven Kompetenz für monologische und dialogische Hörtexte außerhalb von face-to-face-Situationen (und bei der Ausarbeitung wäre der hier verwendete Beschreibungsapparat wohl zu erweitern in Richtung auf eine genauere Textsortenbeschreibung und eine Identifikations- oder Hörergrammatik).

Inwieweit die Kompetenz auf dem Niveau *Kontaktschwelle* es ermöglicht, auch andere als die ausdrücklich vorgesehenen Hörtexte zu verstehen – z. B. Gespräche zwischen Muttersprachlern, komplexere Hörtexte in Verbindung mit Bildern, Filmen – darüber können zur Zeit nur Vermutungen angestellt werden. Gezielte Erprobungen müßten zeigen, was mit dem Schwellenniveau für direkte Kontakte schon erreicht ist für die immer wichtiger werdende Rezipientenrolle im Kontakt mit Medien.

5.4.2 Sprechen

Die Lernenden sollen fähig sein: spontan, in einfacher, verständlicher und möglichst angemessener Form

- ihre Bedürfnisse, Wünsche, Absichten, Erfahrungen, Meinungen oder Gefühle zu äußern;
- mit kürzeren Äußerungen zu reagieren auf situativ oder im Gesprächsablauf erwartbare Äußerungen anderer;
- sich aktiv mit Informations- oder Meinungsäußerungen an Gesprächen zu Alltagsthemen zu beteiligen;
- wenn nötig, die Gesprächspartner um Formulierungshilfe, um langsameres, deutlicheres Sprechen, um Wiederholung oder Paraphrasierung zu bitten.

Eingeschlossen werden die Fertigkeiten,

- telefonisch kurze Informationsgespräche zu führen und Abmachungen zu treffen;
- unbekannte gehörte Namen oder Ausdrücke zu wiederholen (z. B. in Rückfragen);
- unbekannte gelesene Namen oder Ausdrücke verständlich auszusprechen (z. B. bei Fragen nach Orten, Straßen oder der Bedeutung von Ausdrücken auf der Speisekarte).

Durch listenmäßige Aufzählungen läßt sich relativ explizit beschreiben, w a s der Lernende tun können soll, und durch die Auswahl von Redemitteln wird auch der Schwierigkeits- bzw. Einfachheitsgrad verdeutlicht. Nicht mit vergleichbarer Explizitheit kann hier beschrieben werden, wie ,,gut" der Lernende etwas tun können, wie gut er sprechen können soll. Wir müssen uns dafür mit relativ vagen Umschreibungen wie ,,verständlich" oder ,,möglichst angemessen" begnügen. Auch wenn der Fertigkeitsgrad etwa durch Modelltests genauer präzisiert wird, bilden allgemeine Charakterisierungen dieser Art den Ausgangspunkt.

Wichtigstes Kriterium ist, d a ß Kommunikation zustandekommt, daß die ,,Botschaft" des Sprechenden verstanden wird. Völlige Korrektheit ist nicht Voraussetzung für ein Gelingen der Kommunikation. Die Verständigung funktioniert auch bei Abweichungen und Verstößen in bezug auf sprachliche Normen, oder richtiger gesagt:

in bezug auf das, was in mündlicher Kommunikation zwischen Muttersprachlern normal ist. Zu diesem Normalen gehören auch Versprecher, Konstruktionsbrüche, Neuansätze, Nachträge, Ellipsen usw. Kommunikation zwischen Muttersprachlern und Fremdsprachigen gelingt auch, wenn der Fremde „mit Akzent" spricht, Grammatikfehler macht oder nicht immer die erwarteten Ausdrücke verwendet.

Das Kriterium ‚Gelingen der Kommunikation' reicht aber allein nicht aus, um den Fertigkeitsgrad zu bestimmen. Wir wollen hier nicht eine Bestimmung zulässiger Fehlertypen oder der tragbaren Fehlerhäufigkeit versuchen. Als zusätzliches Kriterium mag gelten: Der Lernende soll sich ohne große Schwierigkeit verständlich machen können; die Kommunikation sollte möglichst ohne (sprachliche) Mißverständnisse ablaufen können, und der Gesprächspartner sollte nicht gezwungen sein, dauernd zurückzufragen oder geduldig (bzw. ungeduldig) auf den Abschluß einer Äußerung zu warten; mit anderen Worten: Der Lernende soll sich – auch in der Aussprache – so verständlich, so angemessen und so flüssig äußern können, daß ein normaler Gesprächspartner eine Fortsetzung des Gesprächskontakts nicht als Zumutung empfindet, sondern ihm – auch wenn er nicht dazu verpflichtet ist – eine Weiterführung oder Wiederholung des Gesprächskontakts sinnvoll oder wünschenswert erscheinen kann.

Gegenüber der Betonung des korrekten Sprechens, das als Ziel natürlich sinnvoll bleibt, wird damit dem spontanen und flüssigen, wenn auch fehlerhaften Sprechen eine kommunikativ größere Wichtigkeit beigemessen.

5.4.3 Leseverständnis

Ausgehend von den angenommenen Bedürfnissen aller Mitglieder der Zielgruppe wird im Threshold-Level-Modell für das lesende Verstehen keine allgemeine Grundkompetenz vorgesehen. Es wird nur eine äußerst begrenzte Fähigkeit, nicht zu integralem Verstehen, sondern zur Entnahme von Informationen aus einigen Textsorten für notwendig erachtet.

Dazu gehören:

- die wichtigsten Aufschriften auf Verkehrsschildern
- andere Erlaubnis-/Verbotsschilder
- Informationsschilder bei Geschäften, Gebäuden, Verkehrsmitteln
- Legenden auf Stadtplänen/Landkarten
- Fahrpläne
- öffentliche Anschläge wie Hausordnung/Campingplatzordnung
- Bekanntmachungen zu Veranstaltungen (z. B. Plakate, Veranstaltungskalender, Anzeigen in Zeitungen)
- Aufschriften auf Waren und allgemeine Bezeichnungen in Speisekarten
- Aufschriften, Bedienungshinweise auf Apparaten und Automaten
- Gebrauchsanweisungen bei Medikamenten
- Anmeldeformulare
- bebilderte Prospekte über Ferienorte
- kurze Meldungen in Zeitungen, vor allem in bezug auf Reise, Verkehr, Wetter
- Grußpostkarten und maschinengeschriebene Antworten auf eigene Anfragen (siehe „Schreiben")

Für das Verstehen solcher Texte gilt analog das im Abschnitt Hörverständnis zur Rolle der Erwartung Gesagte. In vielen Fällen wird das Verstehen des schriftlichen Textes durch die äußere Situation oder durch nicht-verbale Zeichen gestützt oder sogar überflüssig.

Ähnlich wie beim Hörverständnis gilt auch hier, daß wahrscheinlich ein großer Teil der Zielgruppe – aber eben nicht alle – an einer erweiterten Lesefähigkeit (z. B. Zeitungslektüre) interessiert sein dürfte. Eine entsprechende Lernzielbeschreibung soll separat entwickelt werden.

Bei sachlichem Vorwissen und innerhalb eines gegebenen Erwartungshorizonts wird, vor allem in Verbindung mit Bildern, auch mit den Mitteln der *Kontaktschwelle* ein globales Verstehen von Zeitungsmeldungen zu politischen Ereignissen möglich sein.

5.4.4   Schreiben

Die Lernzielbestimmung für das Schreiben geht von der Annahme aus, daß die überwiegende Mehrheit der Zielgruppe nur eine sehr limitierte Schreibfertigkeit braucht, beschränkt auf einige wenige Muster:

- Ausfüllen von Anmeldeformularen
- briefliche Anfragen in bezug auf Unterkunft, Verpflegung, Preis, Umgebung; Bitte um Prospekte
- kurze persönliche Mitteilungen (z. B. Ankunftszeit, Absagen); Grußpostkarten

Für die beiden letzten Formen genügt (von Anrede- und Grußformeln abgesehen) ein ,,Schreiben, wie man spricht". Die Fähigkeit, formelle Briefe zu schreiben, die bei längeren Aufenthalten im Land für den Umgang mit Behörden und für Berufszwecke wichtig ist, wird nicht erwartet.

Für eine weitergehende produktive Kompetenz im Bereich der schriftlichen Kommunikation soll im Rahmen des Baukastensystems eine eigene bedürfnisorientierte Lernzielbeschreibung ausgearbeitet werden.

5.5   Sprechakte

In einem nächsten Schritt zur Präzisierung des Lernziels können wir versuchen anzugeben, welche sprachlichen Handlungen die Lernenden in den zu erwartenden Interaktionen vollziehen können sollten, beziehungsweise auf welche sprachlichen Handlungen anderer sie reagieren können sollten (was ein Identifizieren der Erwartung des Partners voraussetzt). So wird der Lernende beispielsweise in verschiedenen Situationen in der Lage sein müssen oder wollen, jemanden anzusprechen, Informationen zu erfragen, um etwas zu bitten, sich zu bedanken, etwas zu kritisieren, Zustimmung zu äußern usw. Verbunden mit dem Vollzug solcher Sprechakte – von denen auch beim Versuch, ein kommunikatives Minimum abzugrenzen, eine beträchtliche Zahl in die Lernzielbestimmung aufgenommen werden muß – ist vielfach der Ausdruck von emotionalen Einstellungen des Sprechers, z. B. freudig etwas mitteilen oder bedauernd eine Einladung ablehnen. Vornehmlich bei den stark ritualisierten sozialen Akten wie ,,grüßen" – ,,einen Gruß erwidern" besteht eine einfache, feste Korrespondenz von initiierendem und reaktivem Akt. Zu vielen anderen Sprechakten sind jeweils mehrere Reaktionsmöglichkeiten in Betracht zu ziehen, z. B. Alternativen wie: auf Angebote oder Einladungen zustimmend, ablehnend oder ausweichend zu reagieren. Das Inventar der Sprechakte sollte also so umfassend sein, daß es solche Handlungsalternativen nicht beschneidet und daß es im Rahmen von Redestrategien unterschiedliche Verkettungen von Sprechakten in Sprechaktsequenzen erlaubt. Der Erwachsene hat im Verlauf seiner Sozialisation die Voraussetzungen und Regeln für ein Gelingen von Kommunikation erlernt, und er verfügt über Strategien eines situations- und partnerbezogenen zielgerichteten sprachlichen Handelns.[10] Für den europäischen Bereich können wir mit einer gewissen Idealisierung davon ausgehen, daß zumindest in den für die Zielgruppe relevanten sozialen Domänen und Kommunikationssituationen eine recht weitgehende Übereinstimmung der Interaktionsmuster besteht.

Im Rahmen der Sprechaktforschung, die besonders den universellen Charakter von Sprechakten herausgestellt hat, und im Rahmen der pragmatisch orientierten Didaktik sind schon verschiedene Sprechaktkataloge vorgelegt worden, die als Orientierungshilfe dienen können. Diese Kataloge unterscheiden sich jedoch – und das ist kennzeichnend für den Stand der Diskussion – oft wesentlich in bezug auf die Gliederung in Sprechaktgruppen, im Ausmaß der Subkategorisierungen und auch hinsichtlich der Benennung der einzelnen Sprechakte.[11]

Die für diese erste Fassung der *Kontaktschwelle* vorgelegte Liste, bei der versucht wurde, eine möglichst überschaubare und für einen größeren Benutzerkreis plausible Darstellung zu finden, wird aufgrund weiterer Untersuchungen und des Feedbacks der Benutzer sicher zu revidieren sein.

Ausgewählt wurden die folgenden Sprechaktgruppen:

- Sprechhandlungen, die zum Erwerb und zum Austausch von Sachinformationen dienen (z. B. identifizieren, ankündigen, Informationen erfragen)
- Sprechhandlungen zum Ausdruck von Bewertungen und Stellungnahmen (z. B. Meinungen ausdrücken, loben, kritisieren, widersprechen)
- Sprechhandlungen zum Ausdruck von spontanen Gefühlen und andauernden Emotionen (z. B. Freude, Unzufriedenheit, Sympathie ausdrücken)
- Sprechhandlungen zur Regulierung des Handelns in bezug auf die Verwirklichung eigener, fremder oder gemeinsamer Interessen (z. B. bitten, erlauben, um Rat fragen, Hilfe anbieten)
- Sprechhandlungen, mit denen in Erfüllung gesellschaftlicher Umgangsformen soziale Kontakte eingeleitet, stabilisiert oder beendigt werden (z. B. begrüßen, sich entschuldigen, Komplimente machen, sich verabschieden)
- Sprechhandlungen, die sich auf die Ausführung oder Interpretation sprachlicher Handlungen beziehen und zur Sicherung der Verständigung dienen (z. B. sich korrigieren, um Wiederholung bitten, um Ausdruckshilfe bitten)

Diese sechs Gruppen sind mit den folgenden Stichwörtern überschrieben:

1 Informationsaustausch
2 Bewertung, Kommentar
3 Gefühlsausdruck
4 Handlungsregulierung
5 Soziale Konventionen
6 Redeorganisation und Verständigungssicherung

Die vollständige Liste befindet sich zusammen mit einer Auswahl sprachlicher Realisierungsmuster im zweiten Teil.

Die Konkretisierung der Lernzielbestimmung unter dem Aspekt des Vollzugs sprachlicher Handlungen ist gewiß ein wesentlicher Teil der Lernzielbeschreibung, doch ist auch diese Komponente immer in Bezug zu setzen zu den übrigen Faktoren wie Partnerbeziehung, Handlungsraum und Thema.

5.6 Themen

Unter Berücksichtigung der früher beschriebenen Partnerkonstellationen und sozialen Beziehungen wurden die folgenden Sachbereiche als thematische Schwerpunkte ausgewählt:

1. Personalien; Informationen zur Person
2. Wohnen
3. Umwelt
4. Reisen und Verkehr
5. Verpflegung
6. Einkaufen und Gebrauchsartikel
7. Öffentliche und private Dienstleistungen
8. Gesundheit und Hygiene
9. Wahrnehmung und Motorik
10. Arbeit und Beruf

11. Ausbildung
12. Fremdsprache
13. Freizeit und Unterhaltung
14. Persönliche Beziehungen und Kontakte
15. Aktualität; Themen von allgemeinem Interesse

Im nächsten Abschnitt wird eine detailliertere Aufgliederung der Sachbereiche gegeben. Die Reihenfolge beinhaltet keine Hierarchie wichtiger oder weniger wichtiger Bereiche. Teilweise sind auch andere plausible Zuordnungen und Gruppierungen denkbar.

5.6.1 Themenbezogene Verhaltensbeschreibung

Die Nennung von Sachbereichen allein ist für die Lernzielbestimmung zu allgemein, zu unterschiedlich interpretierbar. Daher wird im folgenden ausgehend von der Themenliste in knapper Form angegeben, was die Lernenden in bezug auf die einzelnen Sachbereiche tun können sollen. Es geht dabei nicht um Verhaltensbeschreibung bis in Details, sondern um grob orientierende Eingrenzung. Dazu werden teilweise sehr allgemeine Tätigkeitsbezeichnungen wie ,,sagen", ,,fragen" verwendet. Die verkürzte Redeweise soll natürlich nicht besagen, daß die Realisierung anderer, in der Liste der *Kontaktschwelle* enthaltener Sprechakte oder das Ausdrücken verschiedener Einstellungen zu den Sachbereichen ausgeschlossen wird. Auch wenn hier eine getrennte Darstellung gegeben wird, gehören diese (kaum aufzählbaren) Kombinationen selbstverständlich zur Kompetenz, die mit der *Kontaktschwelle* beschrieben wird.

Die Eingrenzungen in diesem Kapitel dienen vor allem auch als Orientierung für die Auswahl des themenspezifischen Wortschatzes in der Liste ,,Spezifische Begriffe".

1. *Personalien; Informationen zur Person*

Die Lernenden sollen fähig sein, mündlich und schriftlich (auf Formularen) ihre Personalien anzugeben und mündlich über sich selbst und über andere Personen Auskunft zu geben oder entsprechende Auskünfte zu erfragen, und zwar in bezug auf:

1. 1 Name	Familienname, Vorname; wenn nötig buchstabieren
1. 2 Adresse	wenn nötig buchstabieren
1. 3 Telefon	
1. 4 Geburtsdatum, Geburtsort	Geburtsort gegebenenfalls buchstabieren
1. 5 Alter	
1. 6 Geschlecht	
1. 7 Familienstand	
1. 8 Staatsangehörigkeit	
1. 9 Herkunft	
1.10 Berufliche Tätigkeit	den eigenen Beruf angeben, den Arbeitgeber nennen
1.11 Religion	evtl. Religionszugehörigkeit angeben
1.12 Familie	Familienmitglieder und nächste Verwandte
1.13 Interessen, Neigungen	Sympathie/Antipathie zu Personen ausdrücken. Über Interessengebiete, Hobbys, Vorliebe (z. B. in bezug auf Essen und Trinken) sprechen.
1.14 Charakter, Temperament	Personen allgemein charakterisieren
1.15 Aussehen	äußere Merkmale von Personen angeben

2.　　**Wohnen**

Die Lernenden sollen fähig sein, über ihre eigene Wohnung und die von anderen sowie über Unterkunftsmöglichkeiten auf Reisen zu sprechen:

2.1 Art der Wohnung	beschreiben, wo man wohnt, in was für einem Haus, in was für einer Wohnung, ob als Mieter oder Eigentümer. Entsprechende Informationen von andern erfragen.
2.2 Räume	sagen und erfragen, was alles zur Wohnung, zum Haus gehört (Zimmer, Garten, Garage etc.) und wo die Räume liegen.
2.3 Einrichtung; Möbel, Bettwäsche	die wichtigsten Einrichtungsgegenstände nennen, die zur Verfügung stehen oder zur Verfügung stehen sollten.
2.4 Haushalt, Komfort, technische Einrichtung	Auskunft geben oder erfragen, was an Komfort vorhanden ist (Strom, Gas, Heizung, Geräte) und was im Haushalt zu tun ist.
2.5 Miete, Kosten	sagen oder fragen, wie teuer eine Wohnung, ein Haus ist.
2.6 Auswärts wohnen	sich über Übernachtungsmöglichkeiten informieren; ein Zimmer reservieren; nach einem Zimmer fragen; angeben, was für ein Zimmer man wünscht; Anmeldeformular ausfüllen; sich nach Preis, Essenszeiten usw. erkundigen; sich wecken lassen.
2.7 Charakterisierung von Wohnung, Einrichtung und Wohnlage	die eigene, eine fremde Wohnung oder eine Ferienwohnung allgemein charakterisieren und beurteilen; andere um eine Charakterisierung bitten; aus Prospekten Charakterisierungen für Ferienwohnung, Hotel usw. entnehmen.

3.　　**Umwelt**

Informationen austauschen über die Umgebung eines Aufenthaltsortes und über das Klima und Wetter des eigenen Landes und der Region, in der man sich aufhält:

3.1 Gegend, Stadt, Land	angeben und fragen, in welcher Umgebung man zu Hause oder in den Ferien wohnt (Industriegebiet, Stadt, Land); charakterisieren, wie die Umgebung aussieht und in welcher Umgebung man sich gerne aufhalten möchte.
3.2 Pflanzen, Tiere	allgemeine Informationen geben und erfragen zur Vegetation an einem Ort oder in einer Region sowie zu Tieren, besonders Haustieren.
3.3 Klima, Wetter	das Klima des Herkunftslandes und des Aufenthaltsgebiets charakterisieren; sich über das Wetter unterhalten (Kontaktgespräch); sich erkundigen nach den klimatischen Verhältnissen zu verschiedenen Jahreszeiten; aus Wetterberichten (Fernsehen, Radio, Zeitung) die Hauptinformationen über die zu erwartende Entwicklung entnehmen.

4.   *Reisen und Verkehr*

Die Lernenden sollten in der Lage sein, sich auf Reisen und im Verkehr zu orientieren und Auskunft zu geben oder zu erfragen in bezug auf:

4.1 Orientierung	nach dem Weg fragen, Wegbeschreibungen geben; Karte lesen.
4.2 Alltägliche Wege/Fahrten (z. B. zur Arbeit, Schule usw.)	sagen, wie man zur Arbeit, zur Schule usw. kommt (Verkehrsmittel, Fahrtzeiten, Entfernung) und entsprechende Informationen von andern erfragen.
4.3 (Ferien)Reisen	sagen, wie, wann und wo man Ferien macht; über frühere Reisen und über Reisepläne berichten; entsprechende Informationen von anderen erfragen; nach Sehenswürdigkeiten fragen und über Sehenswertes Auskunft geben.
4.4 Öffentlicher Verkehr	Auskünfte einholen oder geben zur Benutzung von öffentlichen Verkehrsmitteln, zu Fahrzeiten usw.; Fahrkarten kaufen; Gepäck aufgeben und abholen; Verluste melden; die wichtigsten öffentlichen Bekanntmachungen verstehen (Aufschriften/Lautsprecherdurchsagen).
4.5 Privatverkehr	nach Fahrtrouten, Straßen, Parkmöglichkeiten fragen oder entsprechende Informationen geben; eventuell ein Fahrzeug mieten; sich anhand von Schildern orientieren; die wichtigsten Informationen von Verkehrsmeldungen am Radio verstehen.
4.6 Grenzübergang	angeben, ob man etwas zu verzollen hat; Geld wechseln.
4.7 Ausweispapiere für Reisen	verstehen, welche Papiere z. B. bei Kontrollen verlangt werden; fragen, welche Papiere man braucht, wie und wo man sie bekommt.

5.   *Verpflegung*

5.1 Essen, Trinken, Mahlzeiten	sagen oder fragen, ob man etwas essen oder trinken will, wann gegessen wird; Höflichkeitsformeln bei Tisch.
5.2 Nahrungsmittel, Speisen, Getränke	beim Einkaufen oder im Restaurant nach den wichtigsten Nahrungsmitteln, Speisen und Getränken fragen; sich auf der Speisekarte oder an Aufschriften orientieren.
5.3 Restaurant, Café	nach Lokalen fragen; Platz reservieren; fragen, ob ein Tisch, ein Platz frei ist; die Speisekarte verlangen; bestellen; anhand der Speisekarte um Erklärungen bitten; nach Spezialitäten fragen; bezahlen.
5.4 Charakterisierung für Essen und Getränke	sagen oder fragen, ob und wie etwas schmeckt.

6.   *Einkaufen und Gebrauchsartikel*

Die Lernenden sollten fähig sein, verschiedene Einkäufe zu machen, nach Dingen des alltäglichen Bedarfs zu fragen, Auskünfte, die man ihnen gibt, zu verstehen, sich anhand von Schildern/Aufschriften zu orientieren; Gegenstände des alltäglichen Gebrauchs auch außerhalb von Einkaufssituationen zu nennen. Im einzelnen:

6.1 Einkaufen, Geschäfte	sich oder andere über Einkaufsmöglichkeiten informieren; bestimmte Artikel verlangen, Menge, Maße und Gewicht angeben.
6.2 Preis/Bezahlen	nach Preisen fragen, etwas Billigeres verlangen; bezahlen; um Wechselgeld bitten.
6.3 Lebensmittel	die wichtigsten Lebensmitteleinkäufe machen.
6.4 Kleidung, Accessoires	Kleidungsstücke und gewöhnliche Accessoires wie Tasche usw. nennen; in Kleidergeschäften einkaufen; etwas anprobieren; beurteilen.
6.5 Rauchwaren	Rauchwaren kaufen; um Feuer bitten; fragen, ob man rauchen darf.
6.6 Haushaltartikel	nach Haushaltartikeln, besonders Geschirr und Werkzeug fragen.
6.7 Apotheke, Medizin	eine Apotheke finden; mit oder ohne Rezept Medikamente kaufen.
6.8 Schreibwaren	Schreibwaren wie Papier, Kugelschreiber verlangen.

7. *Öffentliche und private Dienstleistungen*

Die Lernenden sollten sich nach Dienstleistungsstellen erkundigen und verschiedene Dienstleistungen in Anspruch nehmen können. Im einzelnen:

7.1 Post	eine Post, einen Briefkasten finden; Briefe oder Pakete aufgeben; Briefmarken kaufen; Geld überweisen; gegebenenfalls postlagernde Briefe abholen.
7.2 Telegrammdienst	ein Telegramm aufgeben; fragen, wann das Telegramm ankommt, nach dem Preis fragen.
7.3 Telefon	sich nach Möglichkeiten erkundigen, irgendwohin zu telefonieren; Telefonnummer geben oder erfragen; jemanden an den Apparat verlangen, sich am Telefon melden.
7.4 Bank	Geld wechseln, Schecks einlösen; sagen, ob man ein Konto hat.
7.5 Polizei	den nächsten Polizeiposten finden; die Polizei rufen; einen Diebstahl, Verlust oder Unfall melden.
7.6 Not-/Bereitschaftsdienste	um Hilfe rufen; auf Gefahren aufmerksam machen; die zuständigen Notdienste verständigen. vgl. auch 8.4: Krankheit/Unfall 8.5: Medizinische Versorgung
7.7 Autoreparatur/Pannenhilfe	bei einer Panne die Werkstatt oder den Pannendienst verständigen; nach der nächsten Reparaturwerkstatt fragen; verständlich machen, was nicht mehr funktioniert; Reparaturaufträge geben; den Wagen abschleppen lassen.
7.8 Tankstelle	nach der nächsten Tankstelle fragen; tanken und Routinekontrollen durchführen lassen.
7.9 Konsularische Vertretung	nach dem Konsulat des eigenen Landes fragen.

8.   *Gesundheit und Hygiene*

Auskunft geben über den eigenen Gesundheitszustand und nach dem Befinden anderer fragen. Auskunft geben oder um Auskunft oder Hilfe bitten in bezug auf Gesundheit und Wohlbefinden. Im einzelnen:

8.1 Körperteile	sich auf Körperteile beziehen oder sie nennen, wenn keine Zeigegesten möglich sind, z. B. bei telefonischer Anmeldung beim Arzt.
8.2 Physisches und psychisches Befinden, Bedürfnisse	sagen oder fragen, wie man sich fühlt, ob man müde ist, schlafen will, friert.
8.3 Körperpflege/Hygiene	sich nach Waschmöglichkeiten usw. erkundigen; sich die Haare schneiden lassen; sich Toilettenartikel beschaffen.
8.4 Krankheit/Unfall	ausdrücken, ob einem schlecht ist, ob man krank ist, ob man Schmerzen hat; sagen, ob man krank gewesen ist, ob man operiert worden ist und gegebenenfalls an welchen chronischen Krankheiten oder Beschwerden man leidet und ob man Medikamente nehmen muß; andere nach ihrem Gesundheitszustand fragen; einen Unfall melden oder über einen Unfall berichten.
8.5 Medizinische Versorgung	sich nach Arzt, Krankenhaus, Apotheke erkundigen; sich beim Arzt, im Krankenhaus anmelden; dem Arzt verständlich machen, was einem fehlt; Medikamente besorgen; jemanden im Krankenhaus besuchen.
8.6 Versicherung	angeben, ob und wo man versichert ist.

9.   *Wahrnehmung und Motorik*

9.1 Sinnliche Wahrnehmung	mitteilen, ob man etwas wahrnimmt, hört, riecht, spürt usw. und andere nach ihrer Wahrnehmung fragen.
9.2 Körperstellung, -bewegung	sich auf Körperstellung (sitzen, liegen usw.) und auf Körperbewegung (sich setzen usw.) beziehen.
9.3 Manuelle Tätigkeiten; Handhabung von Dingen, Geräten	Anleitungen zur Ausführung von Handgriffen z. B. bei der Bedienung von Apparaten verstehen; andere um Handreichungen bitten (z. B. etwas geben, tragen).

10.   *Arbeit und Beruf*

Informationen austauschen über die berufliche Tätigkeit und die Arbeitsbedingungen; sagen oder andere fragen:

10.1 Beruf	was man von Beruf ist und welche Berufe man eventuell früher ausgeübt hat.
10.2 Arbeitsplatz	wo und bei wem man arbeitet.
10.3 Arbeitsbedingungen	wie die Arbeitszeiten sind, wann man frei hat, wie lange man Ferien hat; welche Stellung man innerhalb einer Firma hat, was für Kollegen man hat; ob man in einer Gewerkschaft engagiert ist; ob man viel oder hart arbeiten muß.

10.4 Lohn	wieviel man verdient.
10.5 Berufsausbildung/Laufbahn	was für eine Ausbildung man macht, braucht oder gemacht hat; welche Berufsziele oder -aussichten man hat; ob man arbeitslos ist oder die Stelle wechseln will oder muß.
10.6 Charakterisierung von Stelle und Arbeit	wie man eine Stelle beurteilt und ob einem eine Arbeit gefällt.

11. *Ausbildung/Schule*

Die Lernenden sollten fähig sein zu sprechen über:

11.1 Schule und Studium	eigene schulische Ausbildung und Ausbildung anderer (z. B. der Kinder); Weiterbildungs- kurse für Erwachsene, Sprachkurse.
11.2 Unterrichtsfächer	Fachbereiche, für die man sich besonders in- teressiert oder mit denen man sich besonders beschäftigt hat.
11.3 Prüfungen, Diplome	Diplome oder Zertifikate, die man erworben hat; Prüfungen, die man gemacht hat oder auf die man sich vorbereitet.

12. *Fremdsprache*

Die Lernenden sollten fähig sein, über ihre Fremdsprachenkenntnisse zu sprechen und bei der Verwendung der Fremdsprache die Verständigung z. B. durch Fragen oder Aufforderungen an den Partner zu sichern:

12.1 Verständigung	nach der Bedeutung von Wörtern oder nach passenden Ausdrücken für etwas fragen; sa- gen, ob man etwas versteht; den Gesprächs- partner bitten, langsamer, deutlicher zu spre- chen, etwas zu wiederholen oder zu paraphra- sieren.
12.2 Sprachbeherrschung	sagen, welche Fremdsprachen man spricht, wie gut man versteht, spricht, liest oder schreibt; ob man etwas schwierig findet; ande- ren entsprechende Fragen zu ihren Fremdspra- chenkenntnissen stellen; fragen, ob man etwas richtig formuliert hat, wie man ein Wort aus- spricht; andere um Formulierungshilfe bitten und bitten, Fehler zu korrigieren.

13. *Freizeit und Unterhaltung*

Die Lernenden sollten darüber sprechen können, wie sie ihre Freizeit verbringen und wofür sie sich besonders interessieren; sie sollten andere nach ihrer Freizeitbeschäfti- gung und nach Interessen fragen und sich nach dem Freizeit-/Kulturangebot an einem Ort erkundigen können. Im einzelnen:

13.1 Freizeitbeschäftigung/ Interessen	sagen, was man gern tut oder tun möchte, wo- für man sich interessiert; anderen entsprechen- de Fragen stellen.
13.2 Besuch von Veranstaltungen	sich nach Veranstaltungen/Veranstaltungs- orten erkundigen; sich anhand von Plakaten oder Anzeigen in Zeitungen usw. über das Programmangebot informieren; für den Be-

such von Veranstaltungen Karten vorbestellen oder kaufen; sich beim Besuch von Veranstaltungen zurechtfinden, z. B. seinen Platz suchen.

13.3 Theater, Kino, Konzert etc.   die eigenen Interessen oder Wünsche nennen und die von anderen erfragen; sich nach dem Programmangebot erkundigen; in einfacher Form über eine Veranstaltung sprechen.

13.4 Bildende Kunst/Ausstellungen/ Sehenswürdigkeiten   sagen, ob man sich für Ausstellungen oder Besichtigungen interessiert; sich nach Sehenswürdigkeiten erkundigen; in einfacher Form berichten, was man gesehen hat.

13.5 Sport   sagen oder fragen, ob man sich für Sport interessiert, für welche Sportarten; welchen Sport man aktiv betreibt; sich nach Sportplätzen oder Sportveranstaltungen erkundigen; über den Spielstand oder Spielresultate sprechen.

13.6 Radio/Fernsehen   darüber sprechen, ob man gern oder viel fernsieht, Radio hört; welche Programme man bevorzugt; andere nach ihrer Gewohnheit oder Vorliebe fragen.

13.7 Lektüre/Presse   sagen, was man gern oder regelmäßig liest, z. B. Zeitungen, Bücher; andere nach ihrer Lesegewohnheit und nach Zeitungen in ihrem Land fragen.

13.8 Gesellige Anlässe   sich nach Festen erkundigen und gegebenenfalls über die Teilnahme an Feiern, Festspielen usw. berichten; sagen, welche Gesellschaftsspiele (Kartenspiele usw.) man kann oder gern spielen möchte.

13.9 Charakterisierungen für Veranstaltungen, Lektüre usw.   in allgemeiner Form seinen persönlichen Eindruck von Veranstaltungen, Filmen, Büchern usw. wiedergeben; andere nach entsprechenden Beurteilungen fragen.

14.   *Persönliche Beziehungen und Kontakte*

Bekanntschaften machen und aufrechterhalten; über private Kontakte und zwischenmenschliche Beziehungen sprechen:

14.1 Art der persönlichen Beziehung   Auskunft geben oder erfragen über die Dauer und Art der Bekanntschaft, die Intensität der Beziehung; Sympathien und Antipathien ausdrücken.

14.2 Einladungen/Verabredungen   sich mit jemandem verabreden, andere einladen oder besuchen, etwas anbieten; Einladungen annehmen, ablehnen.

14.3 Korrespondenz   sagen oder fragen, mit wem man in Briefkontakt steht; andere zum Schreiben auffordern oder versprechen zu schreiben; nach Schreibmaterial fragen; kurze persönliche Briefe oder Karten schreiben mit Informationen oder Fragen, z. B. zu Besuchen, mit Dank oder Grüßen

14.4 Vereine	sagen, ob man in einem Verein ist, und um was für eine Vereinigung es sich handelt; andere nach Vereinen oder ihrer Vereinszugehörigkeit fragen.

15. *Aktualität; Themen von allgemeinem Interesse*

Die Lernenden sollten fähig sein, Grundinformationen über das aktuelle politische, wirtschaftliche und soziale Geschehen zu verstehen; zumal in bezug auf Ereignisse, die sie selbst betreffen können (z. B. Streik); und sie sollten im Rahmen ihrer Interessen und ihrer Vorkenntnisse ihre Grundeinstellung zu aktuellen Fragen äußern können.

15.1 Aktuelles Geschehen	verstehen (z. B. am Fernsehen, aus mündlichen Informationen), daß etwas Wichtiges passiert ist; sich erkundigen, ob ein Ereignis (z. B. für einen selbst) Folgen hat, ob es Lösungen gibt, wie lange ein Zustand andauert (z. B. Streik).
15.2 Lebensverhältnisse, Wirtschaft, Soziales	nach den Lebensverhältnissen in einem Land fragen; die wirtschaftliche Situation und den Lebensstandard im eigenen Land und im Aufenthaltsland vergleichen.
15.3 Politik	in Grundzügen verstehen, was für politische Ereignisse eingetreten sind; die eigene politische Grundeinstellung angeben, z. B. in welcher Partei oder für welche Partei man ist; andere zur politischen Situation in ihrem Land befragen und nach ihrer politischen Einstellung fragen.

5.6.2 Allgemeine und spezifische Begriffe

Wenn wir ,,einen Vorschlag machen" oder ,,Enttäuschung ausdrücken", so realisieren wir bestimmte sprachliche Handlungen, und wir beziehen uns gleichzeitig mehr oder weniger explizit auf etwas, machen Aussagen über etwas. Wir schlagen beispielsweise vor, ins Schwimmbad zu gehen, oder drücken Enttäuschung darüber aus, daß jemand nicht gekommen ist. Worauf wir uns beziehen, was wir aussagen, das ist weitgehend abhängig von der Situation und dem Themenbereich. Es lassen sich jedoch von spezifischeren Begriffen wie etwa ,,Regen" oder ,,Kleidung" allgemeinere Konzepte unterscheiden, die bei allen Themen eine Rolle spielen können. Dies sind zum Beispiel Begriffe wie ,,Existenz", ,,Eigenschaft", ,,Bewegung" oder ,,Vergangenheit". Im einzelnen ergeben sich manche Probleme bei der Abgrenzung von ,eher allgemein' und ,eher spezifisch' und beim Versuch einer Kategorisierung, die nicht allzusehr von der semantischen Gliederung der ,Welt' in der Einzelsprache geprägt ist. JAN VAN EK hat in *The Threshold Level* zwei getrennte Kataloge allgemeiner und spezifischer Notionen vorgeschlagen, die wie für *Un niveau-seuil* auch für die *Kontaktschwelle* mit einigen Abänderungen übernommen werden. Es ergeben sich manche Überschneidungen der Listen allgemeiner und spezifischer Begriffe und teilweise auch Überschneidungen mit der Liste der Sprechakte. Dies ist unter dem Gesichtspunkt der Beschreibungsökonomie gewiß ein Mangel; die entstehende Redundanz dürfte aber, wie VAN EK im Vorwort zum *Threshold Level* schreibt, für den Benutzer beim praktischen Umgang mit den Listen eher hilfreich sein.

37

1.   *Allgemeine Begriffe*

Für die Zusammenstellung allgemeiner Begriffe wurde eine Gliederung in sieben Gruppen gewählt:

    1. Gegenstände (Dinge, Personen, Sachverhalte)
    2. Existenz
    3. Raum
    4. Zeit
    5. Quantität
    6. Eigenschaften
    7. Relationen

Für die Detaillierung innerhalb dieser Kategorien sei aus Platzgründen auf die Übersicht zur Liste ,,Allgemeine Begriffe'' im zweiten Teil verwiesen. Dort sind in der linken Spalte die Konzepte spezifiziert, zum Beispiel unter der Rubrik ,,Relationen'': ,,Kausalität'', ,,Ähnlichkeitsbeziehungen'' und andere. Die Liste der Begriffe kann als verkürzte Angabe für die Formulierung von Teillernzielen gelesen werden, etwa der Form: die Lernenden sollten fähig sein, Kausalverhältnisse auszudrücken. Solche Teillernziele sind jedoch nicht isoliert, sondern immer in Verknüpfung mit den übrigen Komponenten der Lernzielbestimmung zu sehen.

In der Liste ,,Allgemeine Begriffe'' wird den Konzepten jeweils eine Auswahl grammatischer und lexikalischer Ausdrucksmittel zugeordnet.

2.   *Spezifische Begriffe*

Bei der Aufstellung einer Liste spezifischer Begriffe können wir von den zu Beginn des Abschnitts 5.6 aufgeführten fünfzehn Themenbereichen ausgehen. Die themenbezogene Verhaltensbeschreibung (5.6.1) liefert Anhaltspunkte für eine eingrenzende Auswahl. Dort ist auch schon eine Untergliederung der einzelnen Themenbereiche angegeben. Die vollständige Liste der in Anlehnung an die entsprechenden Kataloge in *The Threshold Level* und in *Un niveau-seuil* ausgewählten Begriffe findet sich im zweiten Teil. Wie bei den anderen Listen stehen dort die Begriffe in der linken Spalte, in der rechten Kolonne sind die entsprechenden Ausdrucksmittel zusammengestellt. Sowohl die inhaltliche Gliederung als auch die Auswahl der Begriffe und der sprachlichen Ausdrucksmittel beruht bei dieser Liste in besonderem Maß auf Intuition und Plausibilitätserwägungen. Der Benutzer wird an manchen Orten ändern, weglassen oder ergänzen wollen, und er soll, wie schon verschiedentlich betont, die Listen als offen für Änderungen betrachten. Umfangmäßig dürfte die Liste jedoch, sowohl was die Inhalte als auch was die Wortschatzmenge anbelangt, ein notwendiges und tragfähiges Minimum für Gesprächskontakte von Lernenden der Zielgruppe repräsentieren.

6   Praktische Hinweise

6.1   Andere Lernzielbeschreibungen

Pragmatische Gesichtspunkte sind in den letzten Jahren verschiedentlich in neueren Lehrwerken und in Lernzielkatalogen berücksichtigt worden. Hier sei kurz nur auf eine Lernzielbestimmung für Deutsch als Fremdsprache hingewiesen, die in ihrem methodischen Ansatz weitgehend dem des Threshold-Level-Modells entspricht.

Die Pädagogische Arbeitsstelle des Deutschen Volkshochschul-Verbandes hat für die Volkshochschulen einen *Grundbaustein Deutsch als Fremdsprache* entwickelt, der von Sprechintentionen, Situationen und Themen ausgeht.[13] Dieser *Grundbaustein* und die *Kontaktschwelle* streben im Bereich der direkten Kommunikation ein vergleichbares Niveau an. Unterschiede bestehen vor allem in der Bestimmung der Fertigkeiten

Lesen, Hören und Schreiben. Die Unterschiede sind zunächst zielgruppenbedingt. Denn der *Grundbaustein* schließt neben der Zielgruppe, von der die *Kontaktschwelle* ausgeht, auch einen Personenkreis ein, der länger in einem deutschsprachigen Land lebt, sowie Personengruppen, die daran interessiert sind, auch im eigenen Land aus geschriebenen oder gesprochenen Texten deutschsprachiger Medien Informationen zu entnehmen. Diese Ausrichtung ist mitbedingt dadurch, daß durch den *Grundbaustein* auch die Voraussetzungen für ein Weiterlernen im Hinblick auf das höherliegende Niveau des *Zertifikats Deutsch als Fremdsprache* geschaffen werden sollen. Während die *Kontaktschwelle* eine ,vorinstitutionelle' Lernzielbestimmung als Grundlage für die Entwicklung konkreter Curricula im Rahmen verschiedener Institutionen dar-stellt, sind in die Konzeption des *Grundbausteins* auch institutionelle Belange der Volkshochschulen als einer bestimmten Einrichtung der Erwachsenenbildung einge-bracht.

Das vom Deutschen Volkshochschulverband und dem Goethe-Institut herausge-gebene *Zertifikat Deutsch als Fremdsprache* beschreibt für eine weit gefaßte Ziel-gruppe ein Niveau, das deutlich über dem des *Grundbausteins* und der *Kontakt-schwelle* liegt.[12] Dies gilt insbesondere für den Bereich des Hörverstehens außerhalb der direkten Kommunikation sowie für das Leseverständnis und die Schreibfähigkeit.

In der Einleitung wurde schon verschiedentlich darauf hingewiesen, daß auch im Rahmen des Baukastensystems, das von der Expertengruppe des Europarats entwick-elt wird, weitere Lernzielbestimmungen für die Bedürfnisse anderer Zielgruppen vorgelegt werden sollen.[15]

6.2 Zum Gebrauch der Listen

Abschließend zu diesem ersten Teil sollen einige kurze Hinweise zur Funktion und zum Gebrauch der Listen stehen.[16]

Angesprochen als Benutzer sind besonders die folgenden Gruppen:

- Verantwortliche für die Curricula-Entwicklung
- Autoren von Lehrmaterialien
- Lehrer für Deutsch als Fremdsprache

Diesen Gruppen könnten je nach Aufgabenbereich die Beschreibungen der *Kontakt-schwelle* und die in ihr enthaltenen Listen wohl vor allem nützlich sein:

- bei der Planung neuerer Kursprogramme
- bei der Überprüfung von bestehenden Kursprogrammen
- bei der Herstellung von neuen Lehrmaterialien
- bei der Analyse und Beurteilung von bestehendem Lehrmaterial
- bei der Analyse und Beurteilung oder bei der Herstellung von Tests
- bei der Auswahl und Auswertung authentischer Texte

1. Bei all diesen Aktivitäten kann sich das Interesse des Benutzers einerseits konzen-trieren auf das *Was*, auf den pragmatischen Aspekt. In diesem Fall wird er die Aufstel-lungen im ersten Teil und die linke Seite der Inventare im zweiten Teil als Suchraster und als Checklisten verwenden können etwa bei Fragestellungen wie: Welche Rollen, Situationen, Themen wähle ich für mein konkretes Zielpublikum aus? Oder: Welche Sprechhandlungen sind in bestimmten Lehrmaterialien eingeführt, in welchen Part-nerkonstellationen, bezogen auf welche Aktivitätsfelder? Oder: Ist ein gegebener authentischer Text von der Textsorte oder von der Thematik her gesehen für meine Zielgruppe relevant?

Wie die Beispiele andeuten, sind immer mehrere Raster (zu den Rollen, Situatio-nen, Themen, sprachlichen Aktivitäten usw.) aufeinander zu beziehen, wobei der Einstieg an verschiedenen Stellen erfolgen kann. Geht man zum Beispiel aus von einer Rolle wie der des Ortsunkundigen und fragt von hier nach den relevanten Sprechhandlungen, so findet man im Inventar der Sprechakte etwa: jemanden ansprechen, Informationen erfragen, um Instruktionen bitten, Nicht-Verstehen signalisieren, um Wiederholung bitten, Verstehen signalisieren, sich bedanken. Geht man dagegen von einzelnen Sprechhandlungen aus, etwa – um beim Beispiel zu bleiben – von ,,um Instruktion bitten" oder ,,instruieren" (bzw. Instruktionen, Anweisungen verstehen), so kann ein Abchecken der Listen von Situationen, Handlungsräumen oder Sachbereichen Anregungen zu Konkretisierungen geben, z. B.: Instruktion bezogen auf Orientierung (in einer Stadt, in einem Gebäude); Instruktion bezogen auf die Bedienung von Geräten (im Haus, in Verkehrsmitteln); Instruktion bezogen auf das Prozedere zur Erlangung von Dienstleistungen und ähnliches.

Diese Beispiele machen deutlich, daß es nicht sinnvoll wäre, die Listen nur punktuell zu konsultieren oder stur die Listen nacheinander durchzugehen und Punkt für Punkt abzuhaken, sondern daß erst durch ein kombinierendes, kreatives Konsultieren der verschiedenen Listen das Angebot genutzt wird, Anregungen zu gewinnen und Entscheidungs- oder Beurteilungskriterien zu finden.

2. Beim bisher Gesagten ging es um Fragen, die nicht spezifisch einzelsprachlich sind. Je nach seinem Aufgabenbereich kann sich das Interesse des Benutzers darüber hinaus auch richten auf das *Wie* der Kommunikation, auf die einzelsprachlichen Ausdrucksmittel. In diesem Fall wird er zusammen mit der linken Spalte der Listen (Sprechakte, Begriffe) auch die rechte Spalte (sprachliche Exponenten) konsultieren, etwa wenn er bei der Herstellung von Lehrmaterialien Sprachmittel zur Realisierung eines Sprechakts oder Ausdrucksmittel zu einem Themenbereich auswählen will. Oder, wenn er die in bestehenden Lehrmaterialien oder in gegebenen authentischen Texten vorhandenen Realisierungsformen mit anderen Ausdrucksmöglichkeiten vergleichen will. Um an das Beispiel von oben anzuknüpfen: Im Inventar der Sprechakte findet der Benutzer bei ,,instruieren" eine Zusammenstellung verschiedener Ausdrucksformen (z. B. Anweisung durch Kurzsätze, Anweisung in der Imperativform, in der Form von Deklarativsätzen, mit ,,müssen" im Deklarativsatz und andere mehr). Im Inventar der allgemeinen Begriffe findet er unter ,,Raum" eine Übersicht über unterschiedliche Sprachmittel zum Ausdruck räumlicher Orientierung (z. B. Substantive wie ,,Richtung", Präpositionen wie ,,nach", Adverbien wie ,,hier", Verben mit Lage- oder Richtungsergänzung, Modalverben mit Richtungsergänzung). Und im themenbezogenen Inventar spezifischer Begriffe findet man nach Sachbereichen geordnet beispielsweise sprachliche Benennungen für Gebäude oder Gebäudeteile, für Geräte und Geräteteile, für manuelle Tätigkeiten und so weiter.

Auch diese Zusammenstellungen sprachlicher Ausdrucksmittel sind nicht so zu verstehen, daß der Benutzer nun etwa bei der Herstellung von Unterrichtsmaterialien alle Einträge nacheinander abhaken sollte, sondern sie sind gemeint als Informationsquellen und Orientierungshilfen, die es ihm erleichtern können, aus der Übersicht heraus seine eigenen Entscheidungen zu treffen, – Entscheidungen der Auswahl oder Entscheidungen zur Anordnung in einer didaktischen Progression.

3. Während bei dem im vorigen Punkt aufgezeigten Vorgehen die Listen von links nach rechts gelesen werden, d. h. von der Sache (den Sprechhandlungen, Konzepten) her nach den sprachlichen Ausdrucksformen gefragt wird, kann der Benutzer andrerseits in seiner praktischen Arbeit auch daran interessiert sein, umgekehrt danach zu fragen, in welchen Verwendungsbereichen ein sprachliches Ausdrucksmittel erscheint, oder einfach gesagt, wofür ein Mittel brauchbar wäre. In diesem Fall wird er ausgehen von den Zusammenstellungen im Inventar zu den grammatischen Strukturen beziehungsweise vom alphabetischen Wortregister. Dort findet er dann Verweise, die ihn zurückführen zu den nach pragmatischen und semantischen Gesichtspunkten geordneten Listen im zweiten Teil. Unter dem Stichwort ,,müssen" stehen beispielsweise Verweise auf die Sprechakte ,,instruieren", ,,um Instruktion bitten", aber auch etwa auf ,,um Dispens bitten", ,,auf etwas aufmerksam machen", auf ,,Notwendigkeit" und anderes mehr.

Diese Beispiele zum Gebrauch der Listen mögen genügen. Der Benutzer wird selbst beim Umgang mit den verschiedenen Inventaren die für ihn interessanten Möglichkeiten entdecken. Und er wird andrerseits gewiß auch Beschränkungen, Mängel, Lücken der Inventare entdecken und aufgrund seiner eigenen Kompetenz die Listen ergänzen und modifizieren. Besonders bei einer systematischen Auswertung von (für die Zielgruppe relevanten) authentischen Texten dürften sich wohl viele Anhaltspunkte ergeben, die in diesem Entwurf vorliegenden Auswahlinventare fortzuschreiben und zu verbessern.

7 Anmerkungen

1 J. A. van Ek: *The Threshold Level, with an appendix by* L. G. Alexander, Council of Europe, Strasbourg 1975.
2 D. Coste et al.: *Un niveau-seuil*, Conseil de l'Europe, Strasbourg 1976.
3 *Das Zertifikat Deutsch als Fremdsprache.* Hg. vom Deutschen Volkshochschul-Verband und vom Goethe-Institut zur Pflege der deutschen Sprache im Ausland und zur Förderung der internationalen kulturellen Zusammenarbeit. Bonn-Bad Godesberg, München 1979.
Grundbaustein Deutsch als Fremdsprache zum Zertifikat Deutsch als Fremdsprache. Deutscher Volkshochschul-Verband, Pädagogische Arbeitsstelle, Frankfurt 1979 (polykopiert).
4 Vgl. auch J. L. M. Trim: *Some possible lines of development of an overall structure for a European unit/credit scheme for foreign language learning by adults,* Council of Europe, Strasbourg 1978.
5 R. Richterich, J. L. Chancerel: *L'identification des besoins des adultes apprenant une langue étrangère*, Conseil de l'Europe, Strasbourg 1977.
6 L. G. Alexander: *Some methodological implications of Waystage and Threshold Level*, Council of Europe, Strasbourg 1977.
In Vorbereitung: *Compendium on the didactic implementation of the modern languages project.*
7 J. A. van Ek, L. G. Alexander, in association with M. A. Fitzpatrick: *Waystage*, Council of Europe, Strasbourg 1977.
8 J. A. van Ek: *The treshold level for modern language learning in schools*, Harlow, Longman 1977.
L. Porcher et al.: *Adaptation de ,Un niveau-seuil' pour des contextes scolaires*, Conseil de l'Europe, Strasbourg 1980.
9 Vgl. in *Un niveau-seuil* das Kapitel ,,Publics et domaines"; In den Arbeiten der Freiburger Forschungsstelle zur gesprochenen Sprache werden die sozialen Domänen auch als ,,Relevanzbereiche" bezeichnet, z. B. in F. J. Berens u. a.: *Projekt Dialogstrukturen,* München 1976.
Wir übernehmen im folgenden teilweise die Terminologie, die in der Freiburger Forschungsstelle unter Leitung von H. Steger für die Beschreibung von Redekonstellationen ausgearbeitet wurde. Z. B. Steger, Hugo u. a.: ,,Redekonstellation, Redekonstellationstyp, Textexemplar, Textsorte im Rahmen eines Sprachverhaltensmodells", in: *Gesprochene Sprache*, Düsseldorf 1974.
Vgl. auch J. L. M. Trim et al.: *Systèmes d'apprentissage des langues vivantes pour des adultes*, Conseil de l'Europe, Strasbourg 1973.
10 Insofern es sich bei der Voraussetzung solcher kommunikativer Kompetenz um eine Idealisierung handelt, sind im Rahmen von Institutionen der Erwachsenenbildung übergreifende Lernziele wie ,,Verbesserung und Erweiterung der Kommunikationsfähigkeit" begründet.
11 Wir haben aus vielen Arbeiten zur Sprechhandlungstheorie Anregungen übernommen. Da es hier jedoch nicht um eine Diskussion von Ergebnissen der Sprechaktforschung geht, kann darauf verzichtet werden, Autoren und Werke einzeln aufzuführen. Es sei dazu auf Bibliographien in der Fachliteratur verwiesen.
12 Vgl. auch: D. A. Wilkins: *Notional syllabuses*, Oxford 1976.
13 *Grundbaustein Deutsch als Fremdsprache zum Zertifikat Deutsch als Fremdsprache.* Deutscher Volkshochschul-Verband, Pädagogische Arbeitsstelle, Frankfurt 1979 (polykopiert).

14 *Das Zertifikat Deutsch als Fremdsprache*. Hg. vom Deutschen Volkshochschul-Verband und vom Goethe-Institut, Bonn-Bad Godesberg, München 1979.

15 Vgl. z. B. M. MARTINS-BALTAR et al.: *L'écrit et les écrits: problèmes d'analyse et considérations didactiques*, Conseil de l'Europe, Strasbourg 1979.

16 Vgl. E. ROULET: *Un niveau-seuil, Présentation et guide d'emploi*, Conseil de l'Europe, Strasbourg 1977.

Teil II
Exponenten

₀ Auswahl und Darstellung

Im ersten Teil wurden Lernziele beschrieben, also das, was die Lernenden tun können, was sie ausdrücken können sollten. In diesem zweiten Teil werden sprachliche Ausdrucksmittel vorgeschlagen, die für die Realisierung der kommunikativen Absichten geeignet erscheinen.

Auswahlkriterien

Die Auswahl der Sprachmittel – Wortschatz und Strukturen – darf nicht präskriptiv verstanden werden, etwa in dem Sinn, daß jede aufgelistete Einheit beim Lernenden abrufbar sein müsse. Entscheidend ist, d a ß er bestimmte intentionale und begriffliche Aussagen machen kann. Für die konkrete Realisierung besteht ein recht großer Variationsspielraum, und es kann nicht darum gehen, die Wahl der Realisierungsmittel vorschreiben zu wollen. Wir können jedoch versuchen, eine Auswahl solcher Mittel zusammenzustellen, die für die Realisierung der als Lernziele bestimmten sprachlichen Handlungen notwendig oder nützlich sind und die erfahrungsgemäß ,,einfach", das heißt in relativ kurzer Zeit lernbar sind.

- Die folgende Auswahl basiert nicht auf einer Corpusanalyse. Ein ausreichend großes Corpus mit Texten der gesprochenen Sprache für die hier interessierenden Kommunikationssituationen besteht noch nicht, und vor allem gibt es noch keine genügende Dokumentation zur Kommunikation zwischen Muttersprachlern und Nichtmuttersprachlern.
- Auch die bisher vorliegenden Frequenzlisten, auf denen teilweise Grundwortschatzsammlungen beruhen, sind wegen der unterschiedlichen Materialbasis für unsere Zwecke nicht genügend aussagekräftig.
- Vorliegende Corpora, auf sie bezogene wissenschaftliche Untersuchungen und Frequenzlisten konnten also nicht als Grundlage der Auswahl verwendet, sondern nur als Hilfsmittel konsultiert werden.
- Die Auswahl in den folgenden Listen beruht im wesentlichen auf Intuition, Erfahrung und Konsens der Autoren. Die Entscheidungen wurden verglichen mit schon vorliegenden Auswahllisten, die teilweise ebenfalls aufgrund von Expertenkonsens zusammengestellt sind.

Wortschatz und Strukturen werden abgeleitet in den drei Katalogen:

1. Sprechakte
2. Allgemeine Begriffe
3. Spezifische Begriffe

Jeder Unterkategorie dieser Kataloge werden sprachliche Ausdrucksmittel zugeordnet.

Für die Aufnahme von Exponenten ist zunächst bestimmend, ob sie für die Äußerung von Intentionen oder Sachverhalten notwendig, brauchbar und üblich sind. Hinzu kommen weitere Auswahlkriterien:

- aufgenommen werden nur Sprachmittel der überregionalen deutschen **Standardsprache** (je nach Lernergruppe können vom Benutzer leicht Varianten aus Regional- oder Gruppensprachen als Ergänzung oder im Austausch eingesetzt werden).
- die Auswahl ist vor allem an der **gesprochenen** Sprache orientiert.
- bevorzugt aufgenommen werden Ausdrucksmittel mit großer **Verwendungsbreite** und **Übertragbarkeit.** Andrerseits müssen auch sehr oft Wörter zur Bezeichnung von ganz spezifischen Gegenständen und Sachverhalten aufgenommen werden, wo z. B. die Verwendung von Oberbegriffen in der Umgangssprache nicht üblich ist oder nicht situationsadäquat wäre (so wird z. B. nicht die Einheit ,,Verkehrsmittel" gewählt, sondern die Reihe ,,Flugzeug", ,,Bus", ,,Zug" usw.).
- für die produktive Verwendung vorgeschlagen werden möglichst einfache Ausdrucksmittel. Der Gesichtspunkt kommunikativer Notwendigkeit und Nützlichkeit hat jedoch Vorrang gegenüber dem Aspekt grammatischer oder semantischer Einfachheit der Verwendung.

Die Auswahl von Sprachmitteln, die erfahrungsgemäß einen größeren Lernaufwand erfordern, wurde für die Sprachproduktion möglichst vermieden, wenn andere Ausdrucksmöglichkeiten gegeben sind und wenn die nicht korrekte Verwendung zu einer Beeinträchtigung der Kommunikation führen könnte. (Ein Beispiel: Die ,,Deklination" der Adjektive und der substantivierten Adjektive ist zwar schwierig, Endungsfehler beeinträchtigen jedoch nicht die Verständigung.)

Das Zusammenspiel dieser verschiedenartigen Auswahlkriterien bestimmt die Aufnahme von Ausdrucksmitteln für die Sprachproduktion. Es kann im Rahmen von Listen natürlich nicht jeweils angegeben werden, welches Kriterium entscheidend war für die Aufnahme oder Nichtaufnahme einer Einheit. Und es muß hervorgehoben werden, daß es sich um Vorschläge und Anregungen handelt, daß die getroffene Auswahl in mancher Beziehung hypothetischen Charakter hat, in der Praxis erprobt und auch durch Einzeluntersuchungen überprüft werden muß. Die Überprüfung und Korrektur wird sich sowohl auf die Angemessenheit des Ableitungsrasters als auch auf die Auswahl der Exponenten beziehen müssen. Es liegen bisher erst wenig linguistische Arbeiten vor, in denen nicht d a s Sprachsystem beschrieben, sondern die Möglichkeit funktionsfähiger reduzierter Teilsysteme untersucht wird.

– Bei der Erstellung der Listen wurde versucht, die grammatische und die lexikalische Auswahl aufeinander abzustimmen. Im Rahmen von Listen, die einen raschen Überblick ermöglichen sollen, können allerdings weder die Kombinationsmöglichkeiten noch die Restriktionen immer expliziert werden.

– Nicht berücksichtigt werden konnte bei der Auswahl die Ausgangssprache des Lernenden. In den Listen sind neben den für die produktive Verwendung vorgeschlagenen Exponenten in begrenztem Umfang auch Varianten verzeichnet. Durch diese zusätzlichen Informationen soll es dem Benutzer erleichtert werden, eine eigene Wahl zu treffen und zum Beispiel aufgrund der Ausgangssprache des Lernerpublikums eine andere Variante für den produktiven Gebrauch vorzusehen.

Zur Unterscheidung ,,produktiv" – ,,rezeptiv"

Während für die Sprachproduktion doch versucht werden kann, ein sehr stark reduziertes Teilsystem auszugrenzen, sind Listen kaum eine adäquate Form, um auch die durch die Lernenden zu verstehenden Sprachmittel darzustellen. Wie die muttersprachlichen Gesprächspartner formulieren, läßt sich nicht voraussagen. Entscheidend wird sein, daß die Lernenden an die Konfrontation mit authentischen Texten gewöhnt sind. Um die für die Rezeption wichtigen Sprachmittel zu bestimmen, wären differenziertere Textsortenbeschreibungen notwendig – eine Aufgabe, die hier nicht geleistet werden kann.

Trotz der hier gegebenen Beschränkung auf eine Darstellung der Sprachmittel in Listenform wird versucht, dem Benutzer doch wenigstens Hinweise für den Bereich der Rezeption zu geben. Und zwar werden zusätzlich zu den Exponenten für die Sprachproduktion aufgeführt:

– für das Verstehen von Texten wichtige Strukturen, deren aktive Beherrschung nicht unabdingbar ist (z. B. Passiv)
– Schlüsselwörter, die vor allem in den für das Verstehen aufgeführten Textsorten vorkommen (z. B. in Formularen, Lautsprecherdurchsagen)
– einige in der Umgangssprache sehr geläufige Varianten zu den für die produktive Verwendung vorgeschlagenen Wörtern (z. B. neben dem für den aktiven Gebrauch gewählten ,,immer" werden auch ,,dauernd", ,,ständig" aufgeführt)
– für die Umgangssprache typische lexikalische Ausdrucksmittel oder Indikatoren für Einstellungen und Sprechakte, deren aktiver Gebrauch aufgrund von grammatischen, semantischen oder pragmatischen Restriktionen als schwierig angesehen wird (z. B. für das Verstehen von Einstellungen wichtige Abtönungsmittel oder Ausdrucksformen, die nur unter der Voraussetzung einer bestimmten Partnerbeziehung akzeptabel sind)
– für das Verstehen wichtige Wortbildungsmittel. Wortbildungselemente (z. B. ,,-chen") sind in den Listen nur angegeben, wo eine relativ eindeutige semantische Zuordnung

möglich ist. Erschließbare Ableitungen und Komposita werden nicht in den drei Listen aufgeführt. Einen Überblick gibt das Inventar zu den grammatischen Strukturen und zur Wortbildung.

Die zusätzlichen Angaben im Bereich der Lexik können natürlich nicht erschöpfend sein, sondern sie sind zu lesen als Anzeige für die Offenheit der Listen und als Versuch, in etwa Richtung und Tendenzen für den Aufbau und die Erweiterung des rezeptiven Wortschatzes anzudeuten. ,,Rezeptiv'' ist nicht eng zu verstehen. Vor allem repetitiv – etwa durch ein Aufnehmen vorangegangener Äußerungen des Partners – werden Elemente des rezeptiven Wortschatzes oft kurzfristig ,,aktiviert''. Und dieser repetitive Gebrauch ist auch bei Ausdrucksmitteln, die eine besondere Partnerbeziehung voraussetzen, meist unproblematisch (wenn z. B. der Gesprächspartner beim Abschied ,,Tschüß'' sagt, ist auch ein Gegengruß mit ,,Tschüß'' angemessen).

In den Listen sind die Exponenten, die für die produktive Verwendung vorgeschlagen werden, mit dem Zeichen + markiert.

Wenn in den folgenden Listen Einträge n i c h t mit dem Zeichen + versehen sind, dann ist dies als Hinweis darauf zu verstehen, daß der entsprechende Sachverhalt auch mit anderen, für den produktiven Gebrauch ausgewählten Mitteln ausgedrückt werden kann.

Ein Beispiel: in der Rubrik ,,Öffentlicher Verkehr'' ist das in Lautsprecheransagen übliche Wort ,,Anschluß'' nicht mit ,,+'' markiert, da eine Paraphrasierung etwa durch Angaben oder Fragen zur Abfahrtzeit des nächsten Zuges leicht möglich ist mit Elementen, die in anderen Listenteilen gegeben sind. Die Paraphrasierungsmöglichkeiten können natürlich nicht bei jedem einzelnen Konzept – beispielsweise ,,Anschluß'' – extra aufgelistet werden, sondern sie ergeben sich aus der Kombination von Elementen der drei Kataloge.

Die Listen sind also nicht als Sammlung von nützlichen Fertigsätzen für Alltagsgespräche zu verstehen. In der Liste ,,Spezifische Begriffe'' werden nur in Einzelfällen beispielhaft oder durch Querverweise Fingerzeige für einfache Paraphrasemöglichkeiten gegeben, um zu verdeutlichen, warum eine produktive Verfügung über bestimmte Ausdrucksmittel nicht für notwendig erachtet wird.

Nicht systematisch erfaßt – und das ist gewiß einer der Mängel dieses Listenentwurfs – sind die im Deutschen geläufigen fremdsprachigen Ausdrücke und Internationalismen (z. B. City, Self-Service, Boutique, Aquaplaning, Hit, Intercity usw.).

Die Listen repräsentieren nur einen kleinen Ausschnitt aus dem deutschen Wortschatz. Jeder Benutzer wird daher zweifellos an diesem oder jenem Ort ein Wort vermissen oder eine andere Ausdrucksvariante vorziehen. Zudem gehen die Gesamtauswahl und auch die Vorschläge für die produktive Verwendung von einem Durchschnitt angenommener Interessen bei Lernenden der Zielgruppe aus. Je nach den konkreten Interessen von Lernergruppen wird der Benutzer in einzelnen Bereichen bei der Auswahl des produktiven und rezeptiven Wortschatzes anders gewichten können. Sinnvoll genutzt sind die Listen also nicht, wenn jeder Eintrag ,,abgehakt'' wird, sondern wenn von den gegebenen Anregungen her auswählend oder erweiternd solche Anpassungen vorgenommen werden.

Die Erprobung wird zeigen müssen, ob der vorgeschlagene Umfang des Wortschatzes ein notwendiges und ausreichendes Minimum darstellt.

Auf die Auswahl von Ausdrucksvarianten für die Realisierung von Sprechhandlungen wird in den Vorbemerkungen zur Liste ,,Sprechakte'' noch näher eingegangen.

Zur Darstellung

In der linken Spalte der Listen sind die Sprechakte und Begriffe aufgeführt, für deren Benennung metasprachlich gebrauchte Ausdrücke der Umgangssprache verwendet werden.

In der rechten Spalte sind die entsprechenden sprachlichen Ausdrucksmittel aufgelistet. Metasprachliche Ausdrücke – grammatische Termini oder semantisierende Erläuterungen – sind in der rechten Spalte durch Kursivschrift kenntlich gemacht (z. B. *Perfekt*).

Bedeutung und Verwendungszusammenhang der aufgelisteten Sprachmittel sind ersichtlich aus der Rubrik, in der sie stehen. (Wenn z. B. ,,Paß" unter der Rubrik AUSWEIS-PAPIERE steht, so ist klar, daß nicht die Bedeutung ‚Bergübergang' eingeschlossen ist.)

In Einzelfällen wird bei den Exponenten eingeklammert eine kurze Semantisierung hinzugefügt, z. B.: ganz *(= völlig/sehr).*

Innerhalb der Rubriken werden die Exponenten möglichst nach semantischen Gesichtspunkten geordnet (z. B. Skala von ,,immer" bis ,,nie"). Allerdings mit Einschränkungen aus Gründen der Darstellungsökonomie: innerhalb derselben Rubrik wird ein Wort nur einmal aufgeführt. Verschiedene Verwendungsformen und Bedeutungsvarianten sind dann durch Beispielsätze verdeutlicht. Außerdem wird bei der Anordnung die Differenzierung durch Negation in der Regel vernachlässigt. Eine konsequente Berücksichtigung der Negation (z. B. ,,kalt", ,,nicht kalt", ,,nicht warm"; ,,aufsein"; ,,nicht zusein", ,,nicht aufsein", ,,zusein" usw.) hätten zu einer massiven Aufschwellung der Listen geführt. In den Beispielsätzen werden jedoch häufig auch Verwendungen mit Negation gezeigt.

Die beigegebenen Beispielsätze haben die Funktion, Bedeutung und syntaktische Verwendung der Sprachmittel zu verdeutlichen. Sie sollten nicht mißverstanden werden als Fertigsätze zum Auswendiglernen oder als Sammlung von Übungssätzen. Aufgrund der semantischen Anordnung braucht nicht für jeden einzelnen Exponenten ein Beispielsatz aufgeführt zu werden.

Da die Listen Benutzern mit Sprachkompetenz als Suchkataloge dienen und einen schnellen Überblick ermöglichen sollen, werden grammatische Angaben auf ein Minimum beschränkt und nicht die in Wörterbüchern gegebenen Informationen zur Wortart, zur Deklination usw. beigefügt. So sind Substantive ohne Artikel und ohne Plural aufgeführt; bei Adjektiven wird nicht jedesmal prädikative und attributive Verwendung verdeutlicht. Verben werden im Infinitiv aufgeführt ohne vollständig Angaben zu den Kasusergänzungen (Subjekt-, Akkusativ-, Dativergänzung). Hinweise zur Valenz werden in der Form von Beispielsätzen gegeben oder durch Zusätze direkt beim Exponenten. Die Notation ,,diskutieren (mit/über)" zeigt z. B. Verwendungen wie: ,,Wir haben lange diskutiert / Ich habe mit ihm diskutiert / Wir haben noch über den Film diskutiert." Auf formalisierende Darstellung wird in den Listen möglichst verzichtet. Einen systematischen Überblick gibt das Grammatik-Inventar.

Um den Benutzerkreis nicht einzuschränken, werden weitgehend die traditionellen grammatischen Termini verwendet.

Bei den Listen ,,Sprechakte", ,,Allgemeine Begriffe" und ,,Spezifische Begriffe" ergeben sich teilweise Überschneidungen. Die entstehende Redundanz dürfte jedoch bei der Arbeit mit den Listen eher ein Vorteil sein. Um allzuviele Wiederholungen zu vermeiden, werden häufig Querverweise eingesetzt.

Zeichen und Abkürzungen

SA	Liste „Sprechakte"
AB	Liste „Allgemeine Begriffe"
SB	Liste „Spezifische Begriffe"
GR	„Grammatik-Inventar"
+	vor dem Exponenten = vorgeschlagen für produktive Verwendung (vgl. „Auswahl und Darstellung" sowie die Vorbemerkungen zu den Listen).
//	zwischen zwei Exponenten zeigt Austauschmöglichkeit an; ein Ausdruck produktiv genügt; in Fällen wie: Stock // Etage.
(INT)	zeigt Abhängigkeit von besonderer Intonation an.
(!)	bedeutet allgemein: Achtung, nur bei bestimmtem Adressatenbezug verwendbar. Dieses Signal wird nur gesetzt bei Exponenten, die für den produktiven Gebrauch vorgeschlagen sind.
→	a) vor Verweisen; b) in der Liste der Sprechakte als Zeichen für eine „indem"-Beziehung (vgl. Vorbemerkungen zur Liste der Sprechakte).
(sich)	eingeklammertes „sich" steht bei Verben, wenn nicht nur reflexiver Gebrauch vorkommt.
unterbrochene Unterstreichung	Zeichen für offene Listen, in die einzelne Ausdrucksmittel einzusetzen sind, z. B. Sportarten *(die der Lernende ausübt)*.
KAPITÄLCHEN	in Kapitälchen stehen die in den Listen verwendeten Benennungen für Sprechakte und Konzepte, z. B. VORSCHLAGEN, HÄUFIGKEIT usw.
Kursivschrift	wird in der rechten Spalte verwendet für Ausdrücke der Beschreibungssprache, Erläuterungen und Termini, z. B. *Perfekt*; auch für als Pro-Wörter verwendete Ausdrücke, z. B. gern *tun* für: gern schwimmen, gern lesen usw.) oder *dahin* (für Richtungsergänzungen).
ich/Sie/du/wir *p tun*	siehe die Vorbemerkungen zur Liste der Sprechakte.

Zu den verwendeten grammatischen Termini siehe das Register zum Grammatik-Inventar.

1 Sprechakte

Vorbemerkungen

In diesem Abschnitt soll kurz erläutert werden, nach welchen Gesichtspunkten die Listen angelegt sind. Dabei geht es nicht um eine Erörterung von Fragen der Sprechhandlungstheorie, sondern darum, Hinweise für das Lesen der Listen zu geben und möglichen Mißverständnissen vorzubeugen.

Zur Auswahl und Anordnung der Sprechakte (linke Spalte)

Unter dem Gesichtspunkt sprachlichen Handelns können die Sprechakte als die kleinsten isolierbaren Elemente angesehen werden. Für die Anordnung innerhalb der Listen wurden grob die folgenden Sprechaktgruppen unterschieden:

- Sprechhandlungen, die zum Erwerb und zum Austausch von Sachinformationen dienen
- Sprechhandlungen zum Ausdruck von Bewertungen und Stellungnahmen
- Sprechhandlungen zum Ausdruck von spontanen Gefühlen und andauernden Emotionen
- Sprechhandlungen zur Regulierung des Handelns in bezug auf die Verwirklichung eigener, fremder oder gemeinsamer Interessen
- Sprechhandlungen, mit denen in Erfüllung gesellschaftlicher Umgangsformen soziale Kontakte eingeleitet, stabilisiert oder beendigt werden
- Sprechhandlungen, die sich auf die Ausführung oder Interpretation sprachlicher Handlungen beziehen und zur Sicherung der Verständigung dienen.

Die entsprechenden Teillisten sind mit den folgenden Stichwörtern überschrieben:

1 Informationsaustausch
2 Bewertung, Kommentar
3 Gefühlsausdruck
4 Handlungsregulierung
5 Soziale Konventionen
6 Redeorganisation und Verständigungssicherung

Mit dieser Gruppierung ist keine wissenschaftliche Klassifizierung von Sprechakttypen beabsichtigt, sondern sie will dem Benutzer die Orientierung bei der Arbeit mit den Listen erleichtern. Dies gilt auch für die Untergliederung innerhalb der Teillisten. Die Aufteilungen markieren Schwerpunkte, bedeuten jedoch nicht Beziehungslosigkeit und scharfe Abgrenzung. Bewertungen (Teilliste 2) können beispielsweise auch als Teil des Informationsaustauschs (Teilliste 1) angesehen werden. Andrerseits stehen sie in enger Beziehung zur Beeinflussung des Handelns (Teilliste 4). Und fließend sind auch die Übergänge zwischen wertendem Urteil und Gefühlsausdruck (Teilliste 3).

Die einzelnen Sprechakte werden durch Ausdrücke der Umgangssprache benannt wie „sich vorstellen", „kritisieren", „bitten" oder durch Umschreibungen wie „auf etwas aufmerksam machen". Solche umgangssprachlichen Bezeichnungen bringen natürlich gewisse Unschärfen mit sich und sind für sich genommen teilweise mehrdeutig (z. B. „annehmen" mit den Bedeutungen „glauben", „vermuten" einerseits und „akzeptieren" andrerseits). Durch die Stellung innerhalb der Listen wird jedoch die gemeinte Bedeutung jeweils ausreichend ersichtlich.

Um anzuzeigen, daß ein Ausdruck als Sammelbezeichnung verwendet wird, steht in den Listen die substantivische Form: z. B. „Aufforderung" als Sammelbezeichnung für „gebieten", „auffordern", „bitten", „vorschlagen" u. a.

Schwer zu entscheiden ist, in welchem Ausmaß Differenzierungen von Sprechakten eines Typs anzusetzen sind („gebieten", „anordnen", „vorschreiben" u. ä.), bzw. wo

Zusammenfassungen vertretbar sind. Eine global zusammenfassende Darstellung mit dem Vorteil der größeren Übersichtlichkeit gerät leicht in Gefahr, die Komplexität sprachlichen Handelns unangemessen zu versimpeln und dadurch unbrauchbar zu werden. Die entgegengesetzte Gefahr ist eine Feingliederung, die durch Atomisierung ebenfalls die Listen für die praktische Arbeit untauglich machen würde. Es wurde versucht, zwischen diesen Extremen einen Mittelweg zu finden. Die getroffenen Entscheidungen wären für eine revidierte Fassung zu überprüfen, um zu möglichst begründeten Differenzierungen und Zuordnungen zu gelangen. Generell wurde bei den einzelnen Sprechakten nicht differenziert nach dem ,,Ton'' der Realisierung (z. B. ,,murrend einwilligen'', ,,freudig einwilligen'' u. ä.). Die Gefühlsexpressionen sind also nur separat in der Teilliste ,,Gefühlsausdruck'' dargestellt.

Die Wahl eines Sprechaktes in realen Kommunikationssituationen ist abhängig von subjektiven und objektiven Voraussetzungen wie der Intention, der äußeren Situation oder der Partnerkonstellation. Diese Faktoren sind im ersten Teil ausführlich beschrieben.

In den Listen kann darauf verzichtet werden, die Voraussetzungsstruktur der einzelnen Sprechhandlungen jeweils zu explizieren, etwa in der Art: ,,Der Sprecher weiß x nicht + möchte x wissen + nimmt an, daß der Partner x weiß + erwartet, daß der Partner bereit ist, x mal zu sagen + setzt voraus, daß der Partner x sagen darf = der Sprecher stellt eine Informationsfrage.''

Die Bezugnahme auf subjektive und objektive Voraussetzungen wie ,,Wissen'', ,,Vorliebe'', ,,Fähigkeit'', ,,Verbot'' kann einerseits bloßer Inhalt des Informationsaustauschs sein. Sie spielt aber andrerseits auch eine wichtige, wenn auch im einzelnen schwer systematisierbare Rolle etwa bei der indirekten Realisierung von Sprechakten. So k a n n der Ausdruck des Nicht-Wissens auch die Realisierung einer Frage sein. Das Erfragen von Vorlieben k a n n eine Form des Angebots sein. Der Hinweis auf Verbote k a n n bedeuten, daß der Sprecher warnt oder verbietet.

Entsprechend der gewählten schwerpunktmäßigen Anordnung werden die kognitiven Voraussetzungen oder Positionen wie ,,Wissen'', ,,Glauben'' in der Teilliste ,,Informationsaustausch'' aufgeführt. Die evaluativen Positionen wie ,,Wertschätzung'', ,,Vorliebe'' sind in der Teilliste ,,Bewertung, Kommentar'' enthalten. Subjektive und objektive Handlungsvoraussetzungen wie ,,Intention'', ,,Verbot'', ,,Fähigkeit'' sind in der Teilliste ,,Handlungsregulierung'' dargestellt.

Wie einleitend schon gesagt, werden die Sprechakte als Einzelelemente der sprachlichen Interaktion additiv aufgelistet. Die Verknüpfungsmöglichkeiten der Elemente in Sprechaktketten oder Sequenzen werden dagegen nicht expliziert. Bei der gewählten Anordnung stehen zwar initiative und reaktive Sprechakte wie ,,Informationen erfragen'' und ,,antwortend Auskunft geben'' oder ,,vorwerfen'' und ,,rechtfertigen'' innerhalb einer Teilliste nahe zusammen. Sie werden jedoch bewußt nicht paarweise zusammengestellt, um nicht den Eindruck zu erwecken, auf eine Informationsfrage könne beispielsweise im nächsten Zug nur mit einer Beantwortung der Frage reagiert werden – und nicht etwa auch z. B. mit einer Gegenfrage, einer Kritik der Frage, dem Ausdruck der Verärgerung, der Bitte um Wiederholung oder der Verweigerung einer Antwort. Eine paarweise Zuordnung wird nur in der Liste ,,Soziale Konventionen'' vorgenommen für stark ritualisierte Interaktionen wie ,,grüßen'' – ,,zurückgrüßen'', ,,gratulieren'' – ,,auf Gratulation reagieren'' usw. Ein großer Teil der Sprechakte kann innerhalb eines Gesprächs sowohl in initiierender als auch in respondierender Funktion stehen. Beurteilungen wie ,,Lob'' oder ,,Kritik'' beispielsweise können erfragt oder ungefragt erfolgen und selbst wiederum unterschiedliche Reaktionen provozieren. Oder um ein konkretes Beispiel zu geben: auf eine Mitteilung wie ,,Ich habe X zum Essen eingeladen'' sind je nach Konstellation die verschiedensten Reaktionen eines Partners denkbar, z. B. einfaches zur Kenntnis nehmen, Informationsfragen (,,Für heute?''), auf die Sprache bezogene Fragen (,,Was heißt ,einladen'?''), Lob, Mißbilligung, Ausdruck von Überraschung, Freude, Ärger, Angebot zu helfen und anderes mehr.

Auch könnte der Sprecher der Mitteilung selbst verschiedene weitere sprachliche Handlungen an seine Mitteilung knüpfen, z. B. eine Begründung für die eigene Handlung

(,,Ich habe ihn eingeladen, weil . . . ") oder eine Begründung für den Mitteilungsakt (,,Ich sage dir das, damit . . . "), einen Gefühlsausdruck (,,Ich freue mich . . . "), eine Aufforderung, Bitte um Vorschläge und ähnliches. Die additive Auflistung zeigt mit anderen Worten Offenheit für zahlreiche Abfolgemöglichkeiten an. Das heißt auch, daß nicht nur punktuell einzelne Teillisten konsultiert werden sollten. Die Teillisten sollten vielmehr immer wieder aufeinander bezogen, kombiniert, kurz: mit Phantasie benutzt werden.

Abschließend sei kurz noch auf weitere Beschränkungen und Vereinfachungen hingewiesen. Komplexe sprachliche Handlungen wie ,,überreden" oder ,,sich verabreden" werden in der linken Spalte nicht eigens aufgeführt, sondern als zusammensetzbar aus verschiedenen Einzelakten angesehen. Nicht eigens aufgeführt sind auch Handlungen wie ,,lügen", ,,übertreiben" oder ,,ironisch sprechen", was natürlich nicht bedeuten soll, daß solche Sprechhandlungen auf dem Niveau der ,,Kontaktschwelle" ausgeschlossen oder mit den gegebenen sprachlichen Mitteln nicht realisierbar wären (z. B. ,,ja" statt ,,nein" sagen, ,,100" statt ,,80", ,,groß" statt ,,klein").

Die Formulierungen in der linken Spalte sind insgesamt sprecherbezogen. Die Hörerperspektive ist jeweils mitzudenken. Bei ,,bitten" wäre also beispielsweise zu ergänzen ,,verstehen, daß eine Bitte ausgesprochen wird".

Zur Auswahl und Darstellung der sprachlichen Realisierungsmittel (rechte Spalte)

Die Auswahlkriterien und die Art der Darstellung der sprachlichen Exponenten sind zusammenfassend schon am Anfang von Teil II beschrieben worden. Doch sind vielleicht für die Liste der Sprechakte einige zusätzliche Bemerkungen nützlich.

Für die Realisierung eines Sprechakts stehen jeweils verschiedene Ausdrucksmöglichkeiten zur Verfügung. Die Wahl einer bestimmten Ausdrucksvariante hängt von der jeweiligen konkreten Kommunikationssituation ab. Faktoren, die diese Wahl steuern können, sind unter anderem:

– *die Partnerbeziehung und Partnerkonstellation*
 Die sprachliche Realisierung einer Begrüßung variiert zum Beispiel je nachdem, ob sie sich an einen oder mehrere richtet, an Fremde oder Bekannte.

– *der Kanal*
 Am Telefon kann man sich beispielsweise anders verabschieden als bei direktem Kontakt oder in Briefen.

– *die äußere Situation*
 Die Begrüßung variiert zum Beispiel je nach Tageszeit. Die Ausdrucksweise einer Warnung hängt davon ab, wie akut die Gefahr ist, z. B. ,,An der nächsten Kreuzung mußt du aufpassen"; dagegen bei akuter Gefahr z. B.: ,,Vorsicht!" oder ,,Ein Auto!"

– *der Erfahrungsbereich der Partner, Vorwissen, Kenntnis der Vorgeschichte*
 Eine Äußerung wie ,,Wir machen es wie gestern" kann je nach Vorgeschichte eine ganze Reihe von Versprechen, Handlungsangeboten des Sprechenden und Anweisungen, Aufforderungen an den Hörer beinhalten.

– *der Referenzbereich der sprachlichen Handlung*
 Man bittet beispielsweise nicht in gleicher Weise und gleich kurz um eine Zigarette und um hundert Mark. Ein genüßliches ,,Mmh!" kann Begeisterung über ein gutes Essen ausdrücken, aber kaum Begeisterung über ein gutes Buch.

– *die Stellung der sprachlichen Handlung innerhalb einer Sequenz, der sprachliche Vortext*
 Beurteilungen können zum Beispiel unaufgefordert und auf Frage hin abgegeben werden. Entsprechend variiert die Ausdrucksform: aus eigener Initiative geäußert z. B. ,,Ich finde das gut"; auf eine Frage hin wie ,,Finden Sie das gut?" könnte ,,Ja" genügen, nach ,,Finden Sie das nicht gut?" ein ,,Doch". Die syntaktische Konstruk-

tion des vorangegangenen Textes und die in ihm enthaltenen Informationen beeinflussen die Formulierung der nachfolgenden Äußerung, z. B. ,,Den da!" nach ,,Welchen findest du besser?" oder ,,Der da!" nach ,,Welcher gefällt dir besser?". Vom Vortext werden die Möglichkeiten des Gebrauchs anaphorischer Mittel und die Möglichkeiten von Ersparungen bestimmt.

Bei der Auflistung der sprachlichen Realisierungen können natürlich nicht für jeden Sprechakt all diese Faktoren und ihre Kombinationen explizit berücksichtigt werden. Dies würde zu völliger Unübersichtlichkeit führen. Bei der Erstellung der Listen wurde zwar immer versucht, von vorhersehbaren Kommunikationssituationen her zu denken. Der Bezug zu konkreten Situationen kann aber in der Liste selbst nicht mehr erscheinen. So wird insbesondere abstrahiert von den Inhalten, von dem, worauf sich die sprachliche Handlung bezieht, z. B. davon, ob vor einem Hund, der Polizei, einem gefährlichen Weg usw. gewarnt wird. Es werden mit anderen Worten die Elemente isoliert, die für die Realisierung eines Sprechakts in verschiedenen Situationen relevant sind. Dabei handelt es sich um Ausdrucksmittel unterschiedlichster Art. Grammatische und lexikalische Ausdrucksmittel, die für einen Sprechakt konstitutiv sein können bzw. mitindizieren können, um was für einen Sprechakt es sich handelt, sind unter anderen:

- deiktische Ausdrücke und Anredeformen (I c h mache das/S i e machen das)
- sog. explizit performative Formeln, sprechaktbezeichnende Ausdrücke
  (ich bitte . . . / Das ist eine Bitte)
- Ausdrücke für Einstellungen und Intentionen
  (ich finde . . . / ich möchte . . .)
- feste Wendungen (guten Tag / tut mir leid)
- Modalwörter (hoffentlich / wahrscheinlich / bestimmt)
- Partikeln (aber / ja / denn)
- Interjektionen (aha / hm / oho)
- lexikalische Elemente wie ,,gut" / ,,schlecht" / ,,Mist"
- Satzart
- Tempus
- Modus
- Intonation

In der Regel wird ein Sprechakt nicht durch ein einziges dieser Zeichen identifiziert, sondern durch eine Kombination verschiedener Elemente, und die einzelnen Ausdrucksmittel oder auch deren Verbindungen können bei verschiedenartigen Sprechakten eine Rolle spielen.

So können beispielsweise mit einem Interrogativsatz nicht nur Fragen gestellt, sondern auch Aufforderungen realisiert werden, z. B. ,,Können Sie mir mal das Salz geben?".

Ein Modalwort wie ,,bestimmt" kann je nach Kontext und Betonung anzeigen, daß der Sprecher von etwas fest überzeugt ist, oder daß er in seiner Annahme recht unsicher ist, daß er etwas beteuert oder etwas verspricht. Extrem verschiedene Funktionen haben die oft sehr schwer einzuordnenden Modalpartikeln wie ,,doch" (etwa beim Ausdruck von Aufforderungen, Wünschen, von Empörung, Ungeduld, Überraschung u. a.).

Selbst explizit performative Formeln sind isoliert nicht unbedingt eindeutig. (,,Ich rate Ihnen . . . " kann unter Umständen eine Drohung einleiten, ,,Ich bitte Sie" auch Tadel oder Vorwurf ausdrücken.) Vor allem aber ist der Gebrauch explizit performativer Formeln (in ihrer ,,eigentlichen" Funktion) für Alltagsgespräche gerade eher untypisch. Damit ist ein Hauptproblem jeder listenmäßigen Erfassung von Ausdrucksmitteln für Sprechakte angesprochen. Solche Listen eignen sich nämlich, da sie von der konkreten Situation abstrahieren müssen, eigentlich nur für die Erfassung von Ausdrucksmöglichkeiten mit (mehr oder weniger) expliziten Indikatoren. Dagegen können sie nicht angemessen widerspiegeln, daß eben innerhalb konkreter Situationen die kommunikative Funktion einer Äußerung sehr oft sprachlich nicht explizit gemacht werden muß, weil die Funktion der Äußerung aufgrund der Einschätzung der Situation oder auch etwa durch gestische Mittel ausreichend ersichtlich wird. Für den Zuspätgekommenen ist z. B. „Wie spät ist es jetzt?" keine Informationsfrage und „Es ist schon zwölf" keine Mitteilung, sondern ein eindeutiger Vorwurf, und dieselben Äußerungen können etwa von einem Gastgeber verwendet werden als Aufforderung an seine Gäste, doch langsam aufzubrechen. Um auf solche indirekten Realisierungen hinzuweisen (die nicht selten einfacher sind als die expliziten), stehen am Ende der Listen häufig kurze Anmerkungen oder Verweise mit dem Zeichen „→". Der Pfeil steht dabei für ein „indem"-Verhältnis. Der Vermerk → *eigene Vorlieben/Gewohnheiten ausdrücken* als Eintrag beim Sprechakt „raten" wäre also etwa zu lesen als: einen Rat geben, indem man eigene Vorlieben oder Gewohnheiten nennt, z. B. „Ich fahre immer über Frankfurt".

Damit die Listen nicht unbedingt „gelesen" werden müssen, sondern möglichst schnell überblickbar sind (und auch um das Mißverständnis zu vermeiden, es würden Fertigsätze für Alltagsgespräche zusammengestellt), werden – von festen Wendungen abgesehen – nicht ganze Äußerungen aufgelistet, sondern Elemente, deren Verwendung durch Beispielsätze illustriert wird. Notiert werden zum Teil Einzelwörter wie „natürlich", zum Teil Abbreviaturen wie: „ich weiß . . . ". Diese Notierung legt n i c h t notwendig die lineare Struktur fest. Sie schließt also nicht etwa aus „Das weiß ich". Verschiedene syntaktische Realisierungen werden in Beispielsätzen verdeutlicht.

Beispiel   + ich weiß
> Ich weiß das schon lange.
> Ich weiß jetzt, daß er das war.
> Ich weiß, wo er wohnt.
> (Er ist krank.) – Das weiß ich.

Im letzten Beispielsatz ist ein Vortext in Klammern angegeben. Wenn in der Regel Beispiele in der Form einzelner Sätze gegeben werden, so geschieht dies aus Gründen der Darstellungsökonomie, besagt aber nicht, daß die Realisierung eines Sprechakts an einen Einzelsatz gebunden wäre.

Beispielsätze werden vor allem für die Sprachmittel angeführt, die für die produktive Verwendung vorgeschlagen werden. Da wie gesagt ein Sprachmittel Indikator für verschiedene Sprechakte sein kann, tauchen gleiche Elemente in mehreren Listen auf. In diesen Fällen wird aus Platzgründen nicht jedesmal durch Beispielsätze die syntaktische Umgebung verdeutlicht. Über das alphabetische Wortregister sind jedoch die Stellen auffindbar, an denen Beispielsätze gegeben werden.

Als Leerformel für Handlungen wird „*p tun*" verwendet.

Beispiel   + könnten Sie (bitte) *p tun?*
> Entschuldigung, könnten Sie mir den
> Zucker geben?

Unter die Handlungen, für die „*p tun*" steht, fallen auch sprachliche Handlungen, z. B. „Könnten Sie mir noch sagen/erklären" usw.

In der Regel wird in der I c h - oder S i e - F o r m notiert, dabei sollen folgende Konventionen gelten:

ich   kann austauschbar sein mit „wir" („meine Frau und ich") und bei stellvertretendem Sprechen auch mit der dritten Person (z. B. beim Bestellen: „Meine Frau möchte . . . ")

Sie   steht stellvertretend für „Sie"/„du"/„ihr" und kann unter bestimmten Umständen noch austauschbar sein mit „jemand", „einer" u. ä. (z. B. „Können Sie mir sagen . . . " / „Kann mir jemand sagen . . . ")

du   die Verwendung der Du-Form signalisiert, daß für die entsprechende Realisierungsform eher Vertrautheit oder Zugehörigkeit zu bestimmten Gruppen vorauszusetzen ist.

wir   steht für den Sprecher und den Angesprochenen („Sie und ich")

Diese Konventionen beziehen sich auf die Abbreviaturen wie ,,Ich muß *p tun*" / ,,Sie müssen *p tun*" / ,,Wir müssen *p tun*", nicht aber auf die Beispielsätze. Im übrigen gelten die Darstellungskonventionen, die zu Beginn des zweiten Teils beschrieben wurden. Hinzuzufügen wäre, daß die Einträge in möglichst ,,sprechender" Form notiert werden, und daß dem Gesichtspunkt der leichten Lesbarkeit Vorrang gegeben wurde gegenüber dem stringenter Einheitlichkeit und vollständiger grammatischer Beschreibung. Insbesondere wurde bei Realisierungsformen, die nicht für den produktiven Gebrauch vorgeschlagen werden, weitgehend auf eine differenzierende Wiedergabe von Ausdrucksvarianten verzichtet und im Sinne einer exemplarischen Darstellung nur mit einigen wenigen Listeneinträgen auf weitere Ausdrucksmöglichkeiten hingewiesen. Ziel der Listen ist nicht ein Erfassen von möglichst vielen akzeptablen Realisierungsformen, sondern eine überblickbare Zusammenstellung von relevanten und einfacheren Ausdrucksmöglichkeiten.

Die Markierung + (für produktive Verwendung) geht davon aus, ob ein Ausdrucksmittel für die Realisierung des jeweiligen Sprechakts relevant, nützlich, typisch, einfach, unverfänglich usw. ist. D. h., eine Äußerungsform oder ein Element (etwa eine Partikel) wird in der Liste des Sprechakts x nicht automatisch mit + markiert, wenn für den Sprechakt y produktive Verwendung vorgeschlagen ist. Mit den Markierungen durch das Zeichen + soll eine mögliche Eingrenzung und Auswahl, soll eine Auswahltendenz angezeigt werden. Nicht gemeint ist damit, daß der Lernende unbedingt jede einzelne angekreuzte Äußerungsvariante parat haben müßte. Andrerseits erfordert natürlich auch bei weitem nicht jeder angekreuzte Eintrag einen eigenen Lernaufwand.

Anzumerken ist schließlich, daß neben den weiter oben genannten Faktoren, welche die Äußerungsform für eine sprachliche Handlung mitbestimmen, auch ein gewisser Raum bleibt für individuelle Eigenarten und Gewohnheiten des Sprechers. Unter diesem Gesichtspunkt wären die in den Listen gegebenen Markierungen für die produktive Verwendung zu relativieren. Dies gilt besonders etwa für die Verwendung von Interjektionen oder für die sogenannten Hörer- und Sprechersignale (z. B. ,,oh", ,,ei", ,,ja?", ,,hm", ,,ne", ,,äh" usw.).

Wenn auch versucht wurde, zusätzlich zu den Ausdrucksmitteln für die produktive Verwendung weitere übliche Realisierungsmöglichkeiten aufzuzeigen, so gibt die Zusammenstellung doch immer nur ein äußerst blasses Bild vom Variantenreichtum der Rhetorik auch in normalen und selbst in ,,banalen" Alltagsgesprächen.

Übersicht: Sprechakte (SA)

1	**Informationsaustausch**
1.1	*Mitteilung*
1.1.1	identifizieren, benennen
1.1.2	feststellen, behaupten

    1.1.2.1 als gegeben, wahr darstellen (Affirmation)
    1.1.2.2 als nicht gegeben, nicht wahr darstellen (Negation)
    1.1.2.3 als selbstverständlich darstellen
    1.1.2.4 als sicher, gewiß darstellen
    1.1.2.5 als offenbar, augenscheinlich darstellen
    1.1.2.6 als wahrscheinlich darstellen
    1.1.2.7 als möglich darstellen
    1.1.2.8 als unsicher, ungewiß darstellen
    1.1.2.9 als unwahrscheinlich darstellen
    1.1.2.10 als unmöglich darstellen

1.1.3	verallgemeinern, generalisieren
1.1.4	beschreiben
1.1.5	erklären
1.1.6	auf etwas aufmerksam machen
1.1.7	an etwas erinnern
1.1.8	berichten
1.1.9	Äußerungen wiedergeben
1.1.10	ankündigen
1.1.11	hypothetisch sprechen

    1.1.11.1 von Eventualfällen sprechen
    1.1.11.2 von irrealen Sachverhalten sprechen

1.1.12	versichern, beteuern
1.2	*Frage*
1.2.1	Informationen erfragen
1.2.2	sich vergewissern
1.3	*Antwort*
1.3.1	bejahen
1.3.2	verneinen
1.3.3	antwortend Auskunft geben
1.3.4	Nichtwissen ausdrücken
1.3.5	Antwort verweigern
1.4	*Ausdruck kognitiver Einstellungen*
1.4.1	Wissen ausdrücken
1.4.2	Überzeugung ausdrücken
1.4.3	Glauben ausdrücken
1.4.4	Vermutungen ausdrücken
1.4.5	Zweifel ausdrücken
1.4.6	Nichtwissen ausdrücken
1.5	*Frage nach kognitiver Einstellung*
1.5.1	nach Wissen fragen
1.5.2	nach Überzeugung, Glauben, Vermutungen fragen

2	**Bewertung, Kommentar**

2.1   *Meinungsäußerung*

2.1.1   Meinungen, Ansichten ausdrücken
2.1.2   Partei nehmen

2.2   *Beurteilung von Zuständen, Ereignissen, Handlungen*

2.2.1   loben, positiv bewerten
2.2.2   billigen
2.2.3   dankend anerkennen
2.2.4   bagatellisieren, verzeihen
2.2.5   kritisieren, negativ bewerten
2.2.6   mißbilligen
2.2.7   Vorwürfe machen, beschuldigen
2.2.8   bedauern

2.3   *Rechtfertigung*

2.3.1   begründen, rechtfertigen
2.3.2   zugeben, eingestehen
2.3.3   sich entschuldigen

2.4   *Bitte um Stellungnahme*

2.4.1   Meinungen erfragen
2.4.2   um Beurteilung bitten
2.4.3   Zustimmung suchen
2.4.4   Rechtfertigung verlangen

2.5   *Konsens – Dissens*

2.5.1   zustimmen, beipflichten
2.5.2   widersprechen
2.5.3   korrigieren
2.5.4   einräumen
2.5.5   einwenden
2.5.6   auf etwas beharren, Einwand zurückweisen
2.5.7   widerrufen

2.6   *Ausdruck evaluativer Einstellungen, Werthaltungen*

2.6.1   Interesse ausdrücken
2.6.2   Wertschätzung ausdrücken
2.6.3   Wunschvorstellungen ausdrücken
2.6.4   Vorliebe ausdrücken
2.6.5   Indifferenz ausdrücken
2.6.6   Geringschätzung, Mißfallen ausdrücken
2.6.7   Desinteresse ausdrücken

2.7   *Frage nach evaluativen Einstellungen, Werthaltungen*

2.7.1   nach Interesse fragen
2.7.2   nach Wertschätzung fragen
2.7.3   nach Wunschvorstellungen fragen
2.7.4   nach Vorliebe fragen

4.3	*Konsultation*
4.3.1	um Erlaubnis bitten
4.3.2	um Dispens bitten
4.3.3	um Vorschläge bitten
4.3.4	um Rat fragen
4.3.5	um Instruktion bitten
4.4	*Angebot*
4.4.1	nach Wünschen fragen
4.4.2	Dinge anbieten
4.4.3	anbieten, etwas zu tun
4.4.4	Hilfe anbieten
4.4.5	einladen
4.4.6	versprechen
4.5	*Einwilligung – Weigerung*
4.5.1	einwilligen
4.5.2	vereinbaren
4.5.3	Angebote annehmen
4.5.4	sich weigern
4.5.5	Angebote ablehnen
4.5.6	zögern
4.6	*Ausdruck handlungsbezogener Einstellungen und Voraussetzungen*
4.6.1	*Intention*
	4.6.1.1 Absicht ausdrücken
	4.6.1.2 Entschlossenheit ausdrücken
	4.6.1.3 Unentschlossenheit ausdrücken
	4.6.1.4 Absichtslosigkeit ausdrücken
	4.6.1.5 Verzicht ausdrücken
4.6.2	*Motivation*
	4.6.2.1 Handlungswunsch ausdrücken
	4.6.2.2 Präferenz ausdrücken
	4.6.2.3 Handlungszweck ausdrücken
4.6.3	*Realisierbarkeit*
	4.6.3.1 Fähigkeit ausdrücken
	4.6.3.2 Zuständigkeit ausdrücken
	4.6.3.3 Bereitsein ausdrücken
	4.6.3.4 Machbarkeit ausdrücken
	4.6.3.5 Nicht-Machbarkeit ausdrücken
	4.6.3.6 Verhindertsein ausdrücken
	4.6.3.7 Nicht-Zuständigkeit ausdrücken
	4.6.3.8 Unfähigkeit ausdrücken
4.6.4	*Verpflichtung*
	4.6.4.1 auf Verpflichtung hinweisen
	4.6.4.2 auf Verbote hinweisen
	4.6.4.3 auf Erlaubtheit hinweisen
4.7	*Frage nach handlungsbezogenen Einstellungen und Voraussetzungen*
4.7.1	*Intention*
	4.7.1.1 nach Absicht fragen
	4.7.1.2 nach Entschlossenheit fragen

1   INFORMATIONSAUSTAUSCH

1.1   MITTEILUNG

1.1.1   IDENTIFIZIEREN, BENENNEN

+ *demonstratives* der, der da, der da hinten *usw.*
  zur Deixis vgl. GR 1.1
  (Welchen meinen Sie?) – Den da.
  Die Straße da ist es.

+ *Kennzeichnungen vgl.* AB 1
  (Welchen wollen Sie?) – Den kleinen.
  (Wer war das?) – Die Frau mit dem roten Mantel.
  Ich frage den, der da kommt.

+ das ist . . .
  Das ist Bonn.
  Das sind Tonbänder.
  Das ist ein VW, kein Renault.

+ *x* heißt . . .
  Sie heißt Annabelle.
  Das Hotel heißt ‚Rheinallee‘.
  Die heißen Schneider.

+ das heißt (auf deutsch) . . .
  Das heißt auf deutsch ‚Tonband‘.

  das/*x* nennt man . . .

+ *x* ist (ein) *Kennzeichnung*
  Ein Block ist ein großes Haus.
  Sprudel, das ist etwas zum Trinken.

+ ich meine den da/*x*.
  Ich meine den da hinten.
  Gisela meine ich, nicht dich.

  vgl. AB 1

1.1.2   FESTSTELLEN, BEHAUPTEN

+ *Deklarativsätze (siehe die folgenden Abschnitte)*

+ *implizite Behauptungen, Unterstellungen in Auf-*
  forderungen, Vorwürfen, Fragen u. ä.,
  z. B.
  Warum hat er nicht gefragt?
  (Interrogativsatz) (unterstellt: Er hat nicht gefragt.)
  Machen Sie das nicht nochmal!
  (Imperativsatz) (unterstellt: Sie haben das schon mal
  getan.)

1.1.2.1   ALS GEGEBEN, WAHR DARSTELLEN

(Affirmation)

+ *affirmative Deklarativsätze, z. B.*
  Da gibt’s auch ein Schwimmbad.
  Ich bin müde.

+ es ist so (daß)
  Es ist so: Die Geschäfte machen um 6 zu.
  Die Geschäfte machen hier um 6 zu. Das ist so.

1.1.2.2   ALS NICHT GEGEBEN, NICHT WAHR DARSTELLEN

(Negation)

+ *Deklarativsätze mit Negationswörtern*
  nicht/kein/nichts/nie/niemand/nirgends/nirgendwo/
  nirgendwohin

Hier gibt's kein Schwimmbad.
Ich bin nicht müde.
Das ist nicht morgen (sondern am Dienstag).
Hier ist niemand.
Er ist nirgendwo.

weder . . . noch

ohne daß/zu

Wortbildungselemente
un- / miß- / a- / in-
vgl. Wortbildung GR 6

vgl. AB 1

vgl. zur Satznegation und zur Sondernegation
GR 3.6.7

1.1.2.3 ALS SELBSTVERSTÄNDLICH DARSTELLEN

+ natürlich
Die Geschäfte sind jetzt natürlich zu.
Natürlich kommt er dann nicht.

selbstverständlich

+ doch *(unbetont)*
Das ist doch am Bahnhof.
Die Geschäfte sind doch nicht zu.

ja *(unbetont)*
Die Geschäfte sind ja jetzt zu.

+ (es ist) klar (daß)
Da gibt's auch ein Schwimmbad. Das ist klar.
Klar, daß er erst morgen kommt.

1.1.2.4 ALS SICHER, GEWISS DARSTELLEN

+ es ist sicher (daß)
Es ist jetzt ganz sicher, daß er nicht mitkommt.
Er kommt nicht mit. Das ist sicher.

+ (ganz) sicher *(betont)*
Er kommt ganz sicher.

+ (ganz) bestimmt *(betont)*
Er kommt ganz bestimmt auch.
Er kommt auch. Bestimmt.

+ auf jeden Fall / auf keinen Fall
Die Geschäfte sind auf jeden Fall jetzt zu.
Er kommt auf keinen Fall.

es steht fest (daß)

→ WISSEN AUSDRÜCKEN SA 1.4.1

→ ÜBERZEUGUNG AUSDRÜCKEN SA 1.4.2

1.1.2.5 ALS OFFENBAR, AUGENSCHEINLICH DARSTELLEN

es scheint (so/daß)
Es scheint, daß er nicht kommt.
(Er ist vielleicht krank.) – Es scheint so.

es/x scheint *so* zu *sein.*
Er scheint krank zu sein.

scheint's

scheinbar

anscheinend

offenbar

es/*x* sieht *so* aus.
Der sieht teuer aus.

es sieht (so) aus, als/als ob *(Konj. II)*

es sieht so aus.
(Ist er nicht da?) – Es sieht so aus.

→ GLAUBEN AUSDRÜCKEN SA 1.4.3, *z. B.*
Ich glaube, er ist nicht da.

→ VERMUTUNGEN AUSDRÜCKEN SA 1.4.4, *z. B.*
Der ist wahrscheinlich teuer.

1.1.2.6 ALS WAHRSCHEINLICH DARSTELLEN

+ | es ist (sehr) wahrscheinlich (daß)
| (sehr) wahrscheinlich
Es ist wahrscheinlich, daß er noch kommt.
Er kommt wahrscheinlich am Montag.

höchstwahrscheinlich

+ | es ist (ziemlich) sicher (daß)
| (ziemlich) sicher
Er kommt nicht. Das ist ziemlich sicher.
Er kommt sicher auch.

voraussichtlich

→ ÜBERZEUGUNG AUSDRÜCKEN SA 1.4.2

→ GLAUBEN AUSDRÜCKEN SA 1.4.3

1.1.2.7 ALS MÖGLICH DARSTELLEN

+ es ist möglich (daß)
Möglich, daß er es vergessen hat.
(Er kommt vielleicht später.) – Das ist möglich.

möglicherweise

eventuell

+ vielleicht
Vielleicht kommt er noch.
Er kommt vielleicht am Montag.

+ (es) kann sein (daß)
Es kann sein, daß er noch da ist.
(Vielleicht ist er noch da.) – (Ja, das) kann sein.

es könnte sein (daß)

→ VERMUTUNG AUSDRÜCKEN SA 1.4.4

1.1.2.8 ALS UNSICHER, UNGEWISS DARSTELLEN

+ es ist nicht sicher (daß/ob/w-)
Es ist nicht sicher, daß er kommt.
Es ist nicht sicher, ob er kommt.
Es ist nicht sicher, wann er kommt.

es ist unsicher

+ es ist nicht klar (ob/w-)
Es ist noch nicht klar, ob/wann er kommt.

es ist unklar

+ *man* weiß nicht . . .
Er weiß noch nicht, ob/wann er kommt.
Keiner weiß, wo er ist.
(Wie lange muß er bleiben?) – Man weiß es noch nicht.

es steht nicht fest

es ist ungewiß

+ irgendw-
Er kommt irgendwann nächste Woche.
(= *Es ist gewiß, daß er kommt. Es ist ungewiß, wann er
kommt.*)

1.1.2.9 ALS UNWAHRSCHEINLICH DARSTELLEN

+ | es ist nicht wahrscheinlich (daß)
  | wahrscheinlich nicht
Es ist nicht wahrscheinlich, daß er kommt.
Er kommt wahrscheinlich nicht mehr.

es ist unwahrscheinlich

es ist kaum wahrscheinlich

höchstwahrscheinlich nicht

bestimmt nicht

(ziemlich) sicher nicht
Er ist sicher nicht zu Hause.

kaum
Er ist jetzt kaum zu Hause.

es ist nicht/kaum anzunehmen

→ ZWEIFEL AUSDRÜCKEN SA 1.4.5

1.1.2.10 ALS UNMÖGLICH DARSTELLEN

+ es ist nicht möglich (daß)
(Hat Markus den Schlüssel?) – Nein, das ist nicht
möglich.

+ es ist unmöglich (daß)

+ es kann nicht sein (daß)

+ bestimmt nicht

+ sicher nicht

vgl. ALS SICHER, GEWISS DARSTELLEN SA 1.1.2.4

1.1.3 VERALLGEMEINERN, GENERALISIEREN

+ *Deklarativsätze (im Aktiv) mit generalisierendem
Gebrauch von definitem und indefinitem Artikel
sowie Nullartikel, bzw. mit man, alle, jeder, nie-
mand, immer, nie, überall u. ä.*
vgl. AB 1
Eine Frau findet heute keine Arbeit.
Das Essen ist überall gut.
Politiker sind so.
Man verdient gut hier.
Das kann doch jeder.
Da regnet es immer.

Deklarativsätze im werden-Passiv
Hier wird viel getrunken.

vgl. NORMALITÄT AB 6.3.7

1.1.4 BESCHREIBEN

+ *Deklarativsätze*
Sie hat eine Brille.
Der Wagen ist rot.
Vor dem Haus steht ein großer Baum.
räumliche Situierung siehe AB 3
zeitliche Situierung siehe AB 4
Eigenschaften siehe AB 6 *und* AB 7.4

vgl. UMSCHREIBEN SA 6.3.5

1.1.5 ERKLÄREN

erklären, wie man etwas macht

siehe die Ausdrucksmittel unter
INSTRUIEREN SA 4.1.11

1.1.6 AUF ETWAS AUFMERKSAM MACHEN

eine Mitteilung machen
Mitteilungen ankündigen
Mitteilungen einleiten

+ sehen Sie (mal)!
Sehen Sie mal, da drüben steht er.

schauen Sie (mal)!

gucken Sie (mal)!

+ hören Sie (mal)!
Hören Sie mal, da kommt jemand.

stellen Sie sich vor!

+ | haben Sie gewußt . . . ?
| wissen Sie (schon) / Sie wissen . . . ?
Walter ist wieder da. Hast du das gewußt?
Wissen Sie, daß morgen zu ist?
Weißt du schon, daß wir um zwei fahren?

wußten Sie . . . ?

+ haben Sie (schon) gehört/gelesen/gesehen . . . ?
Haben Sie gehört, was gestern passiert ist?
Haben Sie gesehen, es schneit?
Haben Sie schon gelesen, daß morgen keine
Züge fahren?

+ ich habe gehört/gelesen/gesehen . . .

+ das ist/war so: . . .

+ da . . .
Da kommt jemand!
vgl. Deixis GR 1.1

+ ich | möchte | Ihnen etwas | sagen . . .
| muß | | erzählen . . .
Ich möchte Ihnen etwas sagen. Ich bin morgen nicht da.
Ich muß dir was erzählen. Gestern habe ich . . .

+ ich | möchte | Ihnen | sagen | , daß/w-
| muß | | erzählen |
| | | schreiben |
Ich möchte Ihnen noch sagen, daß ich morgen nicht
hier esse.
Ich muß dir erzählen, wie das war.

ich | möchte | Ihnen mitteilen . . .
| muß | Sie informieren . . .

→ FESTSTELLEN SA 1.1.2/BERICHTEN SA 1.1.8/AN-
KÜNDIGEN SA. 1.1.10

vgl. ÄUSSERUNGEN EINLEITEN SA 6.3.1
THEMA WECHSELN SA 6.3.8
WARNEN SA 4.1.14

1.1.7 AN ETWAS ERINNERN

+ vergessen Sie nicht . . . ! / Sie vergessen
nicht . . . ?
Vergessen Sie die Karten nicht!
Günther, vergiß nicht, er kommt um fünf!
Sie vergessen nicht, daß er um fünf kommt?
Und vergessen Sie bitte nicht, die Karten mitzu-
bringen!
denken Sie *daran* . . . ! / Sie denken *daran* . . . ?

+ Sie wissen (daß)?
Du weißt, wir fahren um fünf.

→ FRAGE SA 1.2, *z. B.*
Haben Sie die Karten?

→ *mahnen vgl.* DRÄNGEN SA 4.1.13, *z. B.*
Du mußt die Karten mitnehmen!

1.1.8 BERICHTEN

erzählen

+ | *Deklarativsätze mit Verb im Perfekt /*
| *haben, sein und Modalverben im Präteritum*
Wir waren gestern in München.
Da sind wir zuerst ins Museum gegangen und dann
wollten wir essen gehen . . .

Deklarativsätze mit Verb im Präteritum
Er kam gestern hier rein und sagte . . .

Historisches Präsens
Er kommt gestern hier rein und sagt . . .

+ *Zustandsbeschreibung innerhalb des Berichts im*
Präsens
Er ist vor zwei Monaten nach England gefahren. Er
wohnt in London.

zeitliche Situierung und Abfolge siehe AB 4 ZEIT

vgl. Mitteilungen einleiten SA 1.1.6

1.1.9 ÄUSSERUNGEN WIEDERGEBEN

Redewiedergabe

+ *Redebezeichnung + Zitat*
Er hat ‚Idiot' gesagt.
Ich habe gesagt ‚um drei', nicht ‚um zwei'.
Er schreibt: ‚Es geht mir besser.'
Da steht ‚geschlossen'.

+ | *Redebezeichnung + indirekte Rede im*
| *Indikativ*

Verben des Sagens/	*hauptsatzförmige*
Erfahrens	*Ergänzung*
da steht	*daß/w-*
Verben des Glaubens	*hauptsatzförmige*
	Ergänzung
	daß
Verben des Fragens	*ob/w-*

Er hat gesagt, er kommt später.
Ich habe gehört, Sie fahren morgen.
Du hast mir mal erzählt, wie schön es da ist.
In der Zeitung steht, daß es morgen regnet.

Er glaubt, Sie sind schon weg.
Sie hofft, daß Sie auch kommen.

Wann du kommst, hat er gefragt.
Sie wollte wissen, ob du Zeit hast.
Er hat gefragt *(= gebeten)*, ob ich ihm helfen kann.

+ sollen *(zur Wiedergabe von Aufforderungen)*
Man hat mir gesagt, ich soll Sie fragen.
Du sollst morgen früh anrufen.

Redebezeichnung + indirekte Rede im Konjunktiv
Man hat mir gesagt, ich müsse Sie fragen.
Ich habe gehört, Sie würden morgen fahren.
Er hat mir gesagt, daß er um acht da sei.

Redebezeichnung + Infinitiv mit zu
Sie hat vorgeschlagen, ins Theater zu gehen.
Er hat mich gebeten, ihm zu helfen.

+ *Referat mit Redeindikation im Kontext*
Ich habe angerufen. Er kommt um zwei.
Ich habe ihn gesehen. Er kommt jetzt auch mit.
Er hat den Brief bekommen. Sein Vater schickt ihm nächste Woche Geld.

+ über *(zur Themaangabe)*
Er hat über Marx gesprochen.
In der Zeitung steht etwas über den Streik.

von *(zur Themaangabe)*

etwas soll *sein.*
Morgen soll es regnen.

angeblich
Er hat angeblich nichts gewußt.

Zur Anpassung der Deixis in der Redewiedergabe siehe GR 2.2.4

1.1.10 ANKÜNDIGEN

voraussagen

+ *Deklarativsätze im Präsens (+ Zeitangabe nach Sprechzeit)*
Ich fahre nach England.
Morgen ist ein Konzert.

Deklarativsätze im Futur I
Ich werde dich da besuchen.

vgl. zu den Gewißheitsgraden SA 1.1.2
vgl. Mitteilungen einleiten SA 1.1.6

vgl. VERÄNDERUNG, BESTÄNDIGKEIT AB 4.16
Das Wetter bleibt wahrscheinlich schön.

1.1.11 HYPOTHETISCH SPRECHEN

1.1.11.1 VON EVENTUALFÄLLEN SPRECHEN

+ wenn . . . (dann) *(Indikativ)*
Wenn ich Zeit habe, komme ich.
Ich sag's ihm, wenn ich ihn sehe.

+ vielleicht . . . (dann)
Vielleicht ist es morgen schön. Dann komme ich auch.

+ es kommt drauf an (ob/w-)

(Kommen Sie auch?) – Das kommt drauf an. Wenn ich
Zeit habe.
Das kommt drauf an, wie lange es geht.

wenn . . . (dann) *(Konjunktiv II)*

Wenn es morgen schön wäre, würde ich mitkommen.

falls

Bedingungsgefüge ohne Einleitewort

Regnet es, dann komme ich nicht.
Sollte es regnen, würde ich hier bleiben.

vgl. BEDINGUNGSVERHÄLTNIS AB 7.14
      ALS MÖGLICH DARSTELLEN SA 1.1.2.7

1.1.11.2 VON IRREALEN SACHVERHALTEN SPRECHEN

+ wenn . . .

	hätte	(dann)	würde . . .
	wäre		könnte . . .
			hätte . . .
			wäre . . .

Wenn er hier wäre, würde er uns die Stadt zeigen.
Wenn ich mehr Platz hätte, dann könntet ihr hier
schlafen.
Hätten Sie ihn gefragt, wenn Sie ihn gesehen hätten?
Wenn ich ihn gesehen hätte, hätte ich ihn gefragt.
Er hätte uns geholfen, wenn er hier gewesen wäre.

*N.B. Der wenn-Satz kann erspart bleiben oder
ersetzt werden durch Feststellung der fehlenden
Voraussetzungen (mit aber) z. B.*

Günther hätte uns geholfen.
Ich würde gern mitkommen, aber ich habe keine Zeit.

+ . . . sonst . . .

hätte . . .	*(nach Feststellung*
wäre . . .	*fehlender*
würde . . .	*Voraussetzung)*
könnte . . .	

Ich habe keinen Platz. Sonst würde ich Sie mitnehmen.

*Bedingungsverhältnis im Konjunktiv II ohne Ein-
leitewort*

Hätte ich das gewußt, wäre ich nicht gekommen.

+ fast *(in Deklarativsätzen im Indikativ Perfekt)*

Das ist fast kaputt gegangen.

beinahe

vgl. BEDINGUNGSVERHÄLTNIS AB 7.14

1.1.12 VERSICHERN, BETEUERN

+ wirklich

Er ist nicht da. Wirklich (nicht).
Er ist wirklich nicht da.

+ (ganz) bestimmt

(Ist das wirklich so?) – Bestimmt!
Das ist ganz bestimmt wahr!

+ das ist wahr.

+ das stimmt.

+ das ist/war so.

tatsächlich

Das ist tatsächlich passiert.

(das ist) Tatsache!

ehrlich!

das können/müssen Sie mir glauben.

→ *emphatische Feststellung, z. B.*
Ich wéiß das!
Das íst im Bahnhof

vgl. ALS SELBSTVERSTÄNDLICH DARSTELLEN
SA 1.1.2.3

1.2 FRAGE

1.2.1 INFORMATIONEN ERFRAGEN

sich erkundigen
um Auskunft bitten

+ *Ja/Nein-Interrogativsatz*
Sind Sie müde?
War er nicht da?
Wohnen Sie schon lange hier?

+ *Deklarativsatz mit Frageintonation*
Sie sind müde?
Er war nicht da?
Sie wohnen schon lange hier?

+ *Alternativfragen mit* oder
Fahren Sie mit dem Zug oder mit dem Wagen?
Wann fahren Sie? Am Montag oder am Dienstag?

+ *w-Interrogativsatz*
Wer hat das gesagt?
Wann fahren wir?
Wie geht das?
Mit wem haben Sie gesprochen?
Worüber/Über was haben sie gesprochen?
*(zur semantischen Zuordnung der w-Wörter siehe
die Liste* ALLGEMEINE BEGRIFFE; *vgl.* GR 5.8)

+ *Kurzfragen*
(Sie müssen noch unterschreiben.) – Hier?/Wo?
(Er wohnt in Rom.) – Schon lange?
(Wir fahren bald.) – Wann?/Wohin?/Warum? *usw.*
Die Toilette bitte? *(= Wo ist . . . ?)*
(Ich heiße Irene.) Und du?

+ denn *(in Interrogativsätzen / in Kurzfragen mit w-
Wörtern)*
Wohnen Sie denn schon lange hier?
Wann fahren Sie denn?
(Ich muß gehen.) – Warum denn?

eigentlich | *(in Interrogativsätzen / in Kurz-*
wohl | *fragen mit w-Wörtern)*
Ist er wohl zu Hause?

+ können Sie mir (bitte/vielleicht) sagen, ob/w- ?

+ wissen Sie (vielleicht), ob/w- ?
Entschuldigung, wissen Sie vielleicht, welcher Bus zum
Bahnhof fährt?

wissen Sie zufällig . . . ?

+ kann/darf ich (Sie) etwas fragen? . . .

+ ich möchte/muß (Sie) etwas fragen. . . .

+ ich habe eine Frage: . . .

sagen Sie (mal). . . .
Sagen Sie, geht es hier nach Düdingen?

→ Nichtwissen ausdrücken SA 1.4.6, *z. B.*
Ich weiß nicht, was ‚Bewilligung' heißt.
Ich habe Ihren Namen vergessen.

→ *Probleme nennen, erklären, z. B.*
Ich suche die Bahnhofstraße.
Ich finde meinen Mantel nicht.

→ *auffordern/bitten, etwas mitzuteilen, vgl.* Aufforderung SA 4.1., *z. B.*
Schreiben Sie mir bitte auch, wann Sie kommen.

1.2.2   Sich vergewissern

(Bestätigung erwarten)

+ *Deklarativsätze mit Frageintonation*
Sie sind Engländer?

+ doch *(in Deklarativsätzen mit Frageintonation)*
Das ist doch der Zug nach Bonn?
Sie sind doch nicht müde?

+ ja ?/nicht ? *(oft als* nich/ne*) (nach Deklarativ-*
sätzen)
Sie sind Student, ja?

nicht wahr? *(nach Deklarativsätzen)*
Sie sind Engländer, nicht wahr?

oder? / oder nicht? *(nach Deklarativsätzen)*
Das ist doch am Bahnhof, oder (nicht)?
Er ist doch nicht krank, oder?

rhetorisches nicht *in Ja/Nein-Interrogativsätzen*
Sind Sie nicht Franzose?

+ stimmt das/stimmt es, daß?
Ich habe gehört, er ist krank. Stimmt das?
Stimmt es, daß er krank ist?

+ ist das wahr/ist es wahr, daß?

+ ist das so?

(oder) irre ich mich?

+ wirklich?
Ist das wirklich nicht weit?
(Das ist nicht weit.) – Wirklich (nicht)?

bestimmt/sicher/tatsächlich?

auch *(in Ja/Nein-Interrogativsätzen)*
Ist das auch gut?
Ist das auch nicht zu weit?

vgl. Glauben/Vermutungen/Zweifel
ausdrücken SA 1.4.3 – 1.4.5
Zustimmung suchen SA 2.4.3

Vergleiche zu Frage *auch:*

1.3   ANTWORT

*Zur Modifizierung der Antwort nach Gewiß-
heitsgraden oder durch Ausdruck kognitiver,
evaluativer, emotionaler Einstellungen vgl. die
entsprechenden Ausdrucksmittel unter:*
MITTEILUNG SA 1
BEWERTUNG SA 2
GEFÜHLSAUSDRUCK SA 3

+ *echoartige Wiederholung von Fragebestandteilen
vor der Antwort, z. B.*
(Wann bist du aufgestanden?) – Ich? um sieben.
(Hast du Zigaretten?) – Zigaretten? nein.
vgl. FRAGE-ANTWORT-BEZIEHUNG GR 1.6

1.3.1   BEJAHEN

Fragen bejahen   *Reaktion auf Entscheidungsfragen (Ja/Nein-Inter-*
bejahend antworten   *rogativsatz und Deklarativsatz mit Frageintonation):*

                                    *– nach Entscheidungsfragen ohne Negations-
                                    wörter*

+ ja

                                    hm hm *u. ä. (bestätigende Intonation)*

+ (ja) + | *Modalwort*
　　　　 | *Einstellungsverb*
　　　　 | *Kurzsatz/Deklarativsatz mit*
　　　　 | *bestätigender Mitteilung*

(Ist er weg?)　– Ja natürlich.
　　　　　　　– Leider.
　　　　　　　– Ich glaube (ja).
　　　　　　　– Schon lange.
　　　　　　　– Ja, er ist gestern gefahren.
　　　　　　　– Ja, er ist nicht mehr da.

+ (ja) klar *(!)*

(ja) freilich

(ja) allerdings

(ja) schon (aber)

– *nach Entscheidungsfragen mit Negationswörtern*

+ nein

hm hm *u. ä. (verneinende Intonation)*

+ (nein) + | *Modalwort* + nicht
　　　　　 | *Einstellungsverb* + nicht
　　　　　 | *Kurzsatz/Deklarativsatz mit bestätigender Mitteilung*
　　　　　 | *weiteres Negationswort*

(Ist niemand da gewesen?)　– Nein, bestimmt nicht.
　　　　　　　　　　　　　– Ich glaube nicht.
　　　　　　　　　　　　　– Nein, noch nicht.
　　　　　　　　　　　　　– Nein, ich war allein.
　　　　　　　　　　　　　– Nein, niemand.

+ (nein) auf keinen Fall

(nein) keinesfalls

(nein) kaum

N. B. implizite Bejahung durch Frage und Aufforderung, z. B.
(Ist er da?) – Soll ich ihn holen?
siehe auch die Ausdrucksmittel unter
EINWILLIGEN SA 4.5.1
ANGEBOTE ANNEHMEN SA 4.5.3
ZUSTIMMEN, BEIPFLICHTEN SA 2.5.1

1.3.2　VERNEINEN

Fragen verneinen,
verneinend antworten

Reaktion auf Entscheidungsfragen (Ja/Nein-Interrogativsatz und Deklarativsatz mit Frageintonation):

– *nach Entscheidungsfragen ohne Negationswörter*

+ nein

hm hm *u. ä. (verneinende Intonation)*

+ (nein) + | *Modalwort* + nicht
　　　　　 | *Einstellungsverb* + nicht
　　　　　 | *Kurzsatz/Deklarativsatz mit widersprechender Mitteilung*
　　　　　 | *weiteres Negationswort*

(Geht das lang?)   – Nein, wahrscheinlich nicht.
                       – Ich hoffe nicht.
                       – Vielleicht 10 Minuten.
                       – Ich glaube, das geht schnell.
                       – Nein, man muß nie lang warten.
                       – Nein, nie.

\+ (nein) auf keinen Fall

(nein) keinesfalls

(nein) keineswegs

(nein) kaum

– *nach Entscheidungsfragen mit Negationswörtern*

\+ doch

\+ doch + | *Modalwort*
          | *Einstellungsverb*
          | *Kurzsatz / Deklarativsatz mit*
          | *widersprechender Mitteilung*

(Er kommt nicht?)   – Doch sicher.
                       – Doch, ich glaube.
                       – Ich glaube doch.
                       – Doch, um zwei.
                       – Natürlich kommt er.
                       – (Doch) er ist schon da.

\+ doch, auf jeden Fall

\+ doch, klar *(!)*

doch, freilich

schon (aber) . . .

N. B. *implizite Verneinung durch Frage und Aufforderung, z. B.*
(Soll ich das hierhin stellen?) – Tun Sie es lieber dahin!

siehe auch die Ausdrucksmittel unter
SICH WEIGERN SA 4.5.4
ANGEBOTE ABLEHNEN SA 4.5.5
WIDERSPRECHEN SA 2.5.2

1.3.3   ANTWORTEND AUSKUNFT GEBEN

Reaktion auf Ergänzungsfragen (w-Fragen)

\+ | *Kurzsatz (mit mindestens dem durch das w-Wort*
  | *erfragten Element)*
  | *alleinstehender Nebensatz*
  | *Deklarativsatz*

(Wann fahren wir?) – Wahrscheinlich um eins.
(Warum kommst du nicht?) – Weil ich keine Zeit habe.
(Wo ist der Koffer?) – Ich hab ihn in den Wagen getan.

Reaktion auf Alternativfragen

\+ | *Kurzsatz*
  | *Deklarativsatz*

(Wann war das? Am Montag oder am Dienstag?) –
Ich glaube, am Montag.
(Fahren Sie mit dem Zug oder mit dem Wagen?) –
Ich fahre immer mit dem Zug.

N. B. *Auskunft durch Frage und Aufforderung,*
z. B.
(Wo ist der Jens?) – Hat er dir nicht gesagt, daß er nach
Luzern fährt?
(Soll ich am Montag oder Dienstag kommen?) – Komm
lieber am Montag!

1.3.4   NICHTWISSEN AUSDRÜCKEN

als Reaktion auf Fragen

+ *Ausdrucksmittel wie unter SA 1.4.6 in Antwort-*
position, auch mit leider, tut mir leid . . .
Das weiß ich nicht.
Tut mir leid, die kenne ich auch nicht.
Das kann ich Ihnen leider nicht sagen.

ich kann Ihnen keine Auskunft geben.

die Frage kann ich nicht beantworten.

ich kann Ihnen keine Antwort geben (auf die
Frage).

→ *Auffordern, jemand anders zu fragen, z. B.*
Fragen Sie mal Herrn Dreyer!
Da müssen Sie woanders fragen.

1.3.5   ANTWORT VERWEIGERN

nicht Auskunft geben

+ ich | möchte | das nicht sagen.
     | kann |
     | darf |
(Von wem hast du das?) – Das darf ich nicht sagen.
                       – Das möchte ich dir lieber
                         nicht sagen.

das geht Sie nichts an!

→ *Gegenfragen, z. B.*
(Wann essen wir?) – Warum fragst du?
                  – Hast du Hunger?

vgl. NICHTWISSEN AUSDRÜCKEN SA 1.3.4

1.4   **AUSDRUCK KOGNITIVER EINSTELLUNGEN**

vgl. auch DENKEN, WISSEN AB 6.2.1

1.4.1   WISSEN AUSDRÜCKEN

+ ich weiß . . . (genau)
Das weiß ich schon lange.
Ich weiß jetzt, daß er das war.
Ich weiß, wo er wohnt.
(Er ist krank.) – Das weiß ich.

+ ich kenne *ihn/das* (gut/genau)
(Wissen Sie, ob hier Herr Berger wohnt?) – Ja, den
kenne ich.
Ich kenne seine Adresse.

Erinnerung

+ ich erinnere mich . . .
Ja, jetzt erinnere ich mich wieder. Er heißt . . .
Ich erinnere mich, wann das war.
Ich erinnere mich genau, daß er gesagt hat . . .

+ ich erinnere mich *daran.*

+ ich weiß noch/wieder . . .
Jetzt weiß ich wieder, wie er heißt.
Ich weiß noch, wo das war.

+ ich habe nicht vergessen . . .
  ich vergesse nie/nicht . . .
Ich habe nicht vergessen, daß das morgen ist.
Den Namen vergesse ich nie.
(Morgen um vier, nicht um fünf!) – Ja, ich weiß, das vergesse ich nicht.
Ich vergesse nicht anzurufen.

+ ach ja! *(Jetzt erinnere ich mich wieder.)*

jetzt fällt mir wieder ein!

→ *Erfahrungen ausdrücken z. B.*
Ich habe gesehen/gelesen . . .
Ich war dabei, als . . .

vgl. ALS SELBSTVERSTÄNDLICH DARSTELLEN
SA 1.1.2.3

1.4.2 ÜBERZEUGUNG AUSDRÜCKEN

feste Überzeugung

+ ich bin (ganz) sicher (daß)
Er wohnt hier in der Nähe. Da bin ich ganz sicher.
Ich bin sicher, daß das nicht hier ist.

+ (ganz) bestimmt
Er hat das bestimmt gehört.
Er hat das gehört. Bestimmt.

+ (ganz) sicher
Er hat das ganz sicher gewußt.
Weiß er das? – Ja sicher!

+ doch *(unbetont)*
Er kann das doch.

+ natürlich
Er weiß das natürlich genau.
(Meinst du, er kommt noch?) – Natürlich!

selbstverständlich

garantiert

zweifellos

ohne Zweifel

+ es ist klar (für mich) (daß)
Er hat das gemacht. Das ist doch klar.
Es ist klar, daß er das war.

es steht fest (für mich) . . .

es muß *so sein.*
Er muß das gehört haben.

ich behaupte . . .

ich bin überzeugt . . .

ich zweifle nicht . . .

ich halte es für wahr/sicher/falsch . . .

ich sage Ihnen . . .
Ich sage dir, er hat das gehört.

wetten (wir)?
Wetten wir, daß er noch kommt?

glauben Sie mir . . . !
Glauben Sie mir, er hat das gehört!

Sie können mir glauben . . .

vgl. FESTSTELLEN, BEHAUPTEN SA 1.1.2

1.4.3 GLAUBEN AUSDRÜCKEN

Annahme

+ ich glaube . . .

Ich glaube, er ist Lehrer.
Das ist hier in der Nähe, glaube ich.
Er ist, glaube ich, schon weg.
Ich glaube, daß er das ist.
(Ist er noch da?) – Ich glaube (ja).

ich denke . . .

Ich denke, er ist noch da.

ich nehme an . . .

ich meine . . .

Ich meine, er ist/wäre noch da.

ich fürchte . . .

Ich fürchte, er ist schon weg.

mir scheint . . .

soviel ich weiß . . .

wenn ich (mich) nicht irre . . .

+ ich bin ziemlich sicher . . .

+ wahrscheinlich

Er ist wahrscheinlich schon weg.

+ bestimmt

+ sicher

vgl. ALS WAHRSCHEINLICH DARSTELLEN SA 1.1.2.6
ALS UNWAHRSCHEINLICH DARSTELLEN SA 1.1.2.9
MEINUNGEN, ANSICHTEN AUSDRÜCKEN SA 2.1.1
SICH VERGEWISSERN SA 1.2.2 *Annahmen in*
Vergewisserungsfragen, z. B.
Er ist Lehrer, nicht?

1.4.4 VERMUTUNGEN AUSDRÜCKEN

Schwache Annahme

+ *Ausdrucksmittel wie für* GLAUBEN, *wenn sich die*
Äußerung z. B. auf unsichere Ereignisse in der
Zukunft bezieht, z. B.

Ich glaube, morgen regnet es.
(Markierung der Unsicherheit durch Intonation oder
durch Fragen wie Oder was glauben Sie?)

ich vermute . . .

ich kann/könnte mir vorstellen . . .

+ vielleicht *(in Deklarativ- und Ja/Nein-Interroga-*
tivsätzen)

Vielleicht ist er im Hotel.
Ist er vielleicht schon im Hotel?

vermutlich

möglicherweise

wohl

Er ist wohl schon gegangen.
Ist er wohl schon weg?

Futur I

Er wird (wohl) im Hotel sein.

es könnte *so sein.*

Das könnte am Bahnhof sein.
Er könnte krank sein.

es dürfte *so sein*.

könnte *es* nicht *so sein* . . . ?
Könnte er nicht im Hotel sein?
Könnte es nicht sein, daß er im Hotel ist?

ob-Interrogativsatz (wohl/vielleicht)?
Ob er wohl im Hotel ist?

vgl. ALS MÖGLICH DARSTELLEN SA 1.1.2.7

1.4.5 ZWEIFEL AUSDRÜCKEN

+ *Ausdrücke für Überzeugung/Glauben, verneint,*
  z. B.
  Ich glaube nicht, daß er kommt.
  Der ist bestimmt nicht hier.
  vgl. SA 1.4.2 *und* 1.4.3

+ ich weiß nicht (ob) *(INT)*
  (Ist er im Hotel?) – Hm, ich weiß nicht.
  Ich weiß nicht, ob das wahr ist.

  ich zweifle . . .

  ich bezweifle . . .

  kaum
  (Kriegt man noch Karten?) – Kaum!
  Das ist kaum hier in der Nähe.

  wohl nicht/wohl kaum

  vgl. ALS UNWAHRSCHEINLICH DARSTELLEN
  SA 1.1.2.9

1.4.6 NICHTWISSEN AUSDRÜCKEN

+ ich weiß nicht . . .
  (Kommt er auch?) – Das weiß ich nicht.
  Ich weiß nicht, ob er kommt.
  Wann er kommt, weiß ich nicht.
  Ich weiß seinen Namen nicht.

+ ich kenne *ihn/das* nicht.
  Ich kenne kein anderes Hotel.

  ich frage mich . . .

  ich habe keine Ahnung . . .
  (Wissen Sie, wo das ist?) – Keine Ahnung!

+ ich kann (Ihnen) nicht sagen . . .
  Ich kann Ihnen nicht sagen, wo das ist.
  Ich kann Ihnen nicht sagen, ob's da ein Schwimmbad
  gibt.

Vergessen

+ ich erinnere mich nicht (mehr) . . .
  (Wann war das?) – Ich erinnere mich nicht mehr.
  Ich erinnere mich nicht mehr, ob das in Köln war.
  Ich erinnere mich nicht, wo das war.

+ ich erinnere mich nicht (mehr) *daran*.

+ ich weiß nicht mehr . . .

+ ich habe vergessen . . .
  Ich habe seinen Namen vergessen.
  Ich habe vergessen, wie er heißt.

  mir fällt nicht (mehr) ein . . .

→ INFORMATIONEN ERFRAGEN SA 1.2.1

→ *ausdrücken, daß man etwas nicht erfahren hat,*
z. B.
(Wo ist er?) – Ich habe ihn nicht gesehen.

1.5 FRAGE NACH KOGNITIVER EINSTELLUNG

1.5.1 NACH WISSEN FRAGEN

+ | wissen Sie (nicht) . . . ?
| kennen Sie (nicht) . . . ?
| können Sie mir sagen . . . ?
| erinnern Sie sich noch/nicht/nicht mehr . . . ?
| wissen Sie noch/nicht mehr . . . ?
| haben Sie vergessen . . . ?
| *auch in anderen Ausdrucksformen für*
| FRAGE SA 1.2

Sie wissen, wo das ist?
Wissen Sie nicht, ob er kommt?
Kennen Sie das gut?
Du weißt noch, was das kostet, ja?
Hast du die Nummer vergessen?

vgl. SA 1.4.1 *und* 1.4.6

→ INFORMATIONEN ERFRAGEN SA 1.2.1, *z. B.*
Wann war das?

1.5.2 NACH ÜBERZEUGUNG, GLAUBEN, VERMUTUNGEN FRAGEN

+ | sind Sie sicher . . . ?
| glauben Sie (nicht) . . . ?
| meinen Sie (nicht) . . . ?
| *auch in anderen Ausdrucksformen für*
| FRAGE SA 1.2

Sind Sie sicher, daß er heute kommt?
Was glauben Sie, ist das weit?
Glauben Sie, daß das Museum heute auf ist?
Vielleicht ist er morgen schon zurück, oder glauben Sie
nicht?
Wie weit ist das, was glauben Sie?

+ vielleicht *(im Ja/Nein-Interrogativsatz und im*
Deklarativsatz mit Frageintonation)

Ist er vielleicht schon weg?
Vielleicht kommt er noch, was meinen Sie?

vgl. SA 1.4.2 – 1.4.5; SA 1.1.2.7

→ INFORMATIONEN ERFRAGEN SA 1.2.1

→ SICH VERGEWISSERN SA 1.2.2

2 BEWERTUNG, KOMMENTAR

zur emotionalen Wertung vgl. SA 3

2.1 MEINUNGSÄUSSERUNG

2.1.1 MEINUNGEN, ANSICHTEN AUSDRÜCKEN

Eindrücke mitteilen
Stellung nehmen

+ ich finde, . . .

Ich finde, die Ferien sind zu kurz.
Das ist teuer, finde ich.
Ich finde, daß die Regierung das machen muß.
Ich finde, die Linken sind nicht gefährlich.
Ich finde nicht, daß die Linken gefährlich sind.

+ ich finde das/*x gut/nicht gut.*

Ich finde das nicht richtig.
Ich finde das Programm langweilig.
Den anderen finde ich besser.

+ ich finde es *gut/nicht gut*, daß/wenn

Ich finde es nicht richtig, daß die Frauen weniger verdienen.
Ich finde es besser, wenn ihr das macht.

ich halte das/*x* für *gut/nicht gut.*

ich meine, . . .

ich bin der | Meinung . . .
            | Ansicht . . .

meiner | Meinung | nach . . .
       | Ansicht

+ ich glaube . . .

Deine Idee ist besser, glaube ich.
Ich glaube nicht, daß das demokratisch ist.

ich denke . . .

ich würde sagen . . .

ich sehe das so: . . .

ich habe den Eindruck . . .

ich habe das Gefühl . . .

ich stehe auf dem Standpunkt . . .

mir scheint . . .

→ FESTSTELLEN, BEHAUPTEN SA 1.1.2

Das ist sehr teuer!
Das ist natürlich ein Problem.

vgl. ÜBERZEUGUNG, GLAUBEN, VERMUTUNGEN,
ZWEIFEL AUSDRÜCKEN SA 1.4.2 – 1.4.5

2.1.2 PARTEI NEHMEN

+ ich bin für/gegen *x.*

Ich bin nicht für das Fernsehen.
Ich bin für die Sozialisten.

+ ich bin | dafür | (daß)
          | dagegen

(Er will wieder nach Spanien.) Ich bin nicht dafür.
Ich bin auch dafür, daß man den Ländern helfen muß.

ich bin | dafür | *p* zu *tun.*
        | dagegen

81

+ ich *meine* auch/nicht.
  (Er hat gesagt, daß es hier teuer ist.) – Das finde ich auch.
  (Er ist für die Konservativen.) – Ich nicht/auch.

  ich bin │ der gleichen Meinung wie . . .
         │ anderer Meinung als . . .

  vgl. MEINUNGEN, ANSICHTEN AUSDRÜCKEN
  SA 2.1.1

  vgl. auch KONSENS-DISSENS SA 2.5

2.2 BEURTEILUNG VON ZUSTÄNDEN, EREIGNISSEN, HANDLUNGEN

2.2.1 LOBEN, POSITIV BEWERTEN

Ausrufe

+ gut!/sehr gut!

nicht schlecht!

fein!

+ schön!

+ prima!

ausgezeichnet!/großartig!/phantastisch!/Klasse!
u. ä.

+ bravo! *(!)*

alle Achtung!

gratuliere!

Exklamativsatz mit wie/was *oder mit Erststellung des Verbs z. B.*
Wie gut du das kannst!
Was das schmeckt!
Spielt der gut!

+ ich finde das/*x* gut.
Ich finde das sehr schön.

+ ich finde es *gut*, daß/wie . . .
Ich finde es prima, daß du das so machst.

+ das haben Sie *gut* gemacht!

+ *Feststellungen mit positiv wertenden Prädikationen. Zur Graduierung vgl.* AB 5.3
Das ist ein sehr schönes Bild!
Das Zimmer ist wirklich schön so!
Sie sprechen gut Englisch!
Das schmeckt (sehr gut).

einfach
Das ist einfach toll!

aber *(unbetont)*
Das ist aber schön!
Das hast du aber prima gemacht.

vgl. BEGEISTERUNG/FREUDE/ZUFRIEDENHEIT
AUSDRÜCKEN SA 3.5 – 3.7
WERTSCHÄTZUNG AUSDRÜCKEN SA 2.6.2
WERTUNG AB 6.3

CHARAKTERISIERUNGEN *in den Listen der Spezifischen Begriffe* (SB)

2.2.2   BILLIGEN

+ es/das geht (so).
(Ist das zu klein?) – Nein, das geht so.
(Wie ist das Hotel?) – Es geht.

+ (es/das ist) gut (so).
(Ist das so richtig?) – Ja, das ist gut.

+ das/*x* ist ziemlich gut.

das/*x* ist | recht | gut.
    | ganz |

(das/*x* ist) nicht schlecht.

(das ist) in Ordnung.

vgl. AKZEPTABILITÄT AB 6.3.4
   ADÄQUATHEIT AB 6.3.5, *z. B.*
   Das Zimmer ist groß genug.

2.2.3   DANKEND ANERKENNEN

+ vielen Dank | für . . .
     | daß . . .
Vielen Dank, daß Sie mir die Lampe gebracht haben.
Vielen Dank für die Lampe.

ich danke Ihnen | für . . .
ich möchte Ihnen danken | daß . . .

ich bin (Ihnen) sehr dankbar (daß)

+ (es ist) nett/schön/gut, daß
Das ist nett, daß Sie mich abholen.
Nett, daß Sie das bringen.

+ | das ist | (sehr) nett (von Ihnen)./es . . .
  | ich finde das | daß

das ist aber nett/lieb/freundlich.

+ ich bin (sehr) froh, daß
Ich bin froh, daß Sie das gemacht haben.
siehe auch SICH BEDANKEN SA 5.3.2.1

vgl. FREUDE/ZUFRIEDENHEIT AUSDRÜCKEN SA 3.6
   und 3.7

2.2.4   BAGATELLISIEREN, VERZEIHEN

etwas entschuldigen

+ (das) macht nichts! / das macht doch nichts!

+ | das ist nicht (so) schlimm!
  | das ist doch nicht so schlimm!

(ist) schon gut.

na ja! *(INT)*

(das) spielt keine Rolle!

das ist nicht tragisch.

das kann (jedem) passieren.

vergessen wir das!/schon vergessen!

da können Sie nichts (da)für.

das ist nicht Ihre Schuld.

vgl. AUF ENTSCHULDIGUNGEN REAGIEREN
   SA 5.3.1.2

2.2.5 KRITISIEREN, NEGATIV BEWERTEN

+ ich finde das/*x nicht gut*.
Ich finde das Buch langweilig.

+ ich finde es *nicht gut*, daß . . .
Ich finde es falsch, daß du ihm das gesagt hast.

+ *Feststellungen mit negativ wertenden Prädikationen*
Das ist ein teures Restaurant.
Der Lärm ist wirklich schrecklich.
Du machst das nicht richtig.
Das gefällt mir gar nicht!
Zur Graduierung vgl. AB 5.3

einfach
Das ist einfach schlecht.

aber *(unbetont)*
Das geht aber lang!

das/*x* könnte besser sein.

Exklamativsätze mit wie/was *oder mit Erststellung des Verbs*
Wie das aussieht!
Was das lange geht!
Ist das laut!

+ | das ist | Mist!
  | (so ein) | Unsinn!

Kraftausdrücke wie: Scheiße, Scheiß-, Quatsch
u. ä.
Das ist ein Scheißprogramm!

vgl. UNZUFRIEDENHEIT AUSDRÜCKEN SA 3.20
LANGEWEILE AUSDRÜCKEN SA 3.21
VERÄRGERUNG AUSDRÜCKEN SA 3.23
GERINGSCHÄTZUNG, MISSFALLEN AUSDRÜK-
KEN SA 2.6.6
WERTUNG AB 6.3

CHARAKTERISIERUNGEN *in den Listen der Spezifischen Begriffe* (SB)

2.2.6 MISSBILLIGEN

+ | das geht nicht (so).
  | das geht doch nicht.

+ zu + *Adjektiv*
Das ist zu teuer.
Du fährst zu schnell.

+ nicht so! *(allein und vor Adjektiven)*
Mach nicht so laut!

das ist nicht in Ordnung.

→ *Auffordern, etwas zu ändern oder nicht zu machen*
vgl. JEMANDEN AUFFORDERN SA 4.1.1
GEBIETEN SA 4.1.10
DRÄNGEN SA 4.1.13

vgl. AKZEPTABILITÄT AB 6.3.4
ADÄQUATHEIT AB 6.3.5, *z. B.*
Das ist noch nicht genug.

vgl. VERÄRGERUNG AUSDRÜCKEN SA 3.23

2.2.7   VORWÜRFE MACHEN, BESCHULDIGEN

+ Sie haben *p getan*.
Du hast das kaputt gemacht.
Sie haben das gemacht!
Du hast das Fenster nicht zugemacht!

+ Síe waren das!

+ Síe sind schuld!

Sie hätten *q tun* sollen/müssen.

Sie sollten doch *q tun!*

doch
Du warst das doch.
Sie haben doch gesagt . . .

ich hätte *q getan*.
Also, ich hätte das nicht gemacht!

ich würde *q tun*.
Ich würde das schneller machen!

wie | können | Sie (nur/bloß) *p tun?*
| konnten |
Wie konntest du das vergessen?

was soll das?

+ denn *(in Interrogativsätzen)*
Hast du es ihm denn nicht gesagt?
Was machst du denn?

bei Vorwürfen an Dritte, entsprechend angepaßte Ausdrucksmittel, z. B.
Er hat das gemacht!

→ *Feststellungen, Behauptungen (auch in Fragen implizierte Behauptungen), die als Kritik aufgefaßt werden können, z. B.*
Du kommst spät!
Wo hast du den Schlüssel hingelegt?

vgl. mahnen: DRÄNGEN SA 4.1.13
VERÄRGERUNG AUSDRÜCKEN SA 3.23

2.2.8   BEDAUERN

+ (es ist) schade (daß)
(Morgen bin ich nicht mehr da.) – Das ist sehr schade.
Schade, daß ich nicht kommen kann!
Es ist schade, daß es hier kein Schwimmbad gibt.

+ das ist aber schade!

+ ich finde das schade./es . . . daß

(es ist) dumm (daß)

+ (es) tut mir leid (daß)

+ leider
Er hat mir das leider nicht gesagt.
Das Buch kenne ich leider nicht.

Pech, daß . . .

das ist Pech!

ich bedaure . . .

Ausrufe, z. B.
Wie dumm! / Wie schade! / Was für ein Pech!

Desiderativsätze, z. B.
Wären Sie doch auch gekommen!
Wenn ich das gewußt hätte!

vgl. ENTTÄUSCHUNG AUSDRÜCKEN SA 3.10
MITGEFÜHL AUSDRÜCKEN SA 3.2

2.3 RECHTFERTIGUNG

2.3.1 BEGRÜNDEN, RECHTFERTIGEN

+ *Deklarativsätze mit Angabe von Gründen, z. B.*
durch Bezug auf Intention, Fähigkeit, Vorliebe,
Notwendigkeit usw., z. B.
Ich hatte gestern keine Zeit.
Ich komme nicht. Ich will schwimmen gehen.
(Warum haben Sie das nicht gemacht?) – Ich kann das
nicht.
(Warum haben Sie das so gemacht?) – Weil ich das
besser finde.
Ich habe das gemacht, damit wir morgen früh fahren
können.
Ich muß wirklich gehen. Sonst bin ich zu spät.

siehe KAUSALITÄT AB 7.11 *und* 7.12
ZWECK AB 7.13
BEDINGUNGSVERHÄLTNIS AB 7.14

vgl. AUSDRUCK HANDLUNGSBEZOGENER
EINSTELLUNGEN UND VORAUSSETZUNGEN
SA 4.6

+ mit Absicht
Ich habe dich mit Absicht nicht angerufen . . .

absichtlich

extra

bei Gründen, die als bekannt bzw. selbst-
verständlich vorausgesetzt werden:

+ doch *(unbetont)*
(Er kommt nicht.) Er wollte doch in die Stadt.

ja *(unbetont)*

eben
Ich hab das eben nicht gewußt.

halt

2.3.2 ZUGEBEN, EINGESTEHEN

+ (ja) ich habe *p getan.*
Ich habe die Schlüssel verloren.

+ (ja) ich war das!

+ (ja) ich bin schuld!

+ (ja) ich weiß (+ *Begründung/Entschuldigung*)
(Sie sind schuld!) – Ja, ich weiß. Ich habe Sie nicht
gesehen.

(ja) das ist/war mein Fehler.

(ja) ich hätte *q tun* sollen/müssen.

(ja) ich hätte nicht *p tun* sollen/dürfen.

vgl. ZUSTIMMEN, BEIPFLICHTEN SA 2.5.1

2.3.3   SICH ENTSCHULDIGEN

+ (es) tut mir leid (aber/daß)
   Tut mir leid, aber ich hatte keine Zeit.

+ leider
   Ich habe das leider vergessen.

+ entschuldigen Sie (bitte), (aber) . . .
   Entschuldigen Sie bitte, ich habe Sie (leider) nicht gesehen.

   Sie müssen entschuldigen, (aber) . . .

+ Entschuldigung, (aber) . . .

   Verzeihung, (aber) . . .

+ ich wollte | das nicht.
            | nicht *p tun*.
   Ich wollte dir nicht weh tun.

   ich habe das | nicht so gemeint.
   das ist/war |

+ das wollte ich nicht sagen.

   das ist/war ein Mißverständnis.

+ nicht mit Absicht
   Entschuldigung, ich habe dich nicht mit Absicht
   geweckt.

   nicht absichtlich

   nicht extra

   aus Versehen

   das ist/war ein Versehen.

2.4   **BITTE UM STELLUNGNAHME**

2.4.1   MEINUNGEN ERFRAGEN

+ wie ist *x* ?
   Wie ist der Film?

+ | was finden Sie? . . .
   | wie finden Sie das/*x* ?
   | finden Sie, . . . ?
   | finden Sie es *gut/nicht gut*, daß/wenn
   | finden Sie das/*x gut/nicht gut* ?
   Finden Sie, die Arbeiter verdienen viel?
   Ist die Schule gut? Was finden Sie?
   Wie finden Sie den Film?

+ | was meinen Sie?
   | meinen Sie, . . . ?
   Meinen Sie, er hat recht?

   was meinen Sie *dazu*?

+ | was glauben Sie?
   | glauben Sie, . . . ?

+ | für was/wofür sind Sie?
   | sind Sie für/gegen *x* ?
   | sind Sie dafür/dagegen (daß)?
   (Er findet, man muß den Ländern in der Dritten Welt
   helfen.) Sind Sie auch dafür?

> *andere lexikalische Mittel wie unter* SA 2.1.1
> MEINUNGEN, ANSICHTEN AUSDRÜCKEN *in Aus-*
> *drucksformen des Fragens, z. B.*
> Ist es Ihrer Meinung nach richtig, . . . ?
> Wie sehen Sie das . . . ?
> Was halten Sie davon . . . ?
>
> *vgl. sich erkundigen* SA 1.2.1, *z. B.*
> Wo ist es schöner? In X oder in Y (was meinen Sie)?
>
> *vgl.* UM VORSCHLÄGE BITTEN SA 4.3.3
>   UM RAT FRAGEN SA 4.3.4

2.4.2   UM BEURTEILUNG BITTEN

> + *Ausdrucksformen wie unter* MEINUNGEN ERFRA-
>   GEN SA 2.4.1, *z. B.*
>   Wie finden Sie den Brief? Geht das so?
>   Findest du das nicht schön?
>
> + geht das (nicht) (so)?
>
>   ist das (nicht) in Ordnung (so)?
>
> + ist das (nicht) *gut* (so)?
>   Was meinen Sie, ist das falsch?
>
> + | *Wie-Fragen*
> | *Ja/Nein-Interrogativsätze mit wertenden Prädika-*
> | *tionen*
>   Wie fährt er? Gut?
>   Wie schmeckt's?
>   Schmeckt es gut?
>   Ist der Wein gut?
>   Ist das Zimmer groß genug?
>   Ist das zu teuer?
>
> *vgl.* AKZEPTABILITÄT AB 6.3.4
>   ADÄQUATHEIT AB 6.3.5
>
>   CHARAKTERISIERUNGEN *in den Listen der*
>   *Spezifischen Begriffe* (SB)
>
> + ist das schlimm? / es . . . daß/wenn?
>   Claude, ist es schlimm, wenn ich später komme?
>   Ich habe den Paß nicht. Ist das schlimm?
>
>   macht das etwas? / es . . . daß/wenn?
>
> *vgl.* FRAGE NACH EVALUATIVEN EINSTELLUNGEN,
>   WERTHALTUNGEN SA 2.7

2.4.3   ZUSTIMMUNG SUCHEN

> + *Ausdrucksformen wie für* SICH VERGEWISSERN
>   SA 1.2.2, *z. B.*
>   Das geht doch so?
>   Das ist gut, nicht?
>   Sie finden den andern besser?
>
> + *meinen* Sie | auch | (daß)
> | nicht |
>   Es ist langweilig, finden Sie nicht?
>   Glauben Sie auch, daß die Opposition gewinnt?
>   Meinen Sie nicht, daß der kleine besser ist?
>   Sind Sie auch dafür?
>
>   sind Sie (damit) einverstanden?

2.4.4   RECHTFERTIGUNG VERLANGEN

Begründungen erfragen   + | warum
                                           | wieso

Ich verstehe nicht, warum Sie das sagen.
(Ich komme nicht.) – Wieso?

weshalb

weswegen

wie kommt das? / wie kommt es, daß . . . ?

+ | für was
     | wofür

(Ich muß die Schere haben!) – Wofür?
Kannst du mir sagen, für was das gut ist?

→ VORWÜRFE MACHEN, BESCHULDIGEN SA 2.2.7

vgl. INFORMATIONEN ERFRAGEN SA 1.2.1
          KAUSALITÄT AB 7.11 *und* 7.12, *z. B.*
          Bleibst du wegen ihr hier?
          ZWECK AB 7.13, *z. B.*
          Brauchst du das zum Einkaufen?

2.5   KONSENS – DISSENS

Kommentar zu Behauptungen, Meinungen

vgl. ANTWORT SA 1.3
      EINWILLIGUNG – WEIGERUNG SA 4.5

2.5.1   ZUSTIMMEN, BEIPFLICHTEN

bestätigen   + (das) stimmt.
(Der da ist (nicht) schön.) – Ja, das stimmt!
(Das war 1933?) – Stimmt!

+ das ist wahr.

+ (das ist) richtig.

+ so ist/war es.

genau!

+ natürlich!

freilich!

selbstverständlich!

allerdings!

+ klar! *(!)*

+ bestimmt!/sicher!

eben!

+ da haben Sie recht.

(da bin ich) einverstanden.

+ das *meine* ich auch.
(Das ist gefährlich.) – Das glaube ich auch./
Find ich auch.

(das ist) ganz meine Meinung.

(ich bin) ganz Ihrer Meinung.

ich bin der gleichen Meinung (wie Sie).

+ ja *(allein oder vor anderen Zustimmungssignalen)*, *z. B.*

Ja, das ist wahr.

jawohl!

+ nein *(als Zustimmung nach Behauptungen mit Negationswörtern)*, *z. B.*

(Das ist bestimmt nicht weit.) – Nein, bestimmt nicht/ Nein, das glaube ich auch nicht. *Oder:* Ja, das glaube ich auch.

vgl. BEJAHEN SA 1.3.1
ZUR KENNTNIS NEHMEN SA 6.1.7

2.5.2 WIDERSPRECHEN

+ das stimmt nicht.

+ das ist nicht wahr.

+ das ist nicht richtig.

+ das ist/war nicht so.

+ da haben Sie nicht recht.

da bin ich nicht einverstanden.

+ bestimmt nicht / sicher nicht

+ das *meine* ich nicht.

(Es gibt zu viele Studenten.) – Nein, das finde ich nicht.

ich bin nicht Ihrer/dieser Meinung.

ich bin (ganz) anderer Meinung.

im Gegenteil . . .

+ (so ein) Unsinn!

(so ein) Quatsch! *u. ä.*

+ nein *(allein oder vor anderen Widerspruchsignalen)*, *z. B.*

Nein, das ist nicht wahr.

+ doch *(betont)* *(nach Behauptungen mit Negationswörtern)*, *z. B.*

(Das gibt es nicht mehr.) – Doch!

→ *gegenteilige Behauptungen*, *z. B.*

(Also ich finde das langweilig.) – Ich finde das interessant.

vgl. VERNEINEN SA 1.3.2
EINWENDEN SA 2.5.5

2.5.3 KORRIGIEREN

+ nein

(Am Montag waren wir im Konzert.) – Nein, am Dienstag!

+ nicht (sondern)

Das war nicht in Frankreich, das war in Spanien.

+ doch *(unbetont)*

Das war doch am Dienstag!

+ Sie meinen . . .

(Ich habe Ingrid gesehen.) – Du meinst Irmgard?

+ da irren Sie sich . . .

2.5.4   EINRÄUMEN

eingeschränkte Zustimmung

+ (ja) vielleicht
Ja, da haben Sie vielleicht recht.
(Ich glaube, der andere ist besser.) – Ja vielleicht!

+ (ja) das ist möglich.

+ (ja) (das) kann sein.

(ja) mag sein.

(ja) schon (aber)

(ja) meinetwegen (aber)

na ja (aber)

zwar . . . aber
Das stimmt zwar, aber . . .

+ gut, aber

+ *andere Zustimmungssignale* + aber
vgl. ZUSTIMMEN SA 2.5.1, *z. B.*
(Das ist wirklich schön!)   – Ja gut, aber teuer.
                            – Das stimmt, aber . . .
                            – Natürlich, aber . . .

eigentlich
Da haben Sie eigentlich recht.
Eigentlich schon, aber . . .

2.5.5   EINWENDEN

Einwände machen
anzweifeln

+ aber
(Ich würde den nehmen.) – Aber der ist zu teuer!
                        – Aber ist der nicht zu teuer?
                        – Der ist aber teuer!
                        – Der ist schön, aber teuer.
                        – Den anderen finde ich
                          aber schöner.

+ (aber) doch *(unbetont)*
(Der ist sehr schön.) – (Aber), der ist doch zu klein.

+ wirklich?

+ ist das wahr?

+ | finden | Sie (wirklich)?
  | glauben |

Glauben Sie wirklich, daß das überall so ist?

ich frage mich, ob . . .

nur . . .
(Das Buch ist sehr gut.) – Nur, es ist wahrscheinlich zu schwer.

→ ZWEIFEL AUSDRÜCKEN SA 1.4.5

2.5.6   AUF ETWAS BEHARREN, EINWAND ZURÜCKWEISEN

+ (aber) trotzdem
(Der ist aber teuer.) – Trotzdem! Ich finde ihn
schön.
Ich finde das aber trotzdem gut.

+ doch *(betont)*
Und ich glaube doch, daß das richtig ist.

2.5.7   WIDERRUFEN

+ ich habe/hatte geglaubt . . . *(Indikativ)*
Ich habe geglaubt, heute ist Montag.
Ich hatte geglaubt, daß das hier in der Nähe ist, aber
das stimmt nicht.

ich habe/hatte geglaubt . . . *(Konjunktiv)*
Ich habe geglaubt, es wäre erst fünf.

ich habe/hatte | gedacht . . .
           | gemeint . . .

ich dachte/meinte/glaubte . . .

+ ich habe mich geirrt.

+ Sie haben recht (gehabt).

+ . . . (aber) | das stimmt nicht.
          | das ist/war nicht richtig.
          | *u. ä.*
Ich habe gesagt, daß ich ihn kenne. Aber das stimmt
nicht.

+ doch *(betont)*
Das Museum war doch zu. (Sie haben recht gehabt.)
Ich kann morgen doch nicht kommen.
vgl. SICH KORRIGIEREN SA 6.3.4

2.6   AUSDRUCK EVALUATIVER EINSTELLUNGEN, WERTHALTUNGEN

2.6.1   INTERESSE AUSDRÜCKEN

+ ich interessiere mich *dafür*.
Ich interessiere mich auch für Musik.

+ das/*x* interessiert mich.
Politik interessiert mich sehr.

+ ich finde das/*x* interessant.

+ das/*x* ist interessant.
Erzählen Sie, das ist sehr interessant.

→ *Hinweis auf bevorzugte Beschäftigungen, z. B.*
Wir gehen oft ins Kino.

2.6.2   WERTSCHÄTZUNG/GEFALLEN AUSDRÜCKEN

+ | das/*x* gefällt mir | (gut).
  | es gefällt mir *da* |
Die Bilder von Max Ernst gefallen mir sehr gut.
Hier gefällt's mir gut.

+ ich habe das/*x* gern.
Jazz habe ich sehr gern.

+ ich *tue* gern *p*.
Ich lese gern.

+ ich mag das/*x*.
(Haben Sie gern Fisch?) – Ja, Fisch mag ich auch.

+ ich finde . . .
Die Bilder da finde ich toll.
Ich finde es schön hier.

→ *Hinweis auf bevorzugte Beschäftigungen, z. B.*
Ich höre auch viel Musik.

2.6.3   WUNSCHVORSTELLUNGEN AUSDRÜCKEN

+ ich möchte (gern) . . .
Ich möchte mal nach Spanien.
Ich möchte gern Italienisch lernen.

+ ich würde gern . . .
Ich würde gern studieren, aber . . .

ich *täte* gern p *(Konjunktiv II)*
Ich führ gern mal nach Holland.

+ ich hätte gern . . .
Wir hätten gern später eine größere Wohnung.

+ ich wäre gern . . .
Ich wäre gern Lehrer.
Ich wäre jetzt gern bei ihr.

ich wünsche mir . . .

ich wünschte, . . . *(Konjunktiv II)*

+ *Bedingungsgefüge mit* wenn *(Konjunktiv II)*
Wenn ich ein Auto hätte, würde ich nach Griechenland
fahren.

Desiderativsätze, z. B.
Wären wir doch zu Hause!
Wenn wir doch zu Hause wären!

vgl. ERWÜNSCHTHEIT AB 6.3.8
HOFFNUNG AUSDRÜCKEN SA 3.16
HYPOTHETISCH SPRECHEN SA 1.1.11
WÜNSCHE ÄUSSERN SA 4.1.6

2.6.4   VORLIEBE AUSDRÜCKEN

+ lieber / am liebsten
Ich habe lieber lustige Filme.
Am Sonntag bleibe ich am liebsten zu Hause.
Ich möchte lieber mal nach Wien.
Ich habe gern Bier, aber Wein trinke ich lieber.

ich ziehe vor . . .
Ich ziehe kleine Hotels vor.
Wir ziehen es vor, mit dem Wohnwagen zu fahren.

+ *Komparativ und Superlativ siehe* AB 7.5.2
Ich finde das da schöner.
Mir gefällt das besser.
Das interessiert mich mehr.

+ besonders
Den finde ich besonders schön.
Ich interessiere mich ganz besonders für moderne
Musik.

vor allem

das ist mein Lieblings-
Das ist mein Lieblingsessen.

→ *Opposition von Gering- und Wertschätzung,
z. B.*
Der gefällt mir nicht, aber der.

2.6.5   INDIFFERENZ AUSDRÜCKEN

+ *Vergleich mit Gleichbewertung*
   siehe VERGLEICH AB 7.5.2, *z. B.*
   Ich finde das nicht besser als das andere.
   Ich habe keins lieber.
   Die gefallen mir gleich gut.
   Der interessiert mich nicht mehr als der andere.
   (Trinken Sie lieber Tee oder Kaffee?) – Ich habe
   Kaffee und Tee gleich gern.

+ | das ist (mir) egal.
   | es ist (mir) egal, ob/w-
   Es ist mir egal, wann wir fahren.

   das ist (mir) gleich.

   es ist (mir) gleich, ob/w-

   ich habe keinen | bestimmten | Wunsch.
                   | besonderen |

   vgl. GLEICHGÜLTIGKEIT AUSDRÜCKEN SA 3.13

2.6.6   GERINGSCHÄTZUNG/MISSFALLEN AUSDRÜCKEN

+ | das/*x* gefällt mir | (gar nicht).
   | es gefällt mir *da* |

+ ich habe das/*x* (gar) nicht gern.

+ ich *tue* (gar) nicht gern *p*.
   Ich arbeite nicht gern in der Fabrik.

+ ich mag das/*x* (gar) nicht.
   So laute Musik mag ich gar nicht.

+ ich finde . . .
   Ich finde, Fußball ist langweilig.
   Den Beruf finde ich nicht interessant.

→ *Hinweis, daß man etwas normalerweise nicht*
   tut, z. B.
   Ich esse nie Fisch.

2.6.7   DESINTERESSE AUSDRÜCKEN

+ ich interessiere mich nicht *dafür*.

+ das/*x* interessiert mich nicht.

+ ich finde das/*x* nicht interessant.

+ das/*x* ist nicht interessant.

2.7   **FRAGE NACH EVALUATIVEN EINSTELLUNGEN, WERTHALTUNGEN**
   vgl. BITTE UM STELLUNGNAHME SA 2.4

2.7.1   NACH INTERESSE FRAGEN

+ | interessieren Sie sich (nicht) | *dafür?*
   | Sie interessieren sich (nicht) |

+ wofür/für was interessieren Sie sich (besonders)?

+ interessiert Sie das/*x* (nicht)?

+ was interessiert Sie (besonders)?

   was interessiert Sie am meisten?

2.7.2   NACH WERTSCHÄTZUNG FRAGEN

+ | gefällt Ihnen das/*x* (nicht)?
gefällt es Ihnen *da* (nicht)?
haben Sie das/*x* (nicht) gern?
tun Sie (nicht) gern *p*?
mögen Sie das/*x* (nicht)?
finden Sie es *da* (nicht) *gut*?
finden Sie das/*x* (nicht) *gut*?
auch in anderen Ausdrucksformen für
FRAGE SA 1.2

Welcher gefällt Ihnen?
Es gefällt Ihnen hier?
Haben Sie die Platte nicht gern?
Spielen Sie gern Schach?
Mögen Sie keinen Fisch?
Wie finden Sie die Stadt?
Finden Sie es nicht schön hier?

2.7.3   NACH WUNSCHVORSTELLUNGEN FRAGEN

+ | möchten Sie (nicht) (gern) . . . ?
würden Sie (nicht) gern . . . ?
hätten Sie (nicht) gern . . . ?
wären Sie (nicht) gern . . . ?
auch in anderen Ausdrucksformen
für FRAGE SA 1.2

Möchten Sie gern studieren?
Würdest du gern hier leben?
Was für ein Haus hätten Sie gern?
Wären Sie jetzt auch gern in Italien?

+ *Bedingungsgefüge mit* wenn *(Konjunktiv II) siehe*
BEDINGUNGSVERHÄLTNIS AB 7.14, *z. B.*

Was würden Sie tun, wenn Sie mehr Geld hätten?

vgl. NACH WÜNSCHEN FRAGEN SA 4.4.1

2.7.4   NACH VORLIEBE FRAGEN

+ | wollen   Sie lieber . . . (oder)?
möchten
würden
haben
hätten
tun
auch in anderen Ausdrucksformen für
FRAGE SA 1.2

Würden Sie lieber hier bleiben?
Welche Lieder haben Sie lieber, die englischen oder die
französischen?
Willst du mit mir fahren? Oder lieber mit ihm?
Möchten Sie lieber nicht mit dem Auto fahren?

+ am liebsten *(in w-Fragen)*

Wo würden Sie am liebsten wohnen?

+ *Komparativ und Superlativ in Fragen nach Wert-*
schätzung, z. B.

Welche Bilder gefallen Ihnen besser?
Finden Sie es auch am Meer am schönsten?

+ besonders

Was essen Sie besonders gern?

vor allem

was ziehen Sie vor?

3 GEFÜHLSAUSDRUCK

3.1 SYMPATHIE AUSDRÜCKEN

Zuneigung ausdrücken

+ ich liebe │ *ihn.*
│ dich/Sie.

+ ich habe │ *ihn* │ (sehr/wirklich) gern.
│ dich │

ich mag │ *ihn* │ (sehr/wirklich) (gern).
│ dich │

ich kann *ihn* gut leiden.

+ ich finde *ihn* (sehr/wirklich) │ sympathisch.
│ nett.

+ *er* ist (mir) sympathisch.

+ *er* ist (wirklich/sehr) │ sympathisch.
│ nett.

vgl. Charakterisierungen für Personen SB 1.14

3.2 MITGEFÜHL AUSDRÜCKEN

Mitfreude ausdrücken
Mitleid ausdrücken

+ ich verstehe │ Sie.
│ das.
│ daß

+ ich kann │ Sie │ verstehen.
│ das │

+ ich kann verstehen, daß
Ich kann verstehen, daß das schlimm ist.
Ich kann gut verstehen, daß du jetzt froh bist.

+ ich freue mich, daß

+ das freut mich (auch).

das freut mich für Sie.

das ist schön (für Sie).

+ das ist (aber) │ schön.
│ schlimm.
│ schrecklich.
│ schade.

+ das tut mir leid./ es . . . daß

er tut mir leid.

der arme *Mensch!*
Der arme Peter!
Die arme Frau!

→ *anteilnehmendes Fragen, z. B.*
Wie geht es Ihnen jetzt?

→ *beruhigen, z. B.*
Das ist nicht so schlimm.
Der kommt bestimmt bald.

3.3 ANTIPATHIE AUSDRÜCKEN

Abneigung ausdrücken

+ *er* ist (mir) nicht sympathisch.

er ist (mir) unsympathisch.

+ ich finde *ihn* (gar) nicht | sympathisch.
| nett.

+ ich mag *ihn* (gar) nicht.

ich kann *ihn* nicht leiden.

vgl. Charakterisierungen für Personen SB 1.14

3.4 DANKBARKEIT AUSDRÜCKEN

→ DANKEND ANERKENNEN SA 2.2.3

3.5 BEGEISTERUNG AUSDRÜCKEN

Ausrufe:

+ schön!

+ prima!

toll!/phantastisch!/herrlich!/wunderbar!/großartig!/Klasse! *u. ä.*

hurra!

+ oh!/ah!

(oh/ei) wie schön!

Mensch (ist das *schön*)!

+ *Positive Bewertung mit Graduierung, z. B.*
Das ist wirklich sehr schön!

vgl. zur Graduierung AB 5.3
LOBEN, POSITIV BEWERTEN SA 2.2.1

3.6 FREUDE AUSDRÜCKEN

+ das macht Spaß!

+ ich bin (sehr) froh (daß)

+ ich freue mich (daß)
Ich freue mich, daß du da bist.
(Sie kommt auch mit.) – Da freue ich mich.

+ ich freue mich *darauf.*
Ich freue mich auf morgen.

+ ich freue mich *darüber.*
Ich habe mich sehr über das Geschenk gefreut.

+ das ist aber schön/nett!

+ schön/prima/gut, daß
Schön, daß ihr gekommen seid!

vgl. LOBEN, POSITIV BEWERTEN SA 2.2.1

3.7 ZUFRIEDENHEIT AUSDRÜCKEN

+ ich bin *(damit)* (sehr) zufrieden.
Mit dem Hotel bin ich sehr zufrieden.
Danke, ich bin sehr zufrieden.

+ es geht mir (sehr) gut.

ich fühle mich (hier) sehr wohl.

+ es gefällt mir *da.*
Es gefällt mir sehr gut hier.

ich habe alles, was ich brauche.

+ das ist (genau) das, was . . .

Das ist genau das, was ich suche/brauche.
Das ist das, was ich gesucht habe.

es ist alles (so), wie ich es mir gewünscht habe.

vgl. BEWERTUNG SA 2

3.8 ÜBERRASCHUNG AUSDRÜCKEN

Erstaunen ausdrücken
Verwunderung ausdrücken

das ist (aber) eine Überraschung!

das überrascht mich!/ es . . . daß

+ aber *(unbetont, im Deklarativsatz)*
Das geht aber schnell.

+ komisch (daß)
Komisch, daß er noch nicht da ist.
(Er ist noch nicht da.) – Komisch!

+ ja *(unbetont, im Deklarativsatz)*
Da kommt ja der Markus.
Das ist ja interessant.

(das ist ja) unglaublich!

+ (das ist doch) nicht möglich!

das kann/darf doch nicht wahr sein!

+ | das habe ich nicht gewußt!
  | ich habe nicht gewußt, daß

ich hätte nicht gedacht . . .

das ist mir (völlig) neu!

nanu!

na was!/na sowas!

+ ach! *(INT)*

+ nein! *(INT)*

+ ach so! *(INT)*

+ aha! *(INT)*

+ ist das wahr?

+ wirklich?
Ist das wirklich so teuer?
(Das hat 130 DM gekostet.) – Wirklich?

was! *(INT)*

doch *(betont, in Ja/Nein-Interrogativsätzen und in
Deklarativsätzen, auch mit Frageintonation)*
Kommt er doch?
Du bist doch da?
Er ist doch da!

etwa *(in Ja/Nein-Interrogativsätzen)*

+ denn *(in Interrogativsätzen)*
Ist er denn auch da?
Was ist das denn?

+ *Markierung des Erstaunens durch Intonation*
Warum gehst du?
(Ach) Du bist das!?
Hat er dir nichts gesagt?

3.9 ERLEICHTERUNG AUSDRÜCKEN

+ endlich
Ich habe das Geld endlich bekommen.
(Wir sind da.) – Endlich!

Gott sei Dank!

+ gut, daß

ein Glück, daß

zum Glück!

Glück gehabt!

+ ich bin froh (daß)
Ich bin froh, daß du wieder da bist.

3.10 ENTTÄUSCHUNG AUSDRÜCKEN

+ (es ist) schade (daß)
(Er kann nicht kommen.) – Schade!
Schade, daß es hier kein Schwimmbad gibt.

+ das ist aber schade!

+ ich finde das schade/es . . . daß

+ leider
Ingrid fährt leider nicht mit.
(Ingrid fährt nicht mit.) – Ja, leider (nicht)!

ich bin enttäuscht . . .

ich bedaure . . .

vgl. BEDAUERN SA 2.2.8

3.11 BESTÜRZUNG AUSDRÜCKEN

mein Gott!

um Gottes willen!

+ ach! *(INT)*
Ach, jetzt habe ich die Karten verloren!
(Er muß ins Krankenhaus.) – Ach (nein)!

+ nein! *(INT)*

oh/ach jeh!

+ (das ist) schrecklich!

(das ist) furchtbar!

wie schrecklich/furchtbar!

vgl. ÜBERRASCHUNG AUSDRÜCKEN SA 3.8

3.12 GELASSENHEIT AUSDRÜCKEN

+ das ist (doch) nicht (so) | wichtig.
| schlimm.

+ das macht (doch) nichts!

+ | ich weiß (daß)
| das habe ich gewußt.

das habe ich (mir) gedacht.

das überrascht mich nicht.

na und?

na wenn schon!

nur die Ruhe!/immer mit der Ruhe!

(nur) keine Aufregung!

sich aufregen
Ich rege mich nicht auf.
Sie brauchen sich doch nicht aufzuregen.

3.13 GLEICHGÜLTIGKEIT AUSDRÜCKEN

+ das ist (mir) egal.
Mir ist das egal.

+ es ist mir egal | ob
　　　　　　　　| daß
　　　　　　　　| w-

das ist (mir) gleich.

das geht mich nichts an.

+ das interessiert mich nicht./es . . . ob/w-

meinetwegen

von mir aus

3.14 RESIGNATION AUSDRÜCKEN

+ da kann man nichts machen.

+ das ist leider so.

so ist das eben/halt/nun mal/einfach.

das hat keinen | Zweck.
　　　　　　　| Sinn.

→ UNFÄHIGKEIT/NICHT-MACHBARKEIT AUSDRÜCKEN
SA 4.6.3.8 *und* 4.6.3.5, *z. B.*
Ich kann das nicht.
Das geht nicht.

3.15 RATLOSIGKEIT AUSDRÜCKEN

+ ich weiß (wirklich) nicht, was ich machen soll.

ich weiß einfach nicht . . .

ich weiß mir nicht mehr zu helfen.

+ was (mache ich) jetzt?

→ UM RAT FRAGEN SA 4.3.4

3.16 HOFFNUNG AUSDRÜCKEN

+ hoffentlich
Hoffentlich kommt er auch mit.

+ ich hoffe (daß)

Ich hoffe, er ist wieder gesund.
Ich hoffe, daß er auch kommt.

doch *(in Deklarativsätzen mit Frage-*
　　　intonation)

Inge kommt doch auch?

3.17 ANGST/BEFÜRCHTUNG AUSDRÜCKEN

+ hoffentlich
Hoffentlich ist nichts passiert!

ich mache mir Sorgen (daß/weil)

+ ich habe Angst (daß/weil)

ich habe Angst, *p* zu *tun*.

ich habe Angst *davor*.

das macht mir Angst.

ich fürchte mich *davor*.

ich fürchte, daß

bloß/nur *(in w-Interrogativsätzen)*
Wo bleibt er bloß?
vgl. WARNEN SA 4.1.14

3.18 KUMMER AUSDRÜCKEN

ich mache mir Sorgen (weil)

das macht mir Sorgen.

ich habe Sorgen.

+ ich habe Probleme (weil)

+ es geht mir (gar) nicht gut.

→ *Probleme nennen, z. B.*
Meine Frau ist im Krankenhaus.
Wir haben kein Geld mehr.
vgl. RATLOSIGKEIT AUSDRÜCKEN SA 3.15

3.19 TRAURIGKEIT AUSDRÜCKEN

+ ich bin (sehr) traurig (weil/daß)

+ es geht mir (gar) nicht gut.

→ *Anlaß der Trauer nennen*

3.20 UNZUFRIEDENHEIT AUSDRÜCKEN

+ ich bin (damit) (gar) nicht zufrieden.
(Gefällt es euch da?) – Nein, wir sind nicht zufrieden.

+ es gefällt mir *da* nicht.
In Bonn gefällt es mir nicht.

ich habe mir das ganz anders vorgestellt.

+ zu + *Adjektiv*
Das Hotel ist zu teuer.
vgl. BEWERTUNG SA 2

3.21 LANGEWEILE AUSDRÜCKEN

+ | das/*x* ist | langweilig. |
ich finde das/*x*	
hier ist es	
ich finde es hier	

+ | das/*x* ist | nicht interessant. |
| ich finde das/*x* | |

ich langweile mich.

→ *ausdrücken, daß man etwas als lange dauernd empfinden, z. B.*
Das geht lang!
vgl. ZEITDAUER ab 4.11

→ UM VORSCHLÄGE BITTEN SA 4.3.3

→ VORSCHLAGEN SA 4.1.17

3.22 UNGEDULD AUSDRÜCKEN

→ DRÄNGEN SA 4.1.13

3.23 VERÄRGERUNG AUSDRÜCKEN

Gereiztheit ausdrücken   + das ist dumm!

Entrüstung ausdrücken

(das ist) zu dumm!

das ist ärgerlich/blöd!

+ das ärgert mich!

+ ich ärgere mich (weil/daß)

ich ärgere mich *darüber.*

ich bin | ärgerlich.
        | sauer.
        | wütend.

+ das geht (doch) nicht!

das geht (doch) einfach nicht!

+ das geht zu weit!

+ das stört mich!
Hör bitte auf! Das stört mich!

das regt mich auf!

du regst mich auf!

lassen Sie mich in Ruhe!

lassen Sie das (sein/bleiben)!

so was Dummes!

+ | (so ein) | Mist!   *(!)*
   | (das ist) | Unsinn!   *(!)*

verdammt!

Scheiße, Quatsch *u. ä.*

sind Sie verrückt!

→ DRÄNGEN SA 4.1.13, *z. B.*
Hör doch auf!

→ DROHEN SA 4.1.15

→ VORWÜRFE MACHEN, BESCHULDIGEN SA 2.2.7

3.24 ABSCHEU AUSDRÜCKEN

Ekel ausdrücken   pfui!

+ (das ist) schrecklich!

(das ist) furchtbar/gräßlich!

3.25 SCHMERZ AUSDRÜCKEN

au!

+ das tut (mir) weh!

vgl. KRANKHEIT/UNFALL SB 8.4

4 HANDLUNGSREGULIERUNG

4.1 AUFFORDERUNG

Zur Anrede bei Aufforderungen siehe JEMANDEN
ANSPRECHEN SA 5.1.4.1

4.1.1 JEMANDEN AUFFORDERN

Kleine Bitten

(Das Handeln/Einwilligen des
Adressaten wird als selbstverständlich erwartet.)

+ *tun* Sie *p*! *(Imperativ: du-/ihr-/Sie-Form)*
Fahr langsam!
Wartet hier!
Legen Sie es dahin!
*N. B. Ohne Modifizierung durch Partikeln ist die
Sie-Form häufig inadäquat bzw. unhöflich.*

+ *tun* Síe *p*! / *tu* dú *p*!
Mach dú das bitte!
(Ích kenne ihn nicht.) Fragen Síe ihn!

+ bitte *(in frontaler, zentraler, finaler Stellung; im
folgenden ist die zentrale Stellung notiert)*

+ *tun* Sie bitte *p*!
Bitte geben Sie mir den Zucker!
Gib mir bitte den Schlüssel!
Fahr nicht so schnell. Bitte!

+ *tun* Sie (bitte/doch) mal *p*!
Zeig mal!

+ *tun* Sie doch | mal | *p*!
           | bitte |

Franz, komm doch mal!
Geben Sie mir doch bitte die Zeitung!

+ *Kurzsätze* (+ bitte)
Jetzt rechts!
Bitte nicht soviel!
Das Salz bitte!

+ *tun* Sie bitte *p*?
Machst du bitte das Fenster auf?

+ *tun* Sie (bitte) mal *p*?
Geben Sie mir bitte mal den Zucker?

+ | können Sie | (bitte) | *p tun*?
  | könnten Sie | (mal) |
             | (bitte mal) |

Bitte, können Sie das Radio etwas leiser machen?
Kannst du mal halten?
Könnten Sie mir bitte mal das Brot geben?

+ würden Sie | (bitte) | *p tun*?
          | (mal) |
          | (bitte mal) |

Würden Sie mir mal die Tür aufmachen?
Würden Sie mich bitte morgen nicht wecken?

würden Sie so | freundlich | sein | und *p tun*?
             | gut | | *p* zu *tun*?
             | nett |

+ | kann ich | (bitte) | *x* haben?
  | könnte ich | (mal) |
           | (bitte mal) |

Kann ich bitte mal den Zucker haben?

darf ich	(bitte)	*x* haben?
dürfte ich	(mal)	
	(bitte mal)	

vielleicht (mal) *bei interrogativen Ausdrucks-*
formen, z. B.
Können Sie mir vielleicht mal den Zucker geben?
Dürfte ich vielleicht den Zucker haben?

rhetorisches nicht (mal)
Könnte ich nicht mal den Zucker haben?

Infinitivform
Aufstehen!
Nicht einschlafen!
Bitte einsteigen!

+ Sie müssen *p tun*.
(Es ist schon 9.) Du mußt aufstehen!

+ Sie dürfen nicht *p tun*.
Du darfst nicht soviel trinken! (Du mußt fahren.)

Sie	können	(bitte)	*p tun*.
	könnten	(mal)	
		(bitte mal)	

wenn Sie bitte . . .
Wenn Sie bitte hier unterschreiben (würden).

→ *Hinweise, die innerhalb der Situation als*
Aufforderungen verstanden werden können,
z. B.
Ich habe keinen Löffel!

→ *Fragen, die innerhalb der Situation als*
Aufforderungen verstanden werden können,
z. B.
Haben Sie einen Kugelschreiber?

vgl. ÄUSSERUNGEN WIEDERGEBEN *(Aufforde-*
rungen weitergeben) SA 1.1.9, *z. B.*
(Er hat gesagt) Sie sollen ihn anrufen.

ERMUNTERN SA 4.1.16
DRÄNGEN SA 4.1.13

4.1.2 AUFFORDERN ZU GEMEINSAMEM HANDELN

+ *tun* wir *p*! *(Imperativ: wir-Form)*
Machen wir Schluß!

+ *tun* wir *p*? *(INT)*
Gehen wir?

+ wir müssen *p tun*.
Wir müssen jetzt weitermachen!

kommen Sie, . . .
kommen Sie, w i r müssen gehen!
Komm, w i r fragen ihn!
Kommt, fangen w i r an!

→ *Fragen, ob der Partner bereit ist, z. B.*
Bist du fertig?
Kommen Sie?
Können wir gehen?

→ *Mitteilung, daß man selbst bereit ist, z. B.*
Ich bin fertig.
Ich will jetzt gehen. (Komm doch!)

vgl. VORSCHLAGEN SA 4.1.17

4.1.3   BITTEN

größere Bitten
um einen Gefallen bitten
inständig bitten

(das Handeln/Einwilligen des
Adressaten wird nicht als selbstverständlich erwartet, sondern
als abhängig von dessen Gut-
willigkeit angesehen.)

*Die Formulierung einer Bitte ist in der Regel
verbunden mit einer mehr oder weniger ausführ-
lichen Begründung, z. B. durch Äußerung eines
Wunsches, eines Problems, einer Notlage u. ä.
Die vor- oder nachgestellten Begründungen sind
im folgenden nicht mit aufgeführt.*

+   *tun* Sie (doch) bitte *p*!
Nehmen Sie mich doch bitte mit!

+   *tun* Sie (bitte) *p*? *(INT)*
Kaufst du mir das?
Holst du mich bitte ab?

+   können Sie (bitte) *p tun*?
Können Sie mir zehn Mark geben?

+   könnten Sie (bitte) *p tun*?
Könnten Sie mich bitte abholen?

würden Sie (bitte) *p tun*?

wäre es möglich, daß Sie *p tun*?

wäre es (Ihnen) möglich, *p* zu *tun*?

+   kann ich (bitte) | *x* haben?
                  | *q tun*?
Kann ich deine Schreibmaschine mal haben?
Kann ich hier schlafen?

+   könnte ich (bitte) | *x* haben?
                    | *q tun*?
Könnte ich mit Ihrem Wagen fahren?

+   darf ich (bitte) | *x* haben?
                | *q tun*?
Darf ich deine Kamera mitnehmen?

dürfte ich | *x* haben?
            | *q tun*?

wäre es möglich, daß ich *q tue*?

vielleicht *bei interrogativen Ausdrucks-
                      formen, z. B.*
Könnten Sie mir vielleicht etwas Geld geben?
Könntest du mir vielleicht einen Gefallen tun?

rhetorisches nicht
Können Sie mich nicht mitnehmen?
Kann ich nicht mitfahren?

+   bitte! *(vor- oder nachgestellt, betont)*
Bitte, geh doch mit!
Können Sie mich mitnehmen? Ich warte schon zwei
Stunden. Bitte!

+   ach bitte!

+   ich habe eine (große) Bitte: . . .

ich hätte eine Bitte: . . .

ich habe/hätte eine Bitte an Sie: . . .

+   ich möchte Sie etwas fragen: . . .
Ich möchte dich etwas fragen. Kannst du heute ein-
kaufen?
Ich möchte Sie etwas fragen. Kann ich mit Ihnen in die
Stadt fahren?

| ich | wollte | Sie etwas fragen: . . . |
| | muß | |

ich	möchte	Sie um etwas bitten: . . .
	wollte	
	muß	

| ich | möchte | Sie bitten, *p* zu *tun*. |
| | wollte | |

ich wäre (sehr) froh, wenn	Sie *p tun* würden/könnte▸
	ich *q tun* könnte/dürfte.
	ich *x* haben könnte/dürfte

es wäre nett, wenn Sie *p tun* würden/könnten.

Sie können/könnten mir einen Gefallen tun: . . .

tun Sie mir einen Gefallen? . . .

können/könnten/würden Sie mir einen Gefallen tun? .

kann	ich Sie	um etwas bitten? . . .
könnte		bitten *p* zu *tun*? . . .
darf		um einen Gefallen bitten? . . .
dürfte		

vgl. UM HILFE BITTEN SA 4.1.4
UM ERLAUBNIS BITTEN SA 4.3.1
WÜNSCHE ÄUSSERN SA 4.1.6

4.1.4 UM HILFE BITTEN

+ | können | Sie mir helfen?
| könnten |

+ | können | Sie (mir) | bitte | helfen?
| könnten | | (bitte) mal |

Können Sie mir bitte helfen? Ich weiß nicht, wie . . .
(Der Koffer ist so schwer.) Kannst du mal helfen?

helfen Sie mir?

helfen Sie (mir) bitte/(bitte) mal?

helfen Sie (mir) | bitte/(bitte) mal!
| doch bitte/doch (bitte) mal!

Komm, hilf mal! (Der Tisch muß hier weg.)

entsprechende Ausdrucksformen mit:
    p tun helfen.
    helfen *p* zu *tun*.
    beim *P-tun* helfen.

Können Sie mir tragen helfen?
Würden Sie mir helfen, den Koffer zu tragen?
Hilfst du mir bitte beim Packen?

ich brauche (Ihre) Hilfe . . .

→ BITTEN SA 4.1.3, *z. B.*
Kannst du den Koffer tragen?

→ *zu verstehen geben, daß man etwas nicht allein
kann, z. B.*
Ich weiß nicht, wie man das macht.
Wissen Sie, wie man das macht?
Ich kann das nicht (allein).

4.1.5   um Hilfe rufen

+   Hilfe!

+   Feuer!

+   hallo! *(z. B. wenn man sich verlaufen hat)*

4.1.6   Wünsche äussern

(Je nach Vorwissen wird das Handeln/Einwilligen des Adressaten positiv oder bedingt erwartet, als abhängig von dessen Handlungsmöglichkeiten bzw. Wollen.)

+   ich möchte (gern) | *q tun.*
                     | *x haben.*
                     | *x.*
                     | *dahin.*

Ich möchte etwas essen.
Ich möchte ein Bier, wenn du hast.

+   ich würde gern *q tun.*
Ich würde heute gern früher essen!

ich *täte* gern *q.* *(Konjunktiv II)*
Ich käm gern mit!

ich *hätte* gern *q getan.*
Ich hätte gern mit Petra gesprochen.

+   ich hätte gern *x.*
Ich hätte gern ein Ei, wenn das geht.

+   lieber/am liebsten
Ich möchte heute lieber schon um 12 essen.

+   ich brauche *x.*
Ich brauche eine Schere. Hast du eine?

ich brauchte/bräuchte *x.*

+   kann/könnte ich | *q tun?*
                 | *x haben?*
                 | *dahin?*

Kann ich was zu essen haben?
Kann ich da rein? Die Tür ist zu.

+   können/könnten Sie | *p tun?*
                   | *dahin?*

Könnten Sie mir etwas mitbringen?
Kannst du heute in die Stadt?

+   haben Sie *x?*
Haben Sie was zu trinken??
Hast du Zigaretten?
Haben Sie Feuer?

hätten Sie *x?*

haben/hätten Sie vielleicht *x?*

haben/hätten Sie zufällig *x?*

+   wenn . . . *(Indikativ)*
Ich möcht gern was essen. Wenn noch was da ist.
Wenn du Zeit hast, kannst du dann noch einkaufen?

wenn . . . *(Konjunktiv II)*

+   wenn möglich
Ich möchte gern früh essen. Wenn möglich vor eins.

+   wenn es möglich ist
Wenn's möglich ist, würd ich gern mitfahren.
Ich möchte hier warten. Wenn das möglich ist.

wenn es möglich wäre

+ so . . . wie möglich

Ich möchte so früh wie möglich fahren.
(Wann brauchen Sie das?) – So schnell wie möglich.

möglichst

Ich möchte möglichst früh essen.

+ wenn es geht

(Wann wollen Sie essen?) – Vor eins, wenn's geht.

ich wäre froh, wenn . . .

+ . . . ist das möglich?

Ich möchte mitkommen. Ist das möglich?

. . . wäre das möglich?

+ . . . geht das?

. . . würde das gehen? / ginge das?

ist es möglich	daß . . .?
geht es	
usw.	

Wär's möglich, daß wir heute früher essen?

ich habe einen Wunsch: . . .

+ ich habe eine Frage: . . .

Ich habe eine Frage. Könnte ich heute noch hier bleiben?
Ich hab 'ne Frage. Könntest du mich abholen?

ich hätte einen Wunsch/eine Frage/eine Bitte: . . .

→ *nach Handlungsvoraussetzungen fragen, z. B.*
Hast du einen Moment Zeit?

→ *auf Bedürfnisse hinweisen, z. B.*
Ich habe noch nichts gegessen.

vgl. BITTEN SA 4.1.3

4.1.7   VERLANGEN, KAUFEN

Kaufwunsch äußern

+ *Kurzsätze mit Nennung des Gewünschten im Akkusativ (+ bitte)*

Ein Pfund Tomaten bitte!
Ein Kilo von dem da!
Zwei Karten für heute abend!
Einmal Köln einfach!

+ ich möchte *x.*

Ich möchte eine Zeitung von hier.

+ ich hätte gern *x.*

Ich hätte gern ein Pfund Zucker.

+ ich nehme *x.*
(bei Auswahl oder Entscheidung)

Ich nehme den da.
Gut. Dann nehme ich das.

ich brauche *x.*

Ich brauche noch Papier.

+ geben Sie mir (bitte) *x!*

Geben Sie mir bitte das schwarze da!

Sie können mir *x* geben.

+ noch *(bei Fortsetzungen)*

Ich hätte gern noch zwei Flaschen Bier.
Und dann noch Streichhölzer.

→ *nach Waren/Warenangebot fragen, z. B.*
Haben Sie Batterien? Fünf Stück bitte!
Ich suche ein Wörterbuch.

vgl. SB 6 EINKAUFEN

4.1.8   BESTELLEN

(in Lokalen)

+ *Kurzsätze: Nennung des Gewünschten im Akkusativ (+ bitte)*
Einen Kaffee bitte!
Das Menü und ein Bier!

+ ich möchte (gern) *x.*
Ich möchte gern das Menü.

+ ich hätte gern *x.*

+ ich nehme *x.*
Ich nehme Nummer 3 und einen Salat, bitte!

ich nähme *x.*
Und ich nähme ein Bier!

+ noch *(bei Zweit-, Zusatzbestellungen)*
Noch ein Bier bitte!
Ich hätte gern noch ein Bier!

+ für mich *x*/mir *x (bei mehreren Bestellern)*
Für mich bitte eine Cola!

einmal | *x.*
zweimal |
usw. |

Einmal Kaffee und zwei Eis bitte!

bringen Sie (mir) | (bitte) *x!*
geben Sie mir |
(Aufforderungs- und Frageintonation)
Bringen Sie bitte noch einen Kaffee!
Bringen Sie uns noch zwei Bier!

können | Sie mir (bitte) *x* bringen/geben?
könnten |
würden |

kann | ich (bitte) *x* | haben?
könnte | | kriegen/bekommen?
Kann ich noch ein Bier haben?

vgl. auch SB 5

4.1.9   AUFTRÄGE GEBEN

Dienstleistungen
beanspruchen

+ *tun* Sie (bitte) *p!*
Reservieren Sie bitte zwei Plätze.
Kontrollieren Sie auch das Öl, bitte!

tun Sie doch (bitte) *p!*

+ *Kurzsätze (+ bitte)*
(z. B. am Taxistand) Zum Bahnhof bitte!
(am Postschalter) Bitte einschreiben!

+ *tun* Sie (bitte) *p?*
Rufen Sie bitte ein Taxi für mich?

+ können | Sie (bitte) *p tun?*
könnten|
würden |

Können Sie auch die Reifen kontrollieren!
Würden Sie das bitte ins Hotel bringen?

+ ich möchte *p tun* lassen.
Ich möchte das reparieren lassen.

+ ich möchte *x* | bestellen.
            | reservieren.
Ich möchte ein Zimmer bestellen. Für nächsten Samstag.
Ich möchte drei Plätze reservieren. Für heute abend.

Ich bestelle (hiermit) *x. (schriftlich)*

→ *Wünsche äußern, z. B.*
Ich hätte gern die Telefonnummer von Herrn X.

→ *Problem nennen z. B.*
Die Bremse ist kaputt.

→ *nach Voraussetzungen/Machbarkeit fragen z. B.*
Haben Sie noch ein Zimmer? Für nächsten Samstag.
Kann man das reparieren?

4.1.10 GEBIETEN

anordnen
befehlen
verbieten
untersagen

N. B. ,,Gebieten`` und ,,Verbieten`` setzen entsprechende Kompetenz und Autorität voraus, z. B. als Beamter, Besitzer, Erzieher. Im folgenden sind mit ‚+' solche Ausdrucksmittel markiert, die auch beim Fehlen der Gebots- und Sanktionskompetenz, also beim informierenden Hinweis auf Gebote verwendet werden können.

gebieten

+ *Ausdrucksmittel wie unter* JEMANDEN AUFFORDERN, *z. B.*
Geben Sie mir das bitte wieder!

Sie tun p.
Sie kommen mit!

Infinitivform (+ bitte)
Bitte weitergehen!

Kurzsätze (+ bitte) / *Aufschriften auf Gebotsschildern*
Ihren Paß bitte!
Halt!

+ Sie müssen *p tun.*
Sie müssen den Wagen hier wegstellen!

p muß *getan* werden.
Die Zigaretten müssen verzollt werden!

Sie haben *p* zu *tun.*
Sie haben sich bei der Fremdenpolizei zu melden!

p ist zu *tun.*
Die Türen sind abzuschließen!

ich muß Sie bitten, *p* zu *tun.*
Ich muß Sie bitten mitzukommen!

Hausordnung *(Textüberschrift)*

verbieten

+ Sie dürfen nicht *p tun.*
Sie dürfen hier nicht fotografieren!

+ man darf nicht *p tun.*
Hier darf man nicht parken.

p darf nicht *getan* werden.
Hier darf nicht fotografiert werden!

+ Sie können nicht *p tun*.
Sie können hier nicht parken!

+ das ist verboten.

P-tun ist verboten.
Hier ist Zelten verboten!

es ist verboten, *p zu tun*.
Es ist verboten, mit dem Fahrer zu sprechen.

untersagt	*Verwendung wie bei*
nicht gestattet	verboten
nicht erlaubt	

streng/strengstens	verboten
	untersagt

das geht nicht.
Sie dürfen hier nicht durch. Das geht nicht!

(bitte) nicht *p tun*!
Nicht fotografieren!

Kurzsätze / Aufschriften auf Verbotsschildern
Durchgang v e r b o t e n !
Park v e r b o t !
K e i n Durchgang!
P r i v a t weg
N u r für Gäste

vgl. NOTWENDIGKEIT AB 6.3.11
    ERLAUBNIS VERWEIGERN SA 4.2.3
    VERPFLICHTUNG SA 4.6.4

4.1.11 INSTRUIEREN

anleiten
anweisen
erklären, wie man ein
Handlungsziel erreicht

+ *tun* Sie *p*!
Fahren Sie hier rechts und dann . . .

+ Sie *tun p*.
Sie gehen hier bis zur nächsten Ampel und dann . . .

+ man *tut p*.
Man drückt hier auf den Knopf und wartet bis . . .

+ Sie müssen | *dahin.*
          | *p tun.*
An der Ampel müssen Sie links fahren.
Dann müssen Sie nach rechts.

+ man muß | *dahin.*
         | *p tun.*
Man muß hier drehen.

+ *Kurzsätze*
Hier geradeaus, dann die zweite Straße rechts!

Kurzsätze (schriftliche Anweisungen)
Dreimal täglich eine Tablette.

Infinitivform
Geld einwerfen
Ziehen

Sie (= bestimmte Personen) tun p.
Ausländer melden sich im 3. Stock.

p ist zu *tun*.
Karten sind bis 6 Uhr abzuholen.

p kann *getan* werden.
Karten können bis 6 Uhr abgeholt werden.

p muß *getan* werden.

Karten müssen bis 6 an der Abendkasse abgeholt werden.

p muß *getan* sein.

Das Gepäck muß bis 6 abgeholt sein.

+ das geht so: . . .

+ das macht man so: . . .

+ wenn . . . (dann) *(Indikativ)*

Wenn Sie hier weitergehen, kommen Sie an eine Tankstelle . . .

+ ich zeige Ihnen | *x.*
  | w-

Warten Sie, ich zeige Ihnen den Weg.
Ich zeige Ihnen, wie das geht.

+ ich sage Ihnen, w-

Warten Sie, ich sage Ihnen, wie das geht.
Einen Moment, ich sage Ihnen, was Sie tun müssen.

ich erkläre Ihnen | *x.*
  | w-

Moment, ich erkläre Ihnen den Weg.
Ich erkläre Ihnen, wie Sie dahin kommen.

Gebrauchsanweisung *(Textüberschrift)*

Hinweis(e) für *den Benutzer (Textüberschrift)*

→ RATEN SA 4.1.18, *z. B.*

Sie fahren am besten hier geradeaus . . .

→ MITTEILUNG SA 1.1, *z. B.*

Das ist in der zweiten Straße links.

N. B. Negativanweisungen:

+ *mit:* nicht (sondern)

Sie fahren da noch nicht nach links. Fahren Sie weiter geradeaus!
Das geht nicht so, sondern so!

+ *mit:* nicht dürfen

Sie dürfen da nicht nach links. Sondern Sie fahren . . .
Sie dürfen nicht drücken, Sie müssen ziehen!

mit: nicht müssen

Du mußt nicht drücken, sondern ziehen!

4.1.12 REKLAMIEREN

sich beschweren

→ MITTEILUNG: FESTSTELLEN, BEHAUPTEN SA 1.1.2

→ BEWERTUNG: KRITISIEREN, MISSBILLIGEN, VORWÜRFE MACHEN SA 2.2.5 – 2.2.7

→ AUFFORDERUNG SA 4.1

→ ENTTÄUSCHUNG AUSDRÜCKEN SA 3.10

→ UNZUFRIEDENHEIT AUSDRÜCKEN SA 3.20

4.1.13   DRÄNGEN

insistierend auffordern
mahnen

N. B.: Ob das Drängen freundlich oder unwillig klingt, hängt wesentlich von der gewählten Intonation ab.

+   *tun* Sie doch *p*! (+ bitte)
    Kommen Sie doch!

    tun Sie (doch) schon *p*!
    Gib schon her!

    tun Sie (doch/bitte/jetzt) endlich *p*!
    Sag endlich, was du willst!

+   *tun* Sie (doch/bitte) jetzt *p*!
    Gib mir jetzt mein Foto wieder!
    Machen Sie bitte jetzt das Fenster zu!

    jetzt / nu(n) *vorangestellt bei Imperativsätzen*
    Jetzt gib mir die Zeitung!
    Nun machen Sie schon!

    komm, *tu p*!
    Komm, sag schon!

    tun Sie endlich *p*?
    Kommst du endlich?

+   *tun* Sie jetzt *p*? (+ bitte)
    Machst du jetzt auf, bitte?
    Machst du bitte jetzt auf?
    Bitte, machst du jetzt auf?

    tun Sie bald *p*?
    Kommst du bald!

+   können Sie jetzt *p tun*? (+ bitte)
    Können Sie mir jetzt den Schlüssel geben?

    können Sie endlich *p tun*?

+   kann ich jetzt | *q tun?* (+ bitte)
    ⎫ *x* haben?
    Bitte, kann ich jetzt zahlen?
    Kann ich jetzt die Zeitung haben?

    kann ich bald | *q tun?* (+ bitte)
    ⎫ *x* haben?

+   wann-*Frage* (*mit* jetzt/denn)
    Wann kommst du denn?
    Wann kann ich jetzt ins Bad?

    wann-*Frage mit* endlich

+   warum-*Frage mit* (denn) nicht
    Warum kommen Sie denn nicht?

+   Sie müssen (jetzt) *p tun*.
    Du mußt jetzt gehen.

    Sie müssen endlich *p tun*.

    Sie sollen (doch/jetzt/endlich) *p tun*.

    Sie sollten doch *p tun*.
    Du solltest doch die Tür zumachen!

    Zur Eile drängen:

+   schnell!

    los!

dalli!

Tempo!

Verdopplungen wie:

kommen Sie, kommen Sie!

schnell, schnell!

Tempo, Tempo!

machen Sie!

machen Sie voran/doch/schon /endlich/schnell!

tun Sie *p*, aber schnell!

wird's bald?

was ist?
Was ist? Kommen Sie jetzt?

+	sich beeilen schnell machen	*im Imperativsatz, im Dekla- rativsatz mit* müssen *und im Interrogativsatz mit* können

Mach schnell!
Du mußt dich beeilen!
Kannst du dich (nicht) etwas beeilen?

ich habe es eilig.

wie lange soll/muß ich noch warten?

soll/muß ich noch lange warten?

wo bleiben Sie?

wo bleibt *x*?
Wo bleibt meine Zeitung?

sind Sie	(bald)	fertig?
ist *x*	(jetzt)	soweit?

*N. B. Bei gemeinsamen Handlungen von
Sprecher und Adressat: entsprechende Aus-
drucksformen mit* wir, *z. B.*
Gehen wir jetzt?

→ *Redeerwähnung, Verweis auf frühere Auf-
forderung, z. B.*
Ich habe gesagt, du mußt gehen.
Ich hatte gesagt, du sollst die Tür zumachen.
Ich habe gefragt, ob du mir die Zeitung gibst.
Hast du nicht gehört? Du sollst . . . /Ich möchte . . .

vgl. Äusserungen wiedergeben SA 1.1.9

→ *Begründen der Aufforderung, z. B.*
Es ist wirklich kalt.
Ich habe nicht viel Zeit.

→ *Frage, ob Handlung ausgeführt wurde, z. B.*
Hast du die Heizung angemacht?

vgl. Wichtigkeit AB 6.3.10

4.1.14 WARNEN

auf Gefahr aufmerksam machen + Vorsicht!

Achtung!

+ vorsichtig
Sei vorsichtig!
Fahren Sie vorsichtig!
Da vorne mußt du vorsichtig sein.

passen Sie auf . . . !
Paß auf!
Passen Sie auf, da ist ein Loch!
Passen Sie auf, daß Sie nicht fallen!

Sie müssen aufpassen!

+ das/*x* ist gefährlich.
Das ist gefährlich!
Die Straße ist gefährlich.

+ Halt!

+ Feuer!

+ *Nennung der Gefahrenquelle im Nominativ, z. B.*
(Vorsicht) ein Auto!

Gefahr *z. B. auf Warnschildern wie:*
Achtung Lebensgefahr

→ MITTEILUNG SA 1.1, *z. B.*
Da kommt jemand!

→ JEMANDEN AUFFORDERN SA 4.1.1, *z. B.*
Fahr langsam!

4.1.15 DROHEN

Sanktionen, Konsequenzen + ich *tue q. (INT)*
androhen Ich rufe die Polizei!

+ *tun* Sie *p*, oder (ich *tue q*)!
Geben Sie mir das wieder, oder . . . !
Hören Sie auf, oder ich rufe die Polizei!

tun Sie *p*, sonst . . .
Hör auf, sonst gehe ich!
Mach das nicht kaputt, sonst mußt du es bezahlen!

+ wenn *p*, (dann) *q*.
Wenn das kaputt geht, müssen Sie's bezahlen!
Ich gehe, wenn du nicht aufhörst!

já/nur já/nur/bloß (+ nicht) *in Imperativsätzen*
Hör bloß auf!
Komm nur ja nicht wieder!

wehe!

Strafandrohung auf öffentlichen Anschlägen,
z. B.
Geldstrafe 20 DM
. . . ist strafbar
. . . wird bestraft

4.1.16 ERMUNTERN

ermutigen + *tun* Sie *p*! (+ bitte)
einladen, zu tun Bitte setzen Sie sich!
Kommen Sie bitte rein!

+ *tun* Sie doch *p*! (+ bitte)
Setzen Sie sich doch!
Nehmen Sie doch bitte!

tun Sie (doch/nur) ruhig *p*! (+ bitte)
Nehmen Sie ruhig mehr!
Sagen Sie nur ruhig, wenn Sie etwas brauchen!

tun Sie (doch) nur *p*! (+ bitte)
Kommen Sie nur rein!

nur . . . ! *in Kurzsätzen/Wendungen wie:*
Nur zu! / Nur weiter so! / Nur keine Angst!

(na) los! *(tu p!)*
Na los, iß doch noch was!

(na) komm! *(tu p!)*
Komm sag, was passiert ist!

Sie | können | ruhig *p tun.*
      | dürfen |

Du kannst ruhig weitermachen!

möchten | Sie nicht *p tun*?
wollen |

Wollen Sie sich nicht setzen?

bei Einschluß des Sprechers:
sollen | wir nicht *p tun*?
wollen |

Situationsspezifische Wendungen:
Machen Sie ruhig/nur!
Tun Sie wie zu Hause!
Fühlen Sie sich wie zuhause!
Bedienen Sie sich!

→ LOBEN SA 2.2.1 *(während der Handlung), z. B.*
Gut so! So ist's richtig!

vgl. ERLAUBEN SA 4.2.1
      DINGE ANBIETEN SA 4.4.2

4.1.17 VORSCHLAGEN

anregen
Vorschläge machen

in bezug auf gemein-
same Handlungen

+ *tun* wir *p*?
  Gehen wir ins Kino?

+ *tun* Sie *(mit mir) p*?
  Spielst du Schach mit mir?
  Kommst du mit raus?

+ sollen wir *p tun*?
  Sollen wir spazieren gehen?

  wollen wir *p tun*?
  Wollen wir ins Theater gehen?

+ wollen Sie *(mit mir) p tun*?
  Willst du ins Kino gehen?

+ würden Sie gern *p tun*?

+ haben Sie Lust, *(mit mir) p* zu *tun*?
  Hast du Lust, schwimmen zu gehen?
  Gehen wir schwimmen? Hast du Lust?

  hätten Sie Lust, *p* zu *tun*?

  haben/hätten Sie Lust dazu?

+ möchten Sie *(mit mir) p tun*?
  Möchten Sie ins Museum?

entsprechende Ausdrucksformen mit rhetorischem
nicht, *z. B.*
Wollen wir nicht ins Kino gehen?
Haben Sie nicht Lust, spazieren zu gehen?

entsprechende Ausdrucksformen mit vielleicht, *z. B*
Sollen wir vielleicht ins Kino gehen?
Hättest du vielleicht Lust, ins Kino zu gehen?

könnten wir nicht *p tun*?
Könnten wir nicht mal ans Meer fahren?

warum *tun* wir nicht *p*?
Warum gehen wir nicht mal ins Kino?

wie wär's mit *x*?
Wie wär's mit dem Film da?

wie wär's, wenn wir *p tun/täten*?
Wie wär's, wenn wir mal ins Kino gehen?

+ was meinen Sie, . . . ?
Was meinen Sie, sollen wir ins Kino gehen?

+ wir können/könnten | (doch) | *p tun.*
| (mal) |
| (doch mal) |
| (zum Beispiel) |
| (vielleicht) |

Wir könnten in die Stadt gehen.
Wir können zum Beispiel ans Meer fahren.

ich weiß was, . . .
Ich weiß was, wir könnten Ingrid fragen.

wissen Sie was, . . . *(INT)*
Weißt du was, wir könnten zu Ingrid fahren.

+ ich habe eine Idee . . .
Ich hab 'ne Idee. Wir essen in der Stadt und . . .
Ich habe eine Idee. Wir könnten zuerst . . .

ich hätte eine Idee . . .

ich habe/hätte einen Vorschlag . . .

ich mache einen Vorschlag . . .

ich schlage vor, . . .
Ich schlage vor, wir rufen ihn mal an.
Ich schlage vor, daß wir ihn mal anrufen.
Ich schlage vor, ihn anzurufen.

ich möchte vorschlagen . . .

ich würde vorschlagen . . .

wenn Sie | Lust haben | könnten wir *p tun.*
| wollen

+ *tun* wir (doch) *p*!
Gehen wir doch ins Schwimmbad!

→ *Alternativen nennen, z. B.*
Wir könnten ins Kino gehen oder in ein Konzert.
Wollen wir ins Kino gehen? Oder gehen Sie lieber ins
Theater?

→ *Eigene Wünsche/Präferenzen nennen und nach*
Wünschen/Präferenzen des anderen fragen, z. B.
Ich möchte ins Kino gehen. Kommst du mit?
Ich würde gern ans Meer fahren. Und du?

→ *Mitteilungen machen, auf etwas hinweisen, positiv bewerten, z. B.*
Heute abend ist ein (gutes) Konzert.
vgl. MITTEILUNG SA 1.1
      BEWERTUNG SA 2

in bezug auf Handlungen + *entsprechend angepaßte Ausdrucksmittel wie oben*
des anderen   *mit Sie-/Du-Anrede, z. B.*
Sie könnten zum Beispiel ins Kino gehen.
Fahr doch mal in die Stadt!

in bezug auf eigene Handlungen *siehe* ANBIETEN, ETWAS ZU TUN SA 4.4.3

4.1.18 RATEN

empfehlen
einen Rat geben

zuraten

+ Sie *tun* am besten *p*.
Am besten gehen Sie mal zum Arzt.
Sie fahren am besten über Frankfurt.
(Welchen soll ich nehmen?) – Am besten den da.

+ Sie *tun* besser *p*.
Du fährst besser mit dem Zug.

Sie würden besser/am besten *p* tun.

Sie *täten* besser/am besten *p*. *(Konjunktiv II)*
Sie führen am besten über Frankfurt.

+ es ist besser/am besten, | wenn Sie *p tun*.
                       | Sie *tun p*.
Es ist besser, Sie warten hier.
Es ist am besten, wenn Sie ihm schreiben.

es wäre besser/am besten, | wenn Sie *p tun*.
                       | wenn Sie *p täten*.
                       | wenn Sie *p tun* würden.
                       | Sie *tun p*.
                       | Sie *täten p*.
                       | Sie würden *p tun*.
Es wäre besser, wenn Sie hier blieben.
Es wäre am besten, Sie bleiben hier.

+ Sie müssen *p tun*.
Sie müssen zum Arzt gehen.
Den Film mußt du sehen.

Sie sollten *p tun*.

Sie müssen/sollten unbedingt *p tun*.
Das sollten Sie unbedingt sehen.

+ *tun* Sie doch *p*!
Geh doch mal zum Arzt!

+ *tun* Sie (doch) besser/am besten *p*!
Fahren Sie doch besser mit dem Zug!

+ *tun* Sie (doch) lieber *p*!

warum *tun* Sie nicht *p*?
Warum fährst du nicht mit dem Zug?

tun Sie nicht besser/lieber *p*?
Bleiben Sie nicht besser hier?

wollen | Sie nicht lieber *p tun*?
möchten |

ist | es nicht besser, wenn . . .
wäre

+ ich würde *p tun.*
Ich würde den da nehmen!

ich würde | lieber | *p tun.*
        | eher |
Ich würde eher den anderen nehmen!

ich *täte* | (lieber) | *p. (Konjunktiv II)*
       | (eher) |
Ich ging lieber zum Arzt!
Ich führ eher über Frankfurt.

an Ihrer Stelle . . .
An ihrer Stelle würde ich zum Arzt gehen!
Ich bliebe an Ihrer Stelle hier!

wenn ich Sie wäre, würde ich *p tun*/*täte* ich *p*.

also ich . . .
Also ich würde (an Ihrer Stelle) vorher anrufen!
Also, wenn ich Sie wäre, würde ich das nehmen.

ich rate Ihnen | *p* zu *tun.*
           | *tun* Sie *p*!

ich würde (Ihnen) raten, | *p* zu *tun.*
                 | *tun* Sie *p*!

wenn ich Ihnen einen Rat geben darf, . . .

ich kann Ihnen einen Tip geben: . . .

ich empfehle Ihnen *x.*

ich | würde | (Ihnen) *x* empfehlen.
    | möchte |
    | kann |
Ich würde dir das Menü empfehlen.
Den Film kann ich wirklich empfehlen.

es empfiehlt sich | *p* zu *tun.*
es ist zu empfehlen |
es wird empfohlen |
Es wird empfohlen, sich frühzeitig anzumelden.

empfehlenswert
Das ist wirklich sehr empfehlenswert.

empfohlen-
Empfohlene Umleitung über . . .

das lohnt sich.

es lohnt sich, *p* zu *tun.*
Es lohnt sich, dahin zu gehen.

abraten   + *entsprechende Ausdrucksmittel mit Negation,*
z. B.
Sie fahren besser nicht mit dem Auto.
Sagen Sie es ihm lieber nicht.

já nicht/núr nicht/blóß nicht *in Imperativsätzen*
Fahren Sie nur nicht über die Autobahn!

abraten/nicht raten/nicht empfehlen
in Äußerungen wie:
Davon würde ich Ihnen abraten.
Ich würde Ihnen nicht raten, dahin zu gehen.
Das kann ich Ihnen nicht empfehlen.

$\rightarrow$ Bewertung SA 2
Der Wein da ist sehr gut.
Mir hat es da gar nicht gefallen.

$\rightarrow$ *Eigene Vorliebe, Gewohnheiten ausdrücken,*
z. B.
Ich fahre immer über Frankfurt.
vgl. Häufigkeit AB 4.18

vgl. vorschlagen SA 4.1.17

4.2 ERLAUBNIS – ERLAUBNISVERWEIGERUNG

4.2.1 ERLAUBEN

+ Sie dürfen | *p tun.*
         | *dahin.*
Sie dürfen das mitnehmen!

+ Sie können | *p tun.*
         | *dahin.*
Du kannst jetzt rein!

+ Sie dürfen/können natürlich | *p tun.*
                     | *dahin.*
Natürlich dürfen Sie auch in den Garten!
Du kannst natürlich hier warten!

Sie dürfen/können	selbstverständlich	*p tun.*
	gern	*dahin.*
	ruhig	
	ohne weiteres	
	schon	
	meinetwegen	
	von mir aus	

Von mir aus können Sie ruhig rauchen!

+ wenn Sie wollen, dürfen/können Sie *p tun.*
Du kannst auch rauchen. Wenn du willst.

ich erlaube Ihnen, *p zu tun.*

| ich habe nichts dagegen, | wenn | Sie *p tun.* |
| | daß | |

es stört mich nicht, wenn Sie *p tun.*

tun sie	ruhig	*p!*
	nur	
	meinetwegen	

als Reaktion auf   *Reaktion auf Fragen wie:* kann ich *p tun*?
Bitte um Erlaubnis

+ ja!

+ ja ja!

+ bitte!

bitte bitte!

bitte sehr!

+ natürlich!

selbstverständlich!

+ klar! (*!*)

 sicher!

 freilich!

 gern!

 meinetwegen!

 von mir aus!

+ wenn Sie wollen.

+ ja natürlich!

+ ja klar! (*!*)

 ja | freilich!
    | selbstverständlich!
    | *usw.*

 aber | natürlich!
      | bitte!
      | klar!
      | *usw.*

 na ja!

 na gut!

+ (ja), (ist) gut.

+ (ja), das geht.

 in Ordnung.

 warum nicht?

Reaktion auf Fragen wie: Stört es Sie . . . ?

+ nein!

+ nein nein!

 keineswegs!

 nein, keineswegs!

+ nein, gar nicht!

 (nein) | überhaupt | nicht!
        | ganz und gar |
        | durchaus |

vgl. EINWILLIGEN SA 4.5.1

4.2.2   DISPENSIEREN

Verpflichtungen aufheben

+ Sie brauchen nicht *q* (zu) *tun.*
  Du brauchst mich morgen nicht abholen!

+ Sie müssen nicht *q tun.*
  Sie müssen mich vorher nicht anrufen.

+ Sie können/dürfen *p tun.*
  Du kannst morgen zu Hause bleiben.

 Sie können/dürfen ruhig *p tun.*

 von mir aus | brauchen Sie nicht *q* (zu) *tun.*
 meinetwegen | müssen Sie nicht *q tun.*
               | können/dürfen Sie *p tun.*

es ist nicht nötig, daß Sie *q tun*.

Sie können/dürfen das (sein) lassen.

lassen Sie (das) nur/ruhig/doch!

ich brauche Sie | nicht mehr.
             | morgen nicht.
             | *usw.*

als Reaktion auf Bitte um Dispens

Reaktion auf Fragen wie: darf ich *p tun*?

+ ja! / ja natürlich! *usw. siehe* SA 4.2.1

wenn es | sein muß.
       | nicht anders geht.

wenn Sie | wollen.
        | müssen.

wie Sie wollen.

Reaktion auf Fragen wie: muß ich *q tun*?

+ nein!

+ (nein) das ist nicht nötig.

(nein) | nicht unbedingt!
      | von mir aus nicht!
      | meinetwegen nicht!

vgl. ERLAUBEN SA 4.2.1
     ERMUNTERN SA 4.1.16
     EINWILLIGEN SA 4.5.1

zu den Zeitangaben bei zeitlich befristetem Dispens vgl. AB 4; *z. B.*
Du kannst das später machen.
Ich brauche das erst morgen.

4.2.3 ERLAUBNIS VERWEIGERN

Reaktion auf Fragen wie: darf ich *p tun*?

+ (nein) | bitte nicht!
       | lieber nicht!
       | jetzt/hier *usw.* nicht!
       | das geht (leider/wirklich) nicht.
       | das ist (leider/wirklich) nicht möglich.

(nein) | auf keinen Fall!
      | kommt nicht in Frage!
      | ausgeschlossen!

Reaktionen auf Fragen wie: darf ich *p tun*? *und:*
haben Sie etwas dagegen, wenn . . . ?

+ tut mir leid, (aber) . . .
Tut mir leid, hier ist besetzt.
Tut mir leid, aber wir haben keinen Platz.

(ich) bedaure, (aber) . . .

das kann ich nicht | erlauben.
               | gestatten.
               | zulassen.

→ *Nennung von Gründen/Motiven der Verweigerung, z. B.*
(Kann ich das Fenster aufmachen?) – Ich habe eine Erkältung.
(Darf ich mal damit fahren?) – Nein, ich möchte nicht, daß etwas kaputt geht.

→ *Hinweis auf Gebote/Verbote.*

→ AUFFORDERUNG SA 4.1

vgl. GEBIETEN SA 4.1.10
VERPFLICHTUNG SA 4.6.4
ANTWORT SA 1.3

4.2.4   DISPENS VERWEIGERN

Reaktion auf Fragen wie: darf ich *p tun*?

+ (nein) | das geht (leider) nicht.
         | das ist (leider) nicht möglich.

(nein) das geht nicht gut.

+ tut mir leid, (aber) . . .

Reaktion auf Fragen wie: muß ich *q tun*?

+ ja! (+ *Begründung*)

+ (ja.) das geht (leider) nicht anders.

(ja.) | das muß sein.
      | das ist nötig.
      | unbedingt!
      | auf jeden Fall!

→ *Hinweis auf bestehende/eingegangene Verpflichtungen, z. B.*
Sie haben gesagt, daß Sie das heute machen können.

→ *Nennung von Gründen/Motiven der Verweigerung, z. B.*
(Muß ich wirklich einkaufen gehen?) – Wir haben kein Brot!
(Kann ich das morgen bringen?) – Ich möchte es lieber heute.

→ AUFFORDERUNG SA 4.1, *z. B.*
(Muß ich das wirklich machen?) – Ja, mach es bitte jetzt!

vgl. ERLAUBNIS VERWEIGERN SA 4.2.3
VERPFLICHTUNG SA 4.6.4
WICHTIGKEIT AB 6.3.10
NOTWENDIGKEIT AB 6.3.11
ANTWORT SA 1.3, *z. B.*
(Kann ich gehen?) – Nein, noch nicht.
(Muß ich wirklich nochmal kommen?) – Ja, morgen um acht.

4.3   KONSULTATION

4.3.1   UM ERLAUBNIS BITTEN

+ darf ich | *p tun*? (+ bitte)
           | *dahin*?

Darf ich bitte mal telefonieren?
Dürfen wir hier in den Garten?

+ kann ich | *p tun*? (+ bitte)
          | *dahin*?

Kann ich die Tasche hierlassen?

dürfte/könnte ich | *p tun*?
                  | *dahin*?

ist | es möglich | *p zu tun*?
wäre | | daß ich *p tue*?

Wäre es möglich, daß ich das Gepäck hierlasse?

Ausdrucksformen wie oben mit nicht/vielleicht

Bitte, könnte ich nicht mal schnell telefonieren?
Wäre es nicht möglich, daß ich das hierlasse?

*in Verbindung mit sprachlich oder gestisch ausge-
drücktem Handlungswunsch:*

+ darf ich?

(Ich möchte gern rauchen.) Darf ich?

+ geht das?

Ich muß mal telefonieren. Geht das?

(oder) haben Sie etwas dagegen?

(oder) stört Sie das?

Ich würde gern das Fenster aufmachen. Oder stört Sie
das?

gestatten | Sie (daß . . .)?
erlauben |

Sie | gestatten | (daß . . .)
    | erlauben |

macht es Ihnen etwas/nichts aus, wenn . . . ?

Macht es Ihnen was aus, wenn das Fenster auf ist?

stört es (Sie) (nicht), wenn . . . ?

haben Sie etwas dagegen, wenn . . . ?

+ ich habe eine Bitte/Frage: . . . ?

+ ich möchte (Sie) etwas fragen: . . . ?

insistierend:

lassen Sie mich (doch/bitte) *p tun*!

machen Sie doch eine Ausnahme!

können Sie nicht eine Ausnahme machen?

+ (ach) bitte!

+ nur . . .

Nur einmal! / Nur fünf Minuten!

sag (doch/bitte) ja!

vgl. BITTEN SA 4.1.3
      WÜNSCHE ÄUSSERN SA 4.1.6

4.3.2   UM DISPENS BITTEN

+ *Ausdrucksformen vom Typ* darf ich *p tun*?
siehe SA 4.3.1 UM ERLAUBNIS BITTEN

Kann ich gehen?
Ich möchte morgen nicht kommen. Geht das?

+ muß ich | (wirklich) | *q tun?* (oder
         | (noch) | kann ich *p tun?*)
         | (*dann* auch) |

Muß ich warten?
Muß ich am Montag auch kommen?
Muß ich das wirklich zurückbringen?

muß das (jetzt *usw.*) sein?

ist es (wirklich) nötig, | daß ich *q tue?*
                | *q* zu *tun?*

brauchen Sie mich | wirklich | ?
               | noch |
               | *dann* auch |

+ brauchen Sie *x* | wirklich | ?
             | sofort |
             | *dann* schon |

analoge Ausdrucksformen mit unbedingt
Muß das unbedingt heute sein?
Ist es unbedingt nötig, daß ich einkaufe?

→ *Hinweis auf andere Verpflichtungen/Hinderungs-gründe/Wünsche/Präferenzen, z. B.*
Ich muß morgen zum Arzt.
Ich möchte das lieber nächste Woche machen.

vgl. UM ERLAUBNIS BITTEN SA 4.3.1
      SICH ENTSCHULDIGEN SA 2.3.3

N. B. Zu den Zeitangaben bei Bitten um zeitlich befristeten Dispens bzw. Verschiebung vgl. AB 4

4.3.3   UM VORSCHLÄGE BITTEN

in bezug auf gemeinsames   + was | machen | wir? (+ *dann/da*)
Handeln | tun |

Was machen wir?
Und was tun wir heute abend?

was wollen wir machen/tun?

+ was | sollen | wir machen/tun?
        | können |
        | könnten |

Was sollen wir heute machen?
Was können wir in der Stadt machen?

+ was | kann | man machen/tun?
        | könnte |

Was kann man hier in der Stadt machen?

+ was | möchten | Sie (gern) machen/tun?
        | würden |

+ *analoge Ausdrucksmittel wie oben auch mit anderen w-Wörtern und spezifischen Verben, z. B.*
Wann treffen wir uns?
Wie sollen wir das machen?
Wen könnten wir fragen?
Was könnte man schreiben?

+ wissen Sie was? *(INT)*
Was kann man hier machen? Wissen Sie was?

+ haben Sie eine Idee?
Wo gehen wir hin? Hast du ne Idee?

haben Sie einen Vorschlag?

können Sie einen Vorschlag machen?

können Sie etwas vorschlagen?

entsprechende Ausdrucksformen mit Negation,
z. B.
Wissen Sie nichts?
Hast du nicht eine Idee?/Hast du keine Idee?
Kannst du nicht was vorschlagen?

was schlagen Sie vor?

was würden Sie vorschlagen?

wozu haben/hätten Sie Lust?

schlagen Sie etwas vor!

machen Sie einen Vorschlag!

+ *bei Bitten um weitere Vorschläge: entsprechende*
Ausdrucksmittel – auch Kurzformen – z. B. mit:
sonst/noch/ander-/besser-
Und sonst?
Was könnte man noch machen?
. . . oder hast du eine andere/bessere Idee?

in bezug auf eigenes Handeln + *analoge Ausdrucksformen wie oben; w-Fragen in*
Ich- bzw. Man-Form, z. B.
Was soll ich heute machen? Hast du eine Idee?
Wie kann man das machen?

→ FRAGEN SA 1.2
Was gibt es hier in der Stadt?
Wissen Sie, was man hier machen kann?

→ NICHT-WISSEN AUSDRÜCKEN SA 1.3.4
Ich weiß nicht, wo man hier gut essen kann.

→ *Unentschlossenheit ausdrücken*
Ich weiß nicht, wo ich morgen hingehen soll.

→ *Provozieren von Vorschlägen durch* VORSCHLA-
GEN SA 4.1.17 (+ *Bitte um Stellungnahme*)
Gehen wir ins Kino? Oder was meinst du?

vgl. UM RAT FRAGEN SA 4.3.4

4.3.4 UM RAT FRAGEN

+ was mache ich (denn) | da | ?
| jetzt |
| am besten |

+ was soll ich | (da) | machen/tun?
| (dann) |
| (denn) |
| (jetzt) |
| (am besten) |

+ was kann ich | (da) | machen?
| (dann) |
| (denn) |
| (jetzt) |

was könnte ich (da *usw.*) machen?

was würde ich (da) am besten machen?

+ was macht man da (am besten)?

was würde man (da) am besten machen?

was soll man da machen?

+ was kann/könnte man (da *usw.*) machen?

N. B. Bei da, denn, jetzt *usw. sind verschiedene Kombinationen möglich, z. B.*
Was soll ich denn da jetzt am besten machen?
nur/bloß *in Ausdrucksformen wie oben, z. B.*
Was soll ich da nur machen?

+ *Ausdrucksformen wie oben auch mit anderen w-Wörtern und spezifischen Verben, z. B.*
Wo fragt man da am besten?
Welchen soll ich nehmen?

tue ich | am besten | *p*?
| besser |
| lieber |

Rufe ich am besten vorher an?

+ soll ich *p tun*?
Soll ich das kaufen?

+ oder *in Interrogativsätzen mit* sollen:
Welchen soll ich nehmen? Den oder den?
Soll ich hingehen oder nicht?
Soll ich ihm schreiben oder anrufen?

lieber | *in Interrogativsätzen*
besser | *mit* sollen
eher |
am besten |

Wen soll ich fragen? Ihn oder lieber seine Frau?
Soll ich lieber hierbleiben?
Soll ich besser nicht fragen?
Soll ich eher am Abend hingehen?
Soll ich am besten vorher anrufen?

würde ich | lieber | *p tun*?
| besser |
| am besten |

Würde ich besser vorher schreiben?

+ ist *x* gut/besser?
siehe: BEWERTUNG SA 2

wäre *x* gut/besser?
Wäre das Kleid schön?
Wär der andre Wein besser?

+ ist es besser, | wenn ich *p tue*?
| ich *tue p*?

Ist es besser, wenn ich die Karten heute hole?

wäre es besser, | wenn ich *p tue/p tun* würde?
| ich *tue p*/ich würde *p tun*?

vielleicht (lieber *usw.*) | *in Ja/Nein-*
nicht (lieber *usw.*) | *Interrogativ-*
nicht vielleicht (lieber *usw.*) | *sätzen*
nicht doch (lieber *usw.*) | *wie oben*

Rufe ich ihn vielleicht am besten an?
Soll ich ihn nicht besser fragen?
Ist es nicht doch besser, wenn ich hingehe?

+ was ist besser?

Soll ich hinfahren oder nicht? Was ist besser?

was wäre besser?

was ist/wäre besser? wenn ich *p tue* oder
                              wenn ich *q tue*?

+ ich weiß nicht, ob/w-

Ich weiß nicht, ob ich ihn nehmen soll oder nicht.
Ich weiß nicht, soll ich ihn nehmen?
Ich weiß nicht, wen ich da am besten frage.
Ich weiß nicht, was besser ist.
zu den Varianten für ich weiß nicht *vgl.*
NICHT-WISSEN AUSDRÜCKEN SA 1.3.4

was würden Sie	(an meiner Stelle)	machen?
	(in meiner	tun?
	Situation)	
	(in so einem Fall)	
	(da/dann)	
	(eher)	

w- würden Sie (an meiner Stelle *usw.*) *tun (p* oder *q)?*
Wie würdest du das machen?
An meiner Stelle, mit wem würden Sie sprechen? Mit ihm?

wenn Sie an meiner Stelle wären, . . .

Würden Sie das machen, wenn Sie an meiner Stelle
wären?
Wenn du an meiner Stelle wärst, welchen würdest du
nehmen?

| würden Sie | (an meiner Stelle) | *p tun?* |
| | (eher) | |

+ was meinen Sie?

Soll ich das machen? Was meinen Sie?
Was meinen Sie? Was ist besser? Der oder der?

+ meinen Sie, . . . ?

Meinen Sie, ich soll ihn fragen?
Meinen Sie, es ist besser, wenn ich hierbleibe?
Meinen Sie, daß der andere besser ist?
zu den Varianten für meinen *vgl.*
BITTE UM STELLUNGNAHME SA 2.5

können Sie mir einen Rat geben?

können Sie mir einen Tip geben?

können Sie mir (zu) etwas raten?

+ können Sie (mir) etwas/*x* empfehlen?

Können Sie den Wein da empfehlen?

würden Sie (mir) *x* empfehlen?

| würden Sie mir | empfehlen | *p* zu *tun?* |
| | raten | |

+ was | können | Sie (mir) empfehlen?
| würden |

Welchen Arzt würden Sie empfehlen?

| was | würden Sie mir raten? |
| wozu | |

Imperativsätze mit einen Rat geben *usw.*
Rate mir doch, wie ich das machen soll!

+ können Sie mir sagen, w-
Können Sie mir sagen, was besser ist?
Kannst du mir sagen, was ich da am besten mache?

→ BITTE UM STELLUNGNAHME SA 2.4

vgl. FRAGE SA 1.2
zur Angabe des Handlungsziels vgl. ZWECK
AB 7.13

4.3.5 UM INSTRUKTION BITTEN

um Erklärungen bitten
um Anweisungen bitten

+ *Interrogativsätze mit* müssen (ich/man)
Wo muß ich drücken?
Wen muß man da fragen?
Muß ich hier durch?

Interrogativsätze mit sollen (ich/man)
Soll ich jetzt drücken?
Wo soll man sich da anmelden?

+ *Interrogativsätze mit* können (ich/man)
Kann ich das hier anmachen?
Wie kann man da fahren?

+ *Interrogativsätze mit Handlungsverb im Präsens*
(ich/man)
Holt man das am Schalter ab?
Wo melde ich mich da an?

+ am besten *in Interrogativsätzen (wenn mehrere*
Varianten zur Durchführung der Handlung denk-
bar sind); in Verbindung mit müssen/können *nur*
in w-Interrogativsätzen
Meldet man sich am besten an?
Wie fahre ich da am besten?
Wann kann ich das am besten abholen?
Wen muß ich da am besten fragen?

+ was muß ich/man | (da) | machen?
| (jetzt) |
| (zuerst) |
| (noch) |
| *u. ä.* |

+ wie macht man das?

+ wie geht das?

+ | sagen | *in Ausdrucksformen für*
| erklären | AUFFORDERN SA 4.1.1
| zeigen |
Können Sie mir sagen, wie das geht?
Erklär mir das bitte nochmal!
Zeigst du mir mal, was ich machen muß?
Können Sie mir den Weg zeigen?

speziell bei Wegfragen:

+ wie | komme ich | (hier) (am besten) *dahin?*
| kommt man |
Entschuldigung, wie komme ich hier zum Bahnhof?
Wie kommt man am besten dahin?

wo | komme ich | (hier) (am besten) *dahin?*
| kommt man |
Wo komme ich hier am besten in die Stadt?

komme ich/kommt man hier *dahin*?
Kommt man hier zur Autobahn?

+ wo geht es (hier) *dahin*?
Wo geht's hier zum Flughafen?
Wo geht es hier raus?

+ geht es hier *dahin*?
Geht es hier zu Herrn Meier?
Zu Herrn Meier, geht das hier rauf?

bin ich hier richtig | zu/nach *x*?
ist das hier richtig |
Bin ich hier richtig zum Bahnhof?
Nach Meckenheim, ist das hier richtig?

+ ich suche *x*.
Ich suche die Herderstraße. Können Sie mir sagen, wo das ist?

+ *Kurzfragen*
(mit Nennung des Ziels im Nominativ oder mit zu/ nach*)*
Die Toilette bitte?
Zum Bahnhof bitte?

→ NICHT-WISSEN AUSDRÜCKEN SA 1.4.6

→ *Handlungsabsicht ausdrücken*
Ich möchte das aufmachen. (Wie geht das?)
Ich möchte zu Herrn Brunner.

vgl. FRAGE SA 1.2

zur Angabe des Handlungsziels siehe ZWECK
AB 7.13, *z. B.*
Wie muß ich fahren, wenn ich ins Museum will?

zur räumlichen Situierung siehe AB 3.1 – 3.2.6
und SB 4

4.4   ANGEBOT

4.4.1   NACH WÜNSCHEN FRAGEN

+ *Interrogativsätze (Ja-/Nein-Frage/w-Frage/Alternativfrage) mit:*

+ möchten Sie?
Möchten Sie noch etwas?
Möchtest du was trinken?
Was möchtest du? Kaffee oder Tee?
Wieviel möchten Sie?
Wo möchtest du hin?
Wann möchten Sie essen?
Mit wem möchten Sie sprechen?

+ wollen Sie?

würden Sie gern?
Wann würden Sie gern kommen?

hätten Sie gern?
Hätten Sie gern was zu trinken?
Welchen hätten Sie gern?

+ brauchen Sie?
Brauchen Sie noch etwas?
Wann brauchen Sie das Buch?

+ nehmen/essen/trinken Sie?
Trinken Sie auch etwas?
Was nehmen Sie?

wollen wir?

+ sollen wir?
Wann sollen wir essen?

+ soll ich?
vgl. ANBIETEN, ETWAS ZU TUN SA 4.4.3

→ *nach Vorliebe/Präferenz fragen, z. B.*
Wann möchten Sie am liebsten fahren?
vgl. NACH VORLIEBE FRAGEN SA 2.7.4

→ *nach Interessen/Neigungen/Bedürfnissen fragen,*
z. B.
Haben Sie gern Musik? *(Möchten Sie Musik hören?)*
Hast du Hunger? *(Möchtest du etwas essen?)*
vgl. FRAGE SA 1.2

Spezielle Wendungen bei Kontaktbeginn und in
Dienstleistungsgesprächen:

+ | was möchten Sie? | (+ bitte)
  | möchten Sie etwas? |

Ausdrucksformen wie oben mit: wollen/wünschen/
brauchen/bekommen/kriegen

was hätten Sie gern?

+ | was/wen suchen Sie?
  | suchen Sie etwas/jemand?

was darf es sein?

was kann ich für Sie tun?

kann ich Ihnen helfen?

Sie wünschen?

haben Sie einen | bestimmten | Wunsch?
             | besonderen |

bei Fortsetzung von Dienstleistungsgesprächen:

sonst noch was/etwas?
Sonst noch was?
Darf es (sonst) noch etwas sein?
Brauchen Sie noch etwas?

ist das alles? / das ist alles?

wär's das? / wäre das alles? / das wäre alles?

4.4.2   DINGE ANBIETEN

offerieren
zum Gebrauch, Konsum
anbieten
geben
schenken

+ möchten Sie *x*?
Möchten Sie ein Bier?
Möchten Sie noch ein Stück?

+ möchten Sie *x* haben/nehmen/essen/trinken?
Möchten Sie etwas trinken?
Möchtest du meinen Schirm haben?

+ wollen Sie . . . ? (*wie bei* möchten Sie)

hätten sie gern *x*?

+ | nehmen | Sie *x*?
  | trinken |
  | essen |

Nehmen Sie auch noch ein Glas?
Essen Sie noch ein Stück Kuchen?

+ | oder | *bei Alternativangeboten*
  | lieber |

Was nehmen Sie? Bier oder Wein?
Möchten Sie lieber ein Glas Wein?

Sie | möchten | doch (auch/noch/sicher) *x* ?
    | nehmen
    | *usw.*

Sie trinken doch noch ein Glas?

kann/darf ich Ihnen *x* | anbieten | ?
               | geben
               | einschenken |

was kann/darf ich Ihnen | anbieten | ?
                    | geben |

+ darf ich? *(mit Geste, daß man geben will)*

+ *Kurzfragen*
Zigarette?
Zucker, Milch?
Noch etwas Kaffee?

+ hier! / da! | *(mit Zeigegeste oder*
+ bitte | *beim Überreichen)*

bitte, bedienen Sie sich!

+ | ich gebe Ihnen *x*.
  | ich kann Ihnen *x* geben.

Ich gebe dir meinen Schirm.

+ Sie können *x* haben/nehmen.

+ das/*x* ist für Sie.
Das ist für Sie!
Das Buch ist für dich!

+ stimmt so! *(Trinkgeld geben, aufrunden)*

→ ERMUNTERN SA 4.1.16
vgl. VERFÜGBARKEIT AB 2.3
     BESITZ AB 7.5.1
     EINLADUNGEN SB 14.2

4.4.3   ANBIETEN, ETWAS ZU TUN

vorschlagen, selbst etwas zu tun

+ soll ich *p tun*?
Soll ich Sie abholen?
Soll ich heute einkaufen gehen?

soll ich | nicht | *p tun*?
      | (nicht) vielleicht |

+ *w-Fragen mit* soll ich
Wann soll ich dich wecken?

möchten | Sie, daß ich *p tue*?
wollen |

kann ich etwas tun/machen?

kann/könnte ich | *p tun*?
             | nicht *p tun*?
             | (nicht) vielleicht *p tun*?

brauchen Sie mich (noch/morgen *usw.*)?

+ ich *tue* (gern/doch) *p*.
Ich bringe Sie zum Bahnhof.

+ ich kann *p tun.*
Ich kann Sie in die Stadt fahren.

ich könnte (gern/doch/ja) *p tun.*

wenn Sie wollen | *tue* ich *p.*
                 | kann/könnte ich *p tun.*

+ für Sie *(zum Ausdruck der Stellvertretung)*
Ich kann für Sie anrufen.

+ *Dativus commodi bzw.* für Sie *(zur Bezeichnung des Adressaten)*
Soll ich dir einen Kaffee machen?
Ich mache noch einen Kaffee für dich.

schnell *in Äußerungen wie:*
Soll ich Sie schnell zum Bahnhof bringen?
Ich kann Sie schnell zum Bahnhof bringen.

ich schlage vor, | ich *tue p.*
             | daß ich *p tue.*

vgl. VORSCHLAGEN SA 4.1.17

4.4.4 HILFE ANBIETEN

+ | kann | ich (Ihnen) helfen?
   | soll |
   | darf |

+ | (warten Sie) | ich helfe Ihnen.
   | (Moment) |

entsprechende Ausdrucksformen mit:
    p tun helfen
    helfen *p* zu *tun*
    beim *P-Tun* helfen

brauchen Sie (meine) Hilfe?

→ ANBIETEN, ETWAS ZU TUN SA 4.4.3
Warten Sie, ich nehme den Koffer.

→ *sich erkundigen, ob jemand etwas allein kann, z. B.*
Geht es?
Können Sie das (allein) tragen?

4.4.5 EINLADEN

+ darf ich Sie (zu *x*) einladen?
Darf ich Sie zu einem Bier einladen?

+ ich möchte Sie (gern) (zu *x*) einladen.
Wir möchten Sie zum Essen einladen.
Wir machen morgen ein kleines Fest. Wir möchten Sie gern einladen.

ich würde Sie gern (zu *x*) einladen.

+ ich lade Sie (zu *x*) ein.
Gehen wir essen? Ich lade euch ein!

Sie sind (herzlich) eingeladen.

in Ausdrucksformen wie oben:
einladen | *p* zu *tun*
eingeladen sein |

+ *Ausdrucksmittel wie bei* VORSCHLAGEN SA 4.1.17,
  z. B.

Möchten Sie morgen zum Essen kommen?
Wir fahren am Sonntag ans Meer. Kommen Sie mit?
Wir wollen noch was trinken. Komm doch auch!
Wir können bei mir noch etwas trinken.
Haben Sie Lust, mitzufahren?
Besuchen Sie uns doch mal. Sie können bei uns
schlafen.

→ *fragen, ob jemand Zeit hat/kommen kann, z. B.*

Haben Sie heute abend Zeit? Wir wollen tanzen gehen.
Ich habe am Montag Geburtstag. Bist du dann noch
da?

vgl. NACH BEREITSEIN FRAGEN SA 4.7.3.3

vgl. EINLADUNGEN/VERABREDUNGEN SB 14.2

4.4.6   VERSPRECHEN

+ ich *tue p. (+ Zeitangabe nach Sprechzeit)*
  Ich bringe dir Zigaretten mit.
  Ich komme sofort!
  Ich hole dich um drei ab.
  Ich mache das nicht nochmal.

+ *andere Deklarativsätze im Präsens mit Ausdruck
  eines Handlungsresultats
  (+ Zeitangabe nach Sprechzeit)*
  Du kriegst das morgen.
  Das Essen ist um eins fertig.

Deklarativsätze im Futur I
Ich werde Sie um sieben wecken.

+ (ganz) bestimmt
  Ich schreibe bestimmt!
  Ich bin nicht lange weg. Bestimmt nicht.

(ganz) sicher

garantiert

+ natürlich
  Ich bringe das natürlich zurück.

+ auf jeden Fall/auf keinen Fall
  Ich schreibe dir auf jeden Fall!
  Ich vergesse das nicht. Auf keinen Fall!

das verspreche ich (Ihnen).

ich verspreche (Ihnen), daß . . .

das garantiere ich (Ihnen).

ich garantiere (Ihnen), daß . . .

(das) wird gemacht!

(das) wird erledigt!

(das geht) in Ordnung!

abgemacht!

einverstanden!

+ gut!
  Gut, ich komme um drei!

Sie können sich auf mich/darauf verlassen.

vgl. EINWILLIGEN SA 4.5.1
      VEREINBAREN SA 4.5.2

4.5 EINWILLIGUNG – WEIGERUNG

Reaktion auf SA 4.1 – 4.4

4.5.1 EINWILLIGEN

als Reaktion auf Aufforderung allgemein	+ ja!
	+ gut!
	+ (ja) ist gut.
	+ okay! *(!)*
	jawohl!
	hm hm *u. ä. (zustimmende Intonation)*

+ | ja + *Modalwort oder andere*
        Zustimmungssignale
  | nein + *Modalwort mit* nicht

z. B. Ja gern; Ja klar; Ja gut; Ja natürlich
Nein, natürlich nicht; Nein, bestimmt nicht

Zur Auswahl solcher Modifizierungsmittel siehe unten die Exponenten für Einwilligen als Reaktion auf spezifische Aufforderungshandlungen.

+ ja . . . / doch . . .
nach Aufforderung mit rhetorischer Negation

(Könntest du das nicht machen?) – Ja/Doch, mache ich.
                         – Ja/Doch natürlich.

+ ja . . . / nein . . .
nach Aufforderung mit echter Negation

(Sagen Sie das niemand!) – Ja, ist gut.
                 – Ja, ich sag's niemand.
                 – Nein, ich sag's niemand.
                 – Nein, natürlich nicht.

+ *Zustimmungssignale wie oben + Ausdrucksmittel für Anbieten/Versprechen, z. B.*

(Kann ich jetzt rein?) – Ja, ich mache auf.
(Gib mir das doch!) – Gut, du kannst es haben.

› ANGEBOT SA 4.4.1 – 4.4.6

(Kann ich noch was haben?) – Wieviel möchtest du?
(Hol mich doch bitte ab!) – Soll ich um 5 kommen?
(Hilfst du mir mal?) – Ich komme.
(Du mußt noch anrufen!) – Das mache ich bestimmt.

vgl. ANTWORT SA 1.3

als Reaktion auf: jemanden auffordern bitten um Hilfe bitten Wünsche äußern	+ (das) mache ich.
	+ gern!
	+ natürlich!
	selbstverständlich!
	freilich!
	sicher!

(Könnte ich mal das Salz haben?) – Ja natürlich!
(Laß die Heizung nicht an!) – Nein, natürlich nicht!

+ klar! *(!)*

schön!

+ aber natürlich/gern *usw.*

aber ja!

na klar/sicher *usw.*

das ist doch selbstverständlich/klar.

das versteht sich (von selbst).

handlungsbegleitend bzw. mit Geste:

+ bitte!

+ hier!

+ da!

+ hier/da ist *x*.

so!

aufschiebendes Versprechen:

+ sofort!

gleich!

+ (einen) Moment (bitte)!

(einen) Augenblick (bitte)!

als Reaktion auf:
auffordern zu gemein-
samem Handeln

+ *tun* wir *p*! (*echohaft*)
(Gehen wir?) – Gut, gehen wir!

+ gern!

einverstanden!

warum nicht?

wenn/wie Sie wollen.

wenn/wie Sie meinen.

meinetwegen!

von mir aus!

ja denn/dann!

na denn/dann!

als Reaktion auf:
um Hilfe rufen

+ ich komme!

als Reaktion auf:
gebieten

*Neben den Mitteln wie oben unter ,,allgemein" je
nach Umständen auch Ausdrucksmittel für Verwunderung oder Entschuldigung, z. B.*
(Sie müssen das verzollen!) – Ach so! Das habe ich
nicht gewußt.
(Sie dürfen hier nicht parken!) – Ah ja? Ich fahr sofort
weg.
(Hier ist Fahrverbot!) – O Entschuldigung. Ich habe
das Schild nicht gesehen.

vgl. SICH ENTSCHULDIGEN SA 2.3.3
ÜBERRASCHUNG AUSDRÜCKEN SA 3.8

als Reaktion auf:
instruieren

+ *ev. Instruktion zusammenfassen, repetieren, z. B.*
(Also) hier links und dann die zweite rechts.
Vielen Dank.

+ ach so! / aha!
(Da müssen Sie drücken!) – Ach so! Vielen Dank.

→ SICH BEDANKEN SA 5.3.2.1
(Da müssen Sie zum Schalter 1.) – Ja, danke.

als Reaktion auf:	+ ja ja! / nein nein! *(INT)*
drängen	na ja/na gut!

schon gut!

ich *tue* ja (schon) *p*.

schön (ich *tue p*).

meinetwegen!

von mir aus!

+ ich weiß.
(Du mußt jetzt endlich gehen!) – Ja, ich weiß.

als Reaktion auf: + ja ja! / nein nein! *(INT)*
drohen

schon gut!

ich *tue* ja (schon) *p*.

in dem Fall . . .

als Reaktion auf: + (ja/danke) gern!
ermuntern   + danke! *u. ä. vgl.* SICH BEDANKEN SA 5.3.2.1

na gut!

(gern) wenn Sie meinen.

(gern) wenn ich darf.

na meinetwegen!

als Reaktion auf: + gern!
vorschlagen   + (das ist eine) | gute | Idee.
                                 | prima |

(das ist) keine schlechte Idee.

au ja!

+ prima!
(Sollen wir schwimmen gehen?) – Ja, prima. Es ist heiß heute.

fein!

toll!

Klasse!

+ das wäre gut/prima/schön.

das wäre fein/toll/nicht schlecht/herrlich *u. ä.*

das fände ich gut/prima *u. ä.*

ich wäre dafür.

+ ich bin dafür.
(Sollen wir essen gehen?) – Ja, ich bin dafür.

+ natürlich!
(Haben Sie Lust?) – Ja, natürlich. Gern.

+ klar! *(!)*

+ ja | ich *tue* gern *p*.
     | ich möchte (auch) (gern) *p tun*.
     | ich würde (auch) (gern) *p tun*.

(Sollen wir ans Meer fahren?)
   – Ja, da möchte ich gern hin.
(Gehen wir spazieren?)
   – Ja, ich würde auch gern rausgehen.
(Spielen Sie mit?)
   – Ja, das mache ich gern.

mit Vergnügen!

+ ja, *tun* wir *p*!

einverstanden!

abgemacht!

warum nicht?

+ wenn Sie wollen.

+ wenn Sie (auch) Lust haben.

wie Sie wollen.

wenn/wie Sie meinen.

+ das wollte ich auch (gerade) | sagen.
                             | vorschlagen.

meinetwegen (gern)!

von mir aus (gern)!

nach Alternativvorschlägen:

+ *Antwort mit* lieber/lieber nicht
(Wir könnten im ,,Kreuz" essen oder im ,,Ochsen".)
   – Lieber im ,,Kreuz". / Lieber nicht im ,,Ochsen".
   – Ich möchte lieber ins ,,Kreuz".
   – Gehen wir lieber ins ,,Kreuz"!

+ das ist (mir) egal.
      (= Zustimmung zu beiden Varianten bzw.
      zur Wahl des Partners.)
das ist (mir) gleich.

→ ZUSTIMMEN, BEIPFLICHTEN SA 2.5.1
(Wir könnten vielleicht die Ingrid fragen.)
   – Ja, das ist wahr.

vgl. BEWERTUNG SA 2
     VEREINBAREN SA 4.5.2

als Reaktion auf:
raten

+ ja, (das) mache ich.

→ ZUSTIMMEN SA 2.5.1

→ SICH BEDANKEN SA 5.3.2.1

4.5.2 VEREINBAREN

*Frage-Antwort-Sequenz bzw. wechselseitige
Versprechungen:*

+ also (dann) . . .?	+ also (dann) . . .!
+ dann (also) . . .?	+ dann (also) . . .!
. . . abgemacht?	abgemacht (. . .)!
. . . einverstanden?	einverstanden (. . .)!
. . . (geht das) in	(das geht) in
Ordnung?	Ordnung!

+ geht das?	+ (ja) das geht!
+ okay? *(!)*	+ okay!
→ FRAGE	→ ANTWORT
→ AUFFORDERUNG	→ EINWILLIGEN
→ ANBIETEN, ETWAS ZU TUN	→ ANGEBOT ANNEHMEN!
→ VERSPRECHEN	→ VERSPRECHEN

Also dann um fünf? – Gut, um fünf bei dir!
Kann ich das morgen abholen? – Ja, das geht!
Geht es um fünf? – Gut, also um fünf!
Ich warte vor dem Kino. – Also dann bis heute abend!
Dann treffen wir uns also um acht! – Okay, um acht!

4.5.3 ANGEBOTE ANNEHMEN

allgemein

+ (ja/danke) gern!

+ ja danke/vielen Dank!

+ wenn . . . *nach Zustimmungssignal, z. B.*
Ja, wenn noch genug da ist.
Gern, wenn du Zeit hast.

vgl. Ausdrucksmittel für EINWILLIGEN (allgemein
und als Reaktion auf: vorschlagen) SA 4.5.1
SICH BEDANKEN SA 5.3.2.1

*N. B. Ausdrucksmittel für höfliches Ablehnen mit
dem Risiko, beim Wort genommen zu werden,
z. B.*
Das ist aber nicht nötig.
vgl. SA 4.5.5

als Reaktion auf:
nach Wünschen fragen

+ ja bitte!

→ WÜNSCHE ÄUSSERN SA 4.1.6

→ ANTWORT SA 1.3.1 – 1.3.3

als Reaktion auf:
Dinge anbieten

+ *Zustimmungssignal* + | WÜNSCHE ÄUSSERN
SA 4.1.6
AUFFORDERN,
zu geben SA 4.1.1

Ja, ich nehme gern noch ein Glas.
Gern. Gib mir noch etwas von dem da!

+ ja bitte!

warum nicht?

ich sage nicht nein./da kann ich nicht nein sagen.

als Reaktion auf:
anbieten, etwas zu tun
Hilfe anbieten

+ ja bitte!

+ | das ist (sehr) nett (von Ihnen).
| das wäre (sehr) nett (von Ihnen).
(Kann ich dir helfen?) – Gern. Das ist nett.
(Soll ich Sie abholen?) – Ja, das wäre nett.

+ das wäre gut.

+ ich bin froh, wenn Sie *p tun*.
(Soll ich das tragen?) – Ja bitte. Ich bin froh, wenn du
das nimmst.

+ ich wäre froh, wenn Sie *p tun*.
Ja, ich wäre sehr froh, wenn Sie mich abholen.

warum nicht?

ich sage nicht nein./da kann ich nicht nein sagen.

als Reaktion auf: + ich *tue* gern *p*.
einladen
Ja, ich komme gern.
Vielen Dank, ich mache gern mit.

mit Vergnügen!

das freut mich.

+ das ist (sehr) nett (von Ihnen).

das ist sehr liebenswürdig.

vgl. VEREINBAREN SA 4.5.2

4.5.4 SICH WEIGERN

als Reaktion auf: *(Die folgenden Ablehnungssignale werden bei
Aufforderung höflicher Weigerung in der Regel ergänzt oder ersetzt durch Begründungen.)*

+ | nein!
  | nein nein!
(Geh doch mit!) – Nein, ich kommt nicht.
(Geh doch zu Fuß!) – Nein, ich fahre mit dem Wagen.

ach nein!

oh nein!

niemals!

auf keinen Fall!

das kommt nicht in Frage!

+ *Ablehnung des in der Aufforderung genannten
Zeitpunkts, z. B.*
(Kannst du mal kommen?) – Jetzt nicht!
(Machst du das bitte heute?) – Ich mache das lieber
morgen.

mit Ausdruck des Bedauerns:

+ | tut mir leid
  | leider
(Komm doch mit!)
  – Nein, tut mir leid, ich muß weg.
  – Ich muß leider gehen.

+ doch *(nach Aufforderung mit Negation)*
(Fahr nicht hin!) – Doch, ich möchte hinfahren.

ich *tue* aber/doch/trotzdem *p*.
(Ich brauche das unbedingt!)
  – Ich geb's dir trotzdem nicht.
(Nimm lieber den da!)
  – Nein, ich nehme doch den anderen.

das ist mir egal.

→ *Begründung der Weigerung durch Bezug auf
handlungsbezogene Einstellungen und Vorausset-
zungen (auch mit aber) SA 4.6, z. B.*
(Kommen Sie bitte morgen wieder.)
  – Das geht nicht.
(Sollen wir ins Kino gehen?)
  – Ich möchte lieber hierbleiben.
(Du mußt noch einkaufen!)
  – Ich hab aber keine Zeit.
(Geh doch mal ins Museum!)
  – Ich habe keine Lust.

→ *Kritik an der Berechtigung der Aufforderung*
(auch mit doch*), z. B.*
(Gib mir mal den Schlüssel!) – Den hast du!
(Gehen wir ins Museum!) – Das ist doch zu!
vgl. MITTEILUNG SA 1 / BEWERTUNG SA 2

→ *Gegenaufforderung, Gegenvorschlag*
SA 4.1.1/4.1.17
(Bringst du mir mal den Koffer?) – Hol du ihn!
vgl. ANTWORT SA 1.3

4.5.5   ANGEBOTE ABLEHNEN

als Reaktion auf:
nach Wünschen fragen

+ nein danke!
+ (nein) vielen Dank!

vgl. ANTWORT SA 1.3.2 *und* 1.3.3

als Reaktion auf:
Dinge anbieten

+ nein danke!
+ (nein) vielen Dank!
+ nein, bitte nicht!
+ nein, lieber nicht!

+ | nein   + *Begründung*
    danke
    vielen Dank
    bitte nicht
    lieber nicht

(Sie nehmen doch noch ein Glas?) – Nein, bitte
nicht, ich muß fahren.

+ | danke   aber . . .
    vielen Dank
    das ist sehr nett
    ich möchte gern

(Noch eine Tasse?) – Vielen Dank. Ich möchte gern,
aber ich darf nicht soviel Kaffee trinken.

ich möchte (eigentlich) schon, aber . . .

+ (danke *usw.*) ich möchte | nichts / kein *x.*
    nichts mehr.
    nichts trinken   *u. ä.*

zeitlich verschiebend:
z. B. Jetzt nicht!
    Vielleicht später!

nach insistierendem Anbieten:
+ nein (danke/vielen Dank) wirklich nicht!

→ *Begründung der Ablehnung*
(Möchten Sie noch was?) – Nein, ich habe keinen
Hunger mehr.

als Reaktion auf:
anbieten, etwas zu tun
Hilfe anbieten

+ | nein danke! | (+ *Begründung*)
    (nein) vielen Dank!

+ | nein   das ist nicht nötig.
    danke   es geht (so).
    vielen Dank

+ das ist sehr nett, aber . . .

(nein danke) Sie brauchen nicht *p* (zu) *tun.*

→ *Begründung für Ablehnung*
(Soll ich dich abholen?) – Ich nehme ein Taxi.
(Kann ich helfen?) – Nein, das ist nicht schwer.

als Reaktion auf: + vielen Dank, aber . . .
einladen
+ ich würde gern kommen, aber . . .

ich möchte schon, aber . . .

+ das ist sehr nett, aber . . .

+ tut mir leid, aber . . .

+ leider
Ich bin leider nächste Woche nicht da.

4.5.6 ZÖGERN

+ | ich weiß nicht.
| ich weiß (noch) nicht, ob/w-

ich muß mir das überlegen.

+ | ich kann das noch nicht sagen.
| ich kann noch nicht sagen, ob/w-

ich kann/will nichts versprechen.

ich kann mich noch nicht entscheiden.

mal sehen / ich werde mal sehen (ob/w-)

was soll ich sagen?

+ (ja) vielleicht. / ich *tue* vielleicht *p*.

+ das kommt drauf an (ob/w-)
(Nimm doch den!) – Das kommt drauf an, was er
kostet.

→ *Präzisierung/Begründungen erfragen*
(Kann ich das haben?) – Wie lange brauchst du das?
(Gehen wir nach Hause!) – Sind Sie denn müde?

→ *Einwände machen*
(Kommen Sie doch mit!) – Es ist schon spät.

→ *spätere Mitteilung ankündigen*
Ich kann das erst morgen sagen.
Ich rufe noch an.

4.6 AUSDRUCK HANDLUNGSBEZOGENER EINSTELLUNGEN UND VORAUSSETZUNGEN

4.6.1 INTENTION

vgl. WOLLEN AB 6.2.3

4.6.1.1 ABSICHT AUSDRÜCKEN

Vorhaben, Pläne nennen

+ ich *tue p.*
Heute abend gehe ich ins Kino.

+ ich will . . .

ich habe vor . . .

ich habe die Absicht . . .

4.6.1.2 ENTSCHLOSSENHEIT AUSDRÜCKEN

+ ich *tue p.*
Ich komme mit.

+ ich will . . .

ich bin (fest) entschlossen . . .

ich habe | (mich) entschieden . . .
| (mich) entschlossen . . .
| beschlossen . . .

+ ich weiß jetzt, w-
Ich weiß jetzt, was ich mache.
Ich weiß jetzt, mit wem ich fahre.

so, . . .
So, ich geh jetzt!

4.6.1.3 UNENTSCHLOSSENHEIT AUSDRÜCKEN

+ vielleicht *tue* ich *p.*
Ich komme vielleicht (nicht).

ich habe | (mich) noch nicht entschieden . . .
| (mich) noch nicht entschlossen . . .

ich kann mich (noch) nicht entscheiden.

+ ich kann (noch) nicht sagen | ob/w-
ich weiß (noch) nicht |
ich bin (noch) nicht sicher |
Ich weiß noch nicht, wann ich fahre.

soll ich (oder soll ich nicht)?

mal sehen / ich werde mal sehen (ob/w-)

ich | muß | mir das (noch) überlegen.
| will |

4.6.1.4 ABSICHTSLOSIGKEIT AUSDRÜCKEN

+ ich weiß (noch) nicht, w-
Ich weiß noch nicht, was ich heute abend mache.

ich habe (noch) nichts vor.

+ ich habe (noch) keine Pläne (für)
Für morgen haben wir noch keine Pläne.

4.6.1.5 Verzicht ausdrücken

+ ich *tue* (nicht) *p*.
Ich komme nicht mit.
Gut, dann bleibe ich hier.

+ doch *(bei Meinungsänderung)*
Ich komme doch.

4.6.2 MOTIVATION

4.6.2.1 Handlungswunsch ausdrücken

+ ich möchte (nicht) (gern) . . .
Ich möchte noch nicht gehen.
Ich möchte wirklich gern hier bleiben.

+ ich würde gern . . .

+ ich will (nicht) . . .

+ ich habe (keine) Lust . . .
Ich habe keine Lust, schon aufzustehen.

ich hätte Lust . . .

+ ich bin (nicht) dafür (daß)
Ich bin dafür, daß wir aufhören.

vgl. Wunschvorstellungen ausdrücken
SA 2.6.3
Hoffnung ausdrücken SA 3.16
Wünsche äussern SA 4.1.6

4.6.2.2 Präferenz ausdrücken

+ | ich *tue* | lieber (nicht) . . .
| ich möchte | am liebsten . . .
| ich würde |
| ich will |

Ich geh lieber ins Bett.
Ich würde morgen lieber nicht kommen.
Wir kommen gern. Am liebsten heute abend.

ich würde *(usw.)* eher . . .

+ es ist besser (wenn)
Es ist besser, wir gehen.

es wäre besser (wenn)

mir ist es lieber (wenn)

ich ziehe es vor . . .

vgl. Vorliebe ausdrücken SA 2.6.4

4.6.2.3 Handlungszweck ausdrücken

Handlungsziel angeben
Handlungsgrund angeben

+ *Ausdrucksmittel für* begründen SA 2.3.1, *z. B.*
Ich fahre nach Bonn. Ich muß ins Konsulat.
Du mußt mich wecken, weil ich früh weg will.

4.6.3 REALISIERBARKEIT

4.6.3.1 Fähigkeit ausdrücken

+ ich kann . . .
Ich kann das.
Ich kann Auto fahren.

+ ich weiß, wie . . .
Ich weiß, wie das geht.

4.6.3.2 ZUSTÄNDIGKEIT AUSDRÜCKEN

Kompetenz

+ ich kann . . .
Ich kann Ihnen sagen, was Sie machen müssen.

+ ich weiß, w-
Ich weiß, wo das ist.

+ ich kenne *x*.
Ich kenne die Stadt sehr gut.

ich kenne mich aus . . .

ich weiß Bescheid . . .

ich bin zuständig (hier/*dafür*).

ich verstehe etwas *davon*.

4.6.3.3 BEREITSEIN AUSDRÜCKEN

+ ich kann *dann* . . .
Morgen kann ich auch.
Ich kann um fünf kommen.

+ es geht (mir) *dann*.
Am Montag geht's besser.

+ ich habe *(dann)* Zeit.
Nächste Woche habe ich mehr Zeit.

+ ich bin *(dann)* da.
Ja, am Montag bin ich zu Hause.
(Können Sie am Montag?) – Ja, ich bin da.

+ ich bin *(dann)* fertig.
Ich bin fertig, wir können gehen.
Um sieben bin ich bestimmt fertig.

ich bin (dann) soweit.

ich bin (dann) parat.

ich bin (dann) bereit.

Ausdrucksmittel wie oben im Konjunktiv II, z. B.
Ich könnte am Montag.
Ich wäre parat.

4.6.3.4 MACHBARKEIT AUSDRÜCKEN

+ man kann . . .
Das kann man reparieren.
das/*x* läßt sich *machen*.

das/*x* ist zu *machen*.

-bar
Das ist machbar.

+ das geht.

vgl. MÖGLICHKEIT AB 6.3.12
SCHWIERIGKEIT AB 6.3.14
GELINGEN AB 6.3.15

4.6.3.5 NICHT-MACHBARKEIT AUSDRÜCKEN

+ *Ausdrucksmittel wie unter* SA 4.6.3.4 *mit Negation, z. B.*
Das kann man nicht aufmachen.
Das geht nicht.

+ das ist unmöglich.

ich sehe	keine Möglichkeit . . .
es gibt	keine Lösung . . .
	keinen Weg . . .

4.6.3.6 VERHINDERTSEIN AUSDRÜCKEN

+ *Ausdrucksmittel wie unter SA 4.6.3.3 mit Negation, z. B.*
  Am Montag kann ich nie.
  Dann bin ich nicht da.

→ *Hindernisgrund nennen, z. B.*
  Ich kann das nicht machen. Ich habe Besuch.

→ VERPFLICHTUNG AUSDRÜCKEN SA 4.6.4.1, *z. B.*
  Ich muß weg.

4.6.3.7 NICHT-ZUSTÄNDIGKEIT AUSDRÜCKEN

+ *Ausdrucksmittel wie unter SA 4.6.3.2 mit Negation, z. B.*
  Ich kann Ihnen nicht sagen, ob Sie das dürfen.

→ *auffordern, sich an jemand anders zu wenden, z. B.*
  Da müssen Sie den Mann da fragen.

4.6.3.8 UNFÄHIGKEIT AUSDRÜCKEN

+ ich kann nicht . . .
  Ich kann das nicht aufmachen.
  Ich kann das nicht.

+ ich weiß nicht, wie . . .
  Ich weiß nicht, wie man das macht.

  ich bin nicht in der Lage . . .

4.6.4 VERPFLICHTUNG

4.6.4.1 AUF VERPFLICHTUNG HINWEISEN

auf Gebote hinweisen
auf Normen hinweisen

+ müssen (man/ich/wir/Sie)
  Man muß sich anmelden.
  Ich muß morgen wieder arbeiten.
  Tom, wir müssen um sieben zu Hause sein.
  Er hat gesagt, Sie müssen vorher anrufen.

+ *etwas* brauchen (man/ich/wir/Sie)
  Man braucht so eine rote Karte.

+ sollen (ich/wir/Sie) *(Wiedergabe von Aufforderungen)*
  Der Azt hat gesagt, ich soll im Bett bleiben.

  man *tut p. (als gesellschaftliche Regel)*
  Man bringt ein Geschenk mit.

+ auf jeden Fall
  Du mußt auf jeden Fall anrufen.

  unbedingt

  zu *tun* haben

zu *tun* sein

obligatorisch
Winterreifen obligatorisch

-pflichtig, *z. B.*
zollpflichtig, gebührenpflichtig

verpflichtet sein, *p* zu *tun*.
Ausländer sind verpflichtet, sich auf dem Ausländer-
amt zu melden.

Vorschrift
Das ist Vorschrift.

→ *Hinweis auf gegebenes Versprechen, z. B.*
Ich habe ihr gesagt, ich bin um zwei wieder zurück.
Du hast gesagt, daß du sie abholst.
vgl. Äusserungen wiedergeben SA 1.1.9

vgl. gebieten SA 4.1.10
Notwendigkeit AB 6.3.11

4.6.4.2 auf Verbote hinweisen

auf Tabus hinweisen

+ nicht dürfen (man/ich/wir/Sie)
Im Museum darf man nicht fotografieren.
Sie dürfen hier nicht rein.
Er hat gesagt, daß ich das nicht darf.

+ nicht können (man/ich/wir/Sie)
Ich kann hier nicht parken.
Du kannst hier nicht rauchen.

+ nicht sollen (man/ich/wir/Sie)
(bei Wiedergabe von Aufforderungen)
Der Arzt hat gesagt, ich soll nicht rauchen.

man *tut* nicht *p*. *(als gesellschaftliche Regel)*
Man sagt nicht ,,Scheiße".

das tut man nicht!

+ das geht nicht.
Ich kann hier nicht parken. Das geht nicht.

+ auf keinen Fall
Sie dürfen das auf keinen Fall sagen.

keinesfalls

kein Recht haben

+ das ist verboten.

untersagt

nicht gestattet

nicht erlaubt

streng/strengstens │ verboten
                    │ untersagt

Verbot

→ *Hinweis auf Aufschriften und Verbotsschilder,*
z. B.
Da steht ,,Einbahnstraße".
Haben Sie das Schild nicht gesehen!

vgl. verbieten SA 4.1.10
Erlaubnis verweigern SA 4.2.3
Dispens verweigern SA 4.2.4

4.6.4.3 AUF ERLAUBTHEIT HINWEISEN

auf Nicht-Verpflichtung hinweisen	+	nicht müssen	(man/ich/wir/Sie)
auf Berechtigung hinweisen		*etwas* nicht brauchen	
		nicht (zu) *tun* brauchen	
		können	
		dürfen	

Man kann das machen, wie man will.
Sie brauchen kein Visum.
Sie hat gesagt, ich brauche nicht zu warten.
Wir können gehen.
Da darf man parken.

das Recht haben

Bewilligung
Sie brauchen keine Bewilligung.

Genehmigung
Ich habe eine Aufenthaltsgenehmigung.

Erlaubnis

Ausdrücke für Gebot/Verbot negiert, z. B.
Das ist nicht obligatorisch.
Das ist erlaubt.

vgl. ERLAUBEN SA 4.2.1
       DISPENSIEREN SA 4.2.2

4.7 FRAGE NACH HANDLUNGSBEZOGENEN EINSTELLUNGEN UND VORAUSSETZUNGEN

4.7.1 INTENTION

4.7.1.1 NACH ABSICHT FRAGEN

+ | *tun* Sie (nicht) *p*?
   | wollen Sie (nicht) . . . ?
   | *auch in anderen Ausdrucksformen für*
   | FRAGE SA 1.2.1

Was machen Sie heute abend?
Wann fahren Sie weiter?
Fahren Sie nicht mit?
Willst du mitkommen oder nicht?

| haben Sie | (schon) etwas | vor? |
| | (noch) nichts | |

haben Sie (nicht) vor . . . ?

was haben Sie vor?

| haben Sie | schon | Pläne (für) . . . ? |
| | noch keine | |

haben Sie (nicht) die Absicht . . . ?

4.7.1.2 NACH ENTSCHLOSSENHEIT FRAGEN

+ | *tun* Sie (jetzt) (nicht) *p*?
   | wollen Sie (jetzt) (nicht) . . . ?
   Bleibst du jetzt hier oder nicht?

+ wissen Sie | jetzt | ob
             | noch nicht | w-
   Wissen Sie jetzt, wohin Sie fahren wollen?

+ können Sie (mir) | jetzt | sagen, | ob
                    | noch nicht | | w-

vgl. SA 4.6.1.2 *und* 4.6.1.3, *z. B.*
Haben Sie sich jetzt entschieden?

4.7.2 MOTIVATION

4.7.2.1 NACH HANDLUNGSWUNSCH FRAGEN

+ | möchten Sie (nicht) (gern) . . . ?
   | würden Sie (nicht) gern . . . ?
   | wollen Sie (nicht) . . . ?
   | haben Sie (keine) Lust . . . ?
   | *auch in anderen Ausdrucksformen*
   | *für* FRAGE SA 1.2
   Wann möchten Sie fahren?
   Was möchten Sie machen?
   Haben Sie keine Lust, die Stadt zu sehen?

   vgl. NACH WÜNSCHEN FRAGEN SA 4.4.1

4.7.2.2 NACH PRÄFERENZ FRAGEN

+ | *tun* | Sie lieber (nicht) . . . ?
   | möchten |
   | würden |
   | wollen |
   | *auch in anderen Ausdrucksformen*
   | *für* FRAGE SA 1.2
   Würden Sie lieber nicht mitkommen?
   Willst du bei mir essen, oder lieber in der Stadt?
   Gehst du mit? Oder bleibst du lieber hier?

+ | möchten | Sie . . . oder . . . ?
   | wollen |
   Möchten Sie hier essen oder in der Stadt?

+ am liebsten *(in w-Fragen)*
   Wohin möchten Sie am liebsten?

   was ziehen Sie vor?

   vgl. PRÄFERENZ AUSDRÜCKEN SA 4.6.2.2
   VORSCHLAGEN SA 4.1.17

4.7.2.3 NACH HANDLUNGSZWECK FRAGEN

nach Handlungsziel fragen   + | warum
nach Handlungsgrund fragen | wieso
                                   Warum fährst du nach links?
                                   Ich verstehe nicht, wieso du dahin fährst.

                                   weshalb

                                   weswegen

+ | für was
  | wofür
  Für was brauchst du das?

  wozu

+ | wollen Sie . . . ?
  | möchten Sie . . . ?
  (Ich geh in die Stadt.) – Willst du einkaufen?

  vgl. INFORMATIONEN ERFRAGEN SA 1.2.1, *z. B.*
  (Ich geh in die Stadt.) – Gehst du einkaufen?

  KAUSALITÄT AB 7.11 *und* 7.12, *z. B.*
  Warum gehst du dahin? Weil du den Markus sehen willst?

  ZWECK AB 7.13, *z. B.*
  Warum liest du das? Ist das für die Prüfung?

4.7.3 REALISIERBARKEIT

4.7.3.1 NACH FÄHIGKEIT FRAGEN

+ können Sie . . . ?
  Können Sie schwimmen?

+ wissen Sie, wie . . . ?
  Wissen Sie, wie man das macht?

  sind Sie in der Lage . . . ?

4.7.3.2 NACH ZUSTÄNDIGKEIT FRAGEN

nach Kompetenz fragen

+ können Sie . . . ?
  Können Sie mir sagen, wen ich fragen muß?
  Können Sie mir einen Ausweis geben?

  dürfen Sie . . . ?
  Dürfen Sie mir den Schlüssel geben?

+ wissen Sie, ob/w- ?
  Wissen Sie, ob man sich anmelden muß?

+ kennen Sie *x*?
  Kennen Sie die Stadt gut?

  vgl. SA 4.6.3.2, *z. B.*
  Kennen Sie sich hier aus?
  Wer ist da zuständig?

4.7.3.3 NACH BEREITSEIN FRAGEN

+ können Sie *dann* (nicht) . . . ?
  Können Sie am Montag (kommen)?
  Können Sie nicht kommen?

+ können wir *dann p tun*?
  Können wir das am Montag machen?

+ geht es (Ihnen) *dann* (nicht)?
  Und am Montag? Geht das nicht?
  Geht's auch am Sonntag?

+ haben Sie *dann* (keine) Zeit?

+ sind Sie *dann* (nicht) da?

+ sind Sie *dann* (noch nicht) fertig?
  Bist du um vier fertig?

+ wann-*Fragen, z. B.*
Wann haben Sie Zeit?

vgl. SA 4.6.3.3, *z. B.*
Hättest du am Montag Zeit?
Wann wärst du parat?

4.7.3.4 NACH MACHBARKEIT FRAGEN

+ | kann man (nicht) . . . ?
| können Sie (nicht) . . . ?
Kann man das zumachen?
Können Sie das nicht reparieren?

+ . . . geht das (nicht)?
Ich möchte über Rom zurückfliegen. Geht das?

+ . . . ist das (nicht) möglich?

vgl. SA 4.6.3.4 *und* 4.6.3.5

4.7.4 VERPFLICHTUNG

4.7.4.1 NACH VERPFLICHTUNG FRAGEN

+ | müssen | *in Ausdrucksfor-*
| sollen | *men für* FRAGE SA 1.2
| *etwas* brauchen |
Muß man sich anmelden?
Was müssen Sie morgen machen?
Was hat er gesagt? Soll ich auch kommen?
Braucht man kein Visum?

vgl. SA 4.6.4.1

4.7.4.2 NACH ERLAUBTHEIT FRAGEN

+ | dürfen | *in Ausdrucksformen für*
| können | FRAGE SA 1.2
Darfst du mitfahren?
Kann man hier nicht parken?

+ . . . geht das (nicht)?
Wir möchten da fotografieren. Geht das?

+ . . . ist das (nicht) verboten?

vgl. SA 4.6.4.2 *und* 4.6.4.3, *z. B.*
Ist das erlaubt?

UM ERLAUBNIS BITTEN SA 4.3.1
UM DISPENS BITTEN SA 4.3.2

5 SOZIALE KONVENTIONEN

5.1 KONTAKTAUFNAHME

5.1.1.1 JEMANDEN BEGRÜSSEN

+	guten Tag!	Ø
+	guten Morgen!	Herr/Frau/Fräulein
+	guten Abend!	+ *Nachname*
		Herr/Frau/Fräulein
		+ *Titel (+ Nachname)*
		Vorname

Verkürzungen:
z. B. Tag, Morgen
hallo!

regionale Varianten, Varianten bei Vertrautheit:
z. B. Grüß Gott! Servus!
formelle Begrüßungen:
(herzlich) willkommen . . .

ich begrüße Sie . . .

5.1.1.2 ZURÜCKGRÜSSEN

+ guten Tag *usw. wie* SA 5.1.1.1

bei Bekanntheit mögliche Fortsetzung:
NACH DEM BEFINDEN FRAGEN SA 5.1.2.1

5.1.2.1 NACH DEM BEFINDEN FRAGEN

+ wie geht es Ihnen?
+ wie geht's?

5.1.2.2 AUF FRAGE NACH DEM BEFINDEN REAGIEREN

+	danke gut.	(und Ihnen?)
	(danke), es geht.	

+ nicht gut./nicht so gut./gar nicht gut.
mögliche Weiterführung:
+ (und) wie geht's Ihrer Frau/dem Urs/zu Hause?

was macht Ihre Frau / Rainer?

5.1.3.1 SICH VORSTELLEN

+ *Nennung des Namens*
+ ich heiße + *Name*
mein Name ist + *Name*
+ ich bin *x*.
Ich bin der Freund von Françoise.

5.1.3.2 JEMANDEN VORSTELLEN

+ das (hier) ist | Herr/Frau/Fräulein + *Nachname*
Herr/Frau/Fräulein + *Titel* + *Nachname*
Vorname
meine Frau/mein Mann/mein Freund

+ kennen Sie *x* (schon)?

ich möchte Ihnen *x* vorstellen.

darf ich vorstellen: . . .

darf ich (Sie) bekanntmachen: . . .

5.1.3.3 REAGIEREN, WENN SICH JEMAND VORSTELLT ODER VORGESTELLT WIRD

→ BEGRÜSSEN SA 5.1.1.1
Guten Tag! *usw.*

angenehm!

freut mich.

(es) freut mich, Sie kennenzulernen.

5.1.4.1 JEMANDEN ANSPRECHEN

+ Entschuldigung, . . .

+ entschuldigen Sie (bitte), . . .
Entschuldigen Sie, wie komme ich zum Bahnhof?
Verzeihung, . . .

+ bitte, . . .
Bitte. Ist hier noch frei?

+ hallo! *(aus Entfernung)*

heh!

du, . . .
Du, gehört das dir?

Sie, . . .

wenn Name (oder Titel) bekannt ist:

+ | *Vorname*
Herr/Frau/Fräulein | + *Nachname*
+ *Titel* (+ *Nachname*)

5.1.4.2 REAGIEREN, WENN MAN ANGESPROCHEN WIRD

+ ja, (bitte)?

+ bitte?

was ist?

was gibt's?

5.1.5.1 UM ERLAUBNIS BITTEN EINZUTRETEN

+ darf/kann ich (reinkommen?)

+ störe ich?

5.1.5.2 JEMANDEN HEREINBITTEN

+ herein! *(auf Klopfen)*

+ ja! *(INT)*

+ kommen Sie (bitte) (rein)!

kommen Sie ruhig/nur!

mögliche Fortsetzung:

+ (kommen Sie), setzen Sie sich!

nehmen Sie (doch/bitte) Platz!

vgl. ERMUNTERN SA 4.1.16

5.1.6.1 SICH ALS ANRUFENDER AM TELEFON VORSTELLEN

+ hier ist + *Name* | *vor oder nach*
hier + *Name* | BEGRÜSSEN SA 5.1.1.1
Guten Tag, hier ist Daniel Berg.
Hier ist Berg, guten Abend.

5.1.6.2 SICH ALS ANGERUFENER AM TELEFON MELDEN

+ *Nennung des Namens* (+ BEGRÜSSEN SA 5.1.1.1)

+ ja, (bitte)?

+ hallo! *(bei Störung; verschiedene Intonation)*

5.1.7 ANREDE IN BRIEFEN

+ Liebe(r) | *Vorname,*
| Herr/Frau/Familie + *Nachname,*

+ Sehr geehrte(r) | Herr/Frau + *Nachname,*
| Herr/Frau + *Titel* (+ *Nachname*),

+ Sehr geehrte Damen und Herren, *(bei nicht bekannten Adressaten)*

5.2 KONTAKTBEENDIGUNG

5.2.1.1 SICH VERABSCHIEDEN

+ auf Wiedersehen! | Ø
| Herr/Frau/Fräulein
| + *Nachname*
| Herr/Frau/Fräulein
| + *Titel* (+ *Nachname*)
| *Vorname*

+ gute Nacht! *(am späten Abend vor dem Schlafengehen)*

*regionale Varianten, Varianten bei Vertrautheit:
z. B.* Tschüs! Servus! Tschau! Ade!

gegebenenfalls möglich als Anschluß oder statt
Auf Wiedersehen! *usw.:*

+ bis | bald!
| dann!
| morgen!
| Montag!
| *usw.*

5.2.1.2 ABSCHIEDSGRUSS ERWIDERN

+ (ja) auf Wiedersehen! *usw. wie* SA 5.2.1.1

5.2.2.1 JEMANDEM GRÜSSE AUFTRAGEN

+ viele Grüße an Ihre Frau/Ihren Mann *usw.*

einen (schönen) Gruß an Ihre Frau/Ihren Mann *usw.*

grüßen Sie . . . (von mir)!

5.2.2.2 VERSPRECHEN, GRÜSSE AUSZURICHTEN

+ ja, (das) mach ich (gern).

→ SICH BEDANKEN SA 5.3.2.1

vgl. VERSPRECHEN SA 4.4.6
EINWILLIGEN SA 4.5.1

5.2.3.1 SICH AM TELEFON VERABSCHIEDEN

+ auf Wiedersehen! *usw. wie* SA 5.2.1.1

auf Wiederhören!

5.2.3.2 ABSCHIEDSGRUSS AM TELEFON ERWIDERN

Ausdrücke wie SA 5.2.3.1

5.2.4 SCHLUSS-, GRUSSFORMELN IN BRIEFEN

+ mit freundlichen Grüßen + (Ihr/Dein) *Name*

+ viele Grüße + (Ihr/Dein) *Name*

5.3 STABILISIERUNG VON KONTAKTEN

5.3.1.1 SICH ENTSCHULDIGEN

+ (oh) Entschuldigung!

+ (oh) entschuldigen Sie bitte!

Verzeihung!

vgl. SA 2.3.3

5.3.1.2 AUF ENTSCHULDIGUNGEN REAGIEREN

+ bitte!

bitte bitte!

+ (das) macht nichts.

schon gut.

vgl. BAGATELLISIEREN, VERZEIHEN SA 2.2.4

5.3.2.1 SICH BEDANKEN

+ danke!

danke sehr!

+ danke schön!

+ vielen Dank (für)

herzlichen Dank!

besten Dank!

schönen Dank (auch)!

vgl. DANKEND ANERKENNEN SA 2.2.3

5.3.2.2 AUF DANK REAGIEREN

+ bitte!

+ bitteschön!

aber bitte!

gern geschehen!

keine Ursache!

nichts zu danken!

das ist doch selbstverständlich.

5.3.3.1 KOMPLIMENTE MACHEN

→ LOBEN, POSITIV BEWERTEN SA 2.2.1, z. *B.*
Mhm, das schmeckt gut.
Das Kleid ist sehr hübsch.
Es ist gemütlich hier.

5.3.3.2 AUF KOMPLIMENTE REAGIEREN

+ danke!

+ das freut mich.

+ *floskelhaftes Fragen: z. B.*
(Das Kleid ist sehr schön). – Ja? Gefällt's dir? (Das freut mich.)

5.3.4.1 GRATULIEREN

+ herzlichen Glückwunsch (zum Geburtstag/ Examen . . .)

+ alles Gute (zum Geburtstag . . .)

ich gratuliere Ihnen (zu) . . .

gratuliere!

5.3.4.2 AUF GRATULATION REAGIEREN

→ SICH BEDANKEN SA 5.3.2.1

5.3.5.1 KONDOLIEREN

+ mein (herzliches) Beileid.

vgl. MITGEFÜHL AUSDRÜCKEN SA 3.2

5.3.5.2 AUF KONDOLATION REAGIEREN

→ SICH BEDANKEN SA 5.3.2.1

5.3.6.1 GUTE WÜNSCHE AUSSPRECHEN

beim Beginn des Essens:

+ guten Appetit!

Mahlzeit!

bei Krankheit:

+ gute Besserung!

beim Abschied je nach Lage:

gute Reise/Fahrt!

+ alles Gute!

mach's gut!

ich wünsche Ihnen alles Gute!

viel Glück!

viel Vergnügen!

+ viel Spaß!

+ schöne Ferien!

zu Festtagen:

schöne Feiertage!

frohes Fest!

+ frohe Weihnachten / Ostern!

+ (ein) gutes neues Jahr!

+ ich wünsche Ihnen . . . *(z. B. schriftlich)*

5.3.6.2 AUF GUTE WÜNSCHE REAGIEREN

→ SICH BEDANKEN SA 5.3.2.1

gegebenenfalls:

+ danke gleichfalls!

+ Ihnen auch!

5.3.7.1 JEMANDEM ZUTRINKEN

+ zum Wohl!

auf Ihr Wohl!

prost!

5.3.7.2 AUF ZUTRUNK REAGIEREN

+ (ja), zum Wohl! *usw. wie* SA 5.3.7.1

6 REDEORGANISATION UND VERSTÄNDIGUNGSSICHERUNG

vgl. FREMDSPRACHE SB 12

6.1 WECHSELREDE

6.1.1 UMS WORT BITTEN

+ ich möchte etwas sagen/fragen.
Ich möchte gern was sagen.
Ich möchte noch etwas fragen.

+ | kann | ich etwas | sagen | ?
  | darf | | fragen |

+ ich habe eine Frage.

| ich möchte | (Ihnen) eine Frage stellen.
| dürfte ich |
| *usw.* |

6.1.2 JEMANDEN UNTERBRECHEN

+ bitte, . . .
Bitte, Sie sprechen zu schnell.

+ Entschuldigung . . .
Entschuldigung, ich glaube, das war 1968.

+ (einen) Moment . . .
Moment, Sie haben gesagt ,links'?

entschuldigen Sie, wenn ich Sie unterbreche.

+ nein (nein) . . .
Nein, nein, das glaub ich nicht.

+ aber . . .
Aber Sie haben doch gesagt . . .

+ ja aber . . .

+ | gut | aber . . .
  | natürlich |
  | *usw.* |

→ WIDERSPRECHEN SA 2.5.2, *z. B.*
Das stimmt nicht.

→ KORRIGIEREN SA 2.5.3

→ EINWENDEN SA 2.5.5

vgl. JEMANDEN ANSPRECHEN SA 5.1.4.1

6.1.3 ANZEIGEN, DASS MAN WEITERSPRECHEN WILL

+ (einen) Moment (bitte) . . .
Einen Moment, ich möchte nur noch sagen . . .

einen Augenblick . . .

+ ich möchte (nur) noch sagen/fragen . . .
Ich möchte noch etwas sagen.
Ich möchte nur noch sagen, daß . . .

+ | kann | ich noch etwas sagen/fragen?
  | darf |

ich bin | noch nicht | fertig.
        | gleich |

→ *nächste* ÄUSSERUNG EINLEITEN SA 6.3.1

6.1.4   AUFMERKSAMKEIT DES HÖRERS SUCHEN

(ohne die Sprecherrolle   + | . . . ja . . .
aufzugeben) | . . . nicht . . . *(oft als* nich /ne)

(Sprechersignale)   Sie kommen doch auch mit, ja? Dann können wir . . .
Ich fahre also zuerst rechts ja und dann links ne und . . .

. . . nicht wahr . . .

. . . oder . . . ?

. . . oder nicht . . . ?

regionale/sprecherspezifische Varianten, z. B.:
gell, woll, was, wa, net *u. ä.*

. . . verstehen Sie? . . .

. . . Sie verstehen . . .

. . . wissen Sie? . . .
Wir haben viele Arbeitslose, wissen Sie, es geht nicht allen
so gut.

6.1.5   DAS WORT ÜBERLASSEN, ÜBERGEBEN

+   ja, (. . .) *(verschiedene Intonation)*
Ja, (was meinen Sie)?
Ja, Peter.

+   ja bitte
Ja bitte, du wolltest was sagen.
Ja bitte. *(mit Geste).*

nach Ihnen!

nein, Sie (zuerst)!

(nein)	sagen	Sie	zuerst	(was . . .)
	erzählen		ruhig	
	fragen		nur	

Sie sind dran. *(z. B. in Geschäften)*

Sie sind an der Reihe.

6.1.6   ZUM SPRECHEN AUFFORDERN

+   *Anrede*
(Ja), Peter.
Und Sie, Herr Kurz?

+   sagen/fragen/erzählen/erklären
in Ausdrucksformen für AUFFORDERUNG SA 4.1
Sag doch auch etwas!
Erzähl mal!
Warum fragst du nichts?

Sie sagen gar nichts.

Sie haben noch nichts gesagt.

Was sagen Sie?

Was würden Sie (denn) sagen?

→ FRAGE SA 1.2

→ BITTE UM STELLUNGNAHME SA 2.4, *z. B.*
Was meinen Sie?

→ KONSULTATION SA 4.3

6.1.7   ZUR KENNTNIS NEHMEN

Zuhören signalisieren
(Hörersignale)

+ hm (hm) / ehä *u. ä.*

+ ja / ja ja

+ nein / nein nein

   ach ja / ach nein

+ | aha!
   | ach so!

kommentierende Bestätigungsfloskeln:

+ (ja) gut.

+ ich weiß.

+ natürlich/klar/sicher

+ das ist wahr/klar *u. ä.*

+ (ja) stimmt.

   genau!

   eben!

   freilich!

   allerdings!

+ (das) glaub ich (auch)./(das) finde ich auch.

+ ach!

   ja was?!

+ schrecklich!

+ (das ist) prima/schön/interessant *u. ä.*

   Klasse! *u. ä.*

   (das ist ja) unglaublich!

vgl. LOBEN, POSITIV BEWERTEN SA 2.2.1
     ZUSTIMMEN, BEIPFLICHTEN SA 2.5.1
     GEFÜHLSAUSDRUCK SA 3

*kurze floskelhafte Zwischenfragen, die nicht das
Ziel haben, den Sprecher zu unterbrechen:*

+ ja? / ist das wahr? / wirklich?

+ glauben Sie? / finden Sie? / meinen Sie?

*N. B. Bei den Hörersignalen oder an ihrer Stelle
können auch Wiederholungen von Äußerungsteilen des Sprechers stehen.*

6.1.8   ZUM SCHWEIGEN AUFFORDERN

+ pst! / st!

   Ruhe bitte!

+ | still sein | *in Ausdrucksformen*
   | nicht laut sein/sprechen | *für* AUFFORDERUNG
   | leise sein/sprechen
   Still!
   Nicht so laut!
   Sprechen Sie bitte leiser!

6.2   VERSTÄNDIGUNGSSICHERUNG

6.2.1   RÜCKFRAGEN

+ *Wiederaufnahme von Vorerwähntem mit Frageintonation*
  Am Dienstag?
  Wann kommt er? Am Dienstag?

+ *w-Fragen mit betontem w-Wort*
  Wó ist das?
  Wánn (ist das)?
  Von wém (hast du das)?

+ | haben Sie | gesagt . . . ?
  | Sie haben |
  | was haben Sie gesagt? . . .
  Haben Sie gesagt am Montag?
  Was haben Sie gesagt? Um acht?

  vgl. UM WIEDERHOLUNG BITTEN SA 6.2.2
  SICH VERGEWISSERN SA 1.2.2
  UM EXPLIZIERUNG, KOMMENTIERUNG BITTEN
  SA 6.2.6

6.2.2   UM WIEDERHOLUNG BITTEN

+ bitte?

+ wie bitte?

  was?

+ | Entschuldigung . . .
  | entschuldigen Sie (bitte) . . .
  Entschuldigen Sie bitte, was haben Sie gesagt?
  Entschuldigen Sie, wo ist das?
  Entschuldigung, ich habe nicht alles verstanden.
  Entschuldige, ich verstehe dich nicht.

  Verzeihung . . .
  Verzeihung, ich habe nicht zugehört.

  ich habe nicht zugehört.

+ was haben Sie gesagt/gefragt?

  wie war das / *x*?
  Wie war die Adresse?

+ | können | Sie das/*x* (bitte) | nochmal sagen | ?
  | könnten | | wiederholen |
  Können Sie die Nummer nochmal sagen?

  vgl. RÜCKFRAGEN SA 6.2.1
  BITTEN ZU BUCHSTABIEREN SA 6.2.3
  NICHT-VERSTEHEN SIGNALISIEREN SA 6.2.4

6.2.3   BITTEN ZU BUCHSTABIEREN

+ | können | Sie das/*x* (bitte) buchstabieren?
  | könnten |
  Können Sie den Namen buchstabieren?

+ | wie schreibt man das/ *x*?
  | wie schreibt man das Wort?
  | schreibt man das *so*?
  vgl. BUCHSTABIEREN SA 6.2.7, *z. B.*
  Schreibt man das mit e: oder ä: ?

6.2.4   NICHT-VERSTEHEN SIGNALISIEREN

+ bitte?
Bitte (was haben Sie gesagt)?

+ wie bitte?

was?

+ ich verstehe Sie/*x* nicht (ganz/gut).

+ ich habe | Sie | nicht (ganz/gut) verstanden.
          | das/*x* |

Ich habe den Namen nicht verstanden.
Ich hab nicht verstanden, was Sie gesagt haben.
Ich habe nicht alles verstanden.

+ | können | Sie | langsam | spre-
  | könnten | (bitte) | (etwas) langsamer | chen?
  | | | (etwas) lauter |

+ Sie sprechen | sehr | schnell.
               | so | leise.
               | zu |

+ (bitte) | langsam!
          | (etwas) langsamer!
          | nicht so schnell!

z. B. am Telefon auch:

+ ich höre Sie nicht (gut/mehr).

+ ich kann Sie nicht (gut) verstehen.

+ | ich verstehe | Sie nicht gut.
  | man versteht | Sie schlecht.

+ hallo! *(bei starker Störung/Unterbrechung)*

vgl. RÜCKFRAGEN SA 6.2.1
UM WIEDERHOLUNG BITTEN SA 6.2.2
UM EXPLIZIERUNG, KOMMENTIERUNG BITTEN
SA 6.2.6
HÖRBARKEIT, GERÄUSCH AB 6.1.8

6.2.5   UM SPRACHLICHE ERKLÄRUNGEN ZU ÄUSSERUNGEN BITTEN

um Erläuterung bitten
um Übersetzung bitten

+ was | heißt . . . ?
      | bedeutet . . . ?

Was heißt ,,Protokoll"?
,,Umgehend benachrichtigen", was heißt das?

+ was ist . . . ?
(Hast du einen Korkenzieher?)
    – Was ist das?
    – (Ein) Korkenzieher? Was ist das?

+ | können | Sie mir | sagen | was . . . ?
  | könnten | | erklären |

um Übersetzung bitten:

+ was heißt . . . auf *Einzelsprache*?
Was heißt ,,Rippenstück" auf englisch?

+ was/wie heißt das auf *Einzelsprache*?
Wie heißt das auf französisch?

$+$ können | Sie das übersetzen?
könnten

> *vgl.* Nɪᴄʜᴛ-Vᴇʀsᴛᴇʜᴇɴ sɪɢɴᴀʟɪsɪᴇʀᴇɴ SA 6.2.4
> ᴜᴍ Aᴜsᴅʀᴜᴄᴋsʜɪʟғᴇ ʙɪᴛᴛᴇɴ SA 6.3.3
> Nɪᴄʜᴛᴡɪssᴇɴ ᴀᴜsᴅʀüᴄᴋᴇɴ SA 1.4.6

6.2.6 ᴜᴍ Exᴘʟɪᴢɪᴇʀᴜɴɢ, Kᴏᴍᴍᴇɴᴛɪᴇʀᴜɴɢ ʙɪᴛᴛᴇɴ

$+$ wie meinen Sie das?

was meinen Sie damit?

$+$ Sie meinen . . . / meinen Sie . . . ?
Sie meinen das Café am Bahnhof?
Sie meinen, daß ich früher kommen muß?

$+$ was heißt das?

$+$ | können | Sie das (noch etwas) erklären?
| könnten |

was wollen Sie (damit) sagen?

$+$ habe ich Sie/das richtig verstanden?
Habe ich Sie richtig verstanden, Sie kommen am zweiten?

$+$ | ich verstehe nicht (ganz) | was Sie meinen.
| ich habe nicht verstanden | wie Sie das meinen.
| ich weiß nicht | was Sie sagen wollen.

$\rightarrow$ Fʀᴀɢᴇ SA 1.2 / Bɪᴛᴛᴇ ᴜᴍ Sᴛᴇʟʟᴜɴɢɴᴀʜᴍᴇ SA 2.4
Was soll ich machen?
Warum meinen Sie?

> *vgl.* ʀüᴄᴋғʀᴀɢᴇɴ SA 6.2.1
> ᴜᴍ Wɪᴇᴅᴇʀʜᴏʟᴜɴɢ ʙɪᴛᴛᴇɴ SA 6.2.2

6.2.7 ʙᴜᴄʜsᴛᴀʙɪᴇʀᴇɴ

diktieren

Buchstabierform des Alphabets:

$+$ a:, be:, tse: *usw.*
Doppellaute: zwei a:/be: *usw.*

$+$ mit . . .
Das schreibt man mit zwei te:

$+$ wie . . .
pe: wie ,,Peter".

Umlaut

$+$ groß(es)/klein(es) a:, be: *usw.*

$+$ Punkt

$+$ Komma

Bindestrich

Doppelpunkt

Fragezeichen

Ausrufezeichen

Klammer

6.2.8   Verstehen signalisieren

+ (ja) ich verstehe | Sie (gut).
                     | das.
                     | (fast) alles.

+ (ja) ich habe | Sie | verstanden.
                  | *usw.* |

Hörersignale:
vgl. zur Kenntnis nehmen SA 6.1.7

am Telefon auch:

+ (ja) ich höre Sie gut.

+ (ja) | ich verstehe Sie gut.
          | man versteht Sie gut.

+ (ja) ich/man kann Sie gut verstehen.

6.2.9   Kontrollieren, ob man akustisch verstanden wird

+ verstehen Sie mich (gut)?

+ können Sie mich (gut) verstehen?

am Telefon auch:

+ hören Sie mich (noch)?

+ können Sie mich (noch) hören?

sind Sie noch da?

+ hallo? *(bei Störung/Unterbrechung)*

6.2.10   Kontrollieren, ob Inhalt/Zweck eigener Äusserungen verstanden werden

+ verstehen Sie (mich)?

+ | verstehen Sie | was ich meine?
   | Sie verstehen | was ich sagen will?
                 | was ich sagen möchte?

6.2.11   Eigene Äusserungen explizieren, kommentieren

+ ich meine . . .
Ich meine etwas anderes: . . .
Nein, ich meine die Zeit nach dem Krieg.
(Was wollen Sie damit sagen?) – Also ich meine, die
Konservativen sind zu stark.

+ ich wollte sagen . . .

+ ich möchte sagen . . .
Ja, ich möchte sagen: Ich finde es nicht gut, wenn . . .

ich meine damit . . .

ich wollte/möchte damit sagen . . .

+ das heißt . . .

oder besser/genauer . . .

anders/besser gesagt . . .

mit anderen Worten . . .

6.3 REDESTRUKTURIERUNG

6.3.1 ÄUSSERUNG EINLEITEN

(Eröffnungssignale)

+ hm, . . .
  Hm, ich glaube, ich komme auch.
+ ja, . . .
  Ja, das war so: . . .
+ also, . . .
  Ja also, zuerst gehen Sie geradeaus und dann . . .

  nun, . . .
  Nun, ich würde sagen: . . .
+ | und . . .
  | und dann . . .
+ (ja) aber . . .
+ | ich meine . . .
  | ich glaube . . .
  | ich finde . . .
  Also ich glaube, ich gehe jetzt.

  ich würde sagen . . .

  wissen Sie . . .

  sehen Sie . . .

  Sie, . . .

  du, . . .
  Du, ich glaube, du hast recht gehabt.
+ (ja/also) das | ist | so: . . .
             | war |

  die Sache ist die/so: . . .

  vgl. KONSENS/DISSENS SA 2.5
      JEMANDEN ANSPRECHEN SA 5.1.4.1

6.3.2 ZÖGERN, NACH WORTEN SUCHEN

+ . . . äh . . . / . . . ehm . . . *u. ä.*
+ . . . (einen) Moment . . .
  Das war in – Moment – in Tentlingen.
  Haben die Sozialisten ge- . . . Moment, wie sagt man?
  – gewonnen?

  . . . (einen) Augenblick . . .
+ . . . warten Sie! . . .
+ wie sagt man (das/auf deutsch)?

  wie sagt man schon/noch?
+ ich weiß nicht (mehr), | wie das heißt.
                  | wie man sagt.
+ wie heißt das?
+ wie heißt das Ding?
+ ich habe das Wort/den Namen *usw.* vergessen.

  mir fällt das Wort/der Name *usw.* nicht ein.

  ich finde das (richtige) Wort nicht.

Zwischenfragen im Präteritum, z. B.:
Ich habe den – wie hieß der noch? – getroffen.
Wir haben mal – wann war das noch? – einen Film von
ihm gesehen.

vgl. UMSCHREIBEN SA 6.3.5

6.3.3 UM AUSDRUCKSHILFE BITTEN

+ was ist das (auf deutsch)?
Ich möchte einen ,,pencil"? Was ist das auf deutsch?
,,Rognons", was ist das?

+ | wie sagt man?
  | wie sagt man (das) auf deutsch?

+ was/wie heißt das (auf deutsch)?

+ wie heißt das (Ding) (da)?

+ was heißt . . . (auf deutsch)?
Was heißt ,ordinateur' auf deutsch?

wie | nennt man | das (da)?
    | nennen Sie

+ wie kann man das | (auf deutsch) | sagen?
                   | anders/besser

+ ich weiß das Wort nicht (mehr).

+ ich habe das Wort vergessen.

+ ich weiß nicht (mehr), w-
Ich weiß nicht mehr, wie man das sagt.
Ich weiß nicht, was ich schreiben soll.
vgl. FRAGE SA 1.2

+ . . . ist das richtig (so)?

+ . . . sagt man das/so?

+ wie spricht man das (Wort) aus?

6.3.4 SICH KORRIGIEREN

+ . . . nein . . .
Der, nein, die Autobahn . . .
Am Dienstag, nein, am Mittwoch war ich im Kino.

+ . . . Entschuldigung . . .

. . . Verzeihung . . .

. . . Quatsch/Unsinn . . .

+ . . . nein, das ist | nicht richtig . . .
                      | nicht wahr . . .
                      | falsch . . .

+ . . . nein, das stimmt nicht . . .

. . . nein, ich wollte sagen . . .

. . . oder | besser | gesagt . . .
           | genauer

. . . beziehungsweise . . .

vgl. WIDERRUFEN SA 2.5.7

6.3.5 UMSCHREIBEN

+	(so) etwas/was	*Bestimmung durch*
	(so) ein Ding	*Attribut oder*
	(so) *Ober-, Sam-*	*präzisierender*
	melbegriff	*Nachsatz*
	vgl. AB 1	

Das ist so etwas aus Metall.
Ich brauche so ein Ding, um die Flasche aufzumachen.
Ich meine das Ding, mit dem man die Flasche auf-
macht.
Das ist so ein Apparat. Den braucht man in der Woh-
nung.
Ich meine die Leute, die im Büro arbeiten.

+ so *(mit Zeigegeste)*

Das sieht so aus.
Das ist so groß.

+	ich weiß nicht, wie	man sagt	(aber) . . .
		das heißt	

Ich weiß nicht, wie man sagt. Man braucht es in der
Küche.

6.3.6 AUFZÄHLEN

+ *ohne Konjunktor:*

Wir waren in Bonn, in Köln, in Düsseldorf.
Wir sind in Bonn gewesen. Wir waren in Köln.
Wir waren in Düsseldorf.

mit Konjunktor:

+ und
und noch
und auch
und dann

Heute abend kommen Fritz, Urs und Margrit.
Ein Pfund Tomaten, 6 Eier und dann noch Salz.

sowohl . . . als auch

nicht nur . . . sondern auch

+ erstens . . . zweitens . . .

Ein Auto, das ist erstens zu teuer und zweitens fahr ich
nicht gern.

vgl. ABFOLGE, REIHENFOLGE AB 4.4

6.3.7 BEISPIEL GEBEN

+ zum Beispiel

Zum Beispiel in London gibt's das auch.
Ich finde, daß die Kleider zum Beispiel sehr teuer sind.

beispielsweise

. . . und so

Alkohol, Zigaretten und so sind billig.

+ . . . und so weiter

Da gibt's alles: Bücher, Papier und so weiter.

6.3.8 THEMA WECHSELN

Thema anschneiden
etwas erwähnen

+ übrigens

nebenbei, . . .

da fällt mir ein: . . .

was anderes: . . .

+ | haben Sie gehört/gelesen *u. ä.*?
  | wissen Sie schon?

vgl. AUF ETWAS AUFMERKSAM MACHEN SA 1.1.6

6.3.9 ZUSAMMENFASSEN

+ also, . . .
  Also, ich fahre zuerst rechts und dann links.
  (Wir haben viel gesehen. Wir haben gut gegessen.)
  Also, es war sehr schön.

  kurz (gesagt) . . .

  kurz und gut, . . .

6.3.10 BETONEN, HERVORHEBEN
(Emphase)

+ *durch hervorhebende Betonung und Stellungsvariation*
  Das war am MONTAG (nicht am Dienstag).
  Am MONTAG war das.

  ICH fahre immer mit dem Zug.
  Ich fahre immer mit dem ZUG.
  Ich fahre IMMER mit dem Zug.
  Ich fahre mit dem Zug, IMMER.

  ICH finde das falsch.
  Ich finde das FALSCH.

  vgl. GR 3.7.6
  VERSICHERN, BETEUERN SA 1.1.12
  zur Graduierung AB 5.3, *z. B.*
  Das ist SEHR schön.

6.3.11 ÄUSSERUNG ABSCHLIESSEN
(Schlußsignale)

+ ich muß Schluß machen *(am Telefon)*

+ | . . . ja?
  | . . . nicht? (*bzw.* nich/ne)

  . . . nicht wahr?

  . . . oder? / oder nicht?

  . . . gell *u. ä.*

  . . . und so.

  . . . oder so.

  . . . und/oder so was.

  . . . was weiß ich.

+ . . . und so weiter.

  Sie | wissen | schon/doch/ja (w-)
      | verstehen |

+ so ist/war das.

+ das ist/war alles.

+ (so), das war's / wär's.

2 Allgemeine Begriffe (AB)

Vorbemerkung

In der folgenden Liste sind sprachliche Ausdrucksmittel, die nicht nur in einzelnen Sachfeldern, sondern in verschiedensten Zusammenhängen gebraucht werden können, nach sprachlogischen Gliederungskriterien angeordnet. Bei der Auswahl dieser allgemeinen Begriffe und Notionen wurden mit kleinen Änderungen die von JAN VAN EK im *Threshold Level* vorgeschlagenen Kategorien übernommen.

Für die Konzepte stehen in der linken Spalte Stichwörter wie HÄUFIGKEIT, AUSDEHNUNG, SCHWIERIGKEIT, ERFOLG oder VERGLEICH.

In der rechten Spalte sind zu diesen Konzepten jeweils Gruppen von einfacheren Sprachmitteln (grammatische und lexikalische Ausdrucksmittel) zusammengestellt.

Bei Stichwörtern wie SCHWIERIGKEIT oder ERFOLG ist jeweils der Gegenbegriff mitzudenken, d. h. unter SCHWIERIGKEIT finden sich auch die Sprachmittel zum Ausdruck der Einfachheit, unter ERFOLG die für Mißerfolg usw.

Durch Verweise werden bei handlungsbezogenen Konzepten wie beispielsweise WOLLEN oder FÄHIGKEIT Verbindungen zur Liste der Sprechakte aufgezeigt.

Übersicht: Allgemeine Begriffe (AB)

GEGENSTÄNDE (Personen, Dinge, Begriffe, Sachverhalte)

Die lexikalischen Ausdrucksmittel zur Bezeichnung von ,,Gegenständen" sind – nach semantischen Gesichtspunkten geordnet – in anderen Listenteilen (besonders der Liste ,,Spezifische Begriffe") aufgeführt. Zu den Ausdrucksmitteln für Gegenstände gehören beispielsweise auch die in den Listen nicht erfaßten Eigennamen oder Produktnamen.

Hier werden überblicksartig vor allem deiktische Ausdrücke, Mittel der Anaphorisierung und grammatische Mittel zur Kennzeichnung von Gegenständen zusammengestellt. Die Pronomen werden dabei nach den traditionellen Kategorien aufgelistet. Es sind jeweils nur Formen im Nominativ aufgeführt (außer bei Reflexiv- und Reziprokpronomen). Eingeschlossen ist die produktive Verwendung im *Nominativ, Akkusativ* und *Dativ*, und zwar, wo möglich oder nicht anders vermerkt, im *Singular* und *Plural; Genitiv*formen nur rezeptiv. Bei den nach Genus flektierbaren Pronomen ist die *Maskulin*form aufgeführt. Eingeschlossen ist die Verwendung der Formen für das *Maskulinum, Femininum* und *Neutrum*. Angaben zur syntaktischen Verwendung finden sich im Grammatik-Inventar.

+ *Personalpronomen*
  für Personen:
  ich – wir
  du/Sie – ihr/Sie
  für Personen, Dinge, Sachverhalte:
  er, sie, es – sie

+ *Reflexivpronomen*
  mich/mir, dich/dir, sich – uns, euch, sich

  Reziprokpronomen
  + uns, euch, sich
  einander

  Demonstrativpronomen (attributiv und autonom)

  + der, die, das – die
    In dem Hotel haben wir gewohnt. (dem *betont*)
    Peter? Der ist schon weg.
    (Hier darf man nicht parken.) – Das habe ich nicht gewußt.

  + der *usw.* + da/hier
    Ich nehme lieber den da.

  dieser

  jener

  derselbe

  + der gleiche

  solch ein / solcher

  + so ein / so einer

+ *Nominalgruppe/Pronomen + selbst // selber*
  Der (Mann) hat das selbst gesagt.

+ *Interrogativpronomen*
  wer / was
  Was ist das?
  Ich weiß nicht, was das ist.
  Mit wem haben Sie gesprochen?

  welcher
  Welches (Buch) meinen Sie?

  was für ein (*Plural:* was für Ø)

was für einer (*Plural:* was für welche)
Was für einen Wagen haben Sie?
Was haben Sie für einen Wagen?
Was für Leute waren da?
(Ich hab noch Zigaretten.) – Was für welche?

+ *Possessivpronomen (attributiv und autonom)*

mein/meiner	unser/unsrer
dein/deiner; Ihr/Ihrer	euer/eurer; Ihr/Ihrer
sein/seiner; ihr/ihrer	ihr/ihrer

Ich habe meine Fahrkarte. Haben Sie Ihre auch?

Relativpronomen

+ der, die, das – die

+ was
Das, was du gesagt hast, stimmt gar nicht.

wer
Wer nicht mitkommen will, kann hier essen.

+ wo
Das ist die Stadt, in der/wo Walser wohnt.

+ *Pronominaladverb*

da- / d(a)r- + *Präposition*
Vielleicht geht es damit.
Wir müssen noch darüber/(da) drüber sprechen.

wo- / wo(d)r- + *Präposition (außer bei Sachverhalten ersetzbar durch Präposition + Interrogativpronomen)*
Wofür interessierst du dich? (Für was . . .)

Indefinitpronomen

+ man
Man hat mir das gestern gesagt. (= *jemand*)
Hier trinkt man viel Bier. (= *die Leute*)

+ jemand
Hast du jemand(en) getroffen?

irgendwer / wer
Hat wer angerufen?

+ niemand

+ etwas / was
Haben Sie etwas (Neues) gehört?

+ irgend etwas

+ nichts

+ alles, – alle

+ jeder

+ viel(e)

mehrere

einige

+ manche

+ ein paar

+ wenig(e)

+ einer *(Plural:* welche)

(Ich glaube, die Geschäfte machen um 6 zu.) –
Vielleicht hat noch eins auf.

+ irgendeiner

+ welcher

(Haben wir noch Brot?) – Ich bring welches mit.

+ keiner

siehe auch unter AB 5.2: MENGE

Anaphorisierende Nomen

+ Ding

Dings / Dingsda

+ Sache (= *Angelegenheit*)

+ Sachen (= *konkrete Dinge*)

Wo kann ich meine Sachen hintun?

Zeug

+ Leute

+ Person

+ Mensch

Pro-Verben

+ tun

+ machen

(Du mußt dich anmelden.) –
Das habe ich schon gemacht.

+ *Artikel und* kein

der, die, das – die

ein, eine, ein - Ø

Ø z. B. bei Ortsnamen, Stoffbezeichnungen

kein, keine, kein – keine

+ *Nominalgruppen*

z. B. der Wagen / der rote Wagen / der Wagen da /
der Wagen, der da steht.

Mit Ersparung:

(Welches nehmen Sie?) – Das rote.

vgl. GR 4.1; 1.2

+ *Satzförmige Ergänzungen*

z. B. Schön, daß du gekommen bist.
Ich weiß nicht, wann er ankommt.
Er hat gefragt, ob das geht.

vgl. GR 3.2.2

Zeitdeixis siehe AB 4
Raumdeixis siehe AB 3

2 EXISTENZ

Bei den folgenden vier Abschnitten sind die Negationen (nicht, kein) bei den Exponenten nicht eigens aufgeführt.

2.1 SEIN/NICHT-SEIN

+ es gibt
Das gibt es heute nicht mehr.

+ *da* sein
Ist in der Stadt auch ein Schwimmbad?

existieren
Das existiert schon lange.

2.2 ANWESENHEIT/ABWESENHEIT

+ hier sein

+ da sein
Er ist jetzt nicht da.

+ weg sein

fort sein

abwesend sein
Abwesend bis 25. April

+ fehlen
Da fehlt noch ein Glas.

2.3 VERFÜGBARKEIT/NICHT-VERFÜGBARKEIT

+ es gibt
Es gibt keine Karten mehr.

+ haben
Ich hab noch genug Geld.

+ da sein
Ist noch Brot da?

alle sein
Der Kuchen ist alle.

+ brauchen
Ich brauche noch Zigaretten.

2.4 VORKOMMEN/NICHT-VORKOMMEN

+ sein
Heute abend ist ein Konzert.

+ passieren
Das ist am Sonntag passiert.

los sein
Was ist hier los?

geschehen
Was ist geschehen?

vorkommen
Das kann vorkommen.

stattfinden
Die Versammlung findet erst morgen statt.

ausfallen

3　RAUM

3.1　LAGE

3.1.1　Ruhezustand

+ sein
Er ist in England.
Das Auto ist in der Garage.

+ liegen
Das Hotel liegt am Meer.
Die Zigaretten liegen auf dem Tisch.

+ stehen
Da drüben steht unser Bus.
Der Wagen/der Motor steht. (= *Stillstand*)

hängen, hat gehangen.
Da hängt ja dein Mantel.

+ halten
Der Zug hält (hier) nur drei Minuten.

+ bleiben
Ich bin zu Hause geblieben.
Wie lange können Sie bleiben?

-bleiben
Weitergehen, nicht stehenbleiben!

still/still-
Plötzlich stand der Wagen still.

*N. B. Ruhezustand und Ruhelage werden auch
durch Negation von Bewegung oder als Resultat
einer Lageveränderung ausgedrückt, z. B.*
Jetzt fährt der Wagen nicht mehr. (= *er steht*)
Ich habe das Buch auf den Tisch gelegt. (= *es liegt auf
dem Tisch*)
vgl. AB 3.2 Bewegung, Richtung
vgl. auch SB 9.2 Körperstellung

3.1.2　Ort, Lage

+ wo
Wo steht Ihr Wagen?
Ich weiß nicht, wo er ist.

+ irgendwo

+ überall
Ich habe überall gesucht.

+ nirgends // nirgendwo

+ woanders
Das ist ganz woanders.

anderswo

+ hier
Das ist nicht hier, das ist da drüben.
Wo kann man hier (in der Stadt) gut essen?

+ da
Da liegt Ihr Schlüssel. (= *hier/dort*)
Fragen Sie da nochmal. (= *an diesem Ort*)
Ich nehme den da.
Das ist da vorn/da oben *usw.*

dort

+ da drüben

dahinten

+ drinnen

+ draußen
Ich warte draußen.

+ innen

+ außen
Außen ist die Kirche sehr schön.

+ vorn(e)
Vorn ist kein Platz mehr.
Das ist weiter vorne/vorne links.

vorder-

+ hinten

hinter-
z. B. die hintere Reihe/das Hinterrad

+ rechts

+ recht-
Das ist in der rechten Tasche.

+ links

+ link-

+ oben

+ unten

3.1.3 RELATIVE LAGE

+ *da*, wo
Wir treffen uns da/an der Ecke, wo das Café ist.

+ da-/d(a)r- + *Präposition*
davor/daneben/dazwischen *usw.*
(da) drin/drauf/drüber *usw.*

+ *Dativ nach Präpositionen, die mit Dativ oder Akkusativ stehen können.*

+ in
Er wohnt in Paris/in der Bahnhofstraße.
Er ist im Bad.

+ vor
Der Wagen steht vor der Garage.
Vor der Tankstelle links!

+ hinter

+ an
Ich warte an der Ecke.
Sie wohnt am Bahnhofplatz.
Wir waren am Meer.

+ bei
Ich wohne bei meiner Freundin.
Er wohnt bei der Kirche.

+ neben
Er wohnt hier neben uns.
Ich wohne neben dem Bahnhof.

nebendran

nebenan

+ rechts von/neben
Das ist rechts neben der Post.

+ links von/neben

+ Seite/auf der (. . .) Seite
Kennen Sie die andere Seite auch?
Das ist auf der Seite da/auf der rechten Seite.

+ um . . . (herum//rum)
Um den See (herum) stehen überall Zelte.

rund um

rings um

+ gegenüber (von)
Das ist gegenüber.
Das Café liegt gegenüber vom Bahnhof.

gegenüber *(Präposition mit Dativ, vor- und nachgestellt)*

vis-à-vis

+ zwischen
Das ist irgendwo zwischen der Post und der Kirche.

+ Anfang/am Anfang
Das ist in der Neusser Straße, ganz am Anfang.
Ist das der Anfang von der Tukastraße?

+ Ende/am Ende

+ Schluß/am Schluß

+ Mitte/in der Mitte

+ mitten in/auf
Mitten im Ort steht eine Kirche.
Der fährt ja mitten auf der Straße.

Mittel-
Mitteleuropa/Mitteltür *usw.*

+ über
Der Schlüssel hängt über der Tür.

+ auf
Was liegt da auf der Straße?

auf + *Institution/öffentliches Gebäude*
z. B. auf der Post

+ unter

+ im Norden (von)
Das liegt im Norden (von England).

+ im Süden (von)

+ im Osten (von)

+ im Westen (von)

Nord
Das ist in Norddeutschland.
Ausfahrt Frankfurt Nord.

Süd

Ost

West

nördlich (von)

südlich (von)

östlich (von)

westlich (von)

+ zu Haus(e)

auswärts

-halb
innerhalb, außerhalb, oberhalb, unterhalb

3.1.4   NÄHE / DISTANZ

+ wie weit
Wie weit ist es zum Bahnhof?
Ich weiß auch nicht, wie weit das ist.

+ weit (von/bis/zu . . .)
Das ist nicht sehr weit.
Ist das weit von hier?

+ nah(e) (bei/an)
Das ist ganz nah.
Das Hotel liegt ganz nah beim Bahnhof.

+ in der Nähe (von)
Das ist hier in der Nähe.
Das ist in der Nähe von Köln.

+ bei
Das ist beim Bahnhof.

+ direkt an/bei/neben . . .
Das ist direkt gegenüber.
Der Campingplatz liegt direkt am Meer.

da herum/rum
Hier herum gibt es keine Haltestelle.
Das muß beim Bahnhof rum sein.

+ in der Gegend (von)
Das ist hier in der Gegend/in der Gegend von Frankfurt.

+ nächst-
Wo ist hier die nächste Tankstelle?
Ist das der nächste Weg?

+ *Maß-/Zeitangabe* (+ von/bis . . .)
Das ist/sind nur 5 Minuten/200 Meter (von hier).

Entfernung

vgl. AB 3.1.3 RELATIVE LAGE
       AB 3.3.2 LÄNGENMASS

3.2 BEWEGUNG, RICHTUNG

3.2.1 BEWEGUNG, FORTBEWEGUNG

+ gehen

Fahren wir oder gehen wir (zu Fuß)?
Ich gehe nach Hause/ins Kino/zu Peter *usw.*
Es ist schon spät, wir müssen gehen. (= *weggehen*)
Geht der Zug nach Hamburg?
Wann geht der nächste Zug? (= *abfahren*)
Später ist er nach Berlin gegangen. (= *für längeren Aufenthalt*)
Mein Tonbandgerät geht nicht mehr. (= *sich bewegen/ funktionieren*)
-gehen: *z. B.* weggehen, hingehen, raufgehen

+ kommen

Moment, ich komme.
Ist das Taxi schon gekommen? (= *angekommen*)
Wann kommen Sie mal nach Berlin/zu uns/dahin *usw.*
Am ersten Tag bin ich bis München gekommen.
-kommen: *z. B.* herkommen, mitkommen, zurück-kommen

+ ankommen

Wann kommt der Zug in Wien an?

+ abfahren

Wir sind um acht in Frankfurt abgefahren.

+ halten

Können Sie bitte hier halten? (= *anhalten*)
Halt!

+ fahren, ist gefahren

Der Zug fährt schon.
Fahr bitte langsam!
Wir sind dann (mit dem Zug) in die Schweiz gefahren.
-fahren: *z. B.* zurückfahren, rauffahren

+ laufen

Wenn wir laufen, kriegen wir den Zug noch. (= *rennen*)
Ich möchte lieber ein Stück laufen. (= *zu Fuß gehen*)
-laufen: *z. B.* hinlaufen, weglaufen, zurücklaufen

+ fliegen

Kannst du sehen, was da fliegt?
Vorsicht, der Zettel fliegt weg!
Wir fliegen morgen (nach London).
(Fahren Sie mit dem Zug?) – Nein, wir fliegen.
-fliegen: *z. B.* wegfliegen, zurückfliegen

+ fallen

Vorsicht, fall nicht!
Die Flasche ist vom Tisch/auf den Boden gefallen.
-fallen: *z. B.* hinfallen, runterfallen, rausfallen

steigen

Wir sind auf den Berg da gestiegen.

+ bewegen / sich bewegen

Ich kann den Arm/mich fast nicht mehr bewegen.
Da hat sich etwas bewegt.

+ *Modalverben + Direktivergänzung*

z. B. Ich muß in die Stadt.
Du kannst jetzt ins Bad.

Zu den Direktivergänzungen, Präpositionen, Adverbien, Verbzusätzen siehe Ab 3.2.3–3.2.6
vgl. auch SB 4 REISEN UND VERKEHR
SB 9 MOTORIK

3.2.2 BEWEGUNG MIT PERSONEN UND GEGENSTÄNDEN

+ fahren, hat gefahren

Ich fahre Sie zum Bahnhof.
Er fährt einen Mercedes.

+ holen

Kannst du das Paket holen?
Hol bitte das Bier aus dem Kühlschrank!
-holen: *z. B.* reinholen, rausholen, herholen

+ abholen

Ich kann Sie um fünf abholen.
Ich hole Sie am Bahnhof ab.
Wann kann ich das Paket abholen?

+ nehmen

Hast du die Schere genommen?
Kannst du das Bier aus dem Kühlschrank nehmen?
-nehmen: *z. B.* rausnehmen, wegnehmen, mitnehmen

+ bringen

Bringen Sie (mir) bitte noch einen Kaffee!
Ich habe sie nach Hause gebracht.
-bringen: *z. B.* hinbringen, mitbringen

+ tun

Soll ich das in den Kühlschrank tun?
-tun: *z. B.* hintun, wegtun, zurücktun

+ machen

Mach das in den Koffer!
-machen: *z. B.* wegmachen, hinmachen

+ stellen

Ich habe das Buch wieder ins Regal gestellt.
-stellen: *z. B.* hinstellen, rausstellen, wegstellen

+ legen

Ich habe Ihr Buch auf den Tisch gelegt.
-legen: *z. B.* hinlegen, weglegen

hängen, hat gehängt

Wohin kann ich meinen Mantel hängen?
-hängen: *z. B.* hinhängen, weghängen, zurückhängen

begleiten

Ich kann Sie zum Bahnhof begleiten.

+ mit

Ich fahre mit Paul.
Ich fahre mit dem Auto.

+ mit-

z. B. mitfahren, mitkommen, mitnehmen

*Zu den Direktivergänzungen, Präpositionen,
Adverbien, Verbzusätzen siehe AB 3.2.3 – 3.2.6*

vgl. auch SB 4 REISEN UND VERKEHR
SB 9 MOTORIK

3.2.3 BEWEGUNGSRICHTUNG

+ wohin / wo . . . hin

Wohin wollen Sie? / Wo wollen Sie hin?

+ Richtung / in (die) Richtung

Das ist die falsche Richtung.
Am besten fahren Sie zuerst (in) Richtung Bern.
Ich fahre in die andere Richtung.

+ irgendwohin

\+ weg / weg-
Er ist weg(gefahren). (= *an einen anderen Ort*)

fort / fort-

\+ überallhin
Er will überallhin.

\+ nirgendwohin
Ich gehe heute nirgendwohin.

\+ woandershin
Ich will lieber woandershin.

\+ hierhin
Wir sind gestern hierhin gekommen.

\+ dahin
Stellen Sie das bitte dahin!

dorthin

\+ hin / hin-
Hin sind wir gelaufen, zurück gefahren.
Morgen ist ein Fußballspiel. Gehen Sie hin?
hingehen, hinkommen, hinbringen *usw.*

hin- *in Verbindung mit Präpositionen*
hinaus, hinauf *usw.*

her / her-

herkommen
Können Sie mal herkommen?

her- *in Verbindung mit Präpositionen*
heraus, herauf *usw.*

hierher
Bringen Sie das bitte hierher!

\+ herein
Herein!

\+ rein / rein-
Rein oder raus?
reingehen, reinkommen *usw.*

ein-
z. B. einpacken, Einfahrt

\+ raus / raus-

aus-
z. B. aussteigen, Ausreise

\+ geradeaus

\+ weiter / weiter-
Gehen Sie hier weiter (= *in derselben Richtung*)
bis zur Kreuzung.
z. B. weitergehen, weiterfahren

vor
Fahren Sie bitte noch ein Stück vor! (= *nach vorne*)

\+ zurück / zurück-

Rück-
z. B. Rückfahrt, Rückfahrkarte

\+ wieder- (= *zurück*)
z. B. wiederkommen, wiederbringen

-wärts
z. B. vorwärts, abwärts

+ rüber / rüber-

+ rauf / rauf-

hoch / hoch-

+ runter / runter-

+ nach + *Lageadverb / Himmelsrichtung*
z. B. nach draußen, nach vorn, nach rechts, nach Norden

ab *(Richtungsänderung)*
Dann rechts ab.

3.2.4 RICHTUNG, ZIEL

+ wohin / wo . . . hin

+ da-/d(a)r + *Präposition*
davor, dazwischen, dagegen, darunter, (da)drunter *usw.*

+ *Akkusativ nach Präpositionen, die mit Dativ oder Akkusativ stehen können*

+ nach
Fahren Sie nach Wien/nach Österreich?

+ in
Ich möchte mal in die Schweiz.
Soll ich das in den Schrank tun?

+ zu
Wir fahren zu meinen Bekannten.
Zum Bahnhof bitte.

auf + *Institution/öffentliches Gebäude*
Ich muß noch auf die Bank.

+ bis
Ich fahre nur bis Stuttgart.

+ bis *in Verbindung mit zweiter Präposition*
Ich fahre nicht bis in die Stadt/bis zur Post.

+ an
Wir gehen jedes Jahr ans Meer.
Den Koffer können Sie da an die Wand stellen.

+ vor

+ hinter

+ auf die (. . .) Seite
Gehen Sie dann auf die andere Seite!
(Soll ich das hierhin stellen?) – Nein, auf die Seite bitte!

+ zwischen
Wir können das Zelt zwischen die zwei Wohnwagen stellen.

+ in die Mitte
Setz dich hier in die Mitte!

+ mitten in/auf

+ gegen
Er ist gegen meinen Wagen gefahren.

+ über
Ich hänge den Schlüssel über die Tür.

+ auf
Legen Sie es da auf den Tisch!

+ unter

in den Norden/Süden . . .

+ nach Haus(e)

heim/heim-
Wann kommst du heim?

vgl. auch AB 3.2.3 BEWEGUNGSRICHTUNG

3.2.5 HERKUNFT

+ woher / wo . . . her
Wo sind Sie her?
Woher hast du das?

+ von wo
Von wo kommen Sie heute?

+ von wem
Von wem hast du das?

+ von
Ich komme gerade vom Bahnhof/von meinen Eltern,
von München *usw.*
Er ist von da/von hinten/von rechts gekommen.

von . . . her

-her
Der Wagen ist (von) daher/dorther gekommen.
Die Leute sind von überallher.

+ aus
Ich komme aus England/London.
Soll ich den Koffer aus dem Wagen holen?

3.2.6 WEG

+ wie
Wie kommt man hier am besten zur Autobahn?
Wie sind Sie gefahren, über Bonn?

+ Weg
Ich zeige Ihnen den Weg.

Strecke

+ gehen (= *führen*)
Der Weg geht durch einen Wald.
Wo geht es hier zum Bahnhof?

+ *einen Weg* gehen/fahren
Fahren Sie dann die zweite Straße rechts!

+ kommen *(Reihenfolge)*
Dann kommt eine Ampel.

+ kommen zu/an
Sie kommen dann an eine Tankstelle . . .

+ vorbei-
Er ist hier vorbeigefahren.

(an) entlang/lang
Fahren Sie am Fluß entlang.
Gehen wir da lang.

+ an . . . vorbei
Fahren Sie an der Post vorbei und dann . . .

+ um . . . (herum//rum)
Er ist da um die Ecke gegangen.
Fahren Sie um den Platz herum . . .

+ durch
Müssen wir durch die Stadt fahren?

+ durch-
Sie können hier nicht durch(gehen).

+ über
Fährt der Zug über Basel?
Gehen Sie da über die Straße/den Platz.

quer über/durch

+ von . . . bis/nach

+ von . . . an
Von da an müssen Sie zu Fuß gehen.

von . . . aus

+ ab
Der Zug hat erst ab Basel Speisewagen.

vgl. AB 4.4 ABFOLGE, REIHENFOLGE

3.3 DIMENSIONEN, MASSE

vgl. auch AB 5 QUANTITÄT

zum Komparativ und Superlativ siehe AB 7.5.2

3.3.1 GRÖSSE

+ wie groß/lang *usw*.
Wie groß sind Sie?
Ich weiß nicht, wie hoch der Berg ist.

messen
Können Sie mal messen, wie groß das ist?

+ groß
Er ist ungefähr eins siebzig groß.
Danach kommt ein großes Haus/ein großer Platz.
Wir suchen eine größere Wohnung.
Das Hemd ist sicher groß genug.

+ klein
Es ist ziemlich klein.
Ein kleines Paket/Stück/Blatt/Zimmer.
Der Mantel ist mir zu klein.

Diminutiv -chen/-lein
Sie kommen dann an ein kleines Brückchen.

Länge
+ lang
Der Balkon ist fünf Meter lang und zwei Meter breit.
Das Kleid ist mir zu lang.

+ kurz
Das Bett/Kleid ist ziemlich kurz.
Können Sie mich ein kurzes Stück mitnehmen?

Breite
+ breit
Das Bett ist 90 cm breit.
Die Straße/der Fluß ist da ziemlich breit.

+ schmal
Für Autos ist der Weg zu schmal.

Tiefe
(horizontal)
+ tief
Der Schrank ist 2 m hoch und 60 cm tief.

Höhe/Tiefe (vertikal)	+ hoch Der Turm ist fast 60 m hoch. Wie heißt der hohe Berg da? niedrig *(= nicht hoch/nicht tief)* flach *(= nicht hoch/nicht tief)* + tief Der Fluß ist da nur 50 cm tief. Hier ist es nicht sehr tief.
Dicke (Querschnitt)	+ dick Die Wand ist sicher nur 5 cm dick. Er ist klein und ziemlich dick. Ich lese nicht gern dicke Bücher. + dünn Ich brauche ganz dünnes Papier. Haben Sie keine dünnere Schnur?
Weite	weit eng Das Kleid ist zu eng. *(= nicht groß genug)*

3.3.2 LÄNGENMASS

+ wie lang/wie groß/wie weit

+ Zentimeter/cm

+ Meter/m

+ Kilometer/km

+ ein Stück
Ich kann Sie ein Stück mitnehmen.

vgl. auch AB 3.1.4 NÄHE, DISTANZ
AB 3.2.6 WEG

3.3.3 FLÄCHENMASS

+ wie groß

Quadratmeter/m^2/qm

Fläche

+ Platz
(Wo können wir Fußball spielen?) – Hinter dem Haus
ist Platz genug.

3.3.4 VOLUMEN, INHALT

+ wie groß

+ Liter/l

Kubikmeter/m^3

Inhalt

+ Platz
Ist noch Platz im Koffer?
Wieviel hat da drin Platz?

+ gehen in/reingehen
Geht das alles in den Koffer?
Wieviel Liter gehen da rein?

+ voll

+ leer

Maßeinheiten wie Flasche, Glas usw. siehe SB 6.6

3.3.5   GEWICHT

+ wie schwer

+ Gramm/g

+ Pfund
ein Viertelpfund/ein halbes Pfund/drei Viertelpfund/1, 2, 3 . . . Pfund

+ Kilo/kg

Kilogramm

Zentner

Tonne/t

+ schwer
Das Paket ist 6 Kilo schwer.
Wie schwer bist du?

+ leicht

Gewicht

wiegen
Haben Sie den Koffer gewogen?
Der Brief wiegt 200 Gramm.

GESCHWINDIGKEIT   *siehe* AB 4.17

TEMPERATUR   *siehe* AB 6.1.2.2

4 ZEIT

4.1 ZEITPUNKT, ZEITRAUM

Am Anfang dieses Abschnittes werden die Bezeichnungen für Zeitintervalle aufgeführt. Die Exponenten für Zeitintervalle spielen nicht nur bei der Angabe des Zeitpunktes eine Rolle, sondern auch beim Ausdruck der Zeitdauer oder Frequenz (vgl. AB 4.11; 4.18). Die Vermerke Kalenderzeit, sprechzeitbezogen *sind als Orientierungshilfen, nicht als scharfe Abgrenzung gemeint.*

	+ wann
	+ irgendwann
	(Wann kann ich vorbeikommen?) – Irgendwann (am Morgen).
	+ mal
	Ich habe ihn mal in Zürich gesehen.
Zeitintervalle	+ Moment
	Augenblick
	+ Sekunde
	+ Minute
	+ Viertelstunde
	+ Stunde
	+ Morgen
	+ Vormittag
	+ Mittag
	+ Nachmittag
	+ Abend
	+ Nacht
	+ Tag
	Ich bleibe nur 10 Tage.
	Ich fahre lieber am Tag.
	+ *Namen der Wochentage:* Montag . . . Samstag, Sonntag
	Sonnabend
	Mo . . . Sa, So
	Wochentag
	Werktag
	Feiertag
	+ *Feiertage:* Ostern, Pfingsten, Weihnachten, Neujahr
	+ Wochenende
	+ Woche
	+ vierzehn Tage
	+ Monat

191

+ *Monatsnamen:* Januar . . . Dezember

  Jan. . . . Dez.

  Trimester

  Semester

+ *Jahreszeiten:* Frühling, Sommer, Herbst, Winter

+ Jahr

+ Jahrhundert

  Jh.

+ Zeit

  In welcher Zeit war das? – (Im 19. Jahrhundert.)
  (Wo warst du gestern?) – Ich war die ganze Zeit zu
  Hause.

Kalenderzeit, Datum
Uhrzeit

+ an

  Am 25. Juli/am Montag/am Morgen/an dem Tag bin ich
  nicht da.

+ in

  Das war im Januar/im Sommer/im 19. Jahrhundert/in
  der Nacht.

+ *Zeitangabe ohne Präposition*

  Ich bin 1948 geboren.
  Weihnachten will ich zu Hause sein.
  Letzten Freitag war ich nicht hier.

+ | Anfang | Woche/Monat/Januar
+ | Ende | Winter/Jahr/1980

+ Mitte Woche/Monat/Januar

+ Datum

  Welches Datum ist heute?

+ wievielt-

  Der wievielte ist heute?
  Am wievielten war das?

+ *Ordinalzahlen:* 1. – 31.

+ *Datumsangabe:*

  Heute ist der zweite (Juli).
  Das war am 2. 7. *(= zweiten siebten)* 1980.
  München, 2. 7. 1980 *(in Briefen)*

  morgens . . . nachts/montags
  Sie kommen nachts um zwölf in Bonn an.

+ Uhr

  Es ist fünf Uhr.

+ Wie spät ist es?

+ Wieviel Uhr ist es?

  Zeit

  Haben Sie genaue Zeit?

+ *Kardinalzahlen:* null, eins/ein, zwei . . .

+ Viertel

+ halb

+ vor

+ nach

Zeit

+ *Uhrzeitangaben in der Umgangssprache (Stunden von 1 – 12)*
Es ist jetzt eins/zwei . . .
Es ist ein/zwei . . . Uhr.
Es ist Viertel vor/nach acht.
Es ist halb acht.
Es ist zwanzig/fünfundzwanzig (Minuten)
vor/nach acht.
fünf (Minuten) vor/nach halb (acht).

Offizielle Uhrzeitangabe (Stunden von 0 – 24)
22.45 Uhr – zweiundzwanzig Uhr fünfundvierzig.

+ um + *Uhrzeit*
Ich komme um drei.

Punkt
Wir fahren Punkt 2 (Uhr) ab.

+ zwischen
Ich komme zwischen vier und fünf.
Das war zwischen Ostern und Pfingsten.

+ gegen
Ich komme gegen zwölf/Mittag.
Zu den ungefähren Angaben mit Zahlen:
vgl. AB 5.3

sprechzeitbezogen/ kontextbezogen	+ jetzt

+ jetzt
Ich muß jetzt gehen.
Es geht ihm jetzt besser.

nun

+ heute
Ich habe ihn heute getroffen.
Das macht man heute nicht mehr so. (= *in der heutigen Zeit)*

+ gestern

+ morgen

+ vorgestern

+ übermorgen

+ | heute | vormittag/mittag/nachmittag/abend/nac
  | gestern |
  | morgen |

+ | heute | morgen
  | gestern |

+ morgen früh

+ dies-
+ letzt-
  vorig-
  vergangen-   + *Nominalgruppe im Akk.*
+ nächst-
  kommend-

Dieses Jahr fahren wir nach Italien.
Ich konnte letzten Freitag nicht kommen.
Nächste Woche muß ich wieder arbeiten.

+ da
Ich wollte ihn noch fragen, aber da war er schon weg.

+ vor

+ nach
Nach zehn Minuten war er wieder da.

+ in
Ich bin in einer Stunde wieder da.

vgl. auch AB 4.2−4.8

4.2 VORZEITIGKEIT

+ vor
Ich mache das vor dem Essen/vor zwölf.
Ich bin vor der Pause gegangen.

+ vorher
Ich muß vorher noch in die Stadt.
Ich war im Kino, (und) vorher habe ich eingekauft.

davor

+ früher
Früher haben wir das anders gemacht.

+ früher (als)
Ich war früher da (als er).

+ schon
Ich habe das schon gemacht.

+ noch nicht

Vorzeitigkeit bei Geschehen in der Zukunft (Vorzeitigkeit im Subjunktionalsatz):

+ wenn
Wenn er kommt, fahren wir.
(Wann kommt er denn?) − Wenn er eingekauft hat.

sobald

nachdem

Vorzeitgkeit bei Geschehen in der Vergangenheit (Vorzeitigkeit im Subjunktionalsatz):

+ *Plusquamperfekt*

+ als
Als sie gegessen hatte, ist sie weggegangen.

wie

nachdem

vgl. AB 4.3 NACHZEITIGKEIT
AB 4.8 VERGANGENHEITSBEZUG
AB 4.4 ABFOLGE, REIHENFOLGE

4.3 NACHZEITIGKEIT

+ nach
Er ist nach zwölf gekommen.
Nach dem Film muß ich sofort nach Hause.

+ in
Ich muß in zehn Minuten gehen.

+ nachher
Wir machen das nachher.
Wir waren im Kino (und) nachher haben wir über den Film diskutiert.

+ später (als)
  Das können wir doch später machen!
  Ich komme später (als du).

  danach

  hinterher

+ noch
  Ich mache das noch.

  Nachzeitigkeit bei Geschehen in der Vergangenheit oder Zukunft (Nachzeitigkeit im Subjunktionalsatz):

+ bevor
  (Wann findet das statt?) – Bevor du weggehst.
  Ich habe ihn besucht, bevor ich in Urlaub gefahren bin.

  ehe

  vgl. AB 4.2 Vorzeitigkeit
  AB 4.6 Zukunftsbezug
  AB 4.4 Abfolge, Reihenfolge

4.4 Abfolge, Reihenfolge

+ zuerst
  Zuerst waren wir in Berlin und dann . . .

  erst

+ (und) dann

  danach

  schließlich

+ zuletzt

+ letzt-
  Der letzte Tag war sehr schön.

+ *Ordinalzahlen*
  Am ersten Tag hat es geregnet, am zweiten . . .

+ nächst-
  Am nächsten Tag sind wir bis Bonn gefahren.
  An der nächsten Haltestelle müssen wir aussteigen.

  folgend-

+ kommen
  Was kommt dann?
  Dann kommt Ostern.

  folgen
  Der D-Zug folgt um 17.30

+ *Einteilungszahlen (bei Aufzählungen)*
  erstens, zweitens, drittens . . .

  vgl. AB 4.2 Vorzeitigkeit
  AB 4.3 Nachzeitigkeit
  AB 4.12 Beginn
  AB 4.15 Abschluss, Ende

4.5 Gleichzeitigkeit

+ *Parataxe (Verben mit gleicher Zeitstufe)*
  Er hat eingekauft, und ich habe gepackt.
  Er hört Musik und liest ein Buch.

+ in der Zeit *(= in dieser Zeit)*
  Kannst du in der Zeit einkaufen?

  inzwischen

  unterdessen

  solange

  gleichzeitig

  bei
  Wir sprechen beim Essen darüber.
  Bei der ganzen Diskussion hat er nichts gesagt.

+ während | *Präposition + Dativ*
  | *Subjunktor*
  (Wann ist das passiert?) – Während ich weg war.
  Während dem Essen.

  mit + *Altersangabe*
  Er hat mit 21 geheiratet.

+ da
  (Das war 1968). Da war ich in Köln.
  (Morgen kommt Peter.) Da bin ich nicht zu Hause.

  Gleichzeitigkeit bei wiederholtem/regelmäßigem Geschehen:

+ wenn
  Wenn Margit ins Kino geht, bleibe ich (immer) bei den Kindern.
  Wenn Margit ins Kino gegangen ist, bin ich (meistens) bei den Kindern geblieben.

  Gleichzeitigkeit bei Geschehen in der Zukunft:

+ wenn
  Wenn du aufstehst, arbeite ich schon.

+ dann
  (Ich stehe um acht auf.) – Dann arbeite ich schon.

  Gleichzeitigkeit bei Geschehen in der Vergangenheit:

+ als
  Als ich zwanzig war, habe ich noch viel gelesen.
  (Wann war das?) – Als ich in Berlin war.
  Als ich angekommen bin, hat es geregnet.

  wie
  Wie ich das gehört habe, habe ich gelacht.

+ damals
  Das war 1952. Damals war ich 18.

4.6   ZUKUNFTSBEZUG

+ *Präsens (+ Zeitangabe nach Sprechzeit)*
  Ich gehe (morgen) ins Kino.
  Futur I
  Er wird morgen kommen.

  Perfekt + Zeitangabe nach Sprechzeit.
  Ich habe das bis nächsten Freitag gemacht.

+ sofort
  Ich komme sofort.

gerade

+ gleich

+ bald
Wir sind bald da.
Zukunft
Die Regierung will in Zukunft . . .
vgl. AB 4.3 NACHZEITIGKEIT/4.1 ZEITPUNKT

4.7 GEGENWARTSBEZUG

+ *Präsens*
Peter ist bei mir.
Sie schreibt einen Brief.

+ *Perfekt (von transformativen Verben)*
Der Zug ist angekommen. *(= Der Zug ist da.)*
Es hat geschneit. *(= Es liegt Schnee.)*

+ gerade
Ich lese gerade die Zeitung.

+ jetzt
Er wohnt jetzt in München.

nun

+ im Moment
Er ist im Moment nicht da.

im Augenblick

zur Zeit

Gegenwart

vgl. AB 4.1 ZEITPUNKT
AB 4.5 GLEICHZEITIGKEIT
AB 4.14 VERLAUF

4.8 VERGANGENHEITSBEZUG

+ *Perfekt*
Ich bin in Berlin gewesen.
Ich habe ihn gestern angerufen.

+ *Präteritum von:* haben, sein, dürfen, können,
müssen, wollen

Präteritum von anderen Verben in den Listen

+ gerade
Peter hat gerade angerufen.

eben

+ vor kurzem
Ich war vor kurzem bei Sabine.

kürzlich

neulich

+ früher
Früher habe ich in Paris gewohnt.

her sein
Das ist lange her.
Das ist schon 20 Jahre her.

Vergangenheit

vgl. auch AB 4.1 ZEITPUNKT
AB 4.2 VORZEITIGKEIT
AB 4.15 ABSCHLUSS, ENDE

4.9   OHNE ZEITBEZUG

+ *Präsens*
Freiburg liegt in der Nähe von Bern.
Rauchen ist nicht gesund.

4.10   FRÜHZEITIGKEIT/SPÄTE

+ früh
(Um sechs?) – Das ist mir zu früh.
Du kommst aber früh.
Können Sie auch früher?

+ früh genug
Wir sind (noch) früh genug.
Es ist noch früh genug.
Kommen Sie aber früh genug!

+ Zeit haben
Wir haben (noch) Zeit.
Wir haben keine Zeit mehr.

+ schon
Wir fahren schon um sechs. *(= früh)*
Wir müssen gehen. Es ist schon fünf. *(= spät)*

pünktlich

rechtzeitig

+ spät
Es ist schon spät.
Ich komme etwas später.
Jetzt ist es zu spät.

+ erst
Ich kann erst um acht kommen.

+ zu spät kommen/sein
Ich möchte nicht zu spät kommen/sein.

Verspätung

vorgehen/nachgehen/richtig gehen
Meine Uhr geht vor. *(= Es ist noch nicht so spät.)*
Meine Uhr geht nach. *(= Es ist schon später.)*

4.11   ZEITDAUER

+ wie lange
Wie lange wohnen Sie schon hier?

+ lange/nicht lange *(Adverb)*
Ich mußte sehr lange warten.
Ich kann nicht lange bleiben.

+ lang *(Adjektiv)*
Er hat lange Zeit im Ausland gelebt.

+ kurz *(Adjektiv)*
Das ist ein ganz kurzer Film.

+ etwas/was
Können Sie noch etwas warten.

+ ein bißchen
Bleib doch noch ein bißchen.

+ immer *(= die ganze Zeit)*
Ich war immer da.

dauernd

ständig

+ *Zeitintervalle im Akk.*
Ich war die ganze Woche krank.
Ich will einen Monat bleiben.

Zeitintervalle im Akk. + lang
Er durfte einen Tag lang nicht essen.

+ in
Wir sind in einer Nacht bis Hamburg gefahren.

+ seit | *Präposition*
    | *Subjunktor*
Ich arbeite hier schon seit drei Jahren.
(Wie lange regnet es hier schon?) – Seit wir hier sind.

+ von . . . bis
Ich arbeite von zwei bis sechs.
Er war (von) 1970 bis 1976 im Ausland.

+ bis | *Präposition*
    | *Subjunktor*
(Wie lange bleiben Sie?) – Nur bis morgen.
Ich warte hier, bis du kommst.

+ bis *in Verbindung mit zweiter Präposition*
Ich kann nicht bis zum Schluß bleiben.

vorübergehend

+ dauern
Das dauert nicht lang.
Das dauert nur eine Stunde.

+ *eine Zeit* gehen
Das geht nur fünf Minuten.
Das geht lange/schnell.

+ schon
Er ist schon zwei Stunden hier.

+ erst
Wir kennen uns erst zwei Tage.

+ nur
Ich kann leider nur zwei Tage bleiben.

vgl. die Zeitintervalle unter AB 4.1

4.12   BEGINN

+ anfangen
Wann fängt der Film an?
Er fängt morgen an zu arbeiten.

anfangen mit
Er hat gestern mit der Arbeit angefangen.

losgehen
Jetzt geht es gleich los.

+ Anfang/am Anfang
Der Anfang (von dem Film) war nicht interessant.
Am Anfang war ich nicht da.
Das war Anfang Mai/1979.

Beginn

beginnen

+ seit
  Seit wann wohnen Sie hier?
  Er ist seit gestern wieder hier.

+ ab
  Ab wann ist wieder auf?
  Ab morgen habe ich mehr Zeit.

+ von . . . an

4.13 FORTDAUER, FORTSETZUNG

+ seit | *Präposition*
         Subjunktor
  Seit zwei Jahren bin ich verheiratet.
  Seit wir hier sind, regnet es.

+ noch / immer noch
  Es regnet noch.
  Er ist immer noch im Krankenhaus.

  weiter
  Er muß weiter im Krankenhaus bleiben.

+ weiter-
  Wissen Sie, wann es weitergeht?
  Ich muß jetzt weiterarbeiten.
  Komm, wir machen weiter!

  vgl. AB 4.14 VERLAUF
         AB 4.16 VERÄNDERUNG/BESTÄNDIGKEIT

4.14 VERLAUF

+ gerade
  Sie liest gerade die Zeitung.

  am *Tun* sein
  Sie ist am Lesen.

  beim *Tun* sein
  Er ist beim Packen.

  dabei sein, *etwas* zu *tun*
  Er war gerade dabei, den Koffer zu packen.

4.15 ABSCHLUSS, ENDE

+ aufhören
  Hör doch auf!
  Es hat aufgehört zu regnen.

  aufhören mit

+ fertig
  Jetzt bin ich fertig.

  fertig mit

+ zu Ende sein
  Wann ist der Film zu Ende?

+ Ende/am Ende
  Das Ende ist ziemlich traurig.
  Sie kommt Ende Juli.
  Am Ende (von den Ferien) sind wir am Meer gewesen.

+ Schluß/am Schluß
  Ist schon Schluß?
  Am Schluß hat er noch gesagt . . .

+ Schluß machen
  Ich glaube, wir müssen jetzt Schluß machen.

vorbei
Die Nachrichten sind schon fast vorbei.

+ aussein
Ist der Film schon aus?

+ nicht mehr
Es regnet nicht mehr.

+ bis
Bis wann können Sie bleiben?
Das Museum ist bis acht auf.

+ bis zu
Wir sind nicht bis zum Schluß geblieben.

+ Pause
Wann machen wir (eine) Pause?

vgl. AB 4.8 VERGANGENHEITSBEZUG

4.16 VERÄNDERUNG/BESTÄNDIGKEIT

+ *anders* werden/sein/machen
Die Situation wird gefährlich.
Das Wetter ist besser (geworden).
Hat man das Haus neu gemacht?

(sich) ändern

(sich) verändern

+ langsam
Das Wetter wird langsam besser.

allmählich

+ plötzlich

auf einmal

+ bleiben
Das Wetter bleibt schön.
Hier ist alles gleich geblieben.

+ *gleich* sein
Es ist alles wie im letzten Jahr.

lassen *(= belassen)*
Man hat alles so gelassen wie es war.

4.17 GESCHWINDIGKEIT

Tempo

Geschwindigkeit

+ schnell
Das ist ein schneller Wagen.
Wie schnell fährt der?

+ schnell machen
Mach schnell!

+ sich beeilen
Sie müssen sich beeilen.

+ langsam
Sie müssen langsamer fahren.

+ *Geschwindigkeitsangabe*
Der Wagen fährt 130.

pro
80 Kilometer pro Stunde.

4.18   HÄUFIGKEIT

+   wie oft

wievielmal

+   nie

+   fast nie

selten

+   nicht oft

kaum

+   manchmal

+   ein paarmal

mehrmals

+   oft

häufig

viel

+   sehr oft

+   meistens

regelmäßig
Ich gehe regelmäßig schwimmen.

in der Regel
Er kommt in der Regel gegen sechs nach Hause.

+   nicht immer

+   fast immer
Ich gehe fast immer zu Fuß ins Büro.

+   immer
Am Montag gehe ich immer schwimmen.
Sie hört immer Musik.

dauernd

ständig
Der ist ständig unterwegs.

jedesmal

+   jed- + *Nominalgruppe im Akkusativ*
Wir fahren jedes Jahr in die Schweiz.
Ich gehe jede Woche einmal ins Kino.

+   *Wiederholungszahlen:* einmal, zweimal . . .

+   mal
Waren Sie schon mal in Paris?

+   -mal in/an
Ich gehe ungefähr zweimal im Jahr ins Theater.
Bei uns kommt die Post zweimal am Tag.

+   -mal pro
Der Bus fährt zweimal pro Stunde.

alle + *Zeitangabe*
Der Bus fährt alle zehn Minuten.

morgens . . . nachts

montags . . . sonntags
Montags geschlossen.

werktags

täglich

wöchentlich

monatlich

+ wenn *(= immer wenn)*
Wenn ich nach Hause komme, lese ich zuerst
(immer) die Zeitung.

+ erst
Ich war erst einmal in Deutschland.

+ nur
Ich war nur einmal in Deutschland.

+ schon
Ich war schon oft in Wien.

+ noch nie

vgl. AB 6.3.7 NORMALITÄT

4.19 WIEDERHOLUNG

+ wieder
Er hat wieder angerufen.

+ nochmal
Er hat nochmal angerufen.
Können Sie das nochmal sagen?

+ noch | einmal/zweimal *usw.*
ein paarmal
oft

immer wieder
Er hat es immer wieder versucht.
vgl. AB 4.18 HÄUFIGKEIT

5 QUANTITÄT

5.1 ZAHL

+ *Numerus (Singular, Plural)*

+ null

+ *Kardinalzahlen:* eins/ein, zwei . . . Milliarden.

+ beide

ein/das Paar

ein Dutzend

+ *Ordinalzahlen:* der erste, der zweite . . .

+ noch ein-
Bringen Sie mir bitte noch einen Kaffee!

+ *Wiederholungszahlen:* einmal, zweimal . . .

doppelt

Doppel-

Einzel-

+ *Einteilungszahlen:* erstens, zweitens . . .

+ *Dezimalzahlen mit Maßangaben*
z. B. 6,30 DM (sechs Mark dreißig)
2,70 m (zwei Meter siebzig)

+ Prozent

+ Komma
0,7 l (null Komma sieben Liter)

+ halb
Ein halbes Pfund bitte! *(= 250 g)*

+ eineinhalb // anderthalb

+ zweieinhalb, dreieinhalb . . .

+ ein, zwei Drittel

+ ein, drei Viertel

+ Zahl
Was für eine Zahl ist das, eine Drei oder eine Acht?

+ zählen
(Wieviel sind das?) – Ich habe nicht gezählt.

+ und

plus

+ weniger

minus

+ mal

+ pro
Das kostet ungefähr zwanzig Mark pro Person/pro Tag.

+ ist/macht
3 mal 6 ist/macht 18.

vgl. AB 3.3 DIMENSIONEN, MASSE

5.2 MENGE

Die Wahl der Quantifikatoren hängt davon ab, ob es sich um zählbare oder nicht zählbare Mengen handelt. (Die nichtzählbaren Gegenstände können durch Substantive ohne Plural oder Substantive ohne Singular bezeichnet sein, z. B. Reis, Ferien). Bei zählbaren Mengen kann der Aspekt der Anzahl oder der Aspekt der Menge im Vordergrund stehen (z. B. viele Kinder – viel Kinder). Die meisten Exponenten können autonom und attributiv verwendet werden. In den Beispielen werden nur die wichtigsten Verwendungsmöglichkeiten angegeben.

+ wieviel(e)
  Wieviel Liter sind da drin?
  Wieviel (Geld) hast du noch?
  Wieviel(e) Zigaretten) hast du noch?

+ alles, – alle
  Er hat alles vergessen.
  Sind alle (Zimmer) so klein?

+ ganz-
  Ich war den ganzen Tag/die ganze Zeit zu Hause.
  Er hat das ganze Geld verloren.

  sämtlich-

+ jeder

+ viel(e)
  Das ist aber viel (Geld).
  Waren viel(e) (Leute) da?

  eine Menge

  ein Haufen

  mehrere

  einige

+ ein paar
  Wir haben noch ein paar (Flaschen).
  Ich habe nur noch ein paar Mark.

+ manche
  Manche (Politiker) glauben . . .

+ etwas/was
  Möchten Sie noch (et)was (Kaffee)?

+ ein bißchen
  Wir haben nur noch ein bißchen (Käse).

+ ein Stück
  Willst du noch ein Stück (Käse)?
  Ich habe nur ein Stück (von dem Buch) gelesen.

+ halb

+ die Hälfte

+ wenig(e)

+ nichts
  Danke, ich möchte nichts mehr.

+ kein/keiner
  Ich habe kein Brot bekommen. Es war keins mehr da.
  Ich habe keine (Zigaretten).

+ *Artikel (definiter und generalisierender Gebrauch) siehe* GR 5.5

vgl. AB 1   GEGENSTÄNDE
AB 5.1   ZAHL
AB 5.3   GRAD
AB 7.6.2 TEIL–GANZES

5.3   GRAD

Graduierung bei Zahlen

+ mehr als
Kostet das mehr als hundert Mark?

+ weniger als

über
Es sind über hundert Leute gekommen.

+ genau

+ fast

beinahe

kaum

+ ungefähr
Das sind ungefähr fünf Kilometer.

etwa

gegen

zirka

rund

an die

+ nur
Ich bleibe nur eine Woche.

bloß

+ erst
Ich bin erst zwei Tage hier.

+ schon
Es sind schon zehn da.

+ noch
Ich habe noch zwei Zigaretten.

+ höchstens

Höchst-
z. B. Höchstgeschwindigkeit

im Maximum

maximal

+ wenigstens

mindestens

im Minimum

Graduierung bei indefiniten Mengenangaben

(vgl. auch die Anmerkung im Abschnitt: Graduierung beim Adjektiv/Adverb)

+ viel zu	
+ zu	viel
+ besonders	wenig
+ sehr	

Quantität

+ ganz *(= sehr)*

+ so

+ ziemlich   viel

  recht   wenig

+ etwas (zu)

+ ein bißchen (zu)

+ mehr

+ am meisten

+ der, die, das meiste – die meisten
  Ich habe das meiste (Geld) schon ausgegeben.
  Die meisten (Leute) wissen das nicht.

+ weniger

+ am wenigsten

+ etwas

+ ein bißchen   mehr

+ viel   weniger

  wesentlich

+ immer

+ genug/nicht genug
  Das ist genug.
  Wir haben nicht genug Brot.

+ fast
  Ich habe fast alles/nichts verstanden.

  beinahe

  praktisch
  Wir haben praktisch alles gesehen.

+ schon
  Ich habe schon viel/alles/genug eingekauft.

+ noch
  Da ist noch etwas/viel/genug.
  Ich möchte noch mehr.

+ nur
  Ich habe nur wenig Geld/nur ein paar Mark.

  bloß

+ erst
  Ich habe erst wenig/ein paar Sachen gesehen.

+ nicht
  Er hat nicht viel/alles mitgebracht.

+ gar nicht | viel
             | wenig

+ gar | nichts
    überhaupt | kein

Graduierung beim Adjektiv/Adverb

Nicht aufgeführt werden im folgenden die in der Umgangssprache häufig verwendeten, aber relativ modeabhängigen Graduierungsmittel wie echt, irre, unheimlich *usw.*
Die aufgeführten Exponenten sind zum Teil noch miteinander kombinierbar (z. B. wirklich sehr . . . / fast zu . . .).

+ viel zu
  Das ist viel zu teuer.

+ zu

  aller- + *Superlativ*
  Das gefällt mir am allerbesten.

+ besonders

+ sehr

+ ganz *(= völlig/sehr)*
  Der Zug ist ganz leer.
  Das ist doch ganz einfach.

+ so
  Es ist so schön hier!

+ wirklich

  schrecklich/furchtbar
  Das ist schrecklich nett, aber . . .
  Er fährt furchtbar schnell.

Komparativ und Superlativ siehe AB 7.5.2

+ viel

wesentlich

+ noch

+ etwas   + *Komparativ*

+ ein bißchen

+ immer
  Es geht ihm immer besser.
  Der da ist viel schöner.

  ganz schön
  Das ist ganz schön teuer.

+ ziemlich

recht

  ganz *(= ziemlich/ordentlich)*

+ etwas (zu)

+ ein bißchen (zu)

+ genug/nicht . . . genug
  Der Koffer ist nicht groß genug.

+ so . . . wie möglich
  Ich mache das so schnell wie möglich.

+ fast
  Er ist fast gesund.
  Die Flasche ist noch fast voll.

  beinahe

  praktisch
  Der Mantel ist praktisch neu.

+ weniger
  Das Essen ist hier weniger fett.

+ nicht
  Er fährt nicht sehr schnell.

+ gar nicht

  überhaupt nicht

6   EIGENSCHAFTEN

6.1   PHYSISCHE EIGENSCHAFTEN

6.1.1   FORM

+ rund
  Das ist so ein rundes Ding.
+ -eckig
  dreieckig, viereckig . . .
+ Form
  Das hat so eine komische Form.
+ aussehen
  Wie sieht das aus?

6.1.2   DIMENSION

6.1.2.1   AUSDEHNUNG

siehe AB 3.3 DIMENSIONEN, MASSE

6.1.2.2   TEMPERATUR

+ wie warm, wie kalt
+ Grad
+ unter Null

  minus
  Minus sechs Grad.
+ über Null

  plus

  Temperatur
+ heiß
+ warm

  lauwarm

  kühl
+ kalt
  vgl. auch SB 3.3 KLIMA, WETTER

6.1.3   FARBE

+ Farbe
  Welche Farbe hat Ihr Wagen?
+ weiß
+ schwarz
+ blau
+ grün
+ rot
+ gelb
+ orange
+ braun

+ grau

+ dunkel

+ hell
Ich habe mir einen hellen Anzug gekauft.

hell- + *Farbadjektiv*
z. B. hellblau, hellbraun . . .

dunkel- + *Farbadjektiv*
z. B. dunkelblau, dunkelbraun . . .

-lich *bei Farbadjektiven*
z. B. gelblich, rötlich

bunt

gestrichen
Vorsicht, frisch gestrichen!

6.1.4 MATERIAL

+ Material
Was für Material ist das?

Zeug
Was ist das für Zeug?

+ aus + *Materialbezeichnung*
Die Tasche ist aus Leder.

+ Metall

Gold

Silber

+ Stein

Beton

+ Glas

+ Stoff
Die Hose ist aus gutem Stoff.

vgl. auch SB 6.4 KLEIDUNG

+ Kunststoff

Plastik

synthetisch

+ Gummi

+ Leder
Ist das Leder oder Kunststoff?

+ Holz

+ Papier

6.1.5 MATERIALBESCHAFFENHEIT

+ hart
Das Bett ist viel zu hart.

+ weich

+ stark
Die Schnur ist nicht stark genug.

schwach

+ kaputtgehen
Vorsicht, das geht kaputt!

6.1.6   FEUCHTIGKEIT

+ naß
Die Straße ist naß.
Ich will nicht naß werden.
Das mußt du naß machen.

+ feucht

+ trocken

trocknen
Wo kann man hier die Wäsche trocknen?
Das trocknet schnell.

6.1.7   SICHTBARKEIT, SICHT

+ sehen
Von hier aus können Sie das nicht gut sehen.

Sicht
Die Sicht ist schlecht.

klar

+ gut
Man kann es ganz gut sehen.

deutlich

+ schlecht
Man sieht das schlecht.

+ hell

+ dunkel
Es ist schon zu dunkel.

6.1.8   HÖRBARKEIT, GERÄUSCH

+ hören
Ich höre etwas.

+ verstehen
Ich kann Sie nicht gut verstehen.

+ gut
Man hört das gut.

+ schlecht

+ laut
Nicht so laut!

+ leise

still

+ ruhig
Ich möchte ein ruhiges Zimmer.

Ruhe

Lärm

Krach

6.1.9   GESCHMACK

+ schmecken
Die Suppe schmeckt (sehr gut).

schmecken nach

+ süß

+ bitter

+ sauer

+ scharf

salzig

vgl. SB 5.4

6.1.10   GERUCH

+ riechen
  Es riecht hier so komisch.
  Ich rieche nichts.

riechen nach

+ gut

+ schlecht

+ komisch

stinken
Was stinkt hier so?

6.1.11   ALTER

+ wie alt

+ von wann
  Von wann ist die Zeitung da?

+ alt
  Das ist ein ganz altes Haus.
  Das ist 20 Jahre alt.

+ neu
  Das Buch ist ganz neu.

+ jung
  Sie haben drei junge Katzen.

+ frisch
  Das ist ganz frisches Brot.

+ modern
  Ich habe lieber moderne Musik.

+ von + *Zeitpunkt*
  Ist das die Zeitung von heute?
  vgl. AB 4.1 ZEITPUNKT, ZEITRAUM
  Zur Altersangabe bei Personen siehe SB 1.5

6.1.12   (ÄUSSERER) ZUSTAND, VERFASSUNG

Zustand

+ ganz
  Ein Glas ist kaputt, das andere ist noch ganz.
  Der Wagen ist wieder ganz.

in Ordnung
Der Wagen ist wieder in Ordnung.

beschädigt

+ kaputt

+ Loch

+ gehen *(= funktionieren)*
Die Uhr geht nicht mehr.

funktionieren

in Betrieb/außer Betrieb

Zustand, Verfassung bei Personen siehe SB 8.2
PHYSISCHES UND PSYCHISCHES BEFINDEN

6.2 PERSONALE EIGENSCHAFTEN

6.2.1 DENKEN, WISSEN
(kognitive Fähigkeiten)

siehe auch SA 1.4 und 1.5
SB 9.1

+ wissen
Er weiß das noch nicht.
Er weiß, daß wir kommen.
Er weiß auch nicht, wie sie heißt.

Bescheid wissen

+ kennen
Mein Freund kennt die Stadt sehr gut.
Ich kenne das Wort nicht.

erfahren

+ (sich) erinnern (an)
Ja, jetzt erinnere ich mich wieder.
Ich erinnere mich noch gut, wie das war.
Ich erinnere mich nicht mehr an ihn.

+ vergessen
Er vergißt immer alles.
Ich habe seinen Namen vergessen.
Ich darf nicht vergessen, ihn anzurufen.
Ich habe ganz vergessen, daß er auch mitkommt.
Ich habe meinen Paß vergessen.

behalten
Ich kann seinen Namen nicht behalten.

einfallen
Mir fällt der Name nicht ein.
Mir fällt gerade ein, daß ich noch anrufen muß.
Mir fällt auch nichts Besseres ein.

+ (sich) überlegen
Moment, ich muß mal überlegen.
Ich habe lange überlegt, wie man das machen kann.
Wir müssen (uns) das noch überlegen.

denken an
Ich habe nicht daran gedacht.
Ich hab an etwas anderes gedacht.

nachdenken

+ Idee
Er hat viele Ideen.
Haben Sie vielleicht eine Idee (wo wir hingehen können)
Das war eine gute Idee.

+ sicher sein
Ich bin sicher, daß er noch kommt.
Ich bin nicht sicher, ob das richtig ist.

überzeugt sein

+ glauben

Das glaube ich Ihnen nicht.
Ich glaube, das ist hier in der Nähe.
Sie glaubt nicht, daß das möglich ist.

+ meinen

Er hat gemeint, wir kommen am Mittwoch.
Was meinen Sie?

Meinung

Ist das wirklich Ihre Meinung?

der Meinung sein

Er ist da anderer Meinung.
Ich bin der Meinung, daß Schmidt recht hat.

meiner Meinung nach

Meiner Meinung nach ist das falsch.

Ansicht

+ finden

Ich finde, er hat recht.
Ich finde das richtig.

denken

Er hat gedacht, wir kommen erst morgen.
Ich denke, das geht so.

annehmen

Ich nehme an, er wartet am Bahnhof.

zweifeln

Er zweifelt, ob das so geht.

Zweifel haben

Ahnung

(Wissen Sie, wo das ist?) – Keine Ahnung!

+ verstehen

Ich habe den Film nicht verstanden.
Er versteht nicht, was ich will.

begreifen

kapieren

klar

Das ist mir jetzt klar.

+ intelligent

Sie ist intelligent.

Phantasie

Er hat viel Phantasie.

dumm

6.2.2 GEFÜHL

siehe auch SA 3 GEFÜHLSAUSDRUCK *und die Bei-
spiele unter*
SB 1.13: NEIGUNGEN/ABNEIGUNGEN
SB 14.1: PERSÖNLICHE BEZIEHUNGEN

Gefühl

Liebe

+ lieben

+ mögen

+ gern haben

hassen

+ sich freuen (über/auf)
Er hat sich sehr gefreut.
Er hat sich über die Blumen gefreut.
Er hat sich gefreut, daß du gekommen bist.
Er freut sich auf die Ferien.

freuen
Das freut ihn sicher.

+ froh
Ich bin froh, daß alles gut gegangen ist.

Freude

glücklich
Er war nie glücklich.

+ zufrieden (mit)

+ Spaß machen (= *Freude haben*)
Das hat (mir) wirklich Spaß gemacht.

+ lachen
Er lacht fast nie.
Wir haben viel gelacht.

+ traurig
Er war damals sehr traurig.

enttäuschen / enttäuscht sein
Das hat ihn sehr enttäuscht.
Ich bin enttäuscht, daß er so etwas sagt.

+ weinen
Er hat fast geweint.

+ hoffen
Ich hoffe, es ist nichts passiert.

fürchten / sich fürchten

+ Angst haben
Warum haben Sie Angst?
Er hat Angst, daß etwas passiert.

(sich) aufregen
Das hat ihn sehr aufgeregt.
Er hat sich aufgeregt, weil du nicht angerufen hast.

aufgeregt
Ich bin schon ganz aufgeregt.

+ nervös

+ (sich) ärgern
Er hat mich geärgert.
Er hat sich geärgert, weil du das gesagt hast.
Ich habe mich geärgert, daß ich das vergessen habe.

6.2.3 WOLLEN

siehe auch SA 2.7 *und* 2.8
AB 6.3.8

+ wollen
Er weiß nicht, was er will.
Er will es nochmal versuchen.
Er wollte ins Ausland.

+ möchte

Er möchte das so.
Ich möchte das lieber jetzt machen.
Er möchte noch in die Stadt.

(sich) entscheiden

Ich habe noch nichts entschieden.
Er hat sich entschieden, ins Ausland zu gehen.

beschließen

sich entschließen

vorhaben

Was haben Sie vor?
Wir hatten vor, bis Stuttgart zu fahren.

Absicht

+ mit Absicht

Glauben Sie, er hat das mit Absicht gemacht?

absichtlich

extra

Er hat das bestimmt nicht extra gemacht.

freiwillig

Ich mache das freiwillig.

+ Lust haben

Er hat keine Lust, mitzukommen.

6.2.4 AUSDRUCK, SPRACHE

Zum Bereich der kommunikativen Fähigkeiten siehe auch die ausführlichere Darstellung in der Liste der Sprechakte sowie die Exponenten und Beispiele unter

SB 12   FREMDPSRACHE
SB 13.7 LEKTÜRE
SB 14   PERSÖNLICHE BEZIEHUNGEN UND
        KONTAKTE.

+ sprechen (mit, über)

Er spricht immer so viel.
Er hat lange mit mir gesprochen.
Wir haben über Politik gesprochen.

reden

+ sagen

Er sagt fast nie etwas.
Er hat gesagt, er ruft wieder an.
Er hat mir nicht gesagt, wann er kommt.

Bescheid sagen / geben

mitteilen

+ erzählen

Sie kann gut erzählen.
Hat sie erzählt, wie das passiert ist?
Das hat er mir nicht erzählt.

+ erklären

Er kann das sicher erklären.
Sie hat mir erklärt, wie wir fahren müssen.

beschreiben

+ fragen

Ich habe am Bahnhof gefragt.
Er wollte mich etwas fragen.
Er hat gefragt, ob/wann wir kommen.

fragen nach

+ Frage
  Ich habe Ihre Frage nicht verstanden.

+ antworten
  Er hat noch nicht geantwortet.
  Hat er dir schon geantwortet?
  Ich weiß nicht, was ich antworten soll.

antworten auf

+ Antwort
  Die Antwort habe ich nicht ganz verstanden.
  (Ich habe vor drei Wochen geschrieben.) Aber ich habe noch keine Antwort.

sich unterhalten (mit, über)
  Wir haben uns lange unterhalten.
  Ich habe mich schon mal mit ihm darüber unterhalten.

+ diskutieren (mit, über)

quatschen

+ schreiben
  Er hat gestern geschrieben.
  Er hat mir wieder geschrieben.
  Er hat schon zwei Briefe geschrieben.
  Er schreibt, daß er wieder Arbeit gefunden hat.

+ zeigen
  Sie hat die neuen Fotos gezeigt.
  Ich kann Ihnen den Weg zeigen.
  Er hat mir gezeigt, wie man das macht.

6.2.5   MORALISCHE EIGENSCHAFTEN

siehe AB 6.3 WERTUNG
        SB 1.14 CHARAKTER, TEMPERAMENT

6.3   WERTUNG

zur Graduierung

siehe AB 5.3 GRAD
vgl. auch SA 2 BEWERTUNG, KOMMENTAR

6.3.1   WERT, PREIS

wert sein
  Wieviel ist das wert?
  Das ist sicher nicht viel wert.

+ wie teuer

+ kosten
  Kostet das etwas?
  Das kostet nicht viel.

+ für *(Gegenwert)*
  Was möchten Sie dafür?
  Ich habe das für 20 Mark gekauft.

+ Preis
  Wie sind jetzt die Preise in Deutschland?

+ teuer

wertvoll

+ billig

preiswert

günstig

+ gratis

umsonst

kostenlos

vgl. SB 6.2 *und* SB 7.4

6.3.2 QUALITÄT
(allgemeine Wertung)

ideal

+ prima

ausgezeichnet

herrlich

wunderbar

+ gut
Das Hotel war sehr gut.
Er kann gut erzählen.

+ schlecht

Qualität

vgl. AB 7.5.2 VERGLEICH
*vgl. auch die Charakterisierungen in der Liste der
Spezifischen Begriffe*

6.3.3 ÄSTHETISCHE QUALITÄT

+ schön

+ hübsch
Sie ist sehr hübsch.
Sie hat eine hübsche Wohnung/ein hübsches Kleid.

+ nett

+ nicht schön

häßlich

6.3.4 AKZEPTABILITÄT

+ gut
Das ist gut so.

+ es geht
(Ist das Hotel gut?) – Es geht.
Geht es so?
Das geht wirklich nicht.

annehmen
Das kann ich nicht annehmen.

ablehnen

passen
Das paßt mir gar nicht.

+ stören
Die Musik stört mich.
Störe ich?

+ zu + *Adjektiv*
Das ist (nicht) zu teuer.

+ zu weit gehen
Das geht zu weit!

6.3.5   ADÄQUATHEIT

+ gehen, es geht
Gehen die Schuhe? (= *passen*)
(Möchten Sie noch mehr?) – Danke, es geht.

passen

+ genau
Genau so etwas habe ich gesucht.

+ richtig
Ich glaube, das ist das richtige Geschenk für ihn.

+ genug
Danke, das ist genug.
Der Koffer ist nicht groß genug.

reichen
Reichen zehn Mark?
Danke, das reicht.

+ zu + *Adjektiv*
Der Koffer ist zu klein.

vgl. AB 6.3.2 QUALITÄT

6.3.6   RICHTIGKEIT, WAHRHEIT

+ stimmen
Das stimmt nicht.
Stimmt!

+ so sein
So ist es.
Ja, so ist es gewesen.

+ richtig

+ falsch

+ wahr
Das ist nicht wahr.

+ wirklich
Ist das wirklich passiert?

+ genau
Das ist/stimmt nicht ganz genau.

+ recht haben
Sie haben recht gehabt.

+ sich irren
Ich glaube, ich habe mich geirrt.

sich täuschen

vgl. SA 1.1.2 FESTSTELLEN, BEHAUPTEN
     SA 2.5   KONSENS – DISSENS

6.3.7   NORMALITÄT

+ normal
Das ist eine ganz normale Sache.
Ist es normal, daß . . . ?

normalerweise

+ meistens

 gewöhnlich

 üblich

 im allgemeinen

 Regel/in der Regel

+ sonst (immer/meistens)
 Er ist sonst immer zu Hause.

+ natürlich
 Ich hole dich natürlich ab.

 selbstverständlich

+ man
 Gibt man hier Trinkgeld?

+ typisch (für)
 Das ist typisch deutsch.
 Das ist typisch für die Deutschen.

+ komisch
 Komisch, daß er nicht da ist.
 Was ist das da für ein komisches Bild?

 seltsam

 merkwürdig

 Ausnahme
 Das ist heute eine Ausnahme.

 ausnahmsweise

+ besonders
 Morgen müssen wir besonders früh aufstehen.

 Sonder-
 Sonderzug/Sonderangebot *usw.*

 Spezial-

 Extra-

 vgl. AB 4.18 HÄUFIGKEIT

6.3.8   ERWÜNSCHTHEIT

+ möchte
 Er möchte nicht, daß wir hier bleiben.
 Er möchte ein Fahrrad.
 Er möchte mal nach Amerika.
 Er möchte Auto fahren können.

+ wollen

+ sollen
 Soll ich das machen?

 (sich) wünschen

+ Wunsch
 Wir haben noch einen Wunsch.

+ gern, lieber, am liebsten
 Ich habe es nicht gern, wenn du so etwas sagst.
 Er will lieber erst morgen kommen.

+ besser, am besten
 Es ist besser, wenn er morgen kommt.

Konjunktiv II von sein, haben, werden *und Modalverben*

Ich wäre lieber zu Hause.
Er würde gern mal nach Spanien fahren.

Konjunktiv II der anderen Verben

Ich käme gern zu Ihnen.

vorziehen

+ hoffen

+ hoffentlich

Hoffentlich gewinnen die Sozialisten.

Desiderativsatz:
mit Erststellung des finiten Verbs (Konj. II)

Hätten wir nur mehr Zeit!

mit Endstellung des finiten Verbs (Konj. II):

wenn . . . doch/nur/bloß/endlich

Wenn wir doch nur mehr Zeit hätten!

vgl. SA 2.6 *und* SA 2.7; SA 4.1.6; SA 4.4.1;
      SA 4.6.2; SA 4.7.2
      AB 6.2.3 WOLLEN

6.3.9 NÜTZLICHKEIT

+ brauchen können // gebrauchen können

Einen Studentenausweis können Sie immer brauchen.

+ gut (für/gegen)

Das ist gut gegen Erkältung.
Das ist nicht gut für deine Augen.

+ schlecht (für)

+ praktisch

sich lohnen

Es lohnt sich, da mal hinzugehen.

nützen

nützlich

Vorteil

Das hat den Vorteil, daß . . .

Nachteil

schaden

schädlich

6.3.10 WICHTIGKEIT

+ wichtig

dringend

Ich muß dich dringend sprechen.
Das ist dringend.

+ unbedingt

Ich muß unbedingt nach Hause.

+ auf jeden Fall

+ auf keinen Fall

Sie dürfen das auf keinen Fall vergessen.

Hauptsache

(Du mußt zuerst anrufen.) Das ist jetzt die Hauptsache.

Haupt-

Hauptgrund, Hauptfrage *usw.*

Neben-

wesentlich

Das ist eine ganz wesentliche Frage.

eine/keine Rolle spielen

6.3.11 NOTWENDIGKEIT

+ müssen/nicht müssen

Wir müssen noch einkaufen.
Ich muß morgen nicht arbeiten.
Ich muß ins Bad.

+ *etwas* brauchen

Sie brauchen Ihren Paß.
Man braucht kein Visum.

+ nicht (zu) *tun* brauchen

Er braucht nicht auf mich (zu) warten.
(Wir holen dich ab.) – Das braucht ihr nicht.

+ nötig

Das ist nicht nötig.
Haben Sie die nötigen Papiere?

notwendig

vgl. SA 4.6.4 *und* SA 4.7.4

6.3.12 MÖGLICHKEIT

+ können

Kann man das nicht aufmachen?
Kann man da rein?

+ es geht

(Können Sie das bis morgen machen?) – Nein, das geht leider nicht.

+ möglich

Das ist leider nicht möglich.

+ unmöglich

+ Möglichkeit

Gibt es noch eine andere Möglichkeit?
vgl. SA 4.6.3 *und* SA 4.7.3

Gelegenheit

Ich hatte keine Gelegenheit, Sie anzurufen.

+ Chance

Gibt es noch eine Chance (, einen Platz zu kriegen)?

sich *machen* lassen

Läßt sich das reparieren?

-bar

machbar, sichtbar *usw.*

6.3.13 FÄHIGKEIT

+ können

Er kann nicht schwimmen.
Du kannst das bestimmt.

+ wissen, wie . . .

Ich weiß nicht, wie man das macht.

in der Lage sein.

Er war nicht mehr in der Lage, zu fahren.

vgl. SA 4.6.3.1; SA 4.6.3.8; SA 4.7.3.1

6.3.14   SCHWIERIGKEIT

+ schwer
Das ist eine schwere Frage.

schwierig

kompliziert

+ leicht
Die Prüfung war ziemlich leicht.

+ einfach

+ Problem
Das ist ein großes Problem für mich.
Ich hatte Probleme mit dem Wagen.
Er hatte Probleme, Sie zu finden.

Schwierigkeit

Mühe
Ich hatte Mühe, ihn zu verstehen.

6.3.15   GELINGEN, ERFOLG

+ gehen (gut/nicht gut)
Ist es gegangen?
Hoffentlich geht das gut!
Es ist prima gegangen.

klappen
Es hat alles prima geklappt.

schaffen
Meinst du, du schaffst das?
So, jetzt haben wir es geschafft.

+ versuchen
Ich habe versucht, dich anzurufen.

probieren

+ Glück
Ich habe Glück gehabt.
Ich habe doch nie Glück.

Pech

Erfolg

Mißerfolg

+ umsonst
(Er ist nicht da.) Wir sind umsonst hergekommen.
(Es geht nicht.) Die ganze Arbeit war umsonst.

vergeblich

vergebens

7 RELATIONEN

7.1	RÄUMLICHE BEZIEHUNGEN	*siehe unter* AB 3 RAUM
7.2	ZEITLICHE BEZIEHUNGEN	*siehe unter* AB 4 ZEIT

7.3 HANDLUNGS-, EREIGNISRELATIONEN

In Anlehnung an die von FILLMORE *und anderen entwickelte ,,Kasustheorie'' (Tiefenkasus) sind im folgenden in stark vereinfachender Form die wichtigsten ausdrucksgrammatischen Erscheinungsformen für semantische Relationen bei Handlungen und Ereignissen zusammengestellt. Es geht dabei nicht um Vollständigkeit, sondern nur um eine grobe Orientierung.*

7.3.1 AGENS

(in der Regel belebt, bei metonymischer Verwendung, aber auch unbelebte Gegenstände und Naturkräfte)

+ *Agens als Subjekt*
Mein Bruder übersetzt den Brief.

+ *von + Nominalgruppe (als Satzglied)*
Die Übersetzung ist von meinem Bruder.

+ *von + Nominalgruppe (als Attribut)*
Die Übersetzung von meinem Bruder . . .

von + Nominalgruppe (Passiv)
Der Brief wird von meinem Bruder übersetzt.

Genitivattribut
Die Übersetzung meines Bruders . . .

+ *Possessivpronomen in Agensfunktion*
Seine Übersetzung . . .

+ es *impersonale*
Es klingelt.
Es hat den ganzen Tag geregnet.

Agenten bei lassen + *Infinitiv:*

+ *Subjekt (zweites Agens nicht genannt)*
Er läßt den Brief schreiben.

Subjekt und von + *Nominalgruppe*
Er läßt den Brief von seinem Bruder schreiben.

Subjekt und Akkusativergänzung
Er läßt ihn den Brief schreiben.

7.3.2 OBJEKT

(effiziert und affiziert)

+ *Akkusativergänzung*
Er schreibt einen Brief.
Er holt den Brief/seinen Freund ab.

Subjekt (Passiv)
Der Brief wird geschrieben.

+ *Präpositionalergänzung*
Sie diskutieren über den neuen Film.

von + Nominalgruppe
Die Übersetzung von dem Brief . . .

Genitivattribut
Die Übersetzung des Briefes . . .

7.3.3 ADRESSAT
(Benefaktiv)

+ *Dativergänzung*
Er schreibt seiner Freundin.

+ *Subjekt*
Seine Freundin hat einen Brief bekommen.

+ für + *Nominalgruppe*
Er hat für seine Freundin Blumen gekauft.

+ *Dativus commodi*
Er macht ihr die Tür auf.

+ *Pertinenzdativ*
Er hat mir das Auto kaputtgemacht.

+ *Possessivpronomen in Adressatfunktion*
(Ist der Kaffee für Sie?) – Nein, das ist seiner.

7.3.4 INSTRUMENT

+ mit + *Nominalgruppe*
Das kannst du mit dem Messer machen.

+ *Subjekt*
Das Messer schneidet schlecht.

+ *Akkusativergänzung*
Ich habe das Messer genommen.

7.3.5 ART UND WEISE

+ *adverbial verwendetes Adjektiv*
Er fährt langsam.

+ *Adverb*
Ich mache das gern.

+ so
Wir machen das immer so.

+ wie
Wie macht man das?
Ich weiß, wie das passiert ist.

mit/ohne + *Nominalgruppe*
Der Wagen kam mit großem Tempo.

7.3.6 ORT
siehe AB 3 RAUM

7.3.7 ZEIT
siehe AB 4 ZEIT

7.4 PRÄDIKATION
(Objekt-Eigenschaft)

+ sein + *Qualitativergänzung*
Das Restaurant da ist sehr gut.

+ *Adjektivattribut*
Das große Hotel.

+ *Relativsatz*
Das ist das Restaurant, in dem man so gut ißt.

+ mit
Das Mädchen mit den langen Haaren.

als + *Nominalgruppe*
Als Frau verdienen Sie weniger.

+ haben
  Sie hat blaue Augen.
+ heißen
  Das Hotel heißt „Rheinhof".

7.5 ÄHNLICHKEITSBEZIEHUNGEN

7.5.1 IDENTITÄT

+ sein + *Subsumptivergänzung*
  Das ist Erika.
+ der gleiche
  Wir schlafen im gleichen Zimmer.

  derselbe
  Spielen die immer noch dasselbe Stück?
+ ander-
  Wo ist der andere Schlüssel?
+ verschieden
  Leider wohnen wir in verschiedenen Hotels.

7.5.2 VERGLEICH; ENTSPRECHUNG/UNTERSCHIEDLICHKEIT

+ gleich/der gleiche
  Das Essen ist wieder gleich gut (wie gestern).
  Ich habe genau den gleichen Mantel (wie er).

  derselbe
+ so *(deiktisch)*
  Das sieht ungefähr so aus.
  Das ist so groß.
+ so . . . wie
  Hier ist es so schön wie im Tessin.
  Machen Sie es doch (so) wie ich.

  genauso
+ so ein/so etwas
  Ich hatte früher auch so einen (Fotoapparat).
+ ähnlich
  In Köln war es ganz ähnlich (wie . . .).
  Ich habe einen ähnlichen Film gesehen.
+ wie
  Der sieht aus wie mein Vater.
  Ich komme wie immer um fünf.
+ nicht so . . . wie
+ ander- (als)
  Ich höre lieber andere Musik (als die).
+ anders (als)
  Das war hier früher ganz anders (als jetzt).
+ verschieden
  Die beiden sind sehr verschieden.
  Es gibt da ganz verschiedene Möglichkeiten.
+ *Komparativ der in den Listen enthaltenen Adjektive*
  Heute geht es mir wieder besser.
  Hoffentlich ist morgen schöneres Wetter.
+ mehr/am meisten
  Morgen habe ich mehr Zeit.

+ weniger/am wenigsten

+ als *nach Komparativ*
Ich verdiene heute weniger als früher.
Sie haben einen größeren Garten als wir.

+ *Superlativ der in den Listen enthaltenen Adjektive*
Das Bild da gefällt mir am besten.
Ich finde, das da ist das schönste (Bild).

+ von *beim Superlativ*
Das gefällt mir am besten von allen.

+ vergleichen (mit)
Ich möchte zuerst die Preise vergleichen.
Das kann man nicht mit den Preisen bei uns vergleichen.

Vergleich

im Vergleich zu
Im Vergleich zu gestern ist das nicht schlecht.

Unterschied

unterscheiden

sich unterscheiden

verwechseln
Die zwei kann man leicht verwechseln.

7.6 ZUGEHÖRIGKEIT

7.6.1 BESITZ

+ *Dativ (Ergänzung und Pertinenzelement)*
Ist das Buch dir?
Er hat mir den Wagen kaputtgemacht.

+ wem
Wem hast du es gegeben?
Ich weiß nicht, wem das ist.

Genitiv (Attribut)
Das ist der Wagen meines Vaters/Martins Wagen.

wessen

+ *Possessivpronomen (attributiv und autonom)*
(Ist das Ihr Mantel?) – Ja, das ist meiner.

+ von
Wir können mit dem Wagen von meinem Vater fahren.

Personenbezeichnung im Dativ + Possessivpronomen

Das ist meinem Bruder sein Wagen.
(Sind die Schlüssel dir?) – Nein, das sind Markus seine.

+ haben
Haben Sie ein Radio?
Das können Sie haben.

+ sein
Ist das Buch dir?

+ gehören
Gehört das Ihnen?

besitzen

eigen-
Ich fahre lieber mit meinem eigenen Wagen.

privat

öffentlich

+ geben *(= übergeben/schenken/leihen)*
  Er hat mir fünf Mark gegeben.

+ nehmen
  Wer hat mein Buch genommen?

behalten
Kann ich das behalten?

+ bekommen
  Ich hab das gestern bekommen.

+ kriegen
  Das Buch habe ich von meiner Freundin gekriegt.

erhalten

7.6.2   TEIL–GANZES

+ haben
  Das Zimmer hat zwei Fenster.

+ von
  Das ist das Fenster von meinem Zimmer.
  Bonn ist die Hauptstadt von Deutschland.
  Ist das (etwas) von deinem Fotoapparat?

Genitiv (Attribut)
Man sieht nur den Turm der Kirche.

+ mit
  Ich habe ein Zimmer mit Dusche.

+ ohne

gehören zu
Das gehört auch noch zu Deutschland.

+ alles, – alle
  Haben Sie alles gesehen?

+ ganz
  Sie können die ganze Wohnung haben.

gesamt-
z. B. die gesamte Bevölkerung/Gesamtgewicht

+ halb

+ die Hälfte (von)

vgl. auch die Bruchzahlen unter AB 5.1 ZAHL

+ Stück (von)
  Ich kann Sie ein Stück mitnehmen.
  Da liegt noch ein Stück (von dem kaputten Glas.)

Teil (von)

teilen

vgl. AB 7.9 INKLUSION/EXKLUSION
     AB 5   QUANTITÄT

7.7   KONJUNKTION

+ und
  Wir brauchen noch Butter und Brot.
  Ich bin müde. Und ich habe Kopfschmerzen.

sowohl . . . als auch

nicht nur . . . sondern auch

+ (und) auch
Da ist eine Bank. Und auch die Post.
Gestern hat's geregnet. Und vorgestern auch.

+ auch nicht
Morgen geht es auch nicht.

weder . . . noch
Es geht weder heute noch morgen.

+ *Aufzählungen*
Ich kann am Montag, Dienstag, (und) Freitag nicht.

7.8 DISJUNKTION

+ oder
Nehmen Sie Kaffee oder Tee?
(Wir können ins Kino gehen.) Oder willst du hier
bleiben?

entweder . . . oder

7.9 INKLUSION/EXKLUSION

+ sein + *Subsumptivergänzung*
Er ist Kommunist.

+ mit
Mit mir sind es fünf.
Trinken Sie den Kaffee mit oder ohne Zucker?
Hans kommt auch mit in die Stadt.
Wir haben ein Haus mit Garten.

+ zusammen
Wir können das zusammen machen.
Ich bezahle alles zusammen.

+ dabei
Hans ist auch dabei.
Ist das Trinkgeld dabei?

inbegriffen
Frühstück inbegriffen.

einschließlich
Er ist verreist bis einschließlich Montag.

inklusive

+ sonst (noch)
Wer fährt sonst (noch) mit?

+ noch
Wer war noch da?

+ auch
Er ist auch dafür.

außerdem

+ ohne
Wir sind dann ohne ihn gegangen.

+ allein
Wir sind dann allein gegangen.

+ nur
Ich kann nur morgen.

+ nur . . . nicht
Ich habe alle Bücher gefunden, nur eins nicht.

+ außer

Außer dir sind alle dafür.

mit Ausnahme von

vgl. AB 7.7; AB 7.8 *und* AB 7.6.2 *sowie die Quantoren unter* AB 5.2

7.10 OPPOSITION, EINSCHRÄNKUNG

+ aber

Heute geht es nicht, aber morgen habe ich Zeit.

zwar . . . aber

dagegen

+ nicht . . . sondern

Er kommt nicht heute, sondern morgen.
Ich möchte nichts essen, (sondern) nur etwas trinken.

trotz *(Präposition mit Dativ/Genitiv)*

+ doch *(betont)*

Ich hatte keine Lust, (aber) ich bin dann doch hingegangen.

+ trotzdem

(Ich bin erkältet.) Ich komme aber trotzdem.

+ obwohl // trotzdem

Ich muß hingehen, obwohl ich keine Lust habe.

dabei

Sie wollen schon gehen? Dabei ist es doch so schön.

7.11 KAUSALITÄT: GRUND, URSACHE

In diesem und dem folgenden Abschnitt werden Mittel aufgeführt, mit denen ein Kausalverhältnis explizit ausgedrückt wird. Im Redezusammenhang bleibt die Relation oft unmarkiert, z. B. Ich konnte leider nicht kommen. Ich war krank. *Oder:* Sie wollen schon gehen? – Ich muß leider. *Vgl.* SA 2.3.1 *und* SA 2.4.4

+ warum

+ wieso

weshalb

weswegen

wie kommt es

Wie kommt es, daß niemand etwas gehört hat?
Ich weiß auch nicht, wie das kommt.

+ weil

da

denn

Ich kann heute nicht kommen. (Denn) wir haben Besuch.

nämlich

deshalb/deswegen/darum *(als fakultative Korrelate)*

Ich sage das (deshalb), weil ich gehört habe . . .

+ wegen + *Dativ*

Das ist nur wegen dir passiert.

durch

Durch den Unfall kam es zu einer Stauung.

aufgrund

aus

Er hat aus Angst nichts gesagt.

vor

Er konnte vor Kopfweh nicht einschlafen.

Grund

+ kommen von

Das kommt vom Rauchen.
Das kommt davon, daß du so viel rauchst.

+ machen *(= bewirken)*

Ich habe das Radio leiser gemacht.
Kannst du machen, daß er auch kommt?

+ *machen* lassen

Ich lasse das reparieren.

7.12   KAUSALITÄT: FOLGE, WIRKUNG

+ deshalb

(Ich war krank.) Deshalb konnte ich nicht kommen.

deswegen

darum/drum

daher

+ so daß

Sie war so krank, daß sie zu Hause bleiben mußte.

führen zu

Das führte dazu, daß . . .

Folge

Ergebnis

7.13   ZWECK

Finalität wird sehr häufig nicht direkt, sondern – oft in Verbindung mit einem Ausdruck des Wollens – durch die Angabe eines Grundes bzw. die Frage nach dem Grund oder durch die Angabe einer Bedingung ausgedrückt; z. B.: Ich muß mich beeilen, weil ich nicht zu spät kommen will. / Du mußt dich beeilen, wenn du nicht zu spät kommen willst.
vgl. AB 7.11, AB 7.12 *und* AB 7.14

wozu

+ wofür/für was

+ um . . . zu

Ich brauche etwas, um die Dose aufzumachen.

+ damit

Ich rufe ihn an, damit er auch kommt.

+ daß

Mach schnell, daß wir nicht zu spät kommen.

+ zu + *substantiviertes Verb*

Ich nehme deine Tasche zum Einkaufen.

+ für

Das ist für die Reise.

Zweck

Ziel

7.14   BEDINGUNGSVERHÄLTNIS

+ wenn . . . (dann)
Wenn du willst, komme ich mit.

+ dann
(Du gehst nicht hin?) Dann gehe ich auch nicht.

falls

+ nur (dann), wenn

+ sonst
Ich muß mich beeilen, sonst komme ich zu spät.

bei
Bei schlechtem Wetter fällt das Konzert aus.

+ *irreales Bedingungsverhältnis: Konjunktiv II von: sein, haben, werden (würde-Umschreibung) und Modalverben.*
Wenn ich Zeit hätte, würde ich mitkommen.
Ich hätte ihn gern besucht. Aber ich hatte keine Zeit.
Ohne dich hätte ich das nicht gekonnt.

+ *Nennung von Voraussetzungen (Notwendigkeit, Verpflichtung)*

Du kannst mitfahren.	– Du mußt dich aber beeilen.
	– Du darfst aber nicht zu spät kommen.
	– Du brauchst aber einen Paß.
Wir essen draußen.	– Es muß aber schön sein.
	– Es darf nur nicht regnen.

vgl. SA 1.1.11

7.15   DEDUKTION, FOLGE

+ dann
Es macht niemand auf. Dann ist er schon weg.

+ wenn . . . (dann)

+ also
Ich hatte also recht.

3 Spezifische Begriffe (SB)

Vorbemerkung

Bei der Auswahl spezifischer Begriffe und der entsprechenden Ausdrucksmittel spielen subjektive Einschätzungen zweifellos eine größere Rolle als bei den Listen für die Sprechakte und für die allgemeinen Begriffe. Und in diesem Bereich wird der Benutzer für jeweilige Lerngruppen in ganz besonderem Maß auswählen oder ergänzen müssen.

Ein Rahmen für die Auswahl spezifischer Begriffe ist durch die Lernzielbestimmung im ersten Teil, insbesondere durch die themenbezogene Verhaltensbeschreibung, abgesteckt.

Dem Beispiel von *The Threshold Level* und *Un niveau-seuil* folgend sind in dieser Liste die Konzepte in der linken Spalte sehr viel detaillierter aufgeführt als in der Liste der allgemeinen Begriffe. Dabei werden auch hier die Konzepte nicht durch Definitionen oder Merkmalsangaben, sondern nur durch umgangssprachliche Benennungen bestimmt. Eine solche grobe Klassifizierung ist zwar deskriptiv in mancher Beziehung unbefriedigend. Oft steht beispielsweise in der linken Spalte als metasprachliche Benennung derselbe Ausdruck, der auch als Sprachmittel in der rechten Spalte erscheint (z. B. TISCH – Tisch). Trotz mancher Unschärfen bietet die Darstellung von Konzepten und Ausdrucksmitteln in zwei Spalten für die praktische Arbeit mit den Listen etliche Vorteile, die bei einer isolierten Auflistung lexikalischer Ausdrucksmittel nicht gegeben wären.

Der Benutzer kann sich beispielsweise nur an der linken Spalte orientieren, um einen Überblick zu gewinnen darüber, w a s ausgedrückt werden soll.

Weiter ermöglicht es diese Art der Darstellung, Ausdrucksvarianten überschaubar zusammenzustellen und so auch Anhaltspunkte für die Wahl produktiver und rezeptiver Einheiten zu gewinnen. Dazu ein Beispiel aus der Liste:

linke Spalte	*rechte Spalte*
LOHN	+ verdienen
	Lohn
	Gehalt

Weitere Ausdrucksvarianten oder auch Umschreibungen mit Hilfe von Sprachmitteln aus der Liste der allgemeinen Begriffe können leicht in der rechten Spalte hinzugefügt werden, z. B.: „haben" / „kriegen" *(Er hat 1000 Mark im Monat. / Wieviel kriegen Sie dafür? usw.).*

Auch bei der Anpassung der *Kontaktschwelle* an regionalen Sprachgebrauch oder bei der Erstellung von Fassungen für Subgruppen kann die linke Spalte weitgehend konstant gehalten werden. In der rechten Spalte können dann vom Benutzer die jeweiligen regionalen oder auch gruppenspezifischen Ausdrucksmittel eingesetzt werden. In unserem Beispiel etwa: „Salär" (schweizerisch) oder „Gage" (gruppenspezifisch).

Die Anlage der folgenden Listen in zwei Spalten ist also vor allem unter solchen praktischen Gesichtspunkten zu sehen.

Übersicht: Spezifische Begriffe (SB)

1	**Personalien; Informationen zur Person**
1.1	Name
1.2	Adresse
1.3	Telefon
1.4	Geburtsdatum, Geburtsort
1.5	Alter
1.6	Geschlecht
1.7	Familienstand
1.8	Staatsangehörigkeit
1.9	Herkunft
1.10	Berufliche Tätigkeit
1.11	Religion
1.12	Familie
1.13	Interessen, Neigungen
1.14	Charakter, Temperament
1.15	Aussehen
2	**Wohnen**
2.1	Art der Wohnung
2.2	Räume
2.3	Einrichtung; Möbel, Bettwäsche
2.4	Haushalt, Komfort, technische Einrichtungen
2.5	Mietverhältnis
2.6	Auswärts wohnen
2.7	Einige Charakterisierungen für Wohnung, Einrichtung und Wohnlage
3	**Umwelt**
3.1	Gegend, Stadt, Land
3.2	Pflanzen, Tiere
3.3	Klima, Wetter
4	**Reisen und Verkehr**
4.1	Orientierung
4.2	Alltägliche Wege, Fahrten
4.3	(Ferien-)Reisen
4.4	Öffentlicher Verkehr
4.5	Privatverkehr
4.6	Grenzübergang
4.7	Ausweispapiere für Reise und Verkehr
5	**Verpflegung**
5.1	Essen, Trinken, Mahlzeiten
5.2	Nahrungsmittel, Speisen, Getränke
5.3	Restaurant, Café
5.4	Einige Charakterisierungen für Essen und Trinken
6	**Einkaufen und Gebrauchsartikel**
6.1	Einkaufen, Geschäfte
6.2	Preis/Bezahlen
6.3	Lebensmittel
6.4	Kleidung, Accessoires
6.5	Rauchwaren
6.6	Haushaltartikel
6.7	Apotheke, Medikamente
6.8	Schreibwaren

15   **Aktualität; Themen von allgemeinem Interesse**
15.1   Aktuelles Geschehen
15.2   Lebensverhältnisse, Wirtschaft, Soziales
15.3   Politik

1 PERSONALIEN; INFORMATIONEN ZUR PERSON

1.1 NAME

NAME	+ Name
	Ich habe seinen Namen vergessen.
FAMILIENNAME	+ Nachname
	Familienname / Zuname
MÄDCHENNAME	Mädchenname
	geborene + *Mädchenname (Formulare)*
	geb.
	Berta Sacher, geb. (geborene) Müller.
VORNAME	+ Vorname
	Ist das Ihr Vorname?
HEISSEN	+ heißen
	Wie heißen Sie?
NENNEN	nennen
	Er heißt Friedrich, aber alle nennen ihn Fritz.
ANREDE FÜR MÄNNER	+ Herr + *Familienname*
	Ist Herr Krüger da?
ANREDE FÜR VERHEIRATETE FRAUEN	+ Frau + *Familienname*
	Sind Sie Frau Kranz?
ANREDE FÜR UNVERHEIRATETE FRAUEN	+ Frau/Fräulein + *Familienname*
	Frau/Fräulein Graf ist nicht da.
	vgl. SA 5 SOZIALE KONVENTIONEN
BUCHSTABIEREN	+ buchstabieren
	Könnten Sie das bitte buchstabieren?
	+ a:, be:, tse: *usw.*
	+ mit
	Mit einem oder mit zwei p?
	vgl. SA 6.2.3 *und* 6.2.7
UNTERSCHRIFT	+ unterschreiben
	Wo muß ich unterschreiben?
	Unterschrift
AUSWEISPAPIERE	+ Ausweis
	Ich habe meinen Ausweis vergessen.
	+ Paß
	Papiere *(Plur.)*

1.2 ADRESSE

ADRESSE	+ Adresse
	Anschrift
WOHNORT	Wohnort / Ort *(auf Formularen)*
WOHNEN	+ wohnen
	Ich wohne in Frankfurt/am Bahnhofplatz/ bei Familie Müller.

LEBEN (längerer Aufenthalt)	+ leben Er lebt jetzt in der Schweiz/bei seinen Eltern.
STRASSE	+ Straße Ich wohne in der Bahnhofstraße/an einer Hauptstraße.
PLATZ	+ Platz Ich wohne am Rathausplatz.
HAUSNUMMER	+ Nummer Nr. + *Kardinalzahlen* Ich wohne (in der) Poststraße fünfzehn.
POSTLEITZAHL	Postleitzahl / PLZ + *Kardinalzahlen* 6000 Frankfurt (sechstausend . . .)
STAAT	+ Land Aus welchem Land kommen Sie? Staat + *Name des eigenen Landes* + bei uns *(= in meinem Land)* + Deutschland + die Bundesrepublik (Deutschland) die BRD + die DDR die Deutsche Demokratische Republik + Österreich + die Schweiz + *einige andere Ländernamen* *Abkürzungen von Ländernamen:* D, DDR, A, CH . . . *(bei Adressen)* *z. B.* D-6000 Frankfurt

1.3 TELEFON
vgl. SB 7.3

TELEFON	+ Telefon Haben Sie Telefon?
TELEFONNUMMER	+ Nummer Telefonnummer + *Kardinalzahlen* (null, eins, zwei . . .) *(einzeln/in Zweier-, Dreiergruppen)* zwo *(für ,,zwei")*
TELEFONIEREN	+ telefonieren Darf ich mal telefonieren? + anrufen Kann man Sie anrufen?

1.4 **GEBURTSDATUM, GEBURTSORT**

GEBURTSDATUM	+	geboren (am)
		Ich bin 1951 geboren.
		Ich bin am 25. 4. 1951 geboren.
		geb.
		Geburtsdatum *(z. B. auf Formularen)*
GEBURTSTAG	+	Geburtstag
		Wann hast du Geburtstag?
GEBURTSORT	+	geboren in
		Ich bin in Rom geboren.
		Geburtsort *(auf Formularen)*

1.5 **ALTER**

ALTER	+	alt
		Wie alt sind Sie?
		Ich bin 30 (Jahre alt).
		Alter
JAHR	+	Jahr
MONAT	+	Monat
		Unser Kind ist fünf Monate alt.
KIND	+	Kind
	+	klein (sein)
JUGENDLICHE		die Jugend
		Jugendliche(r)
		Kein Zutritt für Jugendliche unter 18.
		siehe auch SB 1.6 Mädchen, Junge
JUNG	+	jung
		die jungen Leute/eine junge Frau
		Sie ist noch zu jung.
ALT	+	alt
		Er ist schon ziemlich alt.
ERWACHSENE	+	Erwachsene(r)
		siehe auch SB 1.6 Mann, Frau

1.6 **GESCHLECHT**

GESCHLECHT		Geschlecht *(z. B. Fragebogen)*
MÄNNLICH		männlich/männl. *(z. B. Fragebogen)*
	+	Mann
	+	Herr
		Herren / H | *(Aufschrift für Herrentoilette)*
		Männer / M |
	+	Junge
WEIBLICH		weiblich / weibl. *(z. B. Fragebogen)*
	+	Frau

+ Fräulein

+ Dame

Sehr geehrte Damen und Herren,
(Briefanrede bei namentlich nicht bekannten
Adressaten)

Damen / D | *(Aufschrift für Damentoilette)*
Frauen / F |

+ Mädchen

-in
z. B. Lehrerin, Studentin

1.7 FAMILIENSTAND

FAMILIENSTAND	Familienstand *(z. B. Formular)*
	+ verheiratet / nicht verheiratet
	ledig
	geschieden
HEIRATEN	+ heiraten
	Wir haben 1971 geheiratet.
EHEPAAR	Ehepaar / Eheleute
EHEMANN	+ Mann
	Mein Mann ist nicht zu Hause.
	Ehemann *(Formulare)*
EHEFRAU	+ Frau
	Ehefrau *(Formulare)*
FAMILIE	+ Familie
vgl. auch SB 1.12	Haben Sie Familie?
KINDER	+ Kind
	Haben Sie Kinder?
	+ Tochter
	+ Mädchen
	+ Sohn
	+ Junge

1.8 STAATSANGEHÖRIGKEIT
vgl. auch SB 1.9

STAATSANGEHÖRIGKEIT	Staatsangehörigkeit *(auf Formularen)*
	Nationalität
	+ *eigene Staatsangehörigkeit*
	z. B. französisch/Franzose/Französin
	+ Deutsche(r)
	+ deutsch
	+ Österreicher, -in
	+ österreichisch

+ Schweizer, -in

+ Schweizer/schweizerisch

+ *Staatsangehörigkeit von Bürgern einiger anderer*
  Länder
  z. B. Amerikaner, -in, Spanier, -in

AUSLAND + Ausland
Er lebt im Ausland.

AUSLÄNDER + Ausländer, -in

1.9 HERKUNFT

HERKUNFT + woher/wo . . . her
Woher sind Sie?

+ von wo
Von wo kommen Sie?

+ Land
Aus welchem Land kommen Sie?

+ kommen aus
Ich komme aus Belgien.

+ sein aus
Sind Sie aus London?

1.10 BERUFLICHE TÄTIGKEIT

BERUF + Beruf

+ von Beruf
Was sind Sie von Beruf?

+ sein + *Berufsbezeichnung*

+ *Bezeichnung des eigenen Berufs, evtl. Beruf des*
  Partners, der Kinder
  z. B. Ich bin Ingenieur.

BERUFSTÄTIGKEIT berufstätig
Sind Sie berufstätig?

beruflich

+ arbeiten als
Ich habe drei Wochen als Kellner gearbeitet.

ARBEIT + arbeiten
(Tätigkeit) Wir müssen viel arbeiten.

+ Arbeit
Gefällt Ihnen die Arbeit?

ARBEIT + Arbeit
(Stelle) Er hat keine Arbeit gefunden.

Stelle

Job

ARBEITSLOSIGKEIT arbeitslos

+ keine Arbeit haben

ARBEITGEBER Arbeitgeber *(z. B. auf Formularen)*

+ Chef, -in

243

ARBEITNEHMER	Arbeitnehmer
SELBSTÄNDIG	selbständig
ANGESTELLTER	+ Angestellte(r)
KAUFMÄNNISCHE BERUFE	Geschäftsmann, Geschäftsleute
	Kaufmann, Kaufleute
	kaufmännisch
	z. B. kaufmännischer Angestellter
BEAMTER	Beamte(r), Beamtin
ARBEITER	+ Arbeiter, -in
VERKÄUFER	+ Verkäufer, -in
HANDWERKER	+ Arbeiter
	Handwerker
LANDWIRT	+ Bauer, Bäuerin
HAUSFRAU	+ Hausfrau
ARBEITSPLATZ	+ arbeiten bei/in
	Ich arbeite bei Ford.
	Ich arbeite in einem Büro.
	+ sein bei/in
	Er ist bei Ford.
	+ *andere Arbeitsorte je nach eigenem Beruf*
	z. B. Schule, Krankenhaus . . .
FIRMA	+ Firma
BETRIEB	Betrieb
FABRIK	+ Fabrik
	Werk
GESCHÄFT (VERKAUF)	+ Geschäft
VERWALTUNG	Verwaltung
	Geschäft
BÜRO	+ Büro
	vgl. SB 10 ARBEIT UND BERUF

1.11 RELIGION

RELIGION	Religion
	Konfession
RELIGIONSZUGEHÖRIGKEIT	+ *Bezeichnung der eigenen Religionszugehörigkeit*
	z. B. Ich bin katholisch/Katholik.
	katholisch / Katholik
	protestantisch / Protestant / evangelisch
GLAUBE	+ glauben (an)
	Glauben Sie noch an Gott?
GOTT	+ Gott

KULTORTE	+ Kirche
	Dom / Kathedrale / Münster / Kapelle
	+ *Kultorte entsprechend der eigenen Religions-zugehörigkeit*
	z. B. Moschee, Synagoge
KULTFEIER	+ *Kultfeiern je nach Religionszugehörigkeit*
	z. B. Gottesdienst, Messe

1.12 FAMILIE

FAMILIE	+ Familie
ELTERN	+ Eltern
	+ Vater
	+ Mutter
KINDER	+ Kind
	Haben Sie Kinder?
	+ Baby
	+ Sohn
	+ Junge
	+ Tochter
	+ Mädchen
GESCHWISTER	+ Bruder
	+ Schwester
	Geschwister *(Plur.)*
GROSSELTERN	+ Großeltern
	+ Großmutter
	+ Großvater
VERWANDTE	+ Verwandte(r)
	Onkel
	Tante
	Schwieger-
	z. B. Schwiegermutter, Schwiegertochter
VERWANDTSCHAFT	+ verwandt sein (mit)
	+ von
	z. B. der Bruder von meinem Vater
	vgl. auch SB 1.7 FAMILIENSTAND

1.13 INTERESSEN, NEIGUNGEN

Interessengebiete und Objekte von Neigungen (Personen, Tätigkeiten, Dinge) sind an anderen Orten der Liste aufgeführt, z. B. Hobbys, Essen und Trinken usw.; vgl. auch SA 2.6 und SA 2.7

NEIGUNGEN / ABNEIGUNGEN	+ gern haben
	Ich habe gern klassische Musik.
	Er hat sie sehr gern.

+ mögen
Mögen Sie Fisch?
Ich mag diese Musik nicht.
Niemand mag ihn.

+ lieben
Ich glaube, er liebt dich.

gut/nicht leiden können
Ich kann ihn gut leiden.
Den kann ich nicht leiden.

+ gefallen
Das Bild gefällt mir.
Moderne Musik gefällt mir nicht.

+ gern *tun*
Ich lese gern.

+ interessieren
Das interessiert mich/ihn nicht.

+ sich interessieren für
Ich interessiere mich für Sport.

1.14 CHARAKTER, TEMPERAMENT

FRAGE NACH EIGENSCHAFTEN
VON PERSONEN

+ was für (ein)
Was sind das für Leute?

+ wie
Wie ist dein Chef?

CHARAKTERISIERUNGEN
FÜR PERSONEN

+ nett

+ freundlich

+ unfreundlich

+ sympathisch

ehrlich

+ ruhig

+ nervös

gut/schlecht gelaunt

+ lustig

+ langweilig

+ intelligent

neugierig

+ komisch *(= merkwürdig)*

dumm

blöd

doof

1.15 AUSSEHEN

AUSSEHEN

+ aussehen
Wie sieht der aus?

GROSS

+ groß

KLEIN

+ klein

KORPULENT

+ dick

SCHLANK	+	dünn
		mager
		schlank
SCHÖN	+	schön
	+	hübsch
HAARLÄNGE	+	Haare
	+	lang
	+	kurz
HAARFARBE	+	hell
	+	dunkel
	+	blond
	+	schwarz
	+	braun
	+	rot
BART	+	Bart
BRILLE	+	Brille
		Er hat eine Brille.

2   WOHNEN

2.1   ART DER WOHNUNG

WOHNEN	+	wohnen
		Er wohnt im 3. Stock.
		Er wohnt bei seinen Eltern.
HAUS	+	Haus
		Gebäude
		Hochhaus
		Block
WOHNHEIM		Heim
		z. B. Wohnheim, Studentenheim
WOHNUNG	+	Wohnung
		Appartement
ZIMMER	+	Zimmer
		Ich habe nur ein Zimmer.
BAUEN	+	bauen
		Wir haben ein Haus gebaut.
KAUFEN	+	kaufen
		vgl. auch AB 7.6.1 BESITZ
MIETEN	+	mieten
MÖBLIERT		möbliert
ZU HAUSE	+	zu Hause / nach Hause
		Ich bringe dich nach Hause.
	+	bei / zu
		Sie können bei uns wohnen.
		Sollen wir zu euch gehen?

2.2   RÄUME

ZIMMER	+	Zimmer
		Raum
		Die Wohnung hat zwei große Räume.
WOHNZIMMER	+	Wohnzimmer
SCHLAFZIMMER	+	Schlafzimmer
KÜCHE	+	Küche
BADEZIMMER	+	Bad // Badezimmer
	+	Dusche
TOILETTE	+	Toilette
	+	WC
		Klo
TÜR	+	Tür
FENSTER	+	Fenster
WAND	+	Wand
BODEN	+	Boden

DECKE	+ Decke
DACH	+ Dach
TREPPE	+ Treppe
FLUR	Flur
	Gang
AUFZUG	+ Lift // Aufzug
ETAGE	+ Etage // Stock
	Wir wohnen im 3. Stock.
ERDGESCHOSS	+ Erdgeschoß // Parterre
KELLER	+ Keller
BALKON	+ Balkon
TERRASSE	+ Terrasse
HOF	+ Hof
GARTEN	+ Garten
GARAGE	+ Garage

2.3 EINRICHTUNG; MÖBEL, BETTWÄSCHE

MÖBEL	+ Möbel *(Plur.)*
TISCH	+ Tisch
STUHL	+ Stuhl
SESSEL	Sessel
SCHRANK	+ Schrank
REGAL	+ Regal
TEPPICH	+ Teppich
BETT	+ Bett
BETTUCH	+ Bettuch
BETTDECKE	+ Decke
SCHLAFSACK	Schlafsack
KISSEN	+ Kissen
	Kopfkissen
SPIEGEL	+ Spiegel

2.4 HAUSHALT, KOMFORT, TECHNISCHE EINRICHTUNGEN

WASSER	+ Wasser
	fließendes Wasser/fl. W. *(Aufschrift)*
	+ warm
	+ kalt
DUSCHE	+ Dusche
BAD	+ Bad
	Wir haben kein Bad. Nur eine Dusche.

WASCHBECKEN	+ Waschbecken
HEIZUNG	+ Heizung
	Zentralheizung
	+ heizen
	Kann man alle Zimmer heizen?
HEIZOFEN	+ Ofen
GAS	+ Gas
ÖL	+ Öl
KOHLE	+ Kohle
HOLZ	+ Holz
ELEKTRIZITÄT	+ Strom
	Elektrizität
	+ Licht
	Elektro-
	elektrisch
BELEUCHTUNG	+ Lampe
	+ Licht
GLÜHBIRNE	+ Birne
LICHTSCHALTER	+ Schalter
	+ Knopf
STECKDOSE	+ Steckdose
STECKER	Stecker
TELEFON	+ Telefon
KOCHGELEGENHEIT	+ Ofen
	Herd
KÜHLSCHRANK	+ Kühlschrank
HAUSHALTMASCHINEN	+ Maschine
	Gerät
	Apparat
WASCHMASCHINE	Waschmaschine
FERNSEHEN/RADIO	*siehe* SB 13.6
GESCHIRR	*siehe* SB 6.6
KOCHEN	+ kochen
GESCHIRR MACHEN	+ Geschirr machen
	spülen
	abtrocknen
PUTZEN, REINIGEN	+ sauber machen
	Wir müssen noch (die Wohnung) saubermachen.
	Kannst du den Tisch saubermachen?
	putzen

WÄSCHE WASCHEN	+	waschen
		Wo kann man da waschen?
		Ich muß mein Hemd waschen.
AUFRÄUMEN	+	Ordnung machen
		aufräumen
(ABFALL) WEGWERFEN	+	Abfall
		Wo kann ich den Abfall hintun?
	+	wegwerfen
EINSCHALTEN/ANZÜNDEN	+	anmachen
(Licht, Gas, Feuer, Heizung		
Ofen, elektrische Geräte)		
EINGESCHALTET/ANGEZÜNDET	+	ansein
		Das Licht ist noch an.
	+	brennen *(Feuer, Heizung und Licht)*
		ein *(Aufschrift auf Geräten)*
AUSSCHALTEN/AUSLÖSCHEN	+	ausmachen
AUSGESCHALTET/AUSGELÖSCHT	+	aussein
		aus *(Aufschrift auf Geräten)*
ÖFFNEN	+	aufmachen
		Kannst du das Fenster aufmachen?
		Mach du auf, ich habe keinen Schlüssel.
		aufschließen
		öffnen
OFFEN	+	aufsein
		Ein Fenster ist noch auf.
		Die Tür ist auf. *(= geöffnet oder nicht geschlossen)*
		offen sein
SCHLIESSEN	+	zumachen
		schließen
		abschließen
GESCHLOSSEN	+	zusein
SCHLÜSSEL	+	Schlüssel
KLOPFEN	+	klopfen
		Du mußt laut klopfen.
		Es hat geklopft.
KLINGELN	+	klingeln
		Hast du schon geklingelt?
		Es/das Telefon klingelt.
		schellen
		läuten

2.5 MIETVERHÄLTNIS

MIETPREIS		Miete
	+	kosten
		Was kostet die Wohnung im Monat?
MIETEN	+	mieten

MIETER	Mieter, -in
VERMIETER	Vermieter, -in
HAUSBESITZER	Besitzer, -in
VERMIETEN	vermieten
	Zimmer zu vermieten. *(Schilder)*
NEBENKOSTEN	+ mit / ohne (Heizung, Strom *usw.*)
	inbegriffen
	Heizung nicht inbegriffen.
	zusätzlich
	extra
VERTRAG	+ Vertrag (haben/machen)
KÜNDIGUNG	kündigen

2.6 AUSWÄRTS WOHNEN

UNTERKUNFT	Unterkunft
ÜBERNACHTUNG	Übernachtung
	Übernachtung und Frühstück
	übernachten
	+ schlafen
	Da haben wir im Hotel geschlafen.
HOTEL / PENSION	+ Hotel
	Pension
	Gasthof / Gasthaus
HOTELZIMMER	+ Zimmer (für eine/Zwei Personen)
	Einzelzimmer
	Doppelzimmer
	+ mit/ohne Dusche/Bad
FREMDENZIMMER	+ Zimmer
JUGENDHERBERGE	Jugendherberge
CAMPINGPLATZ	+ Campingplatz
ZELT	+ Zelt
WOHNWAGEN	+ Wohnwagen
RESERVIERUNG	+ reservieren
	+ bestellen
	Ich habe ein Zimmer bestellt.
	+ (sich) anmelden
ANMELDUNG (Raum/Stelle)	Anmeldung
	Empfang
	Rezeption
ANMELDEFORMULAR	+ Formular
	siehe SB 1 PERSONALIEN

HOTELGAST	Gast
	Parkplatz nur für Gäste.
ZIMMERNUMMER	+ Nummer
SCHLÜSSEL	+ Schlüssel
VERPFLEGUNG/PENSION	Pension
vgl. SB 5	Vollpension
	Halbpension
	+ mit/ohne Frühstück
SPEISESAAL	Speisesaal
WECKDIENST	+ wecken
	Können Sie mich um sieben wecken?
BEZAHLUNG	*siehe* SB 6.2 PREIS/BEZAHLEN

2.7 EINIGE CHARAKTERISIERUNGEN FÜR WOHNUNG, EINRICHTUNG UND WOHNLAGE

+ groß

+ viel / wenig Platz (haben/sein)

+ klein

+ alt
Er wohnt in einem schönen, alten Haus.
Das Hotel war alt und schmutzig.

+ neu

+ modern

+ schön

+ nett

+ gemütlich

+ bequem

+ praktisch

Komfort
Zimmer mit allem Komfort.

+ ruhig

+ laut

Lärm

+ sauber

+ schmutzig

dreckig

+ teuer

+ billig

Aussicht
Mit Aussicht auf die Berge.

Lage
Ruhige Lage.

+ liegen
Das Haus liegt sehr schön/am Wald.

vgl. SB 3 UMWELT

3 UMWELT

3.1 GEGEND, STADT, LAND

STADT	+ Stadt
STADTZENTRUM	+ Zentrum
VORORT	+ Vorort
STADTTEILE	Viertel
	Quartier
INDUSTRIEGEBIET	+ Industrie
	Da gibt es viel Industrie.
	+ Fabrik
LAND (als Gegensatz zur Stadt)	+ auf dem Land
KLEINERE ORTSCHAFT	+ Ort
	Dorf
GEBIET	+ Gegend
	In welcher Gegend ist das?
ORT (= Platz)	+ Ort
	+ Platz
	Ich kenne da einen schönen Platz.
	Stelle
LANDSCHAFT	+ Gegend
	Das ist eine sehr schöne Gegend.
	Landschaft
	Natur
WALD	+ Wald
PARK	+ Park
FELD	+ Feld
WIESE	+ Wiese
	Rasen
MEER	+ Meer
	die See
BINNENSEE	+ der See
STRAND	+ Strand
UFER	+ Land
	Ich will wieder ans Land.
	Küste
	Ufer
FLUSS	+ Fluß
	Bach
INSEL	+ Insel

GEBIRGE	+ Berg
	Gebirge
	Hügel
TAL	+ Tal
STEIL	+ steil
FLACH	+ flach
RÄUMLICHE SITUIERUNG UND DISTANZ	*siehe* AB 3

3.2 PFLANZEN, TIERE

PFLANZE	+ Pflanze
BAUM	+ Baum
	Was ist das für ein Baum?
BLUME	+ Blume
GRAS	Gras
TIER	+ Tier
VOGEL	+ Vogel
FISCH	+ Fisch
INSEKT	+ Insekt
HUND	+ Hund
KATZE	+ Katze
	Katzen mag ich nicht.
PFERD	+ Pferd
VIEH	Vieh
KUH	+ Kuh

3.3 KLIMA, WETTER

KLIMA	+ Klima
WETTER	+ Wetter
WÄRME	+ heiß
	+ warm
KÄLTE	+ kalt
	kühl
	frisch
TROCKENHEIT	+ trocken
FEUCHTIGKEIT	+ feucht
MILDES KLIMA	+ angenehm
	mild
SCHÖNES WETTER	+ schön
	Es ist schön draußen/schönes Wetter.

	+ gut
	Hoffentlich haben wir gutes Wetter.
	Hoch *(Wetterbericht)*
SONNIG	+ Sonne
	Wir hatten nie Sonne.
	+ scheinen
	sonnig
	heiter
SCHLECHTES WETTER	+ schlecht
	Wir hatten immer schlechtes Wetter.
	Tief *(Wetterbericht)*
HIMMEL	+ Himmel
BEWÖLKUNG	+ Wolke
	bewölkt
SCHATTEN	+ Schatten
	Wir hatten gestern 30 Grad im Schatten.
REGEN	+ Regen
	+ es regnet
	Schauer *(Wetterbericht)*
	Niederschläge *(Wetterbericht)*
SCHNEE	+ Schnee
	+ es schneit
EIS/FROST	+ Eis
	frieren
	Frost
	z. B. Frostgefahr/Frostschäden
REGEN-, SCHNEE-, EISGLÄTTE	+ glatt
	Glatteis *(Schilder)*
	Nässe *(Schilder)*
	z. B. bei Nässe
GEWITTER	+ Gewitter
NEBEL	+ Nebel
WIND	+ Wind
LUFT	+ Luft
WETTERVORHERSAGE	Wetterbericht
WETTERAUSSICHTEN	+ es gibt
	Es gibt schönes Wetter/Regen.
	+ werden
	Das Wetter wird besser.
	Wie wird das Wetter?
	+ bleiben
	Das Wetter bleibt schön.

Umwelt

TEMPERATUR	*siehe* AB 6.1.2.2
JAHRESZEITEN	*siehe* AB 4.1
GESTIRNE	+ Sonne
	+ Mond
	+ Stern

4 REISEN UND VERKEHR

4.1 ORIENTIERUNG

LANDKARTE	+ Karte
STADTPLAN	+ Stadtplan
ORTSKENNTNIS/-UNKENNTNIS	+ wissen
	Ich weiß, wo das ist.
	sich *irgendwo* auskennen
	+ von hier sein
	Ich bin nicht von hier.
	fremd sein
	Das kann ich Ihnen nicht sagen. Ich bin fremd hier.
WEGAUSKÜNFTE	+ suchen
	Ich suche die Herderstraße.
	+ kommen zu/nach
	Wie komme ich hier zum Bahnhof?
	+ gehen zu/nach
	Geht es/geht die Straße hier nach Stommeln?
	+ *Kurzfragen*
	z. B. Zum Bahnhof bitte?
	vgl. auch SA 4.1.11 *und* SA 4.3.5
ABBIEGEN	+ gehen/fahren (nach)
	Fahren Sie die nächste Straße rechts, an der Ampel dann nach links.
	abbiegen
ÜBERQUEREN	+ gehen/fahren über
	Fahren Sie über die Kreuzung und dann die erste Straße rechts.
	überqueren
ORT, LAGE	*siehe* AB 3.1.2 *und* AB 3.1.3
NÄHE, DISTANZ	*siehe* AB 3.1.4
RICHTUNG, WEG	*siehe* AB 3.2
SICH VERIRREN	+ falsch
	Das ist die falsche Richtung/Straße.
	Da sind Sie falsch gefahren.
	sich verirren
	sich verfahren
JEMANDEM DEN WEG / EINE STELLE ZEIGEN	+ zeigen
	Können Sie mir das auf der Karte zeigen?
	Er hat mir den Weg gezeigt.

4.2 ALLTÄGLICHE WEGE, FAHRTEN *(z. B.* zur Arbeit, zum Unterricht *usw.)*

vgl. AB 3.2 BEWEGUNG, RICHTUNG

SICH AN EINEN ORT BEGEBEN	+ gehen
	Um acht gehe ich ins Büro/zur Arbeit.
	Um acht gehe ich arbeiten/einkaufen.
	Ich muß heute noch in die Stadt (gehen).

ZU FUSS GEHEN	+	zu Fuß
		Zu Fuß brauche ich eine halbe Stunde.
VERKEHRSMITTEL BENUTZEN	+	fahren (mit)
		Ich muß jeden Morgen eine halbe Stunde fahren.
		Ich fahre mit dem Bus/Auto.
	+	nehmen
		Ich nehme immer den Bus.
VON EINEM ORT WEGGEHEN	+	weg-
		Wann gehen Sie zu Hause/von zu Hause weg?
		Wann müssen Sie hier weg?
	+	gehen
		Er ist vor einer Stunde gegangen.
AN EINEM ORT ANKOMMEN	+	ankommen
	+	kommen
		Wann kommst du?
	+	*da* sein
		Um acht bin ich im Büro.
		Wann bin ich in Frankfurt?
AN EINEN ORT ZURÜCKKEHREN	+	zurück
		Ich komme gegen sechs zurück.
		Ich bin bald zurück.
		Zurück fahre ich mit dem Bus.
	+	wieder (kommen/*da* sein)
		Wann kommen Sie wieder?
		Ich bin um sechs wieder hier.
	+	zu Hause (sein/ankommen)
	+	nach Hause (gehen/kommen)
WEGLÄNGE (Zeit und Entfernung)	+	haben
		Zu Fuß habe ich eine halbe Stunde.
	+	brauchen
		Durch die Stadt brauchen Sie 20 Minuten.

siehe auch AB 3.1.4 NÄHE/DISTANZ
AB 4.11 ZEITDAUER

4.3 (FERIEN-) REISEN

FERIEN	+	Ferien *(Plur.)*
		Wie lange habt ihr Ferien?
		Wohin fahren Sie in den Ferien?
		Urlaub
	+	frei
		Ich habe Ostern nur ein paar Tage frei.
JAHRESZEIT		*siehe* AB 4.1 ZEITPUNKT
		Saison
FERIENDAUER		*siehe* AB 4.11 ZEITDAUER
REISE	+	Reise
		Wir wollen eine Reise nach Griechenland machen.
		reisen
		verreisen

Spezifische Begriffe

		Fahrt
		vgl. AB 3.2 BEWEGUNG, RICHTUNG
AUSFLUG	+	Ausflug
WANDERUNG		wandern
PER ANHALTER REISEN	+	trampen // Autostop machen
UNTERWEGS	+	unterwegs
		Wir können unterwegs etwas essen.
	+	auf *(= bei/während)*
		Das war auf unserer Reise nach Griechenland.
		Ich habe ihn auf dem Weg dorthin gesehen.
AUSLANDSREISE	+	Ausland
		Wir waren im Ausland.
TOURIST	+	Tourist
		Da sind viel zu viel Touristen.
REISEGRUPPE	+	Gruppe
		Gesellschaft
VERKEHRSAMT	+	Verkehrsamt
		Information
REISEBÜRO	+	Reisebüro
PAUSCHALARRANGEMENT		pauschal
		z. B. Pauschalreise
PROSPEKT	+	Prospekt
REISEFÜHRER (Buch)	+	Reiseführer, Führer
FÜHRER (Person)		Reiseleiter, -in
		Führer
BESICHTIGUNG	+	sehen
		Wir haben viel gesehen.
		Da gibt es viel zu sehen.
	+	besichtigen
		Wir haben das Schloß besichtigt.
SEHENSWÜRDIGKEIT		Sehenswürdigkeit(en)
		sehenswert
		vgl. auch SB 13.4 AUSSTELLUNGEN, SEHENSWÜRDIGKEITEN
GEFÜHRTE BESICHTIGUNG		Führung
		Nächste Führung 17 Uhr.
RUNDFAHRT		Rundfahrt
		z. B. Stadt-, Hafenrundfahrt
REISE-/FERIENPLÄNE	+	Pläne
		Wir haben noch keine Pläne (für den Sommer).
		Wir haben noch keine Pläne gemacht.
		vgl. SA 4.6.1 *und* SA 4.7.1
GUTE WÜNSCHE FÜR DIE FERIEN	+	Schöne Ferien!
		vgl. SA 5.3.6.1

4.4 ÖFFENTLICHER VERKEHR

FAHRGAST	Reisende(r)
	Fahrgast
	Passagier
PERSONAL	Fahrer
	Pilot
	Schaffner
	Steward, Stewardeß
VERKEHRSMITTEL BENUTZEN	+ fahren (mit)
	+ gehen mit
	+ nehmen
	Ich nehme ein Taxi.
	+ fliegen (mit)
EINSTEIGEN	+ einsteigen
AUSSTEIGEN	+ aussteigen
UMSTEIGEN	+ umsteigen
VERBINDUNG	Verbindung
	Anschluß
VERKEHRSMITTEL: BUS	+ Bus
	Omnibus
ZUG	+ Zug
	+ Bahn
	Eilzug
	Schnellzug
	Personenzug
STRASSENBAHN	+ Straßenbahn
	+ Bahn
UNTERGRUNDBAHN	+ U-Bahn
TAXI	+ Taxi
FLUGZEUG	+ Flugzeug
	Charter-Maschine
SCHIFF	+ Schiff
	Fähre
	Boot
STRASSENBAHN-/ BUSLINIE	Linie
FLUG	Flug
HALTESTATIONEN	+ Haltestelle
	+ Station
	Endstation

261

	+ Bahnhof
	Hauptbahnhof
	Bahnsteig
	Gleis
	+ Flughafen
	+ Hafen
	Taxistand
AUFENTHALT	Aufenthalt
ABFAHRT	Abfahrt
	Start
	+ gehen Der nächste Zug geht um sieben.
	+ fahren Wann fährt der Zug?
	+ abfahren
	ab *(z. B. auf Fahrplänen)*
ANKUNFT	Ankunft
	+ ankommen
	an *(z. B. auf Fahrplänen)*
	+ *da* sein Wann sind wir in Hamburg?
	Einfahrt Achtung bei der Einfahrt des Zuges.
RICHTUNG	*siehe* AB 3.2.2 – 3.2.4
HERKUNFT	*siehe* AB 3.2.5
DAUER (AUFENTHALT/FAHRT)	*siehe* AB 4.11 – 4.17
INFORMATIONSSTELLE	Information
	Auskunft
FAHRPLAN	+ Fahrplan
	Kursbuch
FAHRKARTENVERKAUF	Schalter
FAHRKARTE	+ Fahrkarte
	Fahrschein
	+ Ticket
ZUSCHLAG	Zuschlag
FAHRKARTENENTWERTUNG	entwerten Fahrkarten selbst entwerten.
FAHRKARTENKAUF	+ einfach
	+ hin und zurück
	Rückfahrkarte
	+ einmal, zweimal . . . Einmal Frankfurt bitte.

	+ *Zielangabe*
	z. B. (Zur) Post bitte.
	vgl. SA 4.1.7
RESERVIERUNG	+ Platz
	+ reservieren
	buchen
	vgl. SA 4.1.9
KLASSE	+ erste, zweite Klasse
ABTEIL	Raucher / Nichtraucher *(Aufschrift)*
WAGEN (Zug, Bus *usw.*)	+ Wagen
SPEISEWAGEN	+ Speisewagen
SCHLAFWAGEN	Schlafwagen
LIEGEWAGEN	Liegewagen
GEPÄCK	+ Gepäck
	+ Koffer
	+ Tasche
	Rucksack
PACKEN	+ packen/einpacken/auspacken
GEPÄCKVERSAND	+ schicken
	Ich schicke den Koffer mit der Bahn.
	aufgeben
	+ holen/abholen
	Gepäckannahme, -aufgabe, -rückgabe *(Aufschriften)*
	vgl. AB 3.2.2
GEPÄCKAUFBEWAHRUNG	Gepäckaufbewahrung
	Schließfach
VERLUST/FUNDSACHEN	Fundbüro
	+ verlieren
	+ vergessen
	+ *etwas irgendwo* lassen
	Ich habe meinen Mantel im Zug gelassen.
	liegen-/stehenlassen
	+ suchen
	+ finden
VERKEHRSMITTEL ERREICHEN	+ kriegen
	Kriegen wir den Bus noch?
VERKEHRSMITTEL NICHT ERREICHEN	+ verpassen
	Vielleicht hat er den Zug verpaßt.
EILE	+ sich beeilen
	+ schnell machen
	+ laufen
	es eilig haben

VERSPÄTUNG		Verspätung
		Der Eilzug 202 hat 10 Minuten Verspätung.
		vgl. auch AB 4.10 FRÜHZEITIGKEIT/SPÄTE
BEGLEITUNG/ABHOLEN VON PERSONEN		*siehe* AB 3.2.2

4.5 PRIVATVERKEHR
vgl. SB 4.1 *und* 4.2

FUSSGÄNGER		Fußgänger
	+	zu Fuß gehen
FAHRRAD	+	Fahrrad // Rad
MOTORRAD	+	Motorrad
		Moped
PERSONENWAGEN	+	Auto
	+	Wagen
		PKW
LASTWAGEN		Lastwagen
		LKW
FAHRZEUG LENKEN	+	fahren
		Sie fährt sehr gut.
	+	Auto, Fahrrad *usw.* fahren
		Können Sie Auto fahren?
FAHRZEUG BENUTZEN	+	fahren (mit)
		Sollen wir mit dem Bus fahren?
		Gehen wir zu Fuß oder wollen Sie lieber fahren.
	+	gehen mit
	+	nehmen
FAHRZEUGMIETE	+	mieten
		Wo kann man hier einen Wagen mieten?
		Miet-
		Leih-
		Vermietung
PARKEN	+	parken
		Wo kann man hier parken?
		Park-
		z. B. Parkplatz, Parkhaus, Parkverbot
HALTEN	+	halten
		Können Sie hier einen Moment halten?
	+	Halt!
BREMSEN	+	bremsen
ÜBERHOLEN	+	überholen
VERKEHRSWEGE		Bürgersteig/Trottoir
	+	Platz

	+ Straße
	Hauptstraße
	Nebenstraße
	+ Autobahn
	Einfahrt
	Ausfahrt
	+ Kreuzung
	+ Ecke
	+ Kurve
	+ Brücke
VERKEHRSAMPEL	+ Ampel
VERKEHRSSCHILDER	+ Schild

übliche Aufschriften auf Verkehrsschildern
z. B. Einbahnstraße, Alle Richtungen, Durchfahrt verboten *usw.*

| VERKEHRSDICHTE | + Verkehr |

Es war viel/wenig Verkehr.

VERKEHRSBEHINDERUNG	Umleitung
	Stau
	gesperrt
UNFALL	+ Unfall

Wir hatten einen kleinen Unfall.

| | + fahren gegen |
| | + zusammenstoßen (mit) |

siehe auch SB 8.4 KRANKHEIT/UNFALL

DIENSTLEISTUNGEN	*siehe* SB 7.5 POLIZEI
	7.6 NOT-/BEREITSCHAFTSDIENSTE
	7.7 AUTOREPARATUR/PANNENHILFE
	7.8 TANKSTELLE
	8.6 VERSICHERUNG
GESCHWINDIGKEIT	*siehe* AB 4.17

4.6   GRENZÜBERGANG

LANDESGRENZE	+ Grenze
GRENZÜBERGANG/-STELLE	+ Grenze
	+ Zoll
ZOLLERKLÄRUNG/-GEBÜHR	verzollen

Haben Sie etwas zu verzollen?

| | + (Zoll) bezahlen |
| WARENEINFUHR/-AUSFUHR | + mitnehmen |

Wieviel Zigaretten darf man mitnehmen?

| | einführen |
| | ausführen |

NATIONALITÄT   *siehe* SB 1.8

GELDWECHSEL   *siehe* SB 7.4 BANK

4.7 AUSWEISPAPIERE FÜR REISE UND VERKEHR

AUSWEISPAPIERE   Papiere *(Plur.)*

                                 + Ausweis

                                 + Paß

                                 + Visum

FÜHRERSCHEIN   + Führerschein

GENEHMIGUNG   Genehmigung

                                 Erlaubnis

                                 z. B. Aufenthaltsgenehmigung, Arbeitserlaubnis

5 VERPFLEGUNG

5.1 ESSEN, TRINKEN, MAHLZEITEN

VERPFLEGUNG	Verpflegung
	Übernachtung und Verpflegung
HUNGER	+ Hunger
	Ich habe noch keinen Hunger.
ESSEN	+ essen
DURST	+ Durst
TRINKEN	+ trinken
	Was möchten Sie trinken?
	Ich darf nichts mehr trinken.
TRUNKENHEIT	betrunken
	+ zuviel trinken
GERN/NICHT GERN HABEN	+ mögen/nicht mögen
	Fisch mag ich nicht.
	+ gern + essen/trinken/haben
ETWAS KOSTEN/PROBIEREN	+ versuchen
	Haben Sie den Kuchen schon versucht?
	probieren
SPEISEN ZUBEREITEN	+ kochen
	Wir kochen immer selbst.
	Was sollen wir kochen?
	+ machen
	Ich mache Spaghetti.
	Soll ich Kaffee machen?
	Soll ich etwas zu essen machen?
MAHLZEITEN	+ Essen
	Das Essen ist fertig.
	Wann gibt es Essen?
	Mahlzeit *(Aufschrift)*
	Imbiß
am Morgen	+ Frühstück
	frühstücken
	+ Kaffee (trinken)
am Mittag	+ Mittagessen
	(zu) Mittag essen
am Nachmittag	+ Kaffee (trinken)
am Abend	+ Abendessen
	(zu) Abend essen
BEI TISCH REICHEN	+ geben
	Können Sie mir bitte das Brot geben?
	siehe auch SA 4.1.1 AUFFORDERN
GUTE WÜNSCHE BEIM ESSEN	+ guten Appetit!
	Mahlzeit!

GUTE WÜNSCHE BEIM TRINKEN   +   zum Wohl!
(von alkoholischen Getränken)

       prost!

5.2   NAHRUNGSMITTEL, SPEISEN, GETRÄNKE

*Die folgende Zusammenstellung ist in ganz besonderem Maß als offene Liste zu lesen,
wobei (z. B. durch den Umgang mit Texten) konkretere Bezeichnungen und Namen für
Speisen und Getränke zu ergänzen sind. Aufgeführt werden hier vor allem Sammelbe-
griffe. Nicht berücksichtigt sind Produktnamen wie ,,Coca-Cola", ,,Pils" usw., die
beim Einkaufen und Bestellen von Speisen und Getränken eine wichtige Rolle spielen.*

ESSEN/SPEISE	+	Essen
	+	etwas zu essen
		Haben wir noch etwas zu essen?
		Speise *(bes. in Komposita)*
		Gericht *(z. B. auf Speisekarte)*
		Mahlzeit
		Küche
		Warme und kalte Küche.
VORSPEISE		Vorspeise
SUPPE	+	Suppe
NACHSPEISE	+	Nachtisch // Dessert
SPEZIALITÄTEN	+	Spezialität
ZUBEREITUNGSART	+	gekocht
	+	gebraten
		gebacken
		gegrillt
		vom Grill
NAHRUNGSMITTEL	+	Essen
		Das Essen ist ziemlich teuer in der Schweiz.
		Lebensmittel
EI	+	Ei
FISCH	+	Fisch
GEFLÜGEL		Geflügel *(Aufschrift)*
	+	Huhn
		Hähnchen
FLEISCH	+	Fleisch
	+	Rind(fleisch)
	+	Kalb(fleisch)
	+	Schwein(efleisch)
	+	*einige Fleischstücke, -gerichte*
		z. B. Schnitzel, Kotelett, Steak, Braten
SCHINKEN	+	Schinken
SPECK		Speck

WÜRSTE	+ Wurst
	Würstchen
AUFSCHNITT	+ Wurst *(Sing.)*
SALAT	+ Salat
GEMÜSE	+ Gemüse
	+ *einige Gemüsesorten*
	z. B. Kohl, Tomaten, Bohnen, Sauerkraut
SAUCE	Sauce/Soße
PILZE	Pilze
KARTOFFELN	+ Kartoffeln
REIS	+ Reis
NUDELN	+ Nudeln
BROT	+ Brot
BRÖTCHEN	+ Brötchen
GEWÜRZ	Gewürz
SALZ	+ Salz
PFEFFER	+ Pfeffer
SENF	+ Senf
ÖL	+ Öl
ESSIG	+ Essig
ZUCKER	+ Zucker
BUTTER	+ Butter
MARGARINE	Margarine
KÄSE	+ Käse
SAHNE	Sahne
MARMELADE	+ Marmelade
KUCHEN	+ Kuchen
	Torte
SCHOKOLADE	+ Schokolade
FRÜCHTE	+ Obst
	+ Frucht *(bes. Plural)*
	+ *einige Früchte*
	z. B. Erdbeeren, Banane, Apfelsine/Orange, Apfel
	+ Zitrone
SPEISEEIS	+ Eis
PORTIONEN / MASSEINHEITEN BEI NAHRUNGSMITTELN UND SPEISEN	Portion
	+ Stück
	Scheibe
	+ Paket

	+	Dose
		vgl. Geschirr unter SB 6.6
		AB 3.3.5 GEWICHT
GETRÄNKE		Getränke
	+	etwas zu trinken
		Haben wir noch etwas zu trinken?
WASSER	+	Wasser
MINERALWASSER	+	Mineralwasser
LIMONADE	+	Limonade
FRUCHTSAFT	+	Saft
		z. B. Apfelsaft, Orangensaft
MILCH	+	Milch
KAFFEE	+	Kaffee
TEE	+	Tee
ALKOHOLISCHE GETRÄNKE	+	Alkohol
		Ich trinke keinen Alkohol.
WEIN	+	Wein
	+	Rotwein
	+	Weißwein
BIER	+	Bier
	+	hell
	+	dunkel
SPIRITUOSEN		Spirituosen *(Aufschrift)*
	+	Schnaps
		Likör
EISWÜRFEL	+	Eis
PORTIONEN/MASSEINHEITEN	+	Flasche
BEI GETRÄNKEN	+	Glas
		Trinken Sie noch ein Glas?
		Ein (Glas) Bier bitte.
	+	Tasse
		Kännchen (Kaffee)
		Portion
		Schluck
		Möchten Sie noch einen Schluck Kaffee?
		vgl. auch AB 3.3.4: VOLUMEN, INHALT
HALTBARKEIT		haltbar bis *(Aufschrift)*
EINKAUFEN		*siehe* SB 6.1 *und* 6.3

5.3	**RESTAURANT, CAFÉ**	
Auswärts essen	+	*im Restaurant* essen
	+	essen gehen
		Gehen wir heute abend essen?
		auswärts essen
		ausgehen
Ess- und Trinklokale		Lokal
	+	Restaurant
	+	Wirtschaft
		Gasthof, -stätte, -haus
		Rasthof, -stätte
		Kneipe
Café	+	Café
Bar (Lokal/Raum)	+	Bar
Bar (Schanktisch)		Bar
		Theke
Selbstbedienungslokal		Selbstbedienung *(Aufschrift)*
Gast		Gast
		Parkplatz nur für Gäste.
Bedienungspersonal		Kellner, -in
	+	Ober
		Herr Ober!
	+	Fräulein
		Bedienung
Reservierung	+	reservieren
		Ich möchte einen Tisch für 4 Personen reservieren.
	+	Tisch
besetzt/frei	+	frei
		Ist hier noch frei?
	+	besetzt
Speise- und Getränkekarte	+	Karte
		Speisekarte
Menü	+	Menü
bestellen	+	bestellen
		Wir haben schon bestellt.
		siehe SA 4.1.8 bestellen (in Lokalen)
Bedienung/Trinkgeld	+	Bedienung
	+	Trinkgeld
		Wieviel Trinkgeld gibt man hier?
		inbegriffen *(Aufschrift Speisekarte)*
		einschließlich *(Aufschrift Speisekarte)*
	+	mit/ohne
		Ist das mit oder ohne Bedienung?

+ dabei sein

BEZAHLEN   + bezahlen

Können wir bezahlen?

vgl. SB 6.2 PREIS/BEZAHLEN

5.4   EINIGE CHARAKTERISIERUNGEN FÜR ESSEN UND TRINKEN

+ gut

Wir haben gut gegessen.
Das Essen war nicht so gut.

lecker

fein

+ schmecken

Das schmeckt (gut).

+ schlecht

+ gewürzt

Das ist gut/zu wenig gewürzt.

+ scharf

+ süß

+ sauer

+ bitter

+ fett

Das Essen ist hier oft sehr fett.

+ frisch

vgl. AB 5.2 MENGE
AB 5.3 GRAD

6 EINKAUFEN UND GEBRAUCHSARTIKEL

6.1 EINKAUFEN, GESCHÄFTE

GESCHÄFTE	+ Geschäft
	Laden
	+ Supermarkt
	+ Kaufhaus
SPEZIALGESCHÄFTE	-geschäft
	z. B. Kleidergeschäft, Lebensmittelgeschäft
	vgl. SB 6.3 – 6.8
MARKT	+ Markt
KIOSK	+ Kiosk
AUTOMAT	+ Automat
VERKAUFSPERSONAL	+ Verkäufer, -in
KUNDSCHAFT	Kunde, Kundin
SELBSTBEDIENUNG	Selbstbedienung
VERKAUFSABTEILUNGEN	Abteilung
	z. B. Sportabteilung, Lebensmittelabteilung
ALLTÄGLICHE EINKÄUFE	+ einkaufen (gehen)
	Ich muß noch einkaufen (gehen).
	+ holen
	Ich muß noch Brot holen.
KAUFEN	+ kaufen
	Wo hast du das gekauft?
	Ich habe mir ein neues Kleid gekauft.
VERKAUFEN	+ verkaufen
VERPACKUNG	+ einpacken
	Können Sie das bitte einpacken?
	+ Paket (machen)
REIHENFOLGE	an der Reihe sein
	Wer ist an der Reihe?
	dran sein
	Wer ist dran?
	vgl. AB 4.4
SUCHE NACH WAREN	+ bekommen
	Wo bekomme ich hier . . . ?
	+ kriegen
	+ finden
	+ suchen
	vgl. AB 2.3 VERFÜGBARKEIT
SICH ETWAS ZEIGEN LASSEN	+ zeigen
	Können Sie mir noch andere zeigen?
KAUFWUNSCH	*siehe* SA 4.1.7 VERLANGEN, KAUFEN

WARE	+	(et)was zum/um zu/für/gegen
		Ich suche etwas für ein kleines Kind.
		Ich brauche etwas gegen Erkältung.
		vgl. SA 6.3.5 UMSCHREIBEN
RÜCKGABE	+	zurückgeben
UMTAUSCH		umtauschen
GARANTIE		Garantie
GEBRAUCHSANWEISUNG		Gebrauchsanweisung
MENGE, MASSE, GEWICHT		*siehe* AB 5 *und* AB 3.3

6.2   PREIS / BEZAHLEN

PREIS	+	kosten
		Wieviel/Was kostet das?
	+	Preis
		Gebühr
	+	das macht
		Was macht das?
	+	*Preisangabe (je nach Währung des Landes)*
		z. B. Das kostet eins fünfzig/eine Mark fünfzig.
		1,50 DM *(Aufschrift)*
PREIS PRO STÜCK/	+	zu
MENGENEINHEIT		Eine Briefmarke zu vierzig bitte.
		Ein Eis zu 80 Pfennig bitte.
		à
		Zehn Marken à vierzig.
WÄHRUNG		*siehe* SB 7.4 BANK
TEUER	+	teuer
		hoch *(hoher Preis)*
BILLIG	+	billig
		tief/*(Preis)*
		niedrig
PREISWERT	+	nicht teuer
		preiswert
		günstig
KOSTENLOS		umsonst
	+	gratis
		kostenlos
	+	nichts kosten
KASSE	+	Kasse
GELD	+	Geld
		Kleingeld
		Haben Sie kein Kleingeld?
		-stück
		Können Sie mir zwei Markstücke geben?

		Schein
		Ich hatte noch einen Zehnmarkschein.
		(Hast du Kleingeld?) – Nein, ich hab nur Scheine.
GELD WECHSELN	+	wechseln
		Ich kann leider nicht wechseln.
		siehe auch SB 7.4 BANK
GELD BEI SICH HABEN	+	bei sich haben
		Ich habe nur 5 Mark (bei mir).
GELD AUSGEBEN	+	ausgeben (für)
		Ich habe gestern viel ausgegeben.
		Was hast du dafür ausgegeben?
BEZAHLEN	+	bezahlen
		Ich muß (das) noch bezahlen.
		Wieviel hast du dafür bezahlt?
		Kann ich mit einem Scheck bezahlen?
		Ich habe 10 Mark bezahlt.
		zahlen
ZAHLUNGSART	+	bar
	+	Scheck
		Kann ich mit einem Scheck bezahlen?
		Nehmen Sie Euroschecks?
RABATT		Rabatt
		Prozent(e)
RECHNUNG	+	Rechnung
QUITTUNG	+	Quittung
RAUSGELD	+	bekommen
		Ich bekomme noch 2 Mark.
	+	kriegen
		Geldrückgabe *(Aufschrift)*
LEIHEN	+	(sich) leihen
		Ich habe mir/ihm zehn Mark geliehen.

6.3 LEBENSMITTEL
vgl. SB 6.1 EINKAUFEN, GESCHÄFTE

BÄCKEREI	+	Bäcker // Bäckerei
		Ich muß noch in die Bäckerei/zum Bäcker.
METZGEREI	+	Metzger // Metzgerei
NAHRUNGSMITTEL		*siehe* SB 5.2 SPEISEN UND GETRÄNKE

6.4 KLEIDUNG, ACCESSOIRES

BEKLEIDUNG	+	Kleider *(Plur.)*
DAMENKLEID	+	Kleid
ANZUG	+	Anzug
HOSE	+	Hose
DAMENROCK	+	Rock
OBERHEMD	+	Hemd

BLUSE	+ Bluse
PULLOVER	+ Pullover
JACKE	+ Jacke
MANTEL	+ Mantel
	+ Regenmantel
UNTERWÄSCHE	+ Wäsche
STRÜMPFE	+ Strumpf
	Socken
	Strumpfhose
SCHUHE	+ Schuh
HANDSCHUHE	+ Handschuh
PAAR	ein/das Paar
KOPFBEDECKUNG	+ Hut
	+ Mütze
BADEKLEIDUNG	Bade-
	z. *B*. Badehose/Badeanzug
	Bikini
REGENSCHIRM	+ Schirm
HANDTASCHE	+ Tasche
AKTENTASCHE/REISETASCHE	+ Tasche
HOSEN-/MANTELTASCHE *usw*.	+ Tasche
BRIEFTASCHE	+ Brieftasche
GELDBÖRSE	+ Portemonnaie
UHR	+ Uhr
SCHMUCK	Schmuck
	Kette
	Ring
KNOPF	+ Knopf
FADEN	+ Faden
NADEL	+ Nadel
SCHUHGRÖSSE	+ Nummer
KONFEKTIONSGRÖSSE	Größe
	Welche Größe haben Sie?
	+ Nummer
PASSEN (richtige Größe)	+ gehen
	Gehen die Schuhe?
	passen
ÄNDERUNGEN	+ *anders* machen
	z. *B*. kürzer machen
MATERIAL	+ Stoff

	+ Leder
	– Wolle
	– Baumwolle
	– Kunstfaser / Nylon . . .
	– Seide
	echt *(z. B. Aufschrift)*
	Echt(es) Leder
	rein
	Reine Wolle
ANPROBIEREN	anprobieren
	+ anziehen
	Kann ich das Kleid mal anziehen?
ANZIEHEN	+ (sich) anziehen
	Ziehen Sie keinen Mantel an?
	Ich muß mich noch anziehen.
AUSZIEHEN	+ (sich) ausziehen
	ablegen
	Bitte legen Sie ab!
SICH UMZIEHEN	+ *etwas anderes* anziehen
	Ich muß noch ein neues Hemd anziehen.
	sich umziehen
KLEIDER TRAGEN	+ anhaben
	Sie hat einen roten Mantel an.
	tragen
UMKLEIDEKABINE	Kabine
KLEIDERREINIGUNG	*siehe* SB 8.3
CHARAKTERISIERUNG FÜR MODE/BEKLEIDUNG	+ schön
	+ hübsch
	+ nett
	+ modern
	Mode
	Das ist jetzt Mode.
	stehen
	Das steht Ihnen gut.
	passen zu

6.5 RAUCHWAREN

TABAK	+ Tabak
ZIGARETTE	+ Zigarette
	Filter
	Mit oder ohne Filter?
STÄRKE DES TABAKS	+ stark
	+ leicht
PFEIFE	Pfeife
FEUER	+ Streichhölzer

	Feuerzeug
	+ Feuer
	Entschuldigung, haben Sie Feuer?
	anzünden
	+ anmachen
	+ ausmachen
ASCHENBECHER	+ Aschenbecher
ZIGARETTENAUTOMAT	+ Automat

6.6 HAUSHALTARTIKEL

AUF HAUSHALT BEZOGEN	Haushalt-
	z. B. Haushaltgeräte
GESCHIRR	+ Geschirr
TELLER	+ Teller
TASSE	+ Tasse
GLAS	+ Glas
FLASCHE	+ Flasche
BRATPFANNE	Pfanne
KOCHTOPF	Topf
SCHÜSSEL	Schüssel
KANNE	Kanne
EIMER	Eimer
VERSCHLUSS / DECKEL	Deckel
BESTECK	+ Messer
	+ Gabel
	+ Löffel
HAUSHALTGERÄTE	*siehe* SB 2.4 HAUSHALT, KOMFORT, TECHNISCHE EINRICHTUNGEN
WERKZEUG	+ Werkzeug
	+ etwas um . . . zu
	Ich brauche etwas, um das aufzumachen/festzumachen.
REPARATUR	+ reparieren
NAGEL	+ Nagel
SCHRAUBE	+ Schraube
BATTERIE	+ Batterie
	Ich brauche Batterien für einen Kassettenrecorder.
SCHERE	+ Schere
SCHNUR	+ Schnur
KLEBEN	+ Klebstoff
	+ kleben
	Kann man das kleben?
	Das klebt nicht.

6.7	**APOTHEKE, MEDIKAMENTE**	*siehe* SB 8.5 MEDIZINISCHE VERSORGUNG
6.8	**SCHREIBWAREN**	*siehe* SB 14.3 KORRESPONDENZ

7 ÖFFENTLICHE UND PRIVATE DIENSTLEISTUNGEN

7.1 POST

POST (Institution/Gebäude)	+ Post
	Ich gehe noch zur Post.
	Postamt
POSTSENDUNG	+ Post
	Ist Post für mich da?
POSTSCHALTER	Schalter
BRIEFKASTEN	+ Briefkasten
	Ist hier in der Nähe ein Briefkasten?
LUFTPOST	(mit) Luftpost
EINSCHREIBEN	+ einschreiben
	Bitte einschreiben!
EXPRESSENDUNG	+ Expreß
	Eilbrief
POSTGEBÜHR	Porto
	frankieren
	+ kosten
	Was kostet ein Brief nach England?
BRIEFMARKE	+ Briefmarke / Marke
	Eine Briefmarke zu vierzig, bitte.
	(Post-)Wertzeichen *(Schalteraufschrift)*
BRIEF	+ Brief
POSTKARTE	+ Karte
	Ansichtskarte
	Postkarte
PAKET	+ Paket
	Päckchen
PER POST SENDEN	+ schicken
POST ERHALTEN	+ bekommen
	+ kriegen
	Ich habe einen Brief gekriegt.
GELDÜBERWEISUNG	+ Geld schicken
	einzahlen
	Postanweisung *(auf Formularen)*
POSTLAGERND	postlagernd *(Schalteraufschrift/Adresse)*
ADRESSE	*siehe* SB 1.2
ABSENDER	Absender *(Aufschrift auf Formularen)*
EMPFÄNGER	Empfänger *(Aufschrift auf Formularen)*
	an
	z. B. (An Herrn) Rolf Burg

Formular	+ Formular
Formular ausfüllen	ausfüllen

7.2 TELEGRAMMDIENST

vgl. auch SB 7.1 Post

Telegramm	+ Telegramm
Telegramm aufgeben	+ schicken
	Ich möchte ein Telegramm schicken, nach . . .
	aufgeben
Dauer der Zustellung	+ ankommen
	Kommt das heute noch an?
Wort	+ Wort
	Was kostet ein Wort?

7.3 TELEFONDIENST

Telefonapparat	+ Telefon
	Apparat
	Bleiben Sie bitte am Apparat.
telefonieren	+ telefonieren (mit/nach)
	+ anrufen (jmdn/nach)
Telefonbuch	+ Telefonbuch
Telefonnummer	+ Nummer
	Vorwahl
	vgl. auch SB 1.3
Auskunftsdienst	Auskunft
Fernsprechzelle	(Telefon-)Kabine
	(Telefon-)Zelle
	+ Telefon
	Wo ist hier in der Nähe ein Telefon?
Gesprächsart	Ortsgespräch
	Ferngespräch
	Inland
	+ Ausland
Nummer wählen	wählen
jemanden verlangen	+ sprechen (mit)
	Könnte ich (mit) Herrn Kern sprechen?
verbinden	verbinden
	Augenblick, ich verbinde Sie.
	geben
	Moment, ich gebe Ihnen meinen Kollegen.
akustische Störung	+ verstehen
	Ich verstehe Sie sehr schlecht.

	+	hören
		Ich kann Sie nicht gut hören.
		siehe auch SA 6.2.4 NICHT-VERSTEHEN
		SIGNALISIEREN
BESETZT	+	besetzt
		Es ist immer noch besetzt.
KLINGELN	+	klingeln
		schellen
SICH AM TELEFON MELDEN		*siehe* SA 5.1.6.1 *und* 5.1.6.2

7.4 BANK
vgl. auch SB 6.2 PREIS/BEZAHLEN

BANK (Institution/Gebäude)	+	Bank
		Sparkasse
GELDWECHSEL		Wechsel / Change *(Aufschrift)*
		Wechselstube
	+	wechseln
		(Ich habe kein deutsches Geld mehr.) Ich muß Geld wechseln.
		Können Sie wechseln? *(= Haben Sie Kleingeld?)*
WECHSELKURS		Kurs
	+	bekommen für
		Für 10 Pfund habe ich x Mark bekommen.
KONTO	+	Konto
SPAREN	+	sparen
SCHECK	+	Scheck
SCHECKKARTE		Scheckkarte
WÄHRUNG	+	*Währung des Herkunftslandes*
		z. B. Pfund, Lire
	+	Mark
	+	D-Mark/DM
	+	Pfennig
		Groschen *(= 10 Pfennig)*
	+	Schilling/S
	+	Groschen
	+	Franken/sFr./Fr.
	+	Rappen

7.5 POLIZEI

POLIZEIREVIER	+	Polizei
POLIZEI	+	Polizei
		Holen Sie bitte die Polizei.
		Polizist

DIEBSTAHL	+	stehlen
		Jemand hat mir meinen Paß gestohlen.
VERLUST	+	verlieren
	+	suchen
	+	finden
		Fundbüro
STRAFMANDAT		Strafe
		Bußgeld
ANZEIGE		Anzeige
		Wollen Sie eine Anzeige machen?

7.6 NOT-/BEREITSCHAFTSDIENSTE
vgl. auch SB 8.4 KRANKHEIT/UNFALL
8.5 MEDIZINISCHE VERSORGUNG

NOT-/BEREITSCHAFTSDIENSTE	+	Not- *(Aufschriften)*
		z. B. Notruf, Notdienste
		Bereitschafts- *(Aufschriften)*
		z. B. Bereitschaftsarzt, -apotheke
	+	Polizei
	+	Arzt
	+	Krankenhaus
		Krankenwagen
		Ambulanz
		Feuerwehr
HILFE HOLEN	+	holen
	+	rufen
		Holen/rufen Sie bitte einen Arzt/die Polizei
HILFERUF		*siehe* SA 4.1.5

7.7 AUTOREPARATUR / PANNENHILFE

REPARATURWERKSTATT	+	Werkstatt
PANNENHILFE		Pannenhilfe
PANNE	+	Panne
		Ich habe eine Panne.
	+	kaputt
		Da ist etwas kaputt.
	+	nicht gehen *(= nicht funktionieren)*
		Die Bremse geht nicht mehr.
REPARATUR	+	reparieren
		Können Sie das reparieren?
		Reparatur
ABSCHLEPPEN	+	abschleppen
		Können Sie mich abschleppen?
MOTOR	+	Motor

BREMSE	+ Bremse
	+ bremsen
RAD	+ Rad
REIFEN	Reifen

7.8 TANKSTELLE

TANKSTELLE	+ Tankstelle
BENZIN	+ Benzin
	Super
	Normal
	Diesel
TANKEN	+ tanken
	Ich muß noch tanken.
LITER	+ Liter
VOLLTANKEN	+ voll
	Voll bitte!
KONTROLLEN	+ kontrollieren
	Können Sie bitte das Öl kontrollieren?
BATTERIE	+ Batterie
ÖL	+ Öl
ÖLWECHSEL	Ölwechsel
LUFTDRUCK	+ Luft
	Ich brauche noch Luft.
	Reifen

7.9 KONSULARISCHE VERTRETUNG

KONSULARISCHE VERTRETUNG	+ Konsulat
	Wo ist hier das französische Konsulat?
	Botschaft

8 GESUNDHEIT UND HYGIENE

8.1 KÖRPERTEILE

KOPF	+ Kopf
GESICHT	+ Gesicht
HALS	+ Hals
RÜCKEN	+ Rücken
BAUCH	+ Bauch
MAGEN	Magen
ARM	+ Arm
HAND	+ Hand
FINGER	+ Finger
BEIN	+ Bein
FUSS	+ Fuß
AUGE	+ Auge
NASE	Nase
MUND	Mund
OHR	Ohr
ZAHN	+ Zahn
HERZ	Herz

8.2 PHYSISCHES UND PSYCHISCHES BEFINDEN, BEDÜRFNISSE

HUNGER	+ Hunger Ich habe Hunger.
DURST	+ Durst
FRIEREN	+ kalt Ich habe kalt./Mir ist kalt./Hier ist es kalt. frieren
WARM HABEN	+ warm + heiß schwitzen
AUF DIE TOILETTE MÜSSEN	+ Toilette / WC Wo ist hier eine Toilette? + müssen (auf)
MÜDIGKEIT	+ müde
ERSCHÖPFUNG	+ müde kaputt / k.o.
NERVOSITÄT	+ nervös
SCHLAF	+ schlafen Ich kann nicht schlafen. Ich habe schlecht geschlafen.

	einschlafen
SCHLAFEN GEHEN	+ ins Bett gehen
	+ schlafen gehen
ERWACHEN / WACH SEIN	+ wach
	Ich bin schon lange wach.
	Ich bin um sieben wach geworden.
	aufwachen
AUFSTEHEN	+ aufstehen
	Ich muß um sechs aufstehen.
	aufsein
ERHOLUNG	+ sich ausruhen
	sich erholen
	Ruhe (brauchen)
KÖRPERKRAFT	+ stark
	+ schwach
	Er ist noch sehr schwach.
	Kraft
WOHLBEFINDEN	+ gut gehen
	Es geht mir/ihm gut.
	sich wohl fühlen
SCHWANGERSCHAFT	+ schwanger
	+ ein Kind bekommen/kriegen
BESCHWERDEN/SCHMERZEN	*siehe* SB 8.4 KRANKHEIT/UNFALL

8.3 KÖRPERPFLEGE/HYGIENE

SICH WASCHEN	+ (sich) waschen
	Ich muß mich erst noch waschen.
	Ich muß (mir) die Haare waschen.
SEIFE	+ Seife
CREME	+ Sonnencreme
HANDTUCH	+ Handtuch
EIN BAD NEHMEN	+ baden
DUSCHEN	+ (sich) duschen
	Kann ich jetzt duschen?
SAUBER	+ sauber
SCHMUTZIG	+ schmutzig
	dreckig
ZÄHNE PUTZEN	(sich) die Zähne putzen
ZAHNBÜRSTE	+ Zahnbürste
ZAHNPASTA	+ Zahnpasta
KAMM	+ Kamm
HAARBÜRSTE	+ Bürste
SPIEGEL	+ Spiegel

SCHERE	+	Schere
HAARE SCHNEIDEN	+	(sich) die Haare schneiden
	+	(sich) die Haare schneiden lassen
		Ich muß (mir) die Haare schneiden (lassen).
FRISÖR	+	Friseur
RASIEREN	+	(sich) rasieren
RASIERAPPARAT		Rasierapparat
TASCHENTUCH	+	Taschentuch
WÄSCHE WASCHEN	+	(etwas) waschen
		Wäsche
KLEIDERREINIGUNG		Reinigung
	+	reinigen lassen
KLEIDERBÜRSTE	+	Bürste

8.4   KRANKHEIT / UNFALL

GESUNDHEIT	+	gesund
		Er ist wieder gesund.
	+	gut gehen
		Es geht ihm besser.
		Gesundheit
KRANKHEIT	+	krank
		Krankheit
GUT/SCHLECHT AUSSEHEN	+	gut/schlecht aussehen
		blaß
ÜBELKEIT	+	schlecht sein/werden
		Mir ist (es) schlecht.
		Ich glaube, mir wird (es) schlecht.
	+	nicht gut sein
		(er)brechen
SCHMERZEN	+	Schmerzen / -schmerzen *(Plur.)*
		Ich habe Schmerzen/Kopfschmerzen/Zahnschmerzen.
	+	wehtun / (sich) wehtun
		Ich habe mir wehgetan.
		Habe ich dir wehgetan?
		Das tut (mir) weh.
		-weh
		z. B. Kopfweh, Zahnweh
FIEBER	+	Fieber
		Ich habe kein Fieber mehr.
GRIPPE	+	Grippe
ERKÄLTUNG	+	Erkältung
		Ich habe eine Erkältung (gekriegt).
		Ich brauche etwas gegen Erkältung.
		Schnupfen
		Husten

CHRONISCHE KRANKHEIT/ BESCHWERDEN	+	*eventuelle eigene chronische Krankheiten oder Beschwerden* z. *B.* Zucker, Rheuma
VERLETZUNG	+	verletzt sein
		Wunde
ENTZÜNDUNG	+	Infektion
BLUTEN		bluten
		Blut
VERBRENNUNG	+	(sich) verbrennen Ich habe mich verbrannt. Ich habe (mir) die Hand verbrannt.
KNOCHENBRUCH	+	(sich) etwas brechen Ich habe (mir) das Bein gebrochen.
	+	gebrochen sein Ist das Bein gebrochen?
SCHNITTWUNDE	+	(sich) schneiden Hast du dich geschnitten?
STÜRZEN	+	fallen
		hinfallen
OPERATION	+	Operation Ich hatte eine Operation.
		operieren Er ist gestern operiert worden.
UNFALL	+	Unfall Ich hatte einen Unfall. Da ist ein Unfall passiert.
TOD	+	tot
	+	sterben
LEBEN	+	leben Wie lange hat er gelebt?
SCHWERE VON KRANKHEIT/ UNFALL/VERLETZUNG	+	schlimm / nicht schlimm Ist es schlimm? schwer Er ist schwer verletzt. leicht
BESSERUNGSWUNSCH	+	gute Besserung!

8.5 MEDIZINISCHE VERSORGUNG

ARZT	+	Arzt, Ärztin Doktor
FACHARZT	+	Spezialist, -in
ZAHNARZT	+	Zahnarzt, Zahnärztin
EINEN ARZT RUFEN	+	einen/den Arzt rufen/holen
EINEN ARZT AUFSUCHEN	+	zum Arzt/ins Krankenhaus gehen Ich muß morgen zum Arzt (gehen).

PATIENT	Patient, -in
	Kranke(r)
SPRECHSTUNDE	+ Sprechstunde
ANMELDUNG	Anmeldung
	+ (sich) anmelden
KRANKENHAUS	+ Krankenhaus
	Klinik
ABTEILUNG	Abteilung
ZIMMER	+ Zimmer
BESUCHSZEIT	Besuchszeit
KRANKENBESUCH	+ besuchen
	+ Besuch (machen)
REZEPT	Rezept
	Haben Sie ein Rezept?
APOTHEKE	+ Apotheke
DROGERIE	Drogerie
GIFT	giftig
	Gift
MEDIKAMENT	+ Medikament
	+ etwas für / gegen
	Tablette
	Pille
	die Pille *(= Antibabypille)*
	Tropfen
	Salbe
MONATSBINDE	+ Binde // Tampon
VERBANDZEUG	+ Verbandzeug
	Pflaster
	Verband
BRILLE	+ Brille

8.6 VERSICHERUNG

VERSICHERT SEIN	+ Versicherung
	Haben Sie eine Versicherung?
	versichert sein
VERSICHERUNG	+ Versicherung
	Meine Versicherung bezahlt das.
KRANKENKASSE	Krankenkasse
KRANKENSCHEIN	Krankenschein
	Haben Sie einen Krankenschein?

9 WAHRNEHMUNG UND MOTORIK

9.1 SINNLICHE WAHRNEHMUNG
vgl. auch AB 6.1

WAHRNEHMEN	+	merken
		Ich habe nicht gemerkt, daß sie gekommen ist.
		bemerken
AUFMERKSAM SEIN		aufpassen
		(Hast du das gesehen/gehört?) – Ich habe nicht aufge-paßt.
SEHEN	+	sehen
		Sehen Sie mal da!
		Ich sehe nicht mehr sehr gut.
		Haben Sie den Film gesehen?
		gucken
		schauen
HÖREN	+	hören
	+	verstehen
		Ich kann Sie nicht gut verstehen.
ZUHÖREN		zuhören
		Entschuldigung, ich habe nicht zugehört.
BERÜHREN (Tastempfindung)		berühren
		Bitte nicht berühren!
		anfassen
		spüren
		Spür mal, das ist ganz warm.
		Ich spüre nichts.
SCHMECKEN	+	schmecken
		Schmeckst du, was das ist.
		Das schmeckt gut.
		schmecken nach
	+	versuchen
		Haben Sie den Wein hier schon versucht?
		probieren
RIECHEN	+	riechen
		Das riecht komisch.
		Ich rieche nichts.

9.2 KÖRPERSTELLUNG UND -BEWEGUNG

STEHEN	+	stehen
		Wir mußten die ganze Zeit stehen.
AUFSTEHEN	+	aufstehen
		Stehen Sie bitte mal auf!
		Ich muß morgen früh aufstehen.
SITZEN	+	sitzen
		Darf ich am Fenster sitzen?
SICH SETZEN	+	sich setzen
		Setzen Sie sich doch!
		Sie können sich dahin setzen.

Platz nehmen

sich hinsetzen

LIEGEN   + liegen

SICH HINLEGEN   + sich legen
                                  Sie können sich da aufs Bett legen.

                                  sich hinlegen

BEWEGEN   + (sich) bewegen
                                  Ich kann den Fuß nicht mehr bewegen.
                                  Sie dürfen sich nicht mehr bewegen.

GEHEN   + gehen
                                  Können Sie noch gehen?

LAUFEN   + laufen

                                  rennen
                                  Renn doch nicht so!

9.3   MANUELLE TÄTIGKEITEN; HANDHABUNG VON DINGEN, GERÄTEN

In vielen Fällen sind Umschreibungen mit machen *oder* tun *möglich. Einige Beispiele
sind am Anfang der Liste gegeben. Nicht eigens aufgeführt werden hier die Verkürzungen bei Aufforderungen (z. B.* vollmachen: Nicht ganz voll bitte!*) und Ausdrucksformen für den durch eine Tätigkeit erreichten Zustand (z. B.* vollmachen: vollsein*).*

TÄTIGKEITEN AUSFÜHREN   + machen
                                  Wer hat das Bild gemacht?
                                  Wie macht man das?
                                  Was muß ich jetzt machen?
                                  Er macht den Wagen sauber.
                                  Ich mache den Koffer aufs Dach.

                                + tun
                                  Was muß ich noch tun?
                                  Ich habe die Sachen ins Zimmer getan.

ETWAS AN EINEN ORT TUN   *siehe* AB 3.2.2

ETWAS VON EINEM ORT WEGNEHMEN   *siehe* AB 3.2.2

GEBEN   + geben
(reichen)   Können Sie mir den Zucker geben?

ETWAS BENUTZEN   + nehmen
(als Mittel/Instrument)   Nehmen Sie doch den Löffel da/eine Schnur.

                                  vgl. AB 7.3.4 INSTRUMENT

SCHNEIDEN   + schneiden

                                  abschneiden

STOSSEN   + stoßen

                                  schieben

ZIEHEN   + ziehen

DRÜCKEN   + drücken (auf)
                                  (Auf) welchen Knopf muß ich drücken?
                                  Wo muß man da drücken?

DREHEN   + drehen
                                  Du mußt da/nach da drehen.

HALTEN (in/mit der Hand)   + halten
                                  Können Sie das mal halten?

	+	festhalten
TRAGEN	+	tragen
		Kannst du die Tasche tragen?
HOCHHEBEN		heben
AUFHEBEN		aufheben
LOSLASSEN		loslassen
FALLENLASSEN		fallenlassen
WERFEN	+	werfen
		Wo soll ich das hinwerfen?
	+	wegwerfen
		schmeißen
(GELD) EINWERFEN		einwerfen
EINSCHALTEN	+	anmachen
		Mach bitte das Licht an.
		einschalten
		anstellen
AUSSCHALTEN	+	ausmachen
		Kannst du das Radio ausmachen?
		ausschalten
		abstellen
BEFESTIGEN	+	fest machen
		fest-
		z. B. festschrauben, festbinden
		an-
		z. B. anschrauben
LÖSEN, ENTFERNEN	+	wegmachen
		los-
		z. B. losmachen, losschrauben
		ab-
		z. B. abnehmen
AUSEINANDERNEHMEN		auseinandernehmen
BINDEN	+	aufmachen
	+	zumachen
		binden
ÖFFNEN	+	aufmachen
		öffnen
		auf-
		z. B. aufschrauben
SCHLIESSEN	+	zumachen
		schließen
		abschließen
		zu-
		z. B. zuschließen

FÜLLEN	+	tun/machen in, rein-
		Ich habe den Tee in die Flasche gemacht.
	+	voll machen
		Soll ich das ganz voll machen?
LEEREN	+	tun/machen aus, raus-
		(Da ist noch etwas drin.) Kann ich das raustun?
	+	leer machen
GIESSEN		gießen
		z. B. eingießen, ausgießen
		schütten
		z. B. einschütten, wegschütten
		einschenken
SCHÜTTELN		schütteln
		Gut schütteln!

293

10   ARBEIT UND BERUF

10.1	**BERUF**	*siehe* SB 1.10
10.2	**ARBEITSPLATZ**	*siehe* SB 1.10
10.3	**ARBEITSBEDINGUNGEN**	

ARBEITSZEITEN		*siehe* AB 4 ZEIT
FREIZEIT	+	frei haben
		Am Samstag haben wir immer frei.
URLAUB		Urlaub
	+	Ferien
	+	frei
		Weihnachten haben wir drei Tage frei.
		Morgen ist frei.
KANTINE		Kantine
LOHN		*siehe* SB 10.4
VERSICHERUNG		*siehe* SB 8.6
VORGESETZTE	+	Chef, -in
		Direktor, -in
KOLLEGEN	+	Kollege, Kollegin
GASTARBEITER	+	Gastarbeiter
ORGANISATIONEN	+	Gewerkschaft
		Betriebsrat
STREIK		streiken
	+	Streik
WIRTSCHAFTLICHE LAGE		*vgl.* SB 15.2

10.4	**LOHN**	

LOHN	+	verdienen
		Ich verdiene nicht viel/sehr gut/2000 Mark.
		Lohn
		Gehalt
STEUERN	+	Steuern *(Plur.)*
		Ich muß noch (die) Steuern bezahlen.
PENSION/RENTE	+	Rente
		Pension

10.5	**BERUFSAUSBILDUNG / LAUFBAHN**

BERUFSAUSBILDUNG		*siehe auch* SB 11.1 SCHULE UND STUDIUM
		Ausbildung
		Wie lange dauert die Ausbildung?
	+	Lehre (als)
		Ich mache eine Lehre als Mechaniker.
		Die Lehre geht bei uns drei Jahre.

		Lehrling
	+	lernen
BERUFSZIEL	+	werden (wollen) + *Berufsbezeichnung*
		Ich will/möchte Ingenieur werden.
		Meine Tochter wird Lehrerin.
ARBEITSSUCHE / STELLENWECHSEL	+	Arbeit
		Stelle
	+	suchen
	+	finden
		Er hat wieder Arbeit gefunden.
		sich bewerben (um)
KÜNDIGUNG		kündigen
ENTLASSUNG		entlassen
ARBEITSLOSIGKEIT		arbeitslos
	+	keine Arbeit haben

10.6 EINIGE CHARAKTERISIERUNGEN FÜR STELLE UND ARBEIT

+	gut
+	interessant
+	langweilig
+	schwer
+	anstrengend
+	angenehm/nicht angenehm
+	gefährlich

11 AUSBILDUNG / SCHULE

11.1 SCHULE UND STUDIUM

AUSBILDUNG	Ausbildung
BERUFSAUSBILDUNG	*siehe* SB 10.5
KINDERGARTEN	Kindergarten
SCHULE	+ Schule
	Grundschule
	Sekundarschule
	Gymnasium
	+ *Schulen, die man besucht hat*
	z. B. Handelsschule, Gymnasium
SCHULBESUCH	+ gehen in
	Ich bin in Lyon in die Schule gegangen.
	Meine Kinder gehen noch in die Schule.
	Nächste Woche müssen wir wieder in die Schule gehen.
	Ich will nächstes Jahr wieder in die Volkshochschule gehen.
	+ sein in
	Meine Tochter ist in der dritten Klasse.
	Die andere ist im Gymnasium.
	Ich war einen Monat im Goethe-Institut.
	besuchen
	Welche Schulen haben Sie besucht?
	Welche Kurse wollen Sie besuchen?
UNIVERSITÄT	+ Universität
STUDIUM	+ studieren
	Er will in Berlin studieren.
	Er hat Medizin studiert.
WEITERBILDUNGSKURS/SPRACHKURS	+ Kurs
	Ich habe da einen Kurs gemacht.
	Ich habe um fünf einen Kurs.
UNTERRICHT	+ Unterricht
	Der Unterricht war nicht gut.
	Wir sehen uns nach dem Unterricht.
UNTERRICHTSSTUNDE	+ Stunde
	Wir hatten nur 2 Stunden Deutsch.
	Kann ich nach der Stunde mit Ihnen sprechen?
KLASSE	+ Klasse
	Sie ist in der dritten Klasse.
LERNEN	+ lernen
	Wir haben nicht viel gelernt.
LEHRER	+ Lehrer, -in
PROFESSOR	+ Professor, -in
SCHÜLER	+ Schüler, -in
STUDENT	+ Student, -in
KURSTEILNEHMER	Teilnehmer, -in
SCHULFERIEN	+ Ferien

ANMELDUNG		+ (sich) anmelden (für)
		Ich muß mich noch für den Kurs anmelden.
		sich einschreiben

11.2 UNTERRICHTSFÄCHER

FACH		Fach
		+ in + *Fach*
		In Mathematik war ich nicht gut.
LESEN		+ lesen
SCHREIBEN		+ schreiben
MATHEMATIK		+ Mathematik
		rechnen
WISSENSCHAFT		Wissenschaft
		wissenschaftlich
INTERESSENGEBIETE		+ *Namen von Fächern, Gebieten, für die man*
		sich besonders interessiert
		z. B. Geographie, Musik, Chemie
SPRACHE		+ Sprache
		Welche Sprachen haben Sie in der Schule gelernt?
		siehe auch SB 12 FREMDSPRACHE

11.3 PRÜFUNGEN, DIPLOME

DIPLOM		+ Diplom
		+ Zeugnis
		Zertifikat
EXAMEN		+ Examen // Prüfung
		Ich muß noch eine Prüfung machen.
TEST		+ Test
EXAMENSVORBEREITUNG		+ lernen (für)
		(sich) vorbereiten (auf)
PRÜFUNGSERFOLG		+ bestehen / nicht bestehen
		vgl. AB 6.3.15

12 FREMDSPRACHE

12.1 VERSTÄNDIGUNG
siehe auch SA 6

VERSTEHEN	+ verstehen
	Ich verstehe Sie nicht gut. Können Sie lauter sprechen?
	Er spricht zu schnell. Ich verstehe fast nichts.
	Ich verstehe den Satz da nicht.
	Er versteht kein Deutsch.
	Ich verstehe nicht, was Sie meinen.
WORT	+ Wort
	Ausdruck
SATZ	+ Satz
BEDEUTUNG (von Ausdrücken)	+ bedeuten
	Was bedeutet ,,unverzüglich"?
	+ heißen
SINN (von Äußerungen)	Sinn
	Den Sinn habe ich ungefähr verstanden.
	+ sagen wollen
	Ich verstehe nicht, was Sie sagen wollen.
	+ meinen
	Verstehen Sie, was ich meine?
BEZEICHNUNG	+ heißen
	Was heißt ,,Kupplung" auf französisch?
	Wie heißt das Ding da?
	nennen
	Man nennt das ,Recycling'.
	+ sagen
	Man sagt ,Recycling'.
FORMULIEREN	+ sagen
	Wie kann man das anders sagen?
	Wie sagt man auf deutsch?
ERKLÄREN	+ erklären
	Können Sie mir erklären, was das heißt?
WIEDERHOLEN	+ wiederholen
	+ nochmal sagen
	Können Sie das bitte nochmal sagen.
BUCHSTABIEREN	+ buchstabieren
	+ schreiben
	Wie schreibt man das?
	+ a:, be:, tse:, *usw.*
SPRECHTEMPO	+ schnell
	Bitte nicht so schnell!
	+ langsam
	Könnten Sie etwas langsamer sprechen!
ÜBERSETZUNG	+ übersetzen
	+ Übersetzung
WÖRTERBUCH	+ Wörterbuch

12.2   SPRACHKENNTNIS, GRAD DER SPRACHBEHERRSCHUNG

SPRACHEN LERNEN	+ lernen
	Wo haben Sie Französisch gelernt?
SPRACHKENNTNIS	+ können
	Ich kann auch etwas Russisch.
	+ sprechen
	Sprechen Sie Englisch?
(EINZEL-)SPRACHE	+ Sprache
	Was für Sprachen haben Sie gelernt?
	Muttersprache
	+ *eigene Muttersprache*
	z. B. Englisch, Spanisch . . .
	Fremdsprache
	+ *Fremdsprachen, die man spricht*
	+ Deutsch, deutsch
	+ auf + *Einzelsprache*
	z. B. auf deutsch, auf englisch
DIALEKT	Dialekt
SPRACHFERTIGKEITEN	+ verstehen
	+ sprechen
	+ lesen
	+ schreiben
AUSSPRACHE	+ aussprechen
	Wie spricht man das aus?
GRAD DER SPRACHBEHERRSCHUNG	fließend
	+ sehr gut/gut/ziemlich gut
	+ etwas / ein bißchen
	+ nicht gut / schlecht
SCHWIERIGKEITSGRAD	+ einfach
	+ leicht
	+ schwer
	schwierig
KORREKTHEIT	+ richtig
	+ falsch
	+ Fehler
	Ich mache noch viele Fehler.
KORRIGIEREN	+ korrigieren
	Können Sie meinen Brief korrigieren?
	Korrigieren Sie mich bitte, wenn ich Fehler mache.
	verbessern
GEDÄCHTNIS/VERGESSEN	+ wissen
	Ich weiß im Moment nicht mehr, wie das Ding heißt.
	einfallen
	+ sich erinnern

+ vergessen

vgl. AB 6.2.1

SA 1.4.1 *und* SA 1.4.6

13 FREIZEIT UND UNTERHALTUNG

13.1 FREIZEITBESCHÄFTIGUNG / INTERESSEN
vgl. SB 13.2 – 13.8

FREIZEIT	Freizeit
ETWAS GERN TUN	+ gern *tun* Ich lese gern.
HOBBY	+ Hobby Haben Sie ein Hobby?
	+ *eigene Hobbys* z. B. basteln, wandern, angeln, Briefmarken sammeln *usw.*
INTERESSEN	+ sich interessieren für Ich interessiere mich für Musik.
	+ interessieren Politik interessiert ihn nicht.
	+ *eigene Interessengebiete* z. B. Politik, Musik, Literatur *usw.*
VEREIN	+ Verein // Klub Sind Sie in einem Verein?
AUSGEHEN	ausgehen Gehen Sie oft aus?
SPAZIERENGEHEN	+ Spaziergang Wir haben einen schönen Spaziergang gemacht.
	spazierengehen
FOTOGRAFIEREN	+ fotografieren
	+ ein Bild/Foto machen
FOTOGRAFIE	+ Foto
	+ Bild
KAMERA (Foto/Film)	Fotoapparat
	+ Kamera
	+ Film Ich habe keinen Film mehr.

13.2 BESUCH VON VERANSTALTUNGEN

VERANSTALTUNG	Veranstaltung
STATTFINDEN/NICHT STATTFINDEN	stattfinden / nicht stattfinden
	ausfallen
VERANSTALTUNGSANGEBOT	+ Programm
	+ es gibt Was gibt es im Kino?
PROGRAMM (= Darbietung und Abfolge)	+ Programm
PROGRAMMHEFT	+ Programm

ÖFFNUNGSZEITEN		Öffnungszeiten
		geöffnet
	+	aufsein
		Ist das Museum auch am Sonntag auf?
		geschlossen
	+	zusein
KASSE	+	Kasse
		Abendkasse
VORVERKAUF		Vorverkauf
AUSVERKAUFT		ausverkauft
EINTRITTSPREIS		Eintritt
GRATISEINTRITT		frei
EINTRITTSKARTE	+	Karte
KARTEN KAUFEN	+	kaufen
		Hast du schon Karten gekauft?
	+	holen
VORBESTELLUNG	+	bestellen
		Ich habe für morgen schon Karten bestellt.
	+	reservieren
		Ich möchte (für heute abend) zwei Plätze reservieren.
PLATZ	+	Platz
		Ist der Platz hier noch frei?
		Stehplatz
		Sitzplatz
REIHE		Reihe
		vgl. zur Lokalisierung (vorne/hinten/rechts *usw.*): AB 3.1
PUBLIKUM		Publikum
		Zuschauer
PAUSE	+	Pause
		Wie lange ist Pause?
EINGANG/AUSGANG	+	Eingang
	+	Ausgang
		Notausgang
GARDEROBE		Garderobe
TOILETTE	+	Toilette(n) / WC

13.3 THEATER, KINO, KONZERT *usw.*

KINO	+	Kino
		Wir gehen heute abend ins Kino. Entschuldigen Sie, wo ist das Kino Rex?
FILM	+	Film
		Ich habe gestern einen guten Film gesehen.
		Farbfilm

		Schwarzweißfilm
THEATER (Kunstgattung)	+	Theater Für Theater interessiere ich mich nicht.
THEATERGEBÄUDE	+	Theater
		Schauspielhaus
THEATERSTÜCK	+	Stück
EINE ROLLE SPIELEN	+	spielen Sie spielt sehr gut. Sie spielt eine junge Frau, . . .
		Rolle
MUSIK	+	Musik
MUSIKSTÜCK	+	Stück
	+	Lied
MUSIKARTEN	+	modern
		leicht
	+	klassisch Ich habe gern klassische Musik.
	+	*Bezeichnungen von Musikarten* z. B. Popmusik, Jazz, Tanzmusik, Volksmusik, Schlager, Chanson *usw.*
KONZERT	+	Konzert Wir gehen heute ins Konzert.
OPER	+	Oper Ich war noch nie in einer Oper.
OPERNHAUS	+	Oper
MUSIK HÖREN	+	Musik hören Ich höre gern moderne Musik.
MUSIK MACHEN	+	spielen Ich spiele Klavier. Er spielt sehr gut.
SINGEN	+	singen
MUSIKINSTRUMENT	+	Instrument Spielen Sie ein Instrument?
	+	*Namen von Musikinstrumenten* z. B. Geige, Klavier, Gitarre *usw.*
TANZ	+	tanzen
FESTSPIELE		Festspiele / Festwochen
		Festival
KABARETT		Kabarett
DISKOTHEK		Diskothek
NACHTLOKAL		Nachtlokal / Nachtklub
AKTEURE IN FILM, THEATER, KONZERT *usw.*	+	Schauspieler, -in
	+	Regisseur, -in
	+	Musiker, -in
	+	Dirigent, -in

	+ Orchester
	Sänger, -in
	Solist, -in
	Tänzer, -in

13.4 BILDENDE KUNST / AUSSTELLUNGEN / SEHENSWÜRDIGKEITEN

BILDENDE KUNST	+ Kunst
AUSSTELLUNG	Ausstellung
MUSEUM	+ Museum
GALERIE	Galerie
BILDER	+ Bild
	Gemälde
	Zeichnung
FOTOGRAFIE	+ Foto
	+ Bild
SKULPTUR	Plastik
DENKMAL	Denkmal
KÜNSTLER	Künstler, -in
	Maler, -in
	Fotograf, -in
MALEN	malen
	zeichnen
ARCHITEKTUR / GEBÄUDE	+ Burg
	+ Schloß
	+ Rathaus
	+ Turm
	+ Kirche
	Gebäude
BESICHTIGUNG	+ besichtigen
	+ gehen in
	Wir sind ins Museum gegangen.
	vgl. auch SB 4.3

13.5 SPORT

SPORT	+ Sport *(Sing.)*
SPORT TREIBEN	Sport treiben
	+ Sport machen
	Machen Sie viel Sport?
	+ spielen
	z. B. Fußball, Tennis spielen, gut spielen *usw.*

SPORTARTEN	+ *Sportarten, die man aktiv betreibt oder für die man sich interessiert* z. B. Tennis, Tischtennis, Handball, Schi fahren, reiten, kegeln *usw.*
	+ schwimmen
	+ baden
	+ Fußball (spielen)
SPORTANLAGEN	+ Sportplatz
	Fußballplatz
	Stadion
	+ Schwimmbad
	Schilift
SPORTVERANSTALTUNG	+ Spiel
	Rennen
BALL	+ Ball
SPORTGERÄTE/-AUSRÜSTUNG	+ *Sportgeräte (für Sportarten, die man aktiv betreibt)* z. B. Schi, Schlitten, Schläger *usw.*
MANNSCHAFT	Mannschaft
VEREIN	+ Verein // Klub
SIEG	+ gewinnen
	schlagen
	siegen
NIEDERLAGE	+ verlieren
SPIELSTAND / SPIELRESULTAT	+ stehen Wie steht es?
	+ *Angabe der Punktzahlen,* z. B. 2:1 (zwei eins)
	zu Es steht zwei zu null.
	unentschieden
	Punkt
	Tor

13.6 RADIO / FERNSEHEN

FERNSEHEN	+ Fernsehen Was gibt es heute im Fernsehen?
FERNSEHGERÄT	+ Fernseher // Fernsehapparat
FERNSEHEN (Tätigkeit)	+ fernsehen Wollen Sie fernsehen?
	+ sehen Möchtest du den Film sehen?
RUNDFUNK	+ Radio
	Rundfunk

RUNDFUNKGERÄT	+	Radio
RADIO HÖREN	+	Radio hören
		Ich höre oft Radio.
PROGRAMM	+	Programm
(= Sendeanstalt/Kanal)		Das ist das 3. Programm.
PROGRAMM	+	Programm
(= Programmheft)		Hast du ein (Fernseh)programm?
PROGRAMM	+	Programm
(= Sendefolge/Sendung)		Was gibt es heute für ein Programm?
SENDUNGEN	+	Nachrichten
		Wetterbericht
	+	Film
		Sendung
	+	*Sendungen, für die man sich interessiert*
		z. B. Krimi, Diskussion, Quiz
TONTRÄGER	+	Platte
		Schallplatte
	+	Kassette
	+	(Ton)band
AUFNAHME-/WIEDERGABEGERÄT	+	Plattenspieler
	+	Tonband // Tonbandgerät
	+	Kassettenrecorder // Kassettengerät

13.7 LEKTÜRE / PRESSE

LITERATUR		Literatur
		Ich interessiere mich nicht für Literatur.
LESEN	+	lesen
BUCH	+	Buch
		Taschenbuch
ERZÄHLENDE PROSA	+	Roman
	+	Geschichte
LYRIK		Gedicht
SEITE	+	Seite
		Wieviel Seiten hat das Buch?
TITEL		Titel
	+	heißen
AUTOR	+	Autor, -in
		Schriftsteller, -in
		Dichter, -in
		Journalist, -in
SCHREIBEN	+	schreiben
ZEITUNG	+	Zeitung

ARTIKEL	+	Artikel
		Hast du den Artikel schon gelesen?
ANZEIGE	+	Anzeige
WERBUNG	+	Reklame
		Werbung
ZEITSCHRIFTEN	+	Zeitschrift
		Illustrierte
FOTOGRAFIE	+	Bild
BIBLIOTHEK		Bibliothek
		Bücherei
BUCHHANDLUNG		Buchhandlung

13.8 GESELLIGE ANLÄSSE

FEST	+	Fest
		Gestern war hier ein Fest.
		Party
		Wir machen morgen eine Party.
		Feier
		feiern
TANZEN	+	tanzen
		Heute gehen wir tanzen.
GESELLSCHAFTSSPIELE	+	spielen
		Was sollen wir spielen?
	+	*Namen von Gesellschaftsspielen*
		z. B. Skat, Schach, Bridge *usw*.

13.9 EINIGE CHARAKTERISIERUNGEN FÜR VERANSTALTUNGEN, LEKTÜRE *usw*.

+	schön
+	gut
+	komisch *(= merkwürdig)*
+	lustig
+	interessant
	spannend
+	langweilig
+	schlecht
+	bekannt
	berühmt

14 PERSÖNLICHE BEZIEHUNGEN UND KONTAKTE

14.1 ART DER PERSÖNLICHEN BEZIEHUNG

BEKANNTE	+	Bekannte(r)
	+	Freund, -in
		Ich kann bei Bekannten/Freunden wohnen.
KOLLEGEN	+	Kollege, Kollegin
NACHBARN	+	Nachbar, -in
FREUNDSCHAFT	+	Freund, -in
LIEBESVERHÄLTNIS	+	Freund, -in
	+	lieben
	+	gern haben
	+	Kuß (geben)
		küssen
	+	schlafen mit/zusammen
		gehen mit
	+	zusammen leben/wohnen
FAMILIENSTAND		*siehe* SB 1.7
VERWANDTSCHAFT		*siehe* SB 1.12
BEKANNTSCHAFT MACHEN	+	kennenlernen
BEKANNTSCHAFT	+	kennen
		Kennen Sie ihn (schon lange)?
		Wir kennen uns sehr gut/nicht gut.
BEGEGNUNG	+	treffen
	+	sehen
		Ich treffe/sehe ihn am Dienstag.
		Wir treffen/sehen uns nicht oft.
	+	zufällig
DUZEN	+	Du sagen
		Du kannst ruhig du sagen.
		duzen
SIEZEN	+	Sie sagen
		siezen
SYMPATHIE / ANTIPATHIE		*siehe* SA 3.1 *und* 3.3
STREIT	+	Streit
		Wir haben Streit gehabt.
		streiten
CHARAKTER/TEMPERAMENT		*siehe* SB 1.14
GEGENSEITIGKEIT		*Reziprokpronomen siehe* AB 1
		z. B. sich lieben

14.2 EINLADUNGEN / VERABREDUNGEN

EINLADUNG	+ einladen (zu)
	+ eingeladen sein (zu/bei)
	Einladung
	vgl. SA 4.4.5
BESUCH	+ besuchen
	+ Besuch
	Vielen Dank für den Besuch.
	+ gehen/kommen zu
	vorbei gehen/kommen (bei)
GAST	+ Besuch
	Wir haben Besuch.
	Gast
VERABREDUNG	+ treffen
	Wo können wir uns treffen?
	Wo kann ich dich treffen?
	etwas abmachen
	+ sehen
	Ich sehe ihn morgen.
	+ verabredet sein (mit)
	Ich bin für 5 Uhr mit ihr verabredet.
	Ich bin schon verabredet.
	Verabredung
	Ort und Zeit siehe AB 3 *und* AB 4
	siehe auch SA 4.5.2; 4.6.3.4 *und* 4.7.3.3
ZUSAGEN	*siehe* SA 4.5.1 – 4.5.3
ABSAGEN / ABLEHNEN	*siehe* SA 4.5.4 – 4.5.6
ANBIETEN	anbieten
	Was darf ich Ihnen anbieten?
	siehe auch SA 4.4.2
SPENDIEREN	+ einladen (zu)
	Darf ich Sie zu einem Bier einladen?
	spendieren
	einen ausgeben
	siehe auch SA 4.4.5
SICH UNTERHALTEN	+ sprechen mit/über
	reden mit/über
	+ erzählen
	sich unterhalten mit/über
	+ diskutieren mit/über
	Diskussion
	Gespräch *vgl.* AB 6.2.4
GESELLIGE ANLÄSSE	*siehe* SB 13.8

GESCHENK	+ Geschenk
	schenken
	+ etwas mitbringen
	+ geben
SOZIALE KONVENTIONEN	*siehe* SA 5

14.3 KORRESPONDENZ
vgl. SB 7.1 POST

JEMANDEM SCHREIBEN	+ schreiben
	Schreiben Sie uns, wann Sie kommen.
	Ich schreibe nicht gern / ihr oft.
	+ schicken
	Ich habe ihm einen Brief geschickt.
POST HABEN	+ Post
	Ist Post da?
	+ bekommen / kriegen
	+ haben
BRIEF	+ Brief
POSTKARTE	+ Karte
	Ansichtskarte
	Postkarte
BRIEFUMSCHLAG	+ Kuvert // Briefumschlag
SCHREIBPAPIER	+ Papier
	+ Blatt
	Hast du ein Blatt Papier?
	Zettel
KUGELSCHREIBER	+ Kugelschreiber
BLEISTIFT	+ Bleistift
SCHREIBMASCHINE	+ Schreibmaschine / Maschine
BRIEFLICHE ANTWORT	+ Antwort
	Haben Sie schon Antwort bekommen?
	+ antworten
	Ich habe ihm noch nicht geantwortet.
ANREDE- UND SCHLUSSFORMELN	*siehe* SA 5.1.7 *und* 5.2.4

14.4 VEREINE

VEREIN	+ Verein // Klub
	+ *Verein, in dem man mitmacht*
	z. B. Fußballverein, Schiklub
MITGLIEDSCHAFT	+ sein in
	Ich bin im Tennisklub.
	Mitglied
VERSAMMLUNG	+ sich treffen
	Wir treffen uns jeden Dienstag.
	Versammlung

15.1   AKTUELLES GESCHEHEN

NEUIGKEIT	+	neu
		Gibt's was Neues
		Neuigkeit
INFORMATION/MASSENMEDIEN		*siehe* SB 13.6 – 13.7
SITUATION	+	Situation
		Lage
KRISE		Krise
		Die Verhandlungen sind in einer Krise.
		kritisch
GEFAHR		Gefahr
	+	gefährlich
		ernst
KONFLIKT		Konflikt
	+	Streit
KRIEG	+	Krieg
		kämpfen
FRIEDEN		Frieden
REVOLUTION		Revolution
REFORM		Reform
FORDERUNG	+	wollen
		fordern
		verlangen
		kämpfen für / gegen
VERHANDLUNG		Konferenz
		verhandeln
		Verhandlung
		vgl. AB 6.2.4
PROBLEM	+	Problem
		vgl. AB 6.3.14
KOMPROMISS		Kompromiß
LÖSUNG	+	Lösung
		Glauben Sie, es gibt eine Lösung?
EINIGUNG		sich einigen
ENTSCHEIDUNG	+	wollen
		(sich) entscheiden
		vgl. SA 4.6.1
VERTRAG	+	Vertrag
		Abkommen

KRITIK	+	kritisieren
		Er hat kritisiert, daß . . .
		Kritik
		kritisch
DISKUSSION	+	diskutieren (mit/über)
		Diskussion
PROTEST		Protest
		protestieren
KUNDGEBUNG		Demonstration
		demonstrieren
STREIK	+	Streik
		streiken
UNGLÜCK/KATASTROPHE		Katastrophe
		Unglück
ENTFÜHRUNG		Entführung
		entführen

15.2 LEBENSVERHÄLTNISSE, WIRTSCHAFT, SOZIALES

LEBENSSTANDARD	+	Leben
		Das Leben ist hier sehr teuer.
	+	leben
		Man lebt hier sehr gut.
ARMUT	+	arm
		Not
REICHTUM	+	reich
FINANZEN	+	Geld
		finanziell
INFLATION		Inflation
PREISE		*siehe* SB 6.2
LÖHNE		*siehe* SB 10.4
ARBEITSMARKT		*siehe* SB 10
KONKURRENZ		Konkurrenz
WIRTSCHAFT		Wirtschaft
		wirtschaftlich
INDUSTRIE	+	Industrie
		Bei uns gibt es fast keine Industrie.
TECHNIK		Technik
		technisch
LANDWIRTSCHAFT		Landwirtschaft
HANDEL		Handel
		Markt

IMPORT	Import
	importieren
+	kaufen
EXPORT	Export
	exportieren
+	verkaufen
PRODUKTION	Produktion
	produzieren
	herstellen
+	machen
KONSUM	Konsum
	verbrauchen
+	brauchen
	Letztes Jahr haben wir viel Öl gebraucht.
ENERGIEVERSORGUNG	Energie
	Atom
	z. B. Atomenergie
	siehe auch SB 2.4
UMWELT	Umwelt
	z. B. Umweltverschmutzung
SYSTEM	System
KAPITALISMUS	+ kapitalistisch
SOZIALISMUS	*siehe* SB 15.3
KOMMUNISMUS	*siehe* SB 15.3
SOZIALE GERECHTIGKEIT	+ sozial
	Das ist nicht sozial.
	+ gleich
	Haben hier Frauen den gleichen Lohn wie Männer?
	gerecht
	Gerechtigkeit
	Gleichberechtigung
SOZIALE SICHERHEIT	+ sozial
	Es gibt noch viele soziale Probleme.
	siehe auch SB 8.5; 8.6; 10.4
HILFE	+ Hilfe
	Diese Länder brauchen Hilfe.
	+ helfen
	unterstützen
	Unterstützung
ENTWICKLUNGSHILFE	Entwicklungshilfe

15.3 POLITIK

POLITIK	+	Politik
	+	politisch
WAHLEN	+	Wahl(en)
		wählen
ABSTIMMUNG		Abstimmung
		stimmen für/gegen
	+	sein für/gegen
SIEG	+	gewinnen
NIEDERLAGE	+	verlieren
PARTEI	+	Partei

Die kommunistische Partei ist sehr klein.
Sind Sie in einer Partei?

KOMMUNISTISCH	+	kommunistisch

Die kommunistische Partei / die kommunistischen Länder

	+	Kommunist, -in

Die Kommunisten sagen . . .
Ich glaube, er ist Kommunist.

SOZIALISTISCH	+	sozialistisch
	+	Sozialist, -in
SOZIALDEMOKRATISCH	+	sozialdemokratisch
	+	Sozialdemokrat, -in
LIBERAL	+	liberal
	+	Liberale(r)
KONSERVATIV	+	konservativ
	+	Konservative(r)
POLITISCHE LAGER	+	links, link-
	+	Linke(r)

Die Linken haben keine große Chance.

	+	rechts, recht-
	+	Rechte(r)
		Mitte
POLITISCHES PROGRAMM	+	Programm
		Ziel
		Plan
DEMOKRATIE		Demokratie
	+	demokratisch

Das ist nicht demokratisch.

DIKTATUR		Diktatur
RECHT		Verfassung

	+ Gesetz
	Die Opposition ist gegen das neue Gesetz.
	Recht
FREIHEIT	+ frei
	Freiheit
MACHT	Macht
	Einfluß
	+ stark
	+ schwach
POLITIKER	+ Politiker, -in
PRÄSIDENT	+ Präsident, -in
(Partei, Staat *u. a.*)	+ Chef, -in
REGIERUNGSCHEF	+ Bundeskanzler
	+ Premierminister, -in
	+ Präsident, -in
KÖNIG	+ König, -in
REGIERUNG	+ Regierung
	regieren
KABINETT	Kabinett
MINISTER	+ Minister, -in
KOALITION	Koalition
OPPOSITION	+ Opposition
PARLAMENT	+ Parlament
ARMEE	+ Armee
	Militär
	militärisch
	+ Soldat
GESCHICHTE	+ Geschichte
	vgl. AB 4 ZEIT
DAS DRITTE REICH	das Dritte Reich
FASCHISMUS	+ faschistisch
	+ Faschist
	Faschismus
	Nationalsozialist
	Nationalsozialismus
	Nazi
WELTKRIEG	+ Krieg
	+ Weltkrieg
	Das war vor dem Krieg/im zweiten Weltkrieg.

STAAT	+ Land
	Staat
	staatlich
	Bund
	Bundes-
	z. B. in: Bundesstaat, Bundeskanzler
	+ *Ländernamen,* siehe SB 1.2
GESELLSCHAFT	Gesellschaft
VOLK	Volk
	Bevölkerung
	Bürger
	+ *Nationalitätsbezeichnung siehe* SB 1.8
	z. B. die Deutschen, die Russen
NATION	Nation
	national
INNENPOLITIK	innen-
	z. B. innenpolitisch, Innenminister
AUSSENPOLITIK	außen-
	z. B. Außenminister, Außenhandel
AUSLAND	+ Ausland
EUROPA	+ Europa
	europäisch
AFRIKA	+ Afrika
	afrikanisch
AMERIKA	+ Amerika
	amerikanisch
ASIEN	+ Asien
	asiatisch
AUSTRALIEN	+ Australien
DER WESTEN (westliche Länder)	+ der Westen
DER OSTEN (Ostblock)	+ der Osten
DIE DRITTE WELT	+ die dritte Welt
INTERNATIONAL	international
WELT	+ Welt

Teil III
Grammatik-Inventar

Inventar zu den
grammatischen Strukturen und zur Wortbildung

von
Anton Näf

Vorbemerkung

Das Grammatik-Inventar gibt eine Auflistung der grammatischen Einheiten und Strukturen, die in den drei Katalogen „Sprechakte", „Allgemeine Begriffe" und „Spezifische Begriffe" enthalten sind.

Es hat die Funktion eines nach grammatischen Gesichtspunkten geordneten Registers, das dem Benutzer einen Überblick darüber ermöglichen soll, welche Strukturen für die produktive Verwendung ausgewählt worden sind und welche nur für das Verstehen vorgesehen sind. (Markierung durch R = rezeptiv)

Wie für die *Kontaktschwelle* insgesamt, so stehen auch hier im Grammatik-Inventar die Strukturen der gesprochenen Sprache in der direkten mündlichen Kommunikation im Vordergrund.

Es handelt sich (leider) nicht um eine kommunikative oder inhaltsbezogene Grammatik. Bei den jeweiligen ausdrucksgrammatischen Phänomenen wird jedoch durch Verweise unter dem Stichwort „Verwendung" der Zusammenhang mit den pragmatisch und semantisch orientierten Katalogen der *Kontaktschwelle* aufgezeigt.

Das Inventar ist auch keine erklärende Regelgrammatik. Es werden hier nicht grammatische Regeln formuliert, sondern die Strukturen werden anhand von Beispielen verdeutlicht. Vollständigkeit bei der Erfassung von Verwendungsmöglichkeiten und Restriktionen ist nicht beabsichtigt. Das Inventar ist also kein Ersatz für andere Grammatiken des Deutschen. Auf die konkreten Erscheinungsformen von Konjugation und Deklination beispielsweise wird hier bloß verwiesen.

Um den Benutzerkreis nicht einzuschränken, werden soweit möglich keine neuen Termini eingeführt, sondern die über den deutschen Sprachraum hinaus gebräuchlichen lateinischen grammatischen Bezeichnungen verwendet. Am Ende des Grammatik-Inventars befindet sich ein Register grammatischer Termini.

An mehreren Stellen (z. B. bei den Präpositionen) werden vollständige Aufzählungen der in der *Kontaktschwelle* enthaltenen sprachlichen Mittel gegeben. Wo dies nicht möglich ist oder nicht als nötig erachtet wurde, steht nach einer Beispielauswahl ein „usw".

Neben Einzeluntersuchungen wurden bei der Erstellung des Inventars vor allem folgende Werke benutzt:

Deutsch 2000. Grammatik der modernen deutschen Umgangssprache, von RENATE LUSCHER, in Zusammenarbeit mit ROLAND SCHÄPERS, München 1975.

Duden, Grammatik der deutschen Gegenwartssprache, bearbeitet von PAUL GREBE u. a., Mannheim ³1973 (= Der Große Duden, Band 4).

EICHLER, WOLFGANG / BÜNTING, KARL-DIETER: *Schulgrammatik der deutschen Gegenwartssprache.* Hannover 1978.

ENGEL, ULRICH: *Syntax der deutschen Gegenwartssprache.* Berlin 1977 (= Grundlagen der Germanistik 22).

ENGEL, ULRICH / SCHUMACHER, HELMUT: *Kleines Valenzlexikon deutscher Verben.* Tübingen 1976 (= Forschungsberichte des Instituts für deutsche Sprache Mannheim 31).

FLEISCHER, WOLFGANG: *Wortbildung der deutschen Gegenwartssprache.* Leipzig ³1974.

HELBIG, GERHARD / BUSCHA, JOACHIM: *Deutsche Grammatik. Ein Handbuch für den Ausländerunterricht.* Leipzig 1974.

HELBIG, GERHARD / SCHENKEL, WOLFGANG: *Wörterbuch zur Valenz und Distribution deutscher Verben.* Leipzig ³1975.

Heutiges Deutsch. Linguistische und didaktische Beiträge für den deutschen Sprachunterricht. Veröffentlicht vom INSTITUT FÜR DEUTSCHE SPRACHE und vom GOETHE-INSTITUT.

Reihe   I: *Linguistische Grundlagen,* Band 1 ff., München und Düsseldorf 1971 ff.

Reihe II: *Texte,* Band 1 ff., München und Düsseldorf 1971 ff.

Reihe III: *Linguistisch-didaktische Untersuchungen des Goethe-Instituts,* Band 1 ff., München 1976 ff.

RALL, MARLENE / ENGEL, ULRICH / RALL, DIETRICH: *DVG für DaF. Dependenz-Verb-Grammatik für Deutsch als Fremdsprache*. Heidelberg 1977.

RATH, RAINER: *Kommunikationspraxis. Analysen zur Textbildung und Textgliederung im gesprochenen Deutsch*. Göttingen 1979.

SCHULZ, DORA / GRIESBACH, HEINZ: *Grammatik der deutschen Sprache*. München ⁹1972.

Das Zertifikat Deutsch als Fremdsprache. Hg. vom DEUTSCHEN VOLKSHOCHSCHUL-VERBAND und vom GOETHE-INSTITUT. Bonn-Bad Godesberg und München ²1977.

Inhaltsübersicht

1   Text

In den folgenden Bemerkungen zur Textkonstitution kommen vor allem textsyntaktische Ausdrucksmittel zur Sprache. Von den semantischen Aspekten der Textkohäsion werden zwei Bereiche herausgegriffen: die Isotopie und die semantischen Beziehungen zwischen Sätzen. Die Textpragmatik wird hier nur mit einigen Hinweisen zur Deixis und zu den Gliederungs- und Kontaktsignalen berücksichtigt. Für weitere textpragmatische Erscheinungen sei auf das Kapitel ,Sprechakte' verwiesen.

Der Kürze halber werden die textsyntaktischen Phänomene nicht an ganzen Texten, sondern lediglich an Satzpaaren (Nachbarsätzen) oder an Einzelsätzen exemplifiziert. Bei den Beispielen werden sowohl monologische als auch dialogische Äußerungen berücksichtigt.

1.1   Deixis

Bei situationsverhaftetem Sprechen und bei großem gemeinsamem Vorwissen von Sprecher und Hörer braucht vieles nicht explizit ausgesprochen zu werden. In einem gemeinsamen Zeigfeld können Mimik und Gestik sprachliche Äußerungen begleiten oder gar ersetzen. Der Ausgangspunkt des deiktischen Koordinatensystems ist die Ich-hier-jetzt-Perspektive des Sprechers.

– Personale Deixis

Personalpronomen der 1. und 2. Person (ich, du, Sie, wir, ihr, Sie)
Ich muß jetzt gehen. – Kannst du noch etwas bleiben?
(Die Rollenvariablen ich *und* du *beziehen sich auf die gleiche Person)*

Ich muß jetzt gehen. Wenn du willst, kannst du mitkommen.
(ich *und* du *beziehen sich nicht auf die gleiche Person)*

Possessivpronomen der 1. und 2. Person (mein, dein, Ihr, unser, euer, Ihr)
Ist das Ihres? – Ja, das ist meins.

– Lokale Deixis

Lokale Ergänzungen oder Angaben
hier, da, da drüben, dahin, rechts *usw.*
rein, rauf, runter *usw.*
(Richtung auf den Sprecher zu und vom Sprecher weg)

Wo ist das passiert? – Da drüben. *(+ Zeigegeste)*
Wie weit ist es bis zum Bahnhof? *(von ,,hier" aus)*
Wenn er nicht runter kommt, dann gehe ich rauf.

Demonstrativpronomen
der, der da, der hier, der da drüben, der da vorne *usw.*
Bitte ein Pfund von dem (da).

– Temporale Deixis

Temporale Ergänzungen und Angaben
jetzt, heute, gestern, bald, vor kurzem *usw.*
Wann geht es dir am besten? – Morgen.
Ich bin in einer Stunde wieder da. *(ab ,,jetzt")*

– Demonstrationsdeixis
so *(+ Zeigegeste)*
So mußt du das machen.
Das sieht so aus.
Es ist ungefähr so lang.

1.2   Anaphora durch Pro-Formen

a) Pro-Formen für Sätze und längere Äußerungen

Einige Pro-Formen (z. B. das, es und Pronominaladverbien) nehmen nicht bloß ein einzelnes Element des Vortextes wieder auf, sondern einen ganzen Satz (Hauptsatz, Nebensatz) oder eine längere Äußerung.

> Hier darf man nicht parken. – D a s habe ich nicht gewußt.
> Die Geschäfte machen um 6 zu. – Ist d a s neu?
> Ich habe nicht gewußt, daß man sich anmelden muß. – D a s ist doch klar.
> Wie lange muß er im Krankenhaus bleiben? – Man weiß e s noch nicht.
> Er will nicht hier bleiben. – D a r ü b e r müssen wir noch sprechen.

In der gesprochenen Sprache steht anstelle des Pronominaladverbs oft ein bloßes da.

> War das nicht in Florenz? – D a kann ich mich nicht mehr erinnern.
> Das hat über zwei Millionen gekostet. – Nein nein, d a irren Sie sich.

b) Pro-Formen für Einzelelemente

– Pronomen (3. Person Sg./Pl.)

Personalpronomen

> Hast du den neuen Fellini gesehen? – Ja, aber ich finde i h n nicht gut.
> Ist Frau Steiner hier? – Wieso? – Ich möchte mit i h r sprechen.
> Wenn Werner kommt, sagen Sie es i h m bitte.

Demonstrativpronomen

> Hast du den Schirm? – D e n habe ich vergessen.
> Der mit der Brille, d a s ist mein Bruder.

Zur Wiederaufnahme eines herausgestellten Satzglieds durch das Demonstrativpronomen (Prolepse) → GR 3.7.4

Possessivpronomen
(inkl. Sonderformen bei autonomer Verwendung)

> Kennst du Herrn Schwarz? – Nein, aber s e i n e Frau.
> Ich kenne Herrn Schwarz nicht, aber s e i n e Frau.
> Wem gehört der Koffer? – Das ist m e i n e r .

Indefinitpronomen
welcher, so etwas/was
Sonderformen bei autonomer Verwendung von (irgend)ein, kein

> Brauchen wir noch Eier? – Nein, im Kühlschrank sind noch w e l c h e .
> Das ist praktisch. Ich suche schon lange so e t w a s / w a s .
> Ich glaube, die Geschäfte machen um 6 zu. – Vielleicht hat noch e i n s auf.

Interrogativpronomen
Sonderformen bei autonomer Verwendung von was für ein

> Ich habe ein Kleid gekauft. – W a s f ü r e i n s ?

Zum Rückbezug mit Determinativen (= Pronomen in attributiver Verwendung) bei erspartem Nomen → GR 1.2 c

– Pronominaladverb

> Und wie ist die neue Kamera? – Ich bin zufrieden d a m i t .
> Gehen Sie bis zu dem roten Haus. D a h i n t e r ist eine Bank.

– w-Wörter (Interrogativpronomen, Interrogativadverb, interrogatives Pronominaladverb)

Die w-Wörter werden häufig vorwärtsweisend (kataphorisch) verwendet.

> W e r war das? – Mein Bruder.
> Der Wagen gehört Klaus. – W é m gehört er?
> W a n n fährt der Zug? – Neun Uhr vierzehn. – W á n n ?
> W o m i t hast du das gemacht? – Mit dem Messer.

– Adverb als Prowort

> Das war 1952. D a m a l s war ich 18.
> Ich wohne jetzt in München. – Und wie gefällt es dir d a ?
> Warst du schon in Heidelberg? – Nein, aber d a gehe ich noch h i n .

– Verb als Prowort (→ AB 1)

> Du mußt dich anmelden. – Ich m a c h e das morgen.
> Schreibst du mir mal? – Das t u ich bestimmt.

– Nomen als Prowort (→ AB 1)

> Ich suche meinen Kugelschreiber. Wo ist das D i n g ?

Lockere Anaphora

Die Pro-Wörter es, das und die (Plural) beziehen sich manchmal nicht auf eine im Vortext ausdrücklich genannte Größe, sondern auf etwas bloß sinngemäß Vorhandenes.

> Ich habe mich geschnitten. – Ist e s schlimm?
> Wir hatten einen Unfall. – Wie ist d a s passiert?
> Ich wollte zur Bank. Aber d i e hatten schon zu.
> *Zu es als Prowort ohne Genuskongruenz* → GR 5.10

Renominalisierung

In längeren Texten werden Elemente, die durch ein Pro-Wort wiederaufgenommen worden sind, meistens wieder renominalisiert. *Zur einfachen Wortwiederholung und variierenden Wiederaufnahme vgl.* GR 1.7 *(Isotopie)*

> Hast du das Buch gelesen? – Ja, ich habe e s wieder mitgebracht. D a s B u c h ist wirklich gut.

c) Pro-Formen für Einzelelemente bei erspartem Nomen (Kern einer Nominalgruppe)

– Determinativ

> In welchem Haus habt ihr gewohnt? – I n d é m .
> Das ist der Zug nach Basel. Wo ist d e r nach Frankfurt?
> Wem gehören die Schlüssel? – Das sind m e i n e .
> Kann ich das Buch mal sehen? – W e l c h e s meinen Sie?
> Ich habe einen Mantel gekauft. – W a s f ü r e i n e n ?
> Nehmen Sie noch Kartoffeln? – Danke, ich möchte k e i n e mehr.
> Gibt es da Campingplätze? – Ja, v i e l e .
> Hier ist noch Kaffee. – Ich nehme gerne noch e i n b i ß c h e n .

– Adjektiv (inkl. Zahladjektiv)

> Hier sind Früchte. Da drüben sind s c h ö n e r e .
> Wieviel Wochen bleiben Sie? – Nur z w e i .

– Determinativ + Adjektiv

> Ist das dein Mantel? – Nein, ich habe e i n e n g r ü n e n .
> Die erste Woche war sehr schön. In d e r z w e i t e n hat es geregnet.

1.3 Ersparung

Auslassung eines oder mehrerer Elemente, die vom Vortext her zu ergänzen sind (bei Sprecherwechsel und/oder Satzartwechsel)
Bei Ersparung des Verbs im zweiten Satz wird der Satzbauplan des ersten beibehalten (Konstruktionsübernahme).

– Verb bzw. Verbgruppe

> Ich nehme ein Bier. – Und ich einen Orangensaft.
> Ich heiße Jean-Luc. – Und ich Linda.
> Wollen Sie schon gehen? – Ich múß leider.
> Hier hat es die ganze Woche geregnet. – Bei uns nur am Montag.

– Verb + weitere Satzglieder

> Wann treffen wir uns? – Um zehn vor acht.
> Wir müssen um sechs aufstehen. – Warum so früh?
> Wir könnten essen gehen. Aber wohin?
> Ich heiße Jean. Und du?
> Ich habe mich für den Kurs angemeldet. – Ich nicht.
> Ich gehe heute Nachmittag baden. – Ich auch.
> Mir hat das gar nicht gefallen. – Mir auch nicht.

Zur Ersparung bei koordinativer Verbindung → GR 2.4
Zur Ersparung des Nomens (Kern einer Nominalgruppe) → GR 1.2 c

1.4 Artikelgebrauch

Indefinitartikel (einschließlich Nullartikel) (→ GR 5.5.2)

– Einführung unbekannter oder als unbekannt vorausgesetzter (nicht vorerwähnter) Elemente

Wir haben e i n Haus. Es liegt direkt am See.
Wir wollten Freunde besuchen. Die waren aber nicht zu Hause.

Definitartikel (→ GR 5.5.1)

– Einführung neuer Elemente bei Eindeutigkeit durch Sprechsituation bzw. Vorwissen

Wo ist hier d i e Toilette?

– Wiederaufnahme bei expliziter Vorerwähnung

Ich habe ein Zimmer bestellt. (. . .) Kann ich das Zimmer sehen?

– Wiederaufnahme bei impliziter Vorerwähnung (Wissen des Hörers um Normalsituation und um den soziokulturellen Hintergrund)

Die Wohnung gefällt uns. Leider kann man nicht in d e r Küche essen.
Nimmst du den Zug? – Ja, ich habe d i e Fahrkarte schon.

1.5 Satzgliedfolge und Mitteilungswert

In der Regel steht in Deklarativsätzen die ,,alte", im Vortext bereits eingeführte Information im Vorfeld. Das Vorfeldelement sichert als ,,Kontaktglied" den Anschluß an den Vortext. Die neue Information, d. h. der Teil mit dem höchsten Mitteilungswert steht im Mittelfeld, d. h. am Schluß oder gegen den Schluß des Satzes hin.

Ich habe Brigitte getroffen. Die studiert jetzt in München.
Das war 1952. Damals war ich in Wien.
Ich nehme fast immer den Zug. (. . .) Im Zug kann ich Zeitung lesen.

Zur Anschlußfunktion des Vorfeldelements → GR 3.7.4
Innerhalb des Mittelfeldes stehen Elemente mit geringerem Mitteilungswert weiter links.

(Telegramm im Vortext erwähnt)
Ich habe ihr das Telegramm heute morgen geschickt.

(Telegramm im Vortext nicht erwähnt)
Ich habe ihr heute morgen ein Telegramm geschickt.

1.6 Frage-Antwort-Beziehung

Frage und Antwort sind zusammengehörige Äußerungspaare, die bestimmte syntaktische und semantische Charakteristika aufweisen. In der gesprochenen Sprache hat die Antwort meistens nicht die Form eines vollständigen Satzes.
Zu den Ausdrucksformen der Frage → GR 3.1; SA 1.2 *und* 1.3

Ausdrucksformen der Antwort

a) Antwort auf Entscheidungsfrage (Ja-Nein-Interrogativsatz oder Deklarativsatz mit interrogativer Intonation)

– Antwortpartikeln ja, nein, doch, danke, bitte

Kommst du auch? – | Ja.
                | Nein.

Kommst du nicht? – | Doch.
               | Nein.

Trinkst du noch was? – | (Ja), danke.
                   | (Ja), bitte.
                   | Nein danke.
                   | Danke, nein.

Trinkst du nichts mehr? – | Doch.
                         | Nein danke.

– Modalwort (+ ja, doch, nein . . . nicht)

natürlich, vielleicht, wahrscheinlich, leider *usw.*

Kommt Peter auch? – | (Ja) natürlich/vielleicht.
                      | (Nein), natürlich nicht/vielleicht nicht.

Kommt Peter nicht? – | (Doch), natürlich/vielleicht.
                      | (Nein), natürlich nicht/vielleicht nicht.

– Einstellungsverben in Zustimmungs- und Ablehnungsfloskeln

(glauben, finden, hoffen *usw.*)

Ist er da? – | Ich glaube.
            | Ich glaube ja.
            | Ich glaube nicht.
            | Ich weiß nicht.

Ist er nicht da? – | Ich glaube doch.
                 | Ich glaube nicht.

– andere Zustimmungs- und Ablehnungssignale

gern, fast, gut, klar *usw.*

R freilich, meinetwegen, von mir aus, allerdings, in Ordnung, mach ich *usw.*

Nimmst du noch was? – Gern.

Gehen wir? – Gut.

Bei den nachfolgenden Antwortmöglichkeiten können Antwortpartikel, Modalwort, Einstellungsverb oder andere Zustimmungs- und Ablehnungssignale zusätzlich stehen:

– Elliptischer Satz

Fährst du in die Stadt? – | (Ja), am Nachmittag.
                      | (Nein), heute nicht.

Fährst du nicht in die Stadt? – | (Doch doch), am Nachmittag.
                           | (Nein), heute nicht.

– Nebensatz

Kann ich mitkommen? – (Ja), wenn du willst.

– Hauptsatz

Irene kommt auch? – | (Nein), sie ist krank.
                   | (Sicher), sie hat es gesagt.
                   | (Ja), warum fragst du?

– Echoartige Aufnahme von Fragebestandteilen vor der Antwort

Gibt es hier einen Arzt? – Einen Arzt? Nein, da müssen Sie in die Stadt fahren.

b) Antwort auf Alternativfrage (oder-Interrogativsatz)

– Elliptischer Satz

Fährst du mit dem Zug oder mit dem Wagen? – Wahrscheinlich mit dem Zug.

– Hauptsatz

Welchen soll ich nehmen? Den | Das ist egal.
großen oder den kleinen.   – | Welcher gefällt dir besser?
                                  | Nimm den kleinen!

c) Antwort auf Ergänzungsfrage (w-Interrogativsatz)

– Elliptischer Satz (enthält mindestens das durch das w-Wort erfragte Element)

Wer war das? – Seine neue Freundin.

Wann fahren wir? – Wahrscheinlich nach dem Essen.

Wie hast du geschlafen? – Gut.

– Nebensatz

Warum gehst du schon? – Weil ich müde bin.

Wann war das? – Als ich in Berlin war.

– Hauptsatz

Was ist das da drüben? – | Das weiß ich nicht.
| Ich glaube das ist das Rathaus.
Wie alt sind Ihre Kinder? – Wir haben keine (Kinder).
Wann essen wir? – | Hast du schon Hunger?
| Frag mal die Barbara!

– Echoartige Aufnahme von Fragebestandteilen vor der Antwort (mit Anpassung der Rollenvariablen)

Wo ist die Toilette? – Die Toilette? Da geradeaus und dann rechts.
Wann bist du aufgestanden? – Ich? Um sieben.

1.7 Isotopie

Zur Kohärenz eines Textes oder Gesprächs trägt in hohem Maße das ,,Thema" bei. Wer über ein bestimmtes Thema spricht, gebraucht viele Lexeme, die semantisch ,,etwas miteinander zu tun haben". Durch die begriffliche Berührung dieser Lexeme wird eine themenbezogene Bedeutungsebene (Isotopieebene) aufgebaut. Dabei sind vor allem die folgenden Phänomene von Bedeutung (zur Veranschaulichung wählen wir einige Lexeme aus der Handlungssequenz ,,Im Restaurant essen"):

– Wortwiederholung:	nehmen : nehmen; Fisch : Fisch
– Synonymie:	mögen : gern haben; billig : nicht teuer
– Hyponymie:	Fleisch : Schnitzel, Kotelett; Obst : Apfel, Birne
– Antonymie:	warm : kalt; billig : teuer
– Sachliche Zusammengehörigkeit:	Durst : trinken : Bier : kalt : Glas; Ober : bezahlen : Trinkgeld

Zur Vertextung einer Folge von Äußerungen tragen aber nicht bloß solche Lexeme bei, die ein gemeinsames semantisches Merkmal aufweisen. Als weitere wichtige Faktoren sind die Sprechsituation und das ,,Weltwissen" der Kommunikationspartner zu nennen.
Aufgrund seiner Erfahrung im Umgang mit Personen, Sachen und Situationen verfügt der kompetente Sprecher und Hörer über ein bestimmtes Weltwissen. Dazu gehören zum einen kulturspezifische Kenntnisse (z. B. daß die in einem Restaurant angebotenen Getränke und Speisen auf einer Speisekarte aufgeführt sind; ob man ein Trinkgeld geben muß), zum anderen ein mehr oder weniger ausgedehntes enzyklopädisches Wissen (z. B. die Kenntnis bekannter Weinsorten oder nationaler Gerichte).

1.8 Semantische Beziehungen zwischen Sätzen

Das semantische Verhältnis zwischen Sätzen wird vor allem mit Hilfe von Konnektoren ausgedrückt. ,,Konnektor" wird hier als Oberbegriff für Konjunktor (z. B. aber, denn, und → GR 5.10), Konjunktionaladverb (z. B. dann, deshalb → GR 5.12) und Modalpartikel (z. B. doch, ja → GR 5.17.1) verwendet.
Auch dort, wo kein Konnektor steht, bleibt das semantische Verhältnis zwischen Sätzen in der Regel trotzdem klar, dies auf Grund der Sach- und Welterfahrung der Kommunikationspartner. Bei bestimmten logischen Beziehungen ist die unmarkierte Aneinanderreihung vor allem in der gesprochenen Sprache sehr geläufig. Je nach situativem oder sprachlichem Kontext kann der gleiche Konnektor verschiedene semantische Beziehungen ausdrücken. Vor allem das häufige ,,und" signalisiert keineswegs immer bloße Addition, sondern kommt beispielsweise auch bei temporalem, kausalem und konditionalem Verhältnis vor.

Im folgenden werden ein paar wichtige Möglichkeiten für das semantische Verhältnis von Vorgängersatz und Nachfolgersatz aufgezählt. Der Nachfolgersatz steht zum Vorgängersatz in folgendem Verhältnis:

– Paraphrase
  Das ist am schönsten. Das gefällt mir am besten.

– Spezifizierung
  Das ist nicht teuer. Das kostet nur fünf Mark.

– Zusammenfassung
  Zuerst . . ., dann . . . So müssen Sie das machen.

– Konjunktion (→ AB 7.7)
  Ich bin müde. (Und) ich habe Kopfschmerzen.

– Disjunktion (→ AB 7.8)
  Du kannst den Zug nehmen. Oder du kannst mit mir fahren.
  Wir können ins Kino gehen. Willst du lieber hier bleiben?

– Opposition (→ AB 7.10)
  Heute geht es nicht. (Aber) morgen habe ich Zeit.
  Ich bin erkältet. – Kommst du trotzdem mit?

– Einschränkung (→ AB 7.10)
  Ich kenne Bayern ziemlich gut. (Aber) in Bayreuth war ich noch nie.

– Gleichzeitigkeit (→ AB 4.5)
  Meine Frau ist einkaufen gegangen. (Und) ich habe gepackt.

– Nachzeitigkeit (→ AB 4.3 *und* 4.4)
  Ich habe noch etwas gelesen. Dann bin ich ins Bett gegangen.

– Vorzeitigkeit (→ AB 4.2 *und* 4.4)
  Ich war im Kino. Vorher habe ich noch eingekauft.

– Grund, Ursache (→ AB 7.11)
  Ich kann heute nicht kommen. Wir haben Besuch.
  Er weiß das. Ich habe es ihm doch gesagt.

– Folge, Wirkung (→ AB 7.12)
  Brian hat in Deutschland studiert. Deshalb kann er so gut Deutsch.
  Er ist krank. Er muß zu Hause bleiben.

– Voraussetzung (→ AB 7.14)
  Wir essen draußen. Es muß aber schön sein.

– Bedingte Folge (→ AB 7.14)
  Du mußt dich beeilen. Sonst kommst du zu spät.
  Du gehst nicht hin? Dann gehe ich auch nicht.

– Zweck (→ AB 7.13)
  Ich gehe nach England. Ich will Englisch lernen.

1.9 Gliederungs- und Kontaktsignale

In dialogischen Texten kommt die Steuerung des Gesprächsablaufs und die Kommunikationssicherung durch ein subtiles Zusammenspiel von verbalen, paraverbalen und nonverbalen Mitteln zustande. Beispiel:

– verbale Mittel: mhm, äh, pst, ach so, Moment,
  (inkl. vorlexikalische   Wiederholung von Äußerungsteilen *usw.*
  Elemente)

– paraverbale Mittel: erhöhte Lautstärke (v. a. bei Simultansprechen), hörbares
                            Atemholen *usw.*

– nonverbale Mittel: Kopfnicken, Handgesten, Blickkontakt *usw.*

Bei den verbalen Signalen kann man grob zwischen Gliederungssignalen (Eröffnungs-, Unterbrechungs- und Schlußsignalen) und Kontaktsignalen (Sprecher- und Hörersignalen) unterscheiden. Zu den kommunikativen und dialogsteuernden Funktionen dieser Signale (z. B. Sprechbereitschaft signalisieren, als Hörer Aufmerksamkeit signalisieren) vgl. SA 6. Im folgenden wird eine Einteilung der Gliederungs- und Kontaktsignale nach ihrer Ausdrucksform und nach ihrer Stellung innerhalb einer Äußerung gegeben. Manche Signale sind mehrdeutig. Die meisten dieser Kontaktfloskeln sind weitgehend stereotyp und haben sehr oft die Form von elliptischen Sätzen. Ihre Auswahl variiert stark je nach Textsorte, Region und auch individuellen Gewohnheiten.

Ausdrucksformen der Signale

– Unflektierbare Wörter
  (Interjektionen, Adverbien, Partikeln)
  aber, aha, also, bitte, doch, ja, mhm, ne, nicht? oder *usw.*
  Wortgruppen
  ach nein, ach so, ja aber, na ja *usw.*

– Anredeformen
  Wolfgang, . . .
  Herr Ober, . . .
  Frau Schwarz, . . .

– Modalwort
  bestimmt, natürlich, sicher *usw.*

– Adjektiv
  gut, richtig *usw.*

– Nomen bzw. Nominalgruppe (standardisierte Ellipsen)
  Entschuldigung, Moment, einen Moment bitte, Unsinn *usw.*

R Partizipgruppe
  offen gesagt, besser gesagt *usw.*

– Deklarativsatz (z. T. elliptisch)
  (Das) glaub ich auch.
  Ich verstehe.
  Ich meine/meine ich
  Ich glaube/glaube ich
  Ich weiß.
  Stimmt.
  usw.

– Interrogativsatz (z. T. elliptisch)
  Ist das wahr?
  Was meinen Sie . . . ?
  Hören Sie mich?
  Sind Sie noch da?
  verstehen Sie?
  Wie bitte?
  usw.

– Imperativsatz (z. T. elliptisch)
  Entschuldigen Sie bitte!
  Warten Sie mal! . . .
  Sehen Sie! . . .
  usw.

Stellung der Signale

Die Stellungsmöglichkeiten der Signale innerhalb eines Satzes bzw. einer Äußerung sind sehr vielfältig. In erster Linie hängen sie von der jeweiligen Funktion des Signals ab. Hörersignale wie mhm, ja, ach so, ich verstehe werden oft zwischen zwei Äußerungssequenzen des Sprechers eingeschoben, zum Teil bei simultanem Sprechen.

Die Gliederungssignale, mit denen der Sprecher den Beginn einer Äußerung markiert, einen anderen Sprecher unterbricht, das Ende eines Gesprächs ankündigt u. dgl., stehen gewöhnlich zu Beginn eines Satzes, z. B.

> Also, das war vor etwa fünf Jahren.
> Moment, darf ich was sagen?
> Gut, dann bis heute abend.

Kontaktsignale des Sprechers können zu Beginn, am Ende oder im Innern eines Satzes auftreten, z. B.

> Ich glaube, das ist in der Altstadt.
> Das ist in der Altstadt, glaube ich.
> Das ist, glaube ich, in der Altstadt.

2   **Komplexer Satz**

2.1   **Koordinative Verbindung**

Verbindung von zwei oder mehr Hauptsätzen

– ohne Konjunktor

Ich rauche noch eine Zigarette, dann gehe ich.
Heute geht es nicht; morgen habe ich Zeit.

– mit Konjunktor

und, aber, oder, sondern
Ich rauche noch eine Zigarette, und dann gehe ich.
Kannst du das machen? Oder hast du keine Zeit?

Zu den semantischen Beziehungen zwischen Einzelsätzen → GR 1.8

2.2   **Subordinative Verbindung**

Verbindung von einem Hauptsatz mit einem oder mehreren Nebensätzen

2.2.1   Rangordnung der Teilsätze

– Nebensatz ersten Grades
  (an Hauptsatz angeschlossen)

Ich freue mich, daß du da bist.
Ich habe gehört, Sie kommen auch mit.
Hast du vergessen, ihn zu fragen?
Du kannst mitkommen, wenn du willst.

In dialogischen Texten wird auf Fragen oft nur mit dem Nebensatz geantwortet (→ GR 1.6). Den zugehörigen übergeordneten Satz kann man sich als erspart denken, z. B.

Kann ich mitkommen? – Wenn du willst.
Wann war das? – Als du weg warst.

– Koordinierte Nebensätze ersten Grades
  (an Hauptsatz angeschlossen)

Können Sie mir sagen, wo das Museum ist und wie ich da hinkomme?
In der Zeitung steht, daß es morgen regnet und daß es wieder wärmer wird.

– Nebensatz zweiten Grades
  (an Nebensatz ersten Grades angeschlossen)

Ich glaube, er hat geschrieben, wann er ankommt.
Es ist möglich, daß er vergessen hat, zu telefonieren.
Warum bist du dagegen? – Weil ich glaube, daß es so nicht geht.

2.2.2   Stellung der Teilsätze

– Nebensatz als Nachsatz

Ich weiß nicht, was ich machen soll.
Du kannst mitkommen, wenn du willst.

– Nebensatz als Vordersatz

Wenn du willst, kannst du mitkommen.
Als ich zwanzig war, habe ich viel gelesen.

2.2.3   Korrelat im übergeordneten Teilsatz

Ob das Korrelat obligatorisch, fakultativ oder unüblich ist, hängt vom Verb bzw. Adjektiv des übergeordneten Satzes ab. Bei es/das spielt außerdem eine Rolle, wo sie innerhalb des übergeordneten Satzes stehen und ob der übergeordnete Teilsatz Vordersatz oder Nachsatz ist.

– es/das

Es ist möglich, daß er noch kommt.
Ist es möglich, daß er noch kommt?
Das ist das, was ich brauche.
Wo man sich anmelden muß, (das) steht auf dem Blatt.

– Pronominaladverb

Wir haben darüber gesprochen, ob das richtig ist.

– Adverb

Als wir abgefahren sind, (da) hat es geregnet.
Ich komme (nur dann), wenn du mich abholst.

2.2.4 Indirekte Rede

Redeeinleitende Verben (→ SA 1.1.9)

sagen, erzählen, fragen, lesen, schreiben *usw.*

Er hat gesagt, . . .
Ich habe gelesen, . . .
In der Zeitung steht, . . .

Nebensatzbaumuster der indirekten Rede

– mit Einleitewort
(Endstellung des finiten Verbs)
daß
Er hat gesagt, daß er anruft.
Er hat gesagt, daß ich Sie fragen soll.
ob
Ich habe ihn gefragt, ob er auch kommt.
w-Wort
Er hat gefragt, wie das passiert ist.

– ohne Einleitewort
(Zweitstellung des finiten Verbs)
Er hat gesagt, er ruft mich an.
Er hat gesagt, ich soll Sie fragen.

Modus in der indirekten Rede

– Indikativ

Ich habe gehört, Sie fahren weg.
daß Sie wegfahren.
Sie sind in der Stadt gewesen.
daß Sie in der Stadt gewesen sind.

R Konjunktiv I und II

Er hat geschrieben, er habe/hätte viel zu tun.
daß er viel zu tun habe/hätte.
er habe/hätte viel zu tun gehabt.
daß er viel zu tun gehabt habe/hätte.

Sie haben doch gesagt, Sie kämen auch.
daß Sie auch kämen.
Sie würden auch kommen.
daß Sie auch kommen würden.

Deixis in der indirekten Rede

– personale Deixis

Er hat gesagt (,,Ich rufe dich noch an.")
er ruft mich noch an.
Er hat gesagt (,,Gehen Sie zum Arzt!")
daß ich zum Arzt gehen soll.
Er schreibt (,,Meine Mutter ist krank.")
seine Mutter ist krank.

– temporale Deixis

Er hat gestern am Telefon gesagt │ (,,Ich komme **m o r g e n.**")
│ er kommt **h e u t e.**

– lokale Deixis

Er hat aus Malta geschrieben │ (,,Mir gefällt es **h i e r.**")
│ daß es ihm **d a** gefällt.

Zum Ersatz der indirekten Rede durch den Infinitivsatz → GR 3.2.1 c

Zu anderen Ersatzformen → SA 1.1.9

2.3 Parenthese

Wortgruppen und Sätze, die in einen andern Satz eingeschaltet sind (meist durch Intonation abgehoben), oft mit Wiederaufnahme der Konstruktion

Das war – Moment – das war 1942.
Mein Wagen – es ist so ein blauer – der steht vor dem Hotel.
Die Frau – sie ist jetzt nicht da – die hat mir das gesagt.
Die Verena – weißt du das schon – hat jetzt ein Kind.
Herr Mohr – das soll ich dir sagen – kann morgen nicht.

Zur Prolepse → GR 3.7.4

2.4 Ersparung (zusammengezogene Sätze)

Auslassung eines oder mehrerer Elemente, die vom vorausgehenden Teilsatz her zu ergänzen sind

– koordinierte Hauptsätze

Ich komme aus Italien, meine Freundin aus Frankreich.
Ich bin müde und habe auch keine Lust.
Wir waren im Kino und nachher noch in einem Café.

– koordinierte Nebensätze

Kann sein, daß er krank ist und deshalb nicht kommt.
Was hat er gesagt? – Daß er zum Bahnhof geht und da wartet.

Zu den Fällen mit Sprecherwechsel und/oder Satzartwechsel → GR 1.3

3 Einfacher Satz

Als ,,einfacher Satz" werden hier sowohl einfache Hauptsätze als auch Teilsätze innerhalb eines komplexen Satzes (Hauptsatz und Nebensatz) bezeichnet.

3.1 Hauptsatzarten

– Deklarativsatz
(Zweitstellung des finiten Verbs)
mit terminaler Intonation
Ich bleibe hier.

mit interrogativer Intonation
Sie bleiben hier?

– Interrogativsatz
Ja/Nein-Interrogativsatz
(Erststellung des finiten Verbs, interrogative Intonation)
Bleiben Sie hier?

w-Interrogativsatz
(Zweitstellung des finiten Verbs, terminale Intonation, w-Wort)
Wie lange bleiben Sie hier?

oder-Interrogativsatz
(Erststellung des finiten Verbs, interrogative und terminale Intonation, oder)
Bleiben Sie hier oder nicht?

R ob-Interrogativsatz
(Endstellung des finiten Verbs, terminale und interrogative Intonation, ob)
Ob er wohl im Hotel ist?

– Imperativsatz
(Erststellung des finiten Verbs, terminale Intonation, Verb im Imperativ)
Bleiben Sie hier!

R Desiderativsatz
(terminale Intonation, Verb im Konjunktiv II)
mit Erststellung des finiten Verbs
Hätten wir nur mehr Zeit!
mit Endstellung des finiten Verbs
Wenn wir nur mehr Zeit hätten!

– Exklamativsatz
(terminale Intonation, besondere Expressivität und Betonungsverhältnisse, oft Modalpartikel)
mit Zweitstellung des finiten Verbs
Du kannst das (aber) gut!

R mit Endstellung des finiten Verbs (mit wie/was)
Wie gut du das kannst!

R mit Erststellung des finiten Verbs
Kannst dú das (aber) gut!

Verwendung der Hauptsatzarten

Die formalen Typen von Sätzen werden zwar oft zum Ausdruck der entsprechenden
Äußerungsart verwendet (z. B. der Interrogativsatz zum Ausdruck einer Frage). Zwischen den Hauptsatzarten und den Äußerungsarten (Sprechakten) herrscht aber keineswegs eine durchgehende Parallelität. Dies soll durch die folgenden Beispiele angedeutet werden.

Satzart: Deklarativsatz	Äußerungsart
Ich bleibe hier.	Mitteilung
Sie bleiben hier?	Frage
Sie bleiben besser hier.	Rat/Empfehlung
usw.	

Satzart: Interrogativsatz	Äußerungsart
Bleiben Sie hier?	Frage
Bleibst du bitte einen Moment hier?	Aufforderung
Warum bleiben Sie nicht hier?	Drängen
usw.	

Zur genaueren Differenzierung der Äußerungsarten siehe den Katalog der Sprechakte.

Elliptische Sätze

In der gesprochenen Umgangssprache kommen neben vollständigen Verbalsätzen häufig Sätze mit Ellipse vor. Elliptische Sätze ohne finites Verb werden auch Kurzsätze genannt.

– Nichtstandardisierte Ellipsen
  (durch allgemeines Vorverständnis oder Situation interpretierbar)
  Zurück!
  Da drüben!
  Mit oder ohne?
  Ein Pfund von dem da.
  Danke, mir nichts.
  Darf ich?

R Aufschriften
  Ausfahrt Frankfurt-Nord
  Montags geschlossen
  Hörer abnehmen
  Warme und kalte Küche

– Standardisierte Ellipsen
  Entschuldigung!
  Moment bitte!
  Guten Tag!
  Schöne Ferien!
  Vielen Dank!
  usw.

Zu den vom sprachlichen Vortext her interpretierbaren Ellipsen (= Ersparung)
→ GR 1.3 *und* GR 2.4

3.2 Nebensatzarten

3.2.1 Baumuster von Nebensätzen

a) Eingeleiteter Nebensatz

Zu Beginn des eingeleiteten Nebensatzes steht ein Einleitewort (Relativpronomen bzw. -adverb, Interrogativpronomen bzw. -adverb, Pronominaladverb, Subjunktor) oder eine Einleitegruppe. Das finite Verb steht am Ende des Nebensatzes.

Relativsatz

Einleitewörter

– der / die / das
  Hier ist das Buch, das du vergessen hast.

– wo
Wir treffen uns an der Ecke, wo das Café ist.

– was
Das ist genau das, was ich brauche.

R wer
Wer nicht mitkommen will, kann hier essen.

Einleitegruppen (mit Präposition)

Das sind die Leute, mit denen ich in Berlin war.

Subjunktionalsatz

Einleitewörter: Subjunktoren

Semantische Funktionen der Nebensätze

– **temporaler Nebensatz**
als, bevor, bis, seit, während, wenn
(Wann war das?) – Als ich in Berlin war.

– **kausaler Nebensatz**
weil
(Warum gehst du schon?) – Weil ich müde bin.

– **konditionaler Nebensatz**
wenn
(Kann ich mitkommen?) – Wenn du willst.

– **konzessiver Nebensatz**
obwohl, trotzdem
Ich mußte hingehen, obwohl ich keine Lust hatte.

– **finaler Nebensatz**
damit, daß
(Warum denn so schnell?) – Damit uns niemand sieht.

– **konsekutiver Nebensatz**
sodaß, so . . . daß
Sie war so krank, daß sie zu Hause bleiben mußte.

– **daß- Satz (Ergänzungssatz)**
daß
Er hat gesagt, daß wir um sieben abfahren.

Indirekter Interrogativsatz

Einleitewörter (→ GR 5.6.4)

– wer / was
Er weiß, was er will.

– welcher, was für ein(er), wieviel
Weißt du, welches ihr gehört?

– wo, wann, warum *usw.*
Ich weiß nicht, wann er kommt.

– ob
Ich bin nicht sicher, ob das stimmt.

– Pronominaladverb
wofür, woran *usw.*
Ich weiß nicht, wofür das ist.

Einleitegruppen

– mit Präposition
Wissen Sie, von wem das Bild da ist?
Ich weiß nicht, für was das ist.

    – (Präp.) + welch- + (Nomen)

      Können Sie mir sagen, welchen (Bus) ich nehmen muß?
      Ich weiß nicht, mit welchem Zug sie kommt.

b) Uneingeleiteter Nebensatz

    – mit Zweitstellung des finiten Verbs

      Ich glaube, er kommt nicht.
      Er hat gesagt, er ruft wieder an.
      Zur indirekten Rede → GR 2.2.4

    R mit Erststellung des finiten Verbs (Bedingungsgefüge)

      Sollte es regnen, würde ich hier bleiben.

c) Infinitivsatz

    – zu + Infinitiv

      Ich habe vergessen, ihn zu fragen.
      Ich habe keine Zeit, ihn abzuholen.

    R zu + Infinitiv als Ersatz der direkten oder indirekten Rede

      Ich rate dir, zu einem Spezialisten zu gehen.
      Er hat mir den Tip gegeben, über Basel zu fahren.

    – um . . . zu + Infinitiv

      Ich brauche etwas, um die Dose aufzumachen.

3.2.2   Syntaktische Funktionen der Nebensätze

Satzförmige Ergänzungen (GR 3.4.1 b)

Funktion der Ergänzung

– Subjekt

    In der Zeitung steht, das Benzin wird teurer.
    Schön, daß ihr gekommen seid.
    Es ist mir egal, ob das stimmt.
    Auf dem Blatt steht, wo man sich anmelden muß.

– Akkusativergänzung

    Glaubst du, er kommt?
    Ich kann verstehen, daß du froh bist.
    Ich möchte wissen, ob er das gesagt hat.
    Ich weiß nicht, was ich machen soll.
    Ich habe vergessen, ihn zu fragen.

– Präpositionalergänzung

    Ich freue mich, daß alles gut gegangen ist.
    Wir haben (darüber) diskutiert, ob das so geht.
    Ich kann mich nicht mehr erinnern, wann das war.

Satzförmige Angaben (GR 3.4.3 b)

(Wann ist das passiert?) – Bevor Sie weggefahren sind.
(Wieso will er nicht?) – Weil er im Moment kein Geld hat.
Wenn du willst, kannst du mitkommen.

Satzförmige Attribute

Das sind die Leute, mit denen ich in Berlin war.
Ist das der Regisseur, der ,,Messer im Kopf'' gemacht hat?
Ich habe keine Lust, dahin zu gehen.

3.3   **Valenz des Verbs**

3.3.1   Verbabhängige Satzglieder

Grad der Bindung der Satzglieder ans Verb (bzw. Verbalkomplex)

– Ergänzungen
(valenzbedingte, verbspezifische Satzglieder)

Syntaktisch nicht weglaßbare Ergänzungen

Ich brauche den Schlüssel.
Soll ich das in den Kühlschrank tun?

Syntaktisch weglaßbare Ergänzungen

Hast du (das Examen) bestanden?
Soll ich (Ihnen) die Sachen schicken?

– Angaben
(nicht valenzbedingte, nicht verbspezifische Satzglieder)

Ich bin (nicht) dafür.
Wir gehen (jedes Jahr) ans Meer.

Angaben sind syntaktisch weglaßbar. Inhaltlich betrachtet enthalten sie aber oft die für die Kommunikation wichtigste Information eines Satzes.

In einer konkreten Sprechsituation können viele Ergänzungen, die in isolierten Mustersätzen syntaktisch kaum weglaßbar sind, unter bestimmten Bedingungen wegbleiben, z. B.

– bei Eindeutigkeit durch Sprechsituation

Nehmen Sie noch? (Tee)
Mach wieder an! (den Fernseher)
Hast du schon reserviert? (einen Tisch)
Bleiben Sie noch? (hier)

Besonders bei Imperativsätzen und bei Sätzen mit Modalverben (oft zusammen mit Modalpartikeln wie mal, doch, bitte u. ä.)

Zeig mal!
Nehmen Sie doch!
Soll ich helfen?

– bei Eindeutigkeit durch sprachlichen Vortext

(Vielleicht weiß er das.)
    Gut, ich frag mal. (ihn / ob er das weiß)
(Hast du jetzt deine Schlüssel?)
    Nein, ich habe lange gesucht. (sie)
(Wir haben kein Bier mehr.) –
    Soll ich noch mitbringen? (Bier)
(Er ist krank.) – Ich weiß. (es / daß er krank ist)

– inhaltlich banale Ergänzungen

Hast du getankt? (Benzin)
Wir müssen sparen. (Geld)
Hoffentlich bleibt das Wetter. (gut / so wie es ist)

3.3.2 Verbalkomplex

– Einfaches Vollverb

nehmen, bekommen *usw.*
Nimmst du noch ein Stück?

– haben, sein und die Modalverben als Vollverben

Haben Sie Kinder?
Wir waren in Italien.
Willst du noch ein Stück?
Du kannst jetzt ins Bad.

– Echte Reflexivverben

sich beeilen, sich irren *usw.*
Da irren Sie sich.

– Verben mit Verbzusatz
Präposition

aufmachen, anrufen *usw.*
Hör doch auf!

Adverb/Adjektiv

frei haben, gern haben, recht haben, schnell machen, kaputtgehen, zu weit gehen *usw*.
Am Samstag haben wir frei.

– Finites Auxiliarverb + Partizip II

haben, sein (Perfekt, Plusquamperfekt)
Er hat nochmal angerufen.

R werden, sein (Passiv)
Wann wurde das Haus gebaut?

R Finites Auxiliarverb + Infinitiv

werden (Futur I)
Die wird in der Küche sein.

R tun + Infinitiv
Ich tu noch anrufen.

– Modalverb + Infinitiv

Ich kann nur zwei Tage bleiben.
Sie brauchen das nicht (zu) machen.

– Modalitätsverb + zu + Infinitiv

anfangen, aufhören
Es hat aufgehört zu regnen.

– lassen + Infinitiv

reparieren/reinigen . . . lassen
Ich lasse das reparieren.

– Weitere Infinitivgefüge

gehen + Infinitiv (einkaufen, schlafen, spazieren *usw*.)
Wann gehen wir essen?

R sehen, hören + Infinitiv

Ich höre jemand kommen.

– Funktionsverbgefüge

mit Akkusativ

Autostop machen, einen Besuch machen, ein Bild machen *(= fotografieren)*, Geschirr machen, Musik machen, Ordnung machen, Spaß machen (etwas), einen Spaziergang machen, Schluß machen; Angst haben, Besuch haben, Durst haben, Hunger haben, Lust haben, Schmerzen/Fieber *usw*. haben, Zeit haben; Fußball/Tennis *usw*. spielen, Klavier/Gitarre *usw*. spielen, Schach/Karten *usw*. spielen; Musik hören, Radio hören; ein Kind kriegen/bekommen *usw*.
Jetzt müssen wir Schluß machen.
Spielen Sie Tennis?

mit Präpositionalgruppe

ins Bett gehen, zu Ende sein, zu Fuß gehen, von hier sein, bei sich haben *usw*.
Gehen wir zu Fuß?

3.4   Satzglieder

3.4.1   Ergänzungen

a) Klassen von Ergänzungen

– Subjekt (SUBJ)

Das Tonband geht nicht mehr.

Zur Kongruenz mit dem finiten Verb → GR 3.4.2

– Akkusativergänzung (AKK)

Sie hat einen blauen Mantel an.

- Dativergänzung (DAT)

  Gehört der Schirm dir?
  Ich habe mir die Hand verbrannt.
  (Pertinenzdativ)
  Ich habe mir ein neues Kleid gekauft.
  (dativus commodi)

- Präpositionalergänzung (PRÄP)

  Wir haben mit ihm gesprochen.

- Situativergänzung (SIT)

  Ich wohne am Bahnhofplatz.
  Das ist am elften Juli passiert.

- Direktivergänzung (DIR)

  Ich gehe schnell zur Post.
  Ich komme aus Belgien.

- Quantitativergänzung (QUANT)

  Das dauert nur eine Stunde.
  Wir sind zwei Kilometer zu Fuß gegangen.

- Subsumptivergänzung (SUBS)

  Ich bin Ingenieur.
  Das Hotel heißt Rheinhof.

- Qualitativergänzung (QUAL)

  Die Straße ist naß.
  Das sieht komisch aus.
  Ich finde ihn sympathisch.

Zur Erfragbarkeit und Anaphorisierbarkeit der Ergänzungen vgl. die folgende Tabelle.

Ergänzung	erfragbar durch	anaphorisierbar durch	Beispiel
1. SUBJ	wer / was	er . . .	Das Telefon klingelt.
2. AKK	wen / was	ihn . . .	Ich habe den Zug verpaßt.
3. DAT	wem	ihm . . .	Gehört das dir?
4. PRÄP	wo(r) + Präp. Präp. + was/wen/wem	da(r) + Präp. Präp. + das/ihn/ihm . . .	Interessierst du dich für Fußball? Kann ich mit ihr sprechen?
5. SIT	wo wann	da dann	Ich wohne am Bahnhofplatz. Das ist am elften Juli passiert.
6. DIR	wohin woher	dahin daher	Ich gehe noch zum Briefkasten. Ich komme aus Belgien.
7. QUANT	wieviel wie lange wie weit	so viel so lange so weit	Der Brief wiegt 200 Gramm. Das dauert nur eine Stunde. Wir sind zwei Kilometer gegangen.
8. SUBS	wer was wie	er . . . es / das so	Das ist Rolf. Ich bin Ingenieur. Das Hotel heißt Rheinhof.
9. QUAL	wie	es / so	Die Straße ist naß.

b) Ausdrucksformen der Ergänzungen

– Pronomen bzw. Pronominalgruppe

Der | ist noch frei.
Der hier |

– Nomen bzw. Nominalgruppe

Das Licht | ist noch an.
Das Licht in der Küche |

– Präpositionalgruppe

Ich gehe | zu ihr
         | zu meiner Freundin.
         | zu meiner neuen Freundin in Köln.

– Pronominaladverb bzw. Präpositionalgruppe

Ich interessiere mich nicht | dafür.
                            | für Sport.

– Adverb bzw. Adverbgruppe

Ich wohne | da.
          | da oben.
          | da oben im fünften Stock.

– Adjektiv bzw. Adjektivgruppe

Das ist | einfach.
        | ganz einfach.

– Nebensatz

Ich hoffe, | ich bin bald wieder gesund.
           | daß ich bald wieder gesund bin.

Zu den satzförmigen Ergänzungen → GR 3.2.2

3.4.2 Kongruenz zwischen Subjekt und finitem Verb

Kongruenz in der Person (1./2./3. Person)
Ich habe den Zug verpaßt.
Er hat den Zug verpaßt.
usw.

Kongruenz im Numerus (Singular / Plural)
Ich habe den Zug verpaßt.
Wir haben den Zug verpaßt.
usw.

Kongruenz beim Reflexivpronomen
Ich muß mich beeilen.
Du mußt dich beeilen.
usw.

Kongruenz bei mit „und" verbundenen Subjektteilen
Peter und Susanne können nicht kommen.
Meine Frau und ich (= wir) haben das diskutiert.

Schwankungen bei der Kongruenz
Ein Kilo Tomaten kostet / kosten . . .

3.4.3 Angaben

a) Semantische Funktionen der Angaben

– Temporalangaben
Ende Juli fahren wir nach Wien.

– Lokalangaben
Zigaretten können Sie am Bahnhof kaufen.

   – Kausalangaben
   Deshalb ist das so teuer.

   – Modalangaben
   Er ist schnell gefahren.

   – Negationsangaben
   Ich kann heute nicht kommen.

b) Ausdrucksformen der Angaben

   – Adverb bzw. Adverbgruppe

Morgen	bin ich wieder hier.
Morgen nachmittag	
Morgen nachmittag um vier Uhr	

   – Präpositionalgruppe

Seit gestern	regnet es.
Seit zwei Wochen	

   – Adjektiv bzw. Adjektivgruppe

Ich kann	gut	Englisch.
	ziemlich gut	

   – Nominalgruppe (temporaler Akkusativ)
   Nächste Woche sind wir nicht da.

   – Nebensatz
   Wenn du willst, kannst du mitkommen.

3.5 Satzbaupläne

Im folgenden werden die für den produktiven Gebrauch ausgewählten Verben der Listen nach ihren Satzbauplänen zusammengestellt. Dabei sind folgende Gesichtspunkte zu bedenken:

(1) Semantische Auswahl

Die hier vorgenommene Klassifizierung der Verben ist gebunden an die semantische Einordnung in den Listen. Vor allem die hochfrequenten Verben treten in der Regel in verschiedener syntaktischer Umgebung und Bedeutung auf.
Beispiel:

Vom Verb bestehen ist in der *Kontaktschwelle* nur der Satzbauplan SUBJ + AKK erfaßt:

SUBJ + AKK
Ich habe die Prüfung bestanden.
vgl. SB 11.2 (Prüfungen, Diplome)

Nicht erfaßte Verwendungsweisen von bestehen sind etwa:

SUBJ + SIT ,existieren'
Der Verein besteht erst zwei Jahre.
SUBJ + PRÄP (aus) ,zusammengesetzt sein aus'
Das Buch besteht aus drei Teilen.
usw.

(2) Einfache Realisierungsform

Mit dem abstrakten Stellenplan eines Verbs sind die konkreten Ausdrucksformen (→ GR 3.4.1 b) noch nicht festgelegt. Welche konkreten Realisierungen für das Niveau der *Kontaktschwelle* in erster Linie gemeint sind, ist den Beispielsätzen in den Listen zu entnehmen. Vor allem bei der Präpositionalergänzung ist nicht in erster Linie die schwierigere Realisierung mit einer festen Präposition (als Präpositionalgruppe oder Pronominaladverb) gemeint, sondern jene als Nebensatz (ohne Korrelat). Bei sich ärgern zum Beispiel (vgl. AB 6.2.2, SA 3.23) wird für den produktiven Gebrauch vorgeschlagen:

> Ich habe mich geärgert (daß/weil du das gesagt hast).

nicht jedoch unbedingt auch:

> Ich habe mich darüber geärgert (daß du das gesagt hast).

(3) Weglaßbarkeit

In der nachfolgenden Aufstellung der Satzbaupläne wird nicht zwischen weglaßbaren und nicht weglaßbaren Ergänzungen unterschieden. Die Abgrenzung der beiden Gruppen ist in vielen Fällen problematisch, und besonders in der gesprochenen Sprache sind viele Ergänzungen, die in den Valenzwörterbüchern als nicht weglaßbar ausgegeben werden, eben doch weglaßbar (z. B. bei Eindeutigkeit durch Sprechsituation → GR 3.3.1). Da hier die Verben tendenziell nach der ‚Maximalvalenz' eingeordnet sind, entsteht vielleicht der Eindruck großer Komplexität, besonders bei mehrwertigen Verben. Dabei ist aber immer zu bedenken, daß in der konkreten Realisierung nicht alle Ergänzungen erscheinen müssen. Beispielsweise sind einladen (zu) und sich anmelden (für) hier unter dem Satzbauplan SUBJ + AKK + PRÄP eingeordnet; die Präpositionalergänzung ist aber in vielen Fällen nicht ausgedrückt:

> Ich möchte Sie gern einladen.
> Ich habe mich schon angemeldet.

Verben, die in den Listen nur in festen Floskeln auftreten (z. B. entschuldigen Sie bitte), werden im folgenden nicht mit aufgeführt.

Nullwertige Verben

– es impersonale (nicht ersetzbar, nicht weglaßbar)

> Es hat geregnet.

es regnet, es schneit

Einwertige Verben

– SUBJ

> Das Licht ist noch an.
> Wir mußten stehen.

ansein, arbeiten, aufsein, sich ausruhen, aussein, baden, sich beeilen, sich bewegen, bremsen, brennen, dasein (= *anwesend sein*), (sich) duschen, fahren, fernsehen, fliegen, gehen (= *funktionieren*), gehen (= *adäquat sein*), gehen (= *weggehen*), gehen (= *zu Fuß gehen*), heiraten, sich irren, kaputtgehen, kleben, klingeln, klopfen, kochen, kommen (= *ankommen*), lachen, laufen, leben, recht haben, scheinen, schlafen, schnell machen, schwimmen, sich setzen, stehen (*Körperhaltung*), stehen (*Stillstand*), sterben, stimmen, tanzen, trampen, weg sein, zu weit gehen, zusein
Angst/Durst/Hunger/Zeit haben *usw.*
Verben mit Verbzusatz (hin-, weg-, rein- *usw. vgl. Wortbildung* GR 6.1.3, 6.2.3, AB 3.2.1): hingehen, wegfahren, reinkommen *usw.*

– es + AKK

> Es gibt keine Karten mehr.

es gibt

Zweiwertige Verben

– SUBJ + AKK

> Sie hat einen blauen Mantel an.
> Habt ihr (das Spiel gestern) gewonnen?

abschleppen, anhaben, anmachen, anmelden, anrufen, (sich) anziehen, ärgern, aufmachen, ausmachen, auspacken, aussprechen, (sich) ausziehen, bauen, bedeuten, bekommen, besichtigen, bestehen, bestellen, besuchen, bewegen, bezahlen, brauchen, buchstabieren, drehen, drücken, einkaufen, einpacken, essen, fahren (*ein Fahrzeug*), fahren (*einen Weg*), fest machen, finden, fotografieren, (ge)brauchen können, gehen (*einen Weg*), gern haben, hätte gern, gewinnen, glauben, haben, halten, heizen, hoffen, holen, hören, interessieren, kaufen, kennen, kennenlernen, kleben, kochen, können, kontrollieren, korrigieren, kriegen, kritisieren, sich leihen, lernen, lesen, lieben, machen, meinen, mieten, mitnehmen, möchten, mögen, nehmen, packen, (sich) rasieren, reinigen, reparieren, reservieren, riechen, rufen, sagen, schmecken, (sich) schneiden, schreiben, sehen, singen, sparen, spielen, sprechen (*eine Sprache*), stehlen, stören, studieren, suchen, tanken, tragen, trinken, tun, überholen, (sich) überlegen, übersetzen, unterschreiben, (sich) verbrennen, verdienen, vergessen, verkaufen, verlieren, verpassen, verstehen, versuchen, (sich) waschen, wechseln, wecken, wegwerfen, wiederholen, wissen, wollen, zählen, ziehen, zumachen

Verben mit Verbzusatz (hin-, weg-, rein- *usw.*, *vgl.* *Wortbildung* GR 6.1.3, 6.2.3, AB 3.2.2): hinlegen, wegschicken, rausnehmen *usw.*

- SUBJ+ DAT

Ist der Schirm dir?
Hat er (dir) schon geantwortet?

antworten, gefallen, gehören, helfen, leid tun (es), sein, Spaß machen, wehtun, (sich) wehtun

- SUBJ + PRÄP

Für Theater interessiere ich mich nicht.
Sie müssen (auf den Knopf) drücken.
Ich habe keine Lust mitzukommen.

sich ärgern daß, drücken auf, sich erinnern an, fahren gegen, sich freuen über/auf, glauben an, sich interessieren für, kommen von, Lust haben+zu+Inf., schlafen mit, sein für/gegen, telefonieren mit, zusammenstoßen mit

- SUBJ + SIT

Ich wohne am Bahnhofplatz.
Wir fangen (um zwei) an.

abfahren, anfangen, ankommen, arbeiten bei/in, aufhören, aufstehen, aussein (= *zu Ende sein*), bleiben, drehen, zu Ende sein, fehlen, frei haben, gehen (= *abfahren*), halten (= *anhalten*), kommen, leben, liegen, passieren, schlafen (= *übernachten*), Schluß machen, sein (= *sich befinden*), sein (= *stattfinden*), sein (= *Mitglied sein*), sein (= *arbeiten bei*), sitzen, stehen, sich treffen, wohnen, ziehen

- SUBJ+ DIR

Von wo kommen Sie?
Ich muß nach Hause.
Sie können sich (dahin) setzen.

anrufen nach, aussteigen, drehen, dürfen, einsteigen, fahren, fallen, fliegen, gehen (= *sich irgendwohin begeben*), gehen (= *führen*), gehen in (= *Platz finden in*), kommen, kommen aus (*Herkunft*), können, laufen, sich legen, möchten, müssen, sein von/aus (*Herkunft*), sich setzen, sollen, telefonieren nach, umsteigen, wollen

- SUBJ+ QUANT

Das hat vier fünfzig gekostet.
Zu Fuß habe ich eine halbe Stunde.

bleiben, brauchen (= *Zeit benötigen*), dauern, gehen (= *dauern*), haben (= *Zeit benötigen*), halten (*Aufenthalt*), kosten, laufen, das macht (= *kostet*), nachgehen (*Uhr*), vorgehen (*Uhr*), warten

- SUBJ+ SUBS

Ich bin Hausfrau.
Sie heißt Barbara.

arbeiten als, heißen, sein, werden

- SUBJ+ QUAL

Das sieht komisch aus.
Das Wetter wird wieder schlechter.

aussehen, bleiben, es geht (= *akzeptabel sein*), leben, riechen, sein, werden

- es + DAT+ QUAL

Es geht (mir) gut.
Mir ist (es) schlecht.

gehen, sein, werden

Dreiwertige Verben

– SUBJ + AKK + DAT

Können Sie mir noch andere zeigen?
Soll ich (Ihnen) die Sachen schicken?
Ich mache (dir) einen Kaffee. (dativus commodi)
Ich will (mir) noch die Haare waschen. (Pertinenzdativ)

bringen, empfehlen, erklären, erzählen, geben, glauben, leihen, mitbringen, sagen, schicken, schreiben, stehlen, zeigen, zurückgeben;
dativus commodi: z. B. holen, kaufen, kochen, machen, tragen
Pertinenzdativ: z. B. (sich) etwas brechen, (sich) etwas verbrennen, (sich) etwas waschen

– SUBJ + AKK + PRÄP

Kannst du mich daran erinnern?
Ich möchte Sie (zum Essen) einladen.

(sich) anmelden für, bekommen von, einladen zu, erinnern an, haben von, kriegen von, vergleichen mit

– SUBJ + AKK + SIT

Ich habe mich (beim Zahnarzt) angemeldet.
Ich kann Sie (am Bahnhof) abholen.

abholen, (sich) anmelden, bekommen (= *erhältlich sein*), besuchen, kriegen (= *erhältlich sein*), lassen (= *etwas irgendwo zurücklassen*), parken, treffen

– SUBJ + AKK + DIR

Ich fahre Sie zum Bahnhof.
Kannst du den Koffer aus dem Wagen nehmen?

bekommen, bringen, fahren, haben von/aus, holen, kriegen, legen, machen, nehmen, schikken, schreiben, stellen, tun, verkaufen (= *exportieren*), werfen

– SUBJ + AKK + QUAL

Ich muß noch (das Zimmer) sauber machen.
Ich finde das gut.

aussprechen, finden, machen, verstehen

– SUBJ + AKK + AKK

Er wollte dich etwas fragen.

fragen

– SUBJ + DAT + QUAL

Die Suppe schmeckt (mir) (gut).

schmecken

– SUBJ + QUANT + PRÄP

Wieviel hast du dafür bezahlt?

ausgeben für, bezahlen für

– SUBJ + PRÄP + PRÄP

Ich habe mit ihm (über Politik) diskutiert.
Wir haben (mir ihr) darüber gesprochen.

diskutieren / sprechen mit (über) / (mit) über

3.6   Valenz des Adjektivs

Die in der *Kontaktschwelle* vorkommenden Adjektive sind in der Regel einwertig. Adjektive mit bloßem Subjekt (in Form einer Nominalgruppe oder eines Nebensatzes) werden hier nicht aufgelistet.

Satzbaupläne mit einwertigem Adjektiv (SUBJ)

Sie ist hübsch.
Der Zug ist ganz leer.
(Es ist) schade, daß es hier kein Schwimmbad gibt.

Die jeweils gemeinte Adjektivvalenz wird vom Ort bestimmt, an dem das betreffende Adjektiv in den Listen erscheint. Beispiel: Beim Adjektiv bekannt wurde bloß die einwertige Variante für den produktiven Gebrauch ausgewählt (z. B. Der ist sehr bekannt, vgl. SB 13.9), nicht aber die zweiwertige Variante bekannt mit (z. B. Ich bin mit ihr bekannt).

Satzbaupläne mit zweiwertigem Adjektiv

Im folgenden sind nur die zweiwertigen Adjektive aufgeführt, die in den Listen für produktive Verwendung vorgeschlagen werden. Wie aus den Beispielsätzen in den drei Katalogen hervorgeht, ist bei einigen Adjektiven nur die Ausdrucksform als Nebensatz (ohne Korrelat) gemeint, bei froh (vgl. AB 6.2.2, SA 3.6) beispielsweise eine Realisierung wie Ich bin froh, daß alles gut gegangen ist.

- SUBJ + DAT

  Meiner Frau ist (es) schlecht.
  Das ist (mir) egal.

  egal, (nicht) gut, schlecht, sympathisch

- SUBJ + PRÄP

  Wir sind (mit dem Hotel) zufrieden.
  Das ist typisch (für die Deutschen).
  Er ist traurig, (daß sie nicht gekommen ist).

  eingeladen bei/zu, froh daß, gut für/gegen, schlecht für, traurig daß, typisch für, verabredet mit, verwandt mit, zufrieden mit

- SUBJ + SIT

  Ich bin in Amsterdam geboren.

  geboren in/am

- SUBJ + QUANT

  Wie alt sind Sie?
  Der Balkon ist fünf Meter lang und zwei Meter breit.

  alt, breit, dick, groß, hoch, lang, schwer, zu spät, tief

3.7 Satzgliedfolge

3.7.1 Finites Verb

Zweitstellung des finiten Verbs

- Deklarativsatz
  Ich habe das Licht ausgemacht.
  (Als ich weggegangen bin,) habe ich das Licht ausgemacht.

- Deklarativsatz mit Frageintonation
  Du hast das Licht (doch) ausgemacht?

- w-Interrógativsatz
  Wer hat das Licht ausgemacht?

- Uneingeleiteter Nebensatz
  (Ich glaube,) ich habe das Licht ausgemacht.

- Exklamativsatz
  Du kannst das (aber) gut!

Erststellung des finiten Verbs

- Ja/Nein-Interrogativsatz / oder-Interrogativsatz
  Hast du das Licht ausgemacht (oder nicht)?

- Imperativsatz
  Mach bitte das Licht aus!

– Deklarativsatz mit Ellipse
(kolloquiale Kurzsätze ohne satzeröffnendes es, das, u. ä.)
   Tut mir leid.

R Desiderativsatz
   Hätten wir nur mehr Zeit!

R Exklamativsatz
   Kannst dú das aber gut!

R Uneingeleiteter Nebensatz
   Sollte es regnen, (dann komme ich nicht).

Endstellung des finiten Verbs

– Eingeleiteter Nebensatz
   (Ich bin sicher,) daß ich das Licht ausgemacht habe.
   (Warum gehst du nochmal zurück?) – Weil ich das Licht nicht ausgemacht habe.

R Desiderativsatz
   Wenn wir nur mehr Zeit hätten!

R Exklamativsatz
   Wie gut du das kannst!

3.7.2   Satzklammer

Stellungsmodell für Sätze mit Zweitstellung und Erststellung des finiten Verbs

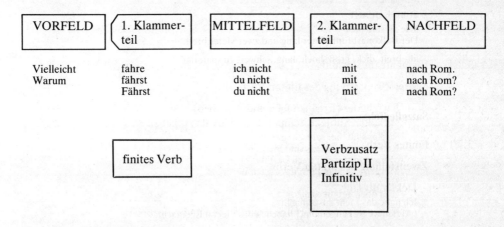

VORFELD	1. Klammer-teil	MITTELFELD	2. Klammer-teil	NACHFELD
Vielleicht	fahre	ich nicht	mit	nach Rom.
Warum	fährst	du nicht	mit	nach Rom?
	Fährst	du nicht	mit	nach Rom?

finites Verb

Verbzusatz
Partizip II
Infinitiv

M a c h s t du bitte die Tür z u ?
Ich h a b e meinen Ausweis v e r g e s s e n .
M ü s s e n wir da a u s s t e i g e n ?

Auch bei den Funktionsverbgefügen (→ GR 3.3.2) kann man von einer Satzklammer sprechen. Als 2. Klammerteil dient der Akkusativ bzw. die Präpositionalgruppe.

   Jetzt m a c h e n wir aber S c h l u ß .
   Wann i s t der Film zu E n d e ?

Zu den Elementen im Vorfeld → GR 3.7.4, *im Nachfeld* → 3.7.5, *im Mittelfeld* → GR 3.7.6

3.7.3   Nebensatzklammer

Stellungsmodell für Sätze mit Endstellung des finiten Verbs

1. Klammer-teil	MITTELFELD	2. Klammer-teil	NACHFELD
weil	ich keine Zeit	habe	nächste Woche

Einleite-wort		finites Verb Partizip II + finites Verb Infinitiv + finites Verb

w e i l ich kein Geld mehr h a b e
d a ß ich das schon g e m a c h t h a b e
o b ich mich a n m e l d e n m u ß

Zu den Elementen im Nachfeld → GR 3.7.5, *im Mittelfeld* → GR 3.7.6
Zum Infinitivsatz mit um . . . zu → GR 3.2.1 c

3.7.4   Elemente im Vorfeld

a) Bei Zweitstellung des finiten Verbs

– Satzglieder (Ergänzungen und Angaben)
vor allem Subjekt, temporale und lokale Angaben
Radios sind hier sehr billig.
Radios und Kameras sind hier sehr billig.
Morgen fahren wir nach Berlin.
Morgen um neun fahren wir nach Berlin.
Hier gefällt es mir.
Hier oben gefällt es mir.

– Nebensätze (satzförmige Ergänzungen und Angaben)
Ob das stimmt, weiß ich nicht.
Als ich zwanzig war, habe ich viel gelesen.

Funktion der Vorfeldelemente

– Anschluß an den Vortext (Kontaktglied)
(Sehen Sie die Bank da?) – Direkt daneben ist die Haltestelle.
(Ich möchte einen guten Rotwein.) – Den da finde ich sehr gut.

– Hervorhebung
(vor allem bei Satzgliedern, die selten im Vorfeld stehen)
Schön ist es hier!
Fisch habe ich nicht gern.

b) Bei Erststellung des finiten Verbs

Unbetonte Adverbien beim Imperativsatz
(Jetzt, so, dann u. ä.)
Jetzt hör mal zu.

c) Stellungsneutrale Elemente
   (vorangestellte Elemente außerhalb des Satzverbands)

   – Konjunktor (GR 5.10)
   > Und woher kommen Sie?
   > . . . und dann gehen wir Kaffee trinken.
   > . . . aber morgen habe ich Zeit.

   – Satzglieder in Prolepse
   > Stefan, der kommt nicht.
   > Der da mit der Brille, ist das dein Bruder?
   > Der neue Film von Faßbinder, den mußt du sehen.
   > In Salzburg, da hat es uns am besten gefallen.

   – Antwortpartikeln, Gliederungs- und Kontaktsignale u. ä.
   > Doch, den kenne ich.
   > Gut, ich nehme das Zimmer.
   > Also, ich komme um fünf.
   > Thomas, kommst du mit?
   > Sehen Sie, das geht so.

3.7.5 Elemente im Nachfeld

Ausklammerung bei der Satzklammer und bei der Nebensatzklammer

– Vergleichselement
> Weil es dort nicht so viel regnet wie hier.
> In Florenz hat es mir besser gefallen als in Rom.

– Präpositionalergänzung
> Ich habe mich sehr gefreut darauf.
> Ich habe gestern noch telefoniert mit ihr.

– Angabe
> Habt ihr gut gegessen in Spanien?
> Glaubst du, daß er auch mitkommt am Sonntag?

– Präpositionalattribut
> Ich habe erst die Hälfte gelesen von dem Buch.

– Koordinierte Satzgliedteile
> Kannst du mir den Zucker geben und die Milch?
> Ich weiß nicht, ob das zwei Mark kostet oder drei.

– Präzisierender Nachtrag (Extraposition)
> Die habe ich gestern gesehen, die Susanne.
> Bringst du es morgen, das Buch?

Funktion der Nachfeldelemente

Beim Sprechen kann nachträglich eine Äußerung durch ein Element im Nachfeld modifiziert werden.

> Ich habe seinen Namen vergessen, leider.
> Hat es dir gefallen gestern?
> Mir hat es gefallen. Wirklich.

3.7.6 Elemente im Mittelfeld

a) Grundfolge für die Elemente im Mittelfeld

←E : Ergänzungen mit Linkstendenz
(stehen zu Beginn des Mittelfelds)
SUBJ, AKK, DAT

E→ : Ergänzungen mit Rechtstendenz
(stehen am Ende des Mittelfelds)
PRÄP, DIR, SIT, QUANT, SUBS, QUAL

A : Angaben
(stehen in der Mitte des Mittelfelds)

Die Grundfolge ist prinzipiell die gleiche für Sätze mit Zweit-, Erst- und Endstellung des finiten Verbs.

		←E	A	E→	

Du	kannst		das	¦	auch	¦	in den Kühlschrank	tun.
Jetzt	kannst	du das		¦	auch	¦	in den Kühlschrank	tun.
	Kannst	du das		¦	auch	¦	in den Kühlschrank	tun?
	wenn	du das		¦	auch	¦	in den Kühlschrank	tun kannst.

b) Ergänzungen mit Linkstendenz

Subjekt

– als Personalpronomen:

vor AKK / DAT

Heute habe ich ihn nicht gesehen.
Bringen Sie mir bitte noch einen Kaffee.

– als Nomen:

vor nominalen AKK / DAT

Warum verkauft Peter seine Kamera?
Gehört das Haus deinen Eltern?

nach oder vor pronominalen AKK / DAT

Hat euch der Film gefallen?
Hat der Film euch gefallen?

Hat dir das meine Frau gesagt?
Hat meine Frau dir das gesagt?

Leider wissen das die meisten Leute nicht.
Leider wissen die meisten Leute das nicht.

Akkusativergänzung und Dativergänzung

– Personalpronomen + Personalpronomen:

AKK vor DAT

Ich kann sie euch zeigen.
Ich gebe es dir morgen.
Ich geb's dir morgen.

Bei reduziertem „es" auch umgekehrte Folge

Ich gebe dir's morgen.

– Personalpronomen + Nomen:
Die pronominale Ergänzung steht vor der nominalen.

DAT vor AKK

Kannst du mir hundert Mark leihen?
Ich habe ihr ein Eis gekauft. (dativus commodi)

AKK vor DAT

Ich habe es einem Freund gegeben.

– Nomen + Nomen:

Faustregel: DAT vor AKK

Ich habe der Claudia hundert Mark geliehen.

Es findet sich auch die umgekehrte Reihenfolge AKK vor DAT, wobei die Ergänzung mit dem höheren Mitteilungswert nachgestellt wird.

Kannst du dem Uwe die Jacke bringen?
Kannst du die Jacke dem Uwe bringen?

Häufig tritt bei der nachgestellten Ergänzung der Indefinit- oder Nullartikel auf.

Ich habe das Bild einem Freund geschenkt.
Ich habe dem Freund ein Bild geschenkt.

c) Ergänzungen mit Rechtstendenz

   – Präpositionalergänzung
     Ich interessiere mich nicht für Theater.
   – Direktivergänzung
     Soll ich das in den Kühlschrank tun?
   – Situativergänzung
     Soll ich dich am Bahnhof abholen?
   – Quantitativergänzung
     Stimmt es, daß das tausend Mark gekostet hat?
   – Subsumptivergänzung
     Ich habe nicht gewußt, daß das seine Frau ist.
   – Qualitativergänzung
     So sieht das aber komisch aus.

d) Adjektivabhängige Ergänzungen

   – vor dem prädikativen Adjektiv (DAT, QUANT)
     Er ist mir sympathisch.
     Der Balkon ist fünf Meter lang.
   – vor oder nach dem prädikativen Adjektiv (PRÄP)
     Sind Sie mit dem Hotel zufrieden?
     Sind Sie zufrieden mit dem Hotel?

e) Angaben

   – vor der Ergänzung mit Rechtstendenz
     Sie müssen zuerst auf den Knopf drücken.
     Ich muß morgen zum Zahnarzt.
     Wir waren zwei Wochen am Meer.
     Das Wetter war immer schön.
   – nach den pronominalen Ergänzungen mit Linkstendenz
     Soll ich es dir morgen bringen.
     Ich habe das da drüben gekauft.
   – nach oder vor den nominalen Ergänzungen mit Linkstendenz
     Die meisten Angaben sind gegenüber den Ergänzungen ziemlich frei verschieb-
     bar. Zum Teil ändert sich bei einer Umstellung der Mitteilungswert (GR 1.5,
     GR 3.7.6 g).
     Faustregel: Die Angaben stehen vor indefiniten Nominalgruppen und nach oder
     vor definiten Nominalgruppen.

     Wir essen jeden Tag Salat.
     Da ist vielleicht eine Ausstellung.

     Ich habe die Sachen jetzt da.
     Ich habe jetzt die Sachen da.

Relative Stellung der Angaben untereinander

Die Stellung der Angaben untereinander hängt in erster Linie von ihrer semantischen Funktion ab, dann aber auch von ihrer Ausdrucksform und vom Mitteilungswert.

Faustregel für die Reihenfolge:

   – Kausalangaben   : deshalb *usw.*
   – Temporalangaben   : dann, heute, letzte Woche *usw.*
   – Modalwörter   : vielleicht, leider, bestimmt *usw.*
   – Lokalangaben   : hier, draußen, in der Stadt *usw.*
   – adverbial verwendete Adjektive   : gut, leicht, langsam *usw.*

     Ich bin deshalb zwei Wochen weg.
     Wir haben gestern in einem guten Restaurant gegessen.
     Ich nehme heute vielleicht den Bus.
     Er hat wahrscheinlich in der Stadt gegessen.
     Sie haben hoffentlich gut geschlafen.

f) Stellung von nicht

Satznegation

nicht steht am Ende des Mittelfelds

– nach Ergänzungen mit Linkstendenz

Warum gefällt dir das nicht?
Hoffentlich ist Brigitte nicht gekommen.
Er hat uns die andern nicht gezeigt.

Ausnahme: bei indefiniten Nominalgruppen, wo die Negationstransformation
nicht + ein → kein eintritt

Ich nehme heute kein Eis.
Ich habe im September keine Ferien.

– nach bestimmten Angaben
(Kausalangaben, Modalwörter, Temporalangaben Typ: heute)

Ich kann deshalb nicht kommen.
Das stimmt wahrscheinlich nicht.
Wir heizen heute nicht.

nicht steht nicht am Ende des Mittelfelds

– vor Ergänzungen mit Rechtstendenz

Ich interessiere mich nicht für Theater.
Warum gehst du nicht zum Zahnarzt?
Es geht mir heute nicht gut.

– vor bestimmten Angaben
(adverbial verwendete Adjektive, Temporalangaben Typ: immer)

Wir haben nicht gut geschlafen.
Das funktioniert nicht immer.

Bei Lokalangaben und bei Temporalangaben in Form von Präpositionalgruppen ist
sowohl Voranstellung als auch Nachstellung von nicht möglich.

Ich rauche nicht im Büro.
Ich rauche im Büro nicht.
Wir kommen nicht am nächsten Sonntag.
Wir kommen am nächsten Sonntag nicht.

Sondernegation

nicht steht unmittelbar vor dem negierten Element

Ich will nicht ins Kino (sondern ins Theater).
Ich suche nicht dich.
Warum ist er nicht heute gekommen?

g) Emphase

Emphase kann entweder durch bloße Betonung oder durch Betonung und Stellungsvariation zugleich ausgedrückt werden. Ganz allgemein gilt, daß Elemente,
die gegenüber der Grundfolge weiter nach rechts verschoben werden, dadurch
einen höheren Mitteilungswert erhalten (→ GR 1.5)

Ich möchte euch die Fotos zeigen.
Ich möchte *euch* die Fotos zeigen.
Ich möchte die Fotos *euch* zeigen.

Ich nehme heute den Bus.
(Ich nehme den Bus heute.)
Ich nehme *heute* den Bus.
Ich nehme den Bus *heute*.

4   Wortgruppen

Wortgruppen haben im Satz die Funktion von Satzgliedern oder von Attributen.

Koordinative Wortgruppen (zwei- oder mehrgliedrig)

- Nominal- bzw. Pronominalgruppe
  Butter und Brot
  Sie und ich
  meine Frau und ich
- Adverb- bzw. Präpositionalgruppe
  vorne und hinten
  heute oder in einer Woche
  am Montag, Dienstag und Freitag
- Adjektivgruppe
  gut und billig
  alt, aber schön

Zu den koordinativen Wortgruppen und zu den Konjunktoren → GR 5.12

Die im folgenden aufgelisteten Wortgruppen bestehen aus einem Kern (Nomen, Pronomen, Adverb, Adjektiv) und aus einem oder mehreren Attributen. Die Attribute sind dem Kern teils vorangestellt, teils nachgestellt.

4.1   Nominalgruppe

Kern: Nomen

4.1.1   Vorangestellte Attribute

- Artikel (inkl. Nullartikel)
  die Reise
- Determinativ
  meine Schlüssel
  was für ein Examen
- Adjektiv (inkl. Zahladjektiv)

  frisches Brot
  drei Wochen
  mein neues Kleid
- Adjektivgruppe
  zwei große Zimmer
- Adjektiv mit graduierender Partikel
  sehr bequeme Stühle

R Partizip I und II
  fließendes Wasser
  der gestohlene Wagen
- Gradpartikel
  auch Bücher
  nur zwanzig Mark
- Maß- und Mengenangabe
  ein Pfund Tomaten
  zwei Flaschen Bier
- Zeitangabe
  Anfang Januar
  Ende Woche

R Genitivattribut (Personennamen)
  Martins Wagen

R Possessiver Dativ (umgangssprachlich)
  dem Peter seine (Schuhe)

4.1.2   Nachgestellte Attribute

  – Adverb
  die Gegend hier
  das Essen gestern
  die zweite Straße rechts

  – Adverbgruppe
  die Luft hier drin
  der Film gestern abend
  der Platz vorne links

  – Kardinalzahl
  Zimmer zwölf
  die E 5 (= Europastraße fünf)

  – Nominalgruppe im Akkusativ (temporal)
  das Konzert letzten Freitag

  – Nominalgruppe mit Ortsname(n)
  die Ausfahrt Frankfurt Nord
  die Autobahn Salzburg–Wien
  die Straße Richtung München

  – Präpositionalattribut
  das Zimmer von Frau Bosch
  das Haus am See
  die Straße nach München

  – Name (bei Verwandtschaftsbezeichnungen, Titeln u. ä.)
  mein Bruder Wolfgang
  (Herr) Professor Lehmann

  – Lockere Apposition
  Herr Schmidt, der Mann von Gisela

  – Attributsatz
  der Mann, der da steht
  die Stadt, wo ich wohne

  R Genitivattribut
  die Wohnung meiner Freundin

Ein Teil der nachgestellten Attribute ist umgangssprachlich auch mit Voranstellung möglich.

  hier die Gegend
  hier drin die Luft
  letzten Freitag das Konzert

4.1.3   Semantische Funktionen der attributiven Nominalgruppen

Präpositionalattribut mit von
  – Besitz (→ AB 7.6.1)
  der Wagen von meinem Vater
  – Teil-Ganzes (→ AB 7.6.2)
  die Hälfte von dem Buch
  – Agens (→ AB 7.3.1) / Urheber
  die Übersetzung von meinem Bruder
  der Roman von Böll
  – Objekt (→ AB 7.3.2) / Produkt
  die Übersetzung von dem Buch
  der Regisseur von dem Film
  – dargestellter Gegenstand
  der Stadtplan von Köln

Übrige Präpositionalattribute
  – lokal (→ AB 3)
  unsere Verwandten in Amerika
  die Autobahn nach Salzburg
  das Telegramm aus Italien

- temporal (→ AB 4)
  das Konzert am Dienstag
- Material (→ AB 6.1.4)
  eine Tasche aus Leder
- Adressat (→ AB 7.3.3)
  die Blumen für meine Freundin
- Instrument (→ AB 7.3.4)
  die Reise mit dem Zug
- Prädikation (→ AB 7.4)
  das Mädchen mit den blauen Augen
- Teil-Ganzes (→ AB 7.6.2)
  ein Zimmer mit Dusche
- Inklusion (→ AB 7.9)
  Kaffee mit Zucker
- Zweck (→ AB 7.13)
  das Geld für die Reise

4.2 Pronominalgruppe

Kern: Pronomen (vor allem Personal-, Demonstrativ- und Indefinitpronomen)

4.2.1 Vorangestellte Attribute

- Gradpartikel
  nur etwas

4.2.2 Nachgestellte Attribute

- Adverb
  der hier
  z. T. auch mit Voranstellung
  hier der
- Kardinalzahl u. ä.
  ihr drei
  wir beide
- Nomen
  wir Engländer
- Präpositionalattribut
  jeder von uns
  die mit den langen Haaren
  etwas gegen Kopfschmerzen
- Attributsatz
  alle, die sich dafür interessieren
R als + Nominalgruppe
  ich als Frau

Zur Konstruktion etwas/nichts + Adjektiv → GR 5.3.2

4.3 Adverbgruppe

Kern: Adverb

4.3.1 Vorangestellte Attribute

- graduierende Partikel
  sehr gern
  ganz hinten
  fast nie

– Gradpartikel

nur oben
noch nie

4.3.2 Nachgestellte Attribute

– Präpositionalattribut

morgen in drei Wochen
rechts von mir
da drüben bei der Post
hier in der Schweiz

In den meisten Fällen auch mit nachgestelltem Adverb möglich

oben im 6. Stock/im 6. Stock oben
draußen auf dem Balkon/auf dem Balkon draußen

4.4 Präpositionalgruppe

Kern: Nomen, Pronomen, Adverb

Präposition mit Nomen bzw. Nominalgruppe
(*vgl.* Nominalgruppe GR 4.1)

für die neue Wohnung
auf der Autobahn nach Salzburg

Präposition mit Pronomen bzw. Pronominalgruppe
(*vgl.* Pronominalgruppe GR 4.2)

zu dir
für jeden von uns

Präposition mit Adverb
(*vgl.* Adverbgruppe GR 4.3)

ab morgen
nach rechts

4.5 Adjektivgruppe

Kern: Adjektiv (in prädikativer und adverbialer Verwendung)

Vorangestellte Attribute

– Graduierende Partikel

beim Positiv

sehr schön
ganz einfach

beim Komparativ

viel schneller

beim Positiv und Komparativ

etwas kalt/kälter
ein bißchen nervös/nervöser

Zur Verwendung der graduierenden Partikel beim attributiv verwendeten Adjektiv →
GR 4.1.1

Zur Adjektivvalenz → GR 3.6

5 Wortklassen

Die folgende Einteilung der Wörter in Wortklassen umfaßt:

- Flektierbare Wörter
  Verb, Nomen, Adjektiv, Artikel, Pronomen und Determinativ

- Unflektierbare Wörter
  Präposition, Konjunktor, Subjunktor, Adverb, Modalwort, Antwortpartikel, Partikel, Interjektion

- Sammelklassen (enthalten sowohl flektierbare als auch unflektierbare Wörter)
  Zahlwort, w-Wort, Negationswort, es

5.1 Verb

Zur Valenz des Verbs → GR 3.3

5.1.1 Konjugationsarten

(alphabetisch aufgeführt sind die für produktive Verwendung vorgeschlagenen Verben)

- Regelmäßige (schwache) Verben
  holen, er holt, geholt
  fragen, er fragt, gefragt
  abholen, abschleppen, anmachen, anmelden, antworten, arbeiten, ärgern, aufhören, aufmachen, ausmachen, auspacken, sich ausruhen, baden, bauen, bedeuten, sich beeilen, besichtigen, bestellen, besuchen, bewegen, bezahlen, brauchen, bremsen, buchstabieren, dauern, diskutieren, drehen, drücken, duschen, einkaufen, einpacken, erinnern, erklären, erzählen, fehlen, fotografieren, fragen, sich freuen, gehören, glauben, heiraten, heizen, hoffen, holen, hören, interessieren, sich irren, kaufen, kennenlernen, kleben, klingeln, klopfen, kochen, kontrollieren, korrigieren, kosten, kriegen, kritisieren, lachen, leben, legen, lernen, lieben, machen, meinen, merken, mieten, packen, parken, passieren, rasieren, regnen, reinigen, reparieren, reservieren, sagen, schicken, schmecken, schneien, sich setzen, sparen, spielen, stellen, stimmen, stören, studieren, suchen, tanken, tanzen, telefonieren, trampen, überholen, überlegen, übersetzen, verdienen, verkaufen, verpassen, versuchen, warten, wechseln, wecken, wegmachen, weinen, wiederholen, wohnen, zählen, zeigen, zumachen

- Besondere Gruppen der regelmäßigen Verben
  kennen, er kennt, gekannt
  können, er kann, er konnte

  brennen, kennen, verbrennen
  dürfen, können, mögen, müssen, sollen, wollen
  bringen, mitbringen; haben, anhaben; wissen

- Unregelmäßige (starke) Verben
  finden, er findet, gefunden
  nehmen, er nimmt, genommen
  abfahren, anfangen, ankommen, anrufen, anziehen, ausgeben, aussehen, aussprechen, aussteigen, ausziehen, bekommen, bleiben, brechen, einladen, einsteigen, empfehlen, essen, fahren, fallen, fernsehen, finden, fliegen, geben, gefallen, gewinnen, halten, heißen, helfen, hinfallen, kommen, lassen, laufen, leihen, lesen, liegen, mitnehmen, nehmen, riechen, rufen, scheinen, schlafen, schneiden, schreiben, schwimmen, sehen, singen, sitzen, sprechen, stehlen, sterben, tragen, treffen, trinken, umsteigen, unterschreiben, vergessen, vergleichen, verlieren, waschen, wegwerfen, werfen, ziehen, zurückgeben, zusammenstoßen

- Besondere Gruppen der unregelmäßigen Verben
  gehen, er geht, gegangen
  sein, er ist, gewesen

  gehen
  stehen, aufstehen, bestehen, verstehen
  tun, wehtun, leid tun
  sein, ansein, aufsein, aussein, zusein
  werden

5.1.2   Formenbestand der Konjugation

a) Person und Numerus

   1./2./3. Person im Singular und Plural

b) Tempus des Indikativs
   Präsens, Präteritum, Perfekt, Plusquamperfekt, Futur I

Präsens

Formen
ich koche; er steht auf

Verwendung

- Gegenwartsbezug (→ AB 4.7)
  Er ist im Bett.
- Fortdauer (→ AB 4.13)
  Ich wohne seit drei Jahren auf dem Land.
- Gewohnheit (→ AB 4.18)
  Ich lese jeden Tag Zeitung.
- Zukunftsbezug (→ AB 4.6)
  Ich gehe (morgen) ins Kino.
- ohne Zeitbezug (→ AB 4.9)
  Freiburg liegt in der Nähe von Bern.
- R Vergangenheitsbezug (Historisches Präsens → SA 1.1.8)
  Er kommt gestern hier rein und sagt . . .

Präteritum

Formen
Präteritum von haben, sein, dürfen, können, müssen, wollen
ich hatte; er konnte

R Präteritum der übrigen Verben der Listen

Verwendung

- Vergangenheitsbezug (→ AB 4.8)
  Wir hatten leider eine Panne.
  Warum konntest du nicht kommen?

Perfekt

Formen
habe/bin + Partizip II
ich habe gekocht; er ist aufgestanden
Perfekt mit sein:
abfahren, ankommen, ansein, aufsein, aufstehen, aussein, aussteigen, bleiben, einsteigen,
fahren (fahren + *Akk.: mit* haben), fallen, fliegen, gehen, hinfallen, kommen, laufen, sein,
sterben, schwimmen, umsteigen, werden, zusammenstoßen, zusein
süddeutsch: liegen, stehen, sitzen
R Perfekt der Modalverben
  Er hat kochen müssen.

Verwendung

- Vergangenheitsbezug (→ AB 4.8)
  Ich bin in Berlin gewesen.
- Erreichter Zustand in der Gegenwart (→ AB 4.7)
  Es hat geschneit.
- R Zukunftsbezug (→ AB 4.6)
  Ich habe das bis Freitag gemacht.

Plusquamperfekt

Formen
hatte/war + Partizip II
ich hatte gekocht; er war aufgestanden
Verwendung

– Vorzeitigkeit (→ AB 4.2)
  Als sie gegessen hatte, ist sie weggegangen.

R Futur I

Formen
werde + Infinitiv
ich werde kochen; er wird aufstehen
Verwendung

– Zukunftsbezug (→ AB 4.6)
  Er wird morgen kommen.
– Vermutung (→ SA 1.4.4)
  Die wird zu Hause sein.

c) Konjunktiv

Konjunktiv II

Formen von haben, sein, werden (würde-Umschreibung), können, mögen
ich hätte; er könnte
ich hätte gekocht; er wäre aufgestanden
Umschreibung: würde + Infinitiv
ich würde kochen/aufstehen

R Formen von wollen, sollen, dürfen, müssen

R Konjunktiv II der übrigen Verben der Listen

Verwendung

– Höfliche Bitte (→ SA 4.1.1 – 4.1.9)
  Würden Sie bitte das Fenster zumachen?
– Höflichkeitsfloskeln (→ SA 4.5)
  (Soll ich Sie abholen?) – Ja, das wäre sehr nett.
– Vorschlag (→ SA 4.1.17)
  Wir könnten ins Kino.
– Rat (→ SA 4.1.18)
  Ich würde den andern nehmen.
– Wunschvorstellung (→ AB 6.3.8)
  Ich würde gern mal nach Spanien fahren.
R Desiderativsatz (→ GR 3.1)
  Hätten wir nur mehr Zeit!
– Hypothetisches Sprechen (→ AB 7.14, SA 1.1.11.2)
  Wenn ich Zeit hätte, würde ich mitkommen.
R Vermutung (→ SA 1.4.4)
  Das könnte sein.
R Vorwurf (→ SA 2.2.7)
  Sie sollten mehr arbeiten.
R Redewiedergabe (→ SA 1.1.9)
  Er hat gesagt, er hätte keine Zeit.

R Konjunktiv I

Formen
vor allem 3. Person Singular

Verwendung

- Redewiedergabe (→ SA 1.1.9)
  Sie hat gesagt, sie sei krank.
  Er sagt, er komme morgen.

d) Imperativ

Formen
du-Form |
ihr-Form | (auch mit Personalpronomen)
Sie-Form
wir-Form

Verwendung

- Aufforderung (→ SA 4.1)
  Frag ihn doch!
  Frag dú ihn bitte!
  Fragen wir ihn!
- Kontaktsignal
  sehen Sie mal, entschuldigen Sie u. ä.
  Entschuldigen Sie, geht es hier zum Bahnhof?

e) R Passiv

werden-Passiv

Formen
werde + Partizip II

Verwendung

- Vorgang ohne Agensangabe (→ AB 7.3.2)
  Er wird morgen operiert.
- Vorgang mit Agensangabe (→ AB 7.3.1)
  Er wurde von einem Spezialisten operiert.
- Verallgemeinerungen (→ SA 1.1.3)
  Heute wird viel telefoniert.

sein-Passiv

Formen
bin + Partizip II

Verwendung

- Zustand (→ AB 6.1.12)
  Ihr Wagen ist jetzt repariert.

In den Listen mit ,,+" markierte Einträge wie verletzt sein, verabredet sein u. a. haben adjektivischen Charakter.

f) Infinitiv

Formen
kochen, aufstehen

Verwendung

- Teil des Verbalkomplexes (→ GR 3.3.2)
  Kannst du auch kommen?

– Infinitiv mit zu
Da hat es angefangen zu regnen.
– Infinitiv mit um . . . zu (→ AB 7.13)
Ich brauche etwas, um die Dose aufzumachen.
– substantivierter Infinitiv (→ GR 6.3)
Ich brauche was zum Schreiben.

R Aufforderung
Bitte weitergehen!

g) Partizip II

Formen
gekocht, aufgestanden, fotografiert

Verwendung

– Teil des Verbalkomplexes (→ GR 3.3.2)
Ich habe das schon gemacht.

R substantiviertes Partizip II
Da ist das Gesuchte.

R als Adjektivattribut
Da ist der gesuchte Mantel.

h) R Partizip I

Formen
kochend, liegend

Verwendung

– als Adjektivattribut
Nichts aus dem fahrenden Zug werfen!
– substantiviertes Partizip I
Die Streikenden wollen mehr Lohn.

5.1.3 Verben mit Reflexivpronomen bzw. Reziprokpronomen

– Echte reflexive Verben
(Reflexivpronomen nicht gegen Nominalgruppe austauschbar)
sich (Akk.): sich ausruhen, sich beeilen, (sich) duschen, sich irren
sich (Dat.): (sich) überlegen
Wir müssen uns beeilen.
Ich habe (mir) das lange überlegt.

– Reflexive Verbvarianten
(größerer Bedeutungsunterschied zur nichtreflexiven Verbvariante)
sich (Akk.): sich ärgern, sich bewegen, sich erinnern, sich freuen, sich interessieren, sich
legen, sich setzen
sich (Dat.): sich etwas leihen
Er freut sich auf die Ferien.
Ich kann mich nicht mehr daran erinnern.

– Reflexiv gebrauchte Verben
(Reflexivpronomen austauschbar gegen Nominalgruppe)
sich (Akk.): (sich) anmelden
auch Verwendung mit Pertinenzdativ: (sich) anziehen, (sich) ausziehen, (sich) rasieren,
(sich) schneiden, (sich) verbrennen, (sich) waschen
sich (Dat.): (sich) wehtun
Ich muß mich/euch noch anmelden.
Ich muß mich noch waschen.
Ich muß (mir) noch die Haare waschen.

– Reziprok gebrauchte Verben
(nur im Plural)

sich kennen(lernen), sich lieben, sich sehen, sich treffen *usw.*

Wir sehen uns oft.
Sie kennen sich schon lange.

Zum Reflexivpronomen als dativus commodi vgl. GR 3.5 *(Satzbaupläne: dreiwertige Verben)*

5.2 Nomen

Deklinationstypen der in den Listen enthaltenen Nomen

Nomen mit Adjektivdeklination

Angestellter, Bekannter, Deutscher, Erwachsener, Konservativer, Liberaler, Linker, Rechter, Verwandter

der Deutsche, die Deutsche – die Deutschen
ein Deutscher, eine Deutsche – Deutsche

5.2.1 Genus

Maskulinum   der Tag
Femininum   die Stunde
Neutrum   das Jahr

Genus der Nomen in den Listen

Genusschwankung
Regionale Genusschwankungen sind in den Listen nicht speziell vermerkt, z. B. das/die Foto, das/der Radio, das/der Benzin

5.2.2 Numerus

Singular und Plural der Nomen in den Listen

der Lehrer – die Lehrer
der Bruder – die Brüder
die Stunde – die Stunden
das Haus   – die Häuser
das Auto   – die Autos
usw.

Nomen nur mit Singular

– Stoffnamen
  Zucker, Kaffee, Benzin *usw.*
– Kollektiva
  Gepäck, Polizei, Geld *usw.*
– Abstrakta
  Durst, Verkehr, Fieber *usw.*

Nomen nur mit Plural
Leute, Ferien, Lebensmittel *usw.*

Nomen meistens im Plural
Steuern, Nudeln, Streichhölzer *usw.*

5.2.3 Kasus

Formen
Nominativ, Akkusativ, Dativ Singular und Plural der in den Listen enthaltenen Nomen.
R Genitiv

Verwendung des Nominativs

– Zitierform (als Aufschrift)
  Zigaretten

– Subjekt
   Das Telefon klingelt.
– Subsumptivergänzung
   Ich bin Ingenieur.
– Anredenominativ
   Lieber Peter, . . .

Verwendung des Akkusativs

– Akkusativergänzung
   Ich habe den Zug verpaßt.
– Quantitativergänzung
   Das dauert nur eine Stunde.
R Subsumptivergänzung
   Alle nennen ihn Fritz.
– temporale Angabe
   Diese Woche geht es nicht.
– bei Präpositionen
   Ist das für mich?

Verwendung des Dativs

– Dativergänzung
   Gehört das dir?
– Pertinenzdativ
   Mir tut der Arm weh.
– Dativus commodi
   Holst du mir die Zeitung?
– bei Präpositionen
   Mit wem soll ich gehen?

Verwendung des Genitivs

R Genitivattribut
   Ist das das Haus deiner Eltern?
R bei Präpositionen
   Während des Essens höre ich Nachrichten.

5.3 **Adjektiv**

5.3.1 Deklination

Nominativ, Akkusativ, Dativ Singular und Plural in den 3 Genera
R Genitiv

– nach der-Wörtern
   der, der da, jeder *usw.*
   Ich meine das alte Haus da.
– nach ein-Wörtern
   ein, kein, mein *usw.*
   Es ist ein altes Haus.
– nach Nullartikel, Indefinitpronomen, Kardinalzahlen
   Ø, viele, wenige, zwei *usw.*
   Es gibt schönes Wetter.
   Da leben viele alte Leute.

5.3.2 Verwendung

– prädikativ
   Ist der Film gut?

– adverbial
Sie sind falsch gefahren.
– attributiv
Das ist die falsche Richtung.
– etwas/nichts/viel/wenig + Adjektiv (Neutrum)
Ich weiß nichts Neues.
– wie + Adjektiv
Wie groß ist das?

R substantiviert
Gibt es Verletzte?
– nur attributiv
letzt-, link-, ander- *usw.*
Das ist in der rechten Tasche.
– nur prädikativ
egal, schade *usw.*
Das ist mir egal!

5.3.3 Komparation

Formen

Komparativ und Superlativ
regelmäßige und unregelmäßige Formen der in den Listen enthaltenen Adjektive

Verwendung

– attributiv
Ich habe hier eine ältere Schwester.
Ich finde, hier ist der beste Platz.
– prädikativ
Sie ist älter als ich.
Das ist das schönste / am schönsten.
– adverbial
Können Sie bitte lauter sprechen?
Das Bild da gefällt mir am besten.

Vergleichskonstruktionen

ohne Vergleichselemente (impliziter Vergleich)

– Positiv
Hier ist es schön.
– Komparativ
Heute geht es mir wieder besser.
– Superlativ
Das Bild da gefällt mir am besten.

mit Vergleichselementen

– Positiv: so . . . wie
Hier ist es so schön wie im Tessin.
– Komparativ: als
Heute geht es mir wieder besser als gestern.
– Superlativ: von
Das Bild da gefällt mir am besten von allen.

Adjektive ohne Komparationsformen
verheiratet, gleich, verletzt *usw.*

Zur Graduierung mit Hilfe von Partikeln → GR 5.17.3

5.4 **Zahlwörter**

5.4.1 Zahladjektive

- Kardinalzahlen
  eins/ein, zwei *usw.*
- Ordinalzahlen
  der erste, der zweite *usw.*
- Bruchzahlen
  halb
  eineinhalb/anderthalb, zweieinhalb *usw.* (unflektiert)

5.4.2 Zahlsubstantive

- Bruchzahlen
  die Hälfte, ein/zwei Drittel, ein/drei Viertel
- Kardinalzahlen
  eine Million, eine Milliarde

R andere
  ein Paar, ein Dutzend

5.4.3 Zahladverbien

- Wiederholungszahlen
  einmal, zweimal *usw.*
- Einteilungszahlen
  erstens, zweitens *usw.*

5.5 **Artikel**

5.5.1 Definitartikel
der / die / das

Formen

Nominativ, Akkusativ, Dativ Singular und Plural in den 3 Genera
R Genitiv

Verwendung

- bei Eindeutigkeit durch Situationskontext (GR 1.4)
  Wo ist das Telefon?
- bei Wiederaufnahme von (implizit oder explizit) Vorerwähntem (GR 1.4)
  Ich wollte dich anrufen, aber ich hatte die Nummer nicht.
- bei Personennamen (umgangssprachlich)
  Ist die Claudia noch bei euch?
- beim Superlativ
  Das ist der höchste Berg hier.
- bei Namen von Bergen, Seen, Flüssen
  Ist das der Rhein?
- generalisierend
  Ich bin gegen das Auto.
  Die Deutschen arbeiten zu viel.

R distributiv
  Was kostet das Kilo?

Zu der *als Demonstrativpronomen* → GR 5.7.1

Zusammenziehung von Präposition und Definitartikel

– Formen

am, beim, im, vom, zum, zur, ans, ins

R umgangssprachliche Formen

hinterm, überm, unterm, vorm
aufs, durchs, fürs, hinters, übers, ums, unters, vors
hintern, übern, untern

– keine Zusammenziehung bei betontem dér
An dém Wochenende geht es leider nicht, aber . . .

5.5.2 Indefinitartikel

ein / eine / ein

Formen

Nominativ, Akkusativ, Dativ Singular in den 3 Genera
R Genitiv

Verwendung

– bei der Einführung neuer oder als unbekannt vorausgesetzter Elemente (GR 1.4)
Da gibt es ein Hotel. Es . . .

– bei beliebigen Gegenständen einer Klasse
Ich suche ein Zimmer.

– bei Klassifizierung durch Subsumptivergänzung
Das ist eine schöne Wohnung.

– generalisierend
Ein Haus ist sehr teuer.

– distributiv
Wie teuer ist eine Woche?

5.5.3 Nullartikel

Verwendung

– als Plural beim Indefinitartikel
Das sind Kollegen von mir.

– bei Personennamen
Ist Claudia bei euch?

– bei den meisten Namen von Ländern und Städten
Wir waren in Polen.

– bei Namen von Feiertagen
Wann ist Ostern.

– bei Stoffbezeichnungen
Haben wir noch Brot?

– generalisierend
Radios sind hier sehr billig.

– bei der Subsumptivergänzung (Beruf, Nationalität u. ä.)
Ich bin Sekretärin.

– bei Akkusativergänzungen, die mit dem Verb eine semantische Einheit bilden
Hunger haben, Klavier spielen, Auto fahren *usw.*

5.6 **Pronomen**

5.6.1 Personalpronomen

ich	– wir
du/Sie	– ihr/Sie
er, sie, es	– sie

Deklination

1./2./3. Person Singular und Plural im Nominativ, Akkusativ, Dativ

ich – mich – mir
du – dich – dir
usw.

Zur deiktischen und anaphorischen Verwendung des Personalpronomens → GR 1.1 *und* 1.2; *zu* es *vgl. auch* GR 5.10

Präposition + Personalpronomen
für mich, mit ihr, neben Sie *usw.*

Verwendung

– für Personen
  Ich muß zuerst noch mit meiner Freundin/mit ihr sprechen.
– für Tiere
  Soll ich mit dem Hund/mit ihm spazieren gehen?
– für Sachen und Begriffe
  Ich bin mit der Kamera/mit ihr zufrieden.

Pronominaladverb
da- / d(a)r- + Präposition
dafür, damit, daneben, da drin *usw.*

Verwendung

– für Sachverhalte
(Ich will nicht länger hier bleiben.) — Darüber müssen wir noch sprechen./Können wir nochmal (da)drüber sprechen?
– für Sachen und Begriffe
  Ich bin mit der Kamera/damit zufrieden.

Zur deiktischen und anaphorischen Verwendung des Pronominaladverbs → GR 1.2

Du/Sie-Formen

– Duzen: du / ihr
– Siezen: Sie (Sg. und Pl.)

Zu den Anredeformen → SA 5.1 *und* GR 1.9

5.6.2   Reflexivpronomen

Formen
mich / mir
dich / dir
sich
uns
euch
sich

Präposition + Reflexivpronomen
Ich habe kein Geld bei mir.

Zur Verwendung vgl. reflexive und reflexiv gebrauchte Verben → GR 5.1.3

5.6.3   Reziprokpronomen

Formen (nur Plural)
uns
euch
sich
Wir treffen uns jeden Dienstag.

R einander
  Sie haben miteinander gesprochen.

Zur Verwendung vgl. reziprok gebrauchte Verben → GR 5.1.3

5.6.4 Interrogativpronomen

Formen

wer / wen / wem
was / was / was

Verwendung von wer

– für Personen (identifizierend, bei Name, Verwandtschaftsverhältnis u. ä.)
Wer ist das? – (Mein Bruder.)

Verwendung von was

– für Sachverhalte und Handlungen
Was macht ihr heute abend? – (Wir gehen essen.)
– für Sachen und Begriffe
Was ist kaputt? – (Die Bremse.)
– für Personen (spezifizierend)
Was ist das da auf dem Bild? – (Ich glaube, eine Frau.)
– für Tiere
Was war das? – (Eine Katze.)
– für Berufe, Nationalität u. ä.
Was ist sein Vater? – (Ingenieur.)

Präposition mit Interrogativpronomen

für wen, mit wem, an was *usw.*

Verwendung

– für Personen
Von wem ist das? – (Von Dieter.)
– für Sachen und Begriffe
Mit was hast du das gemacht? – (Mit dem Messer.)
– für Sachverhalte
(Erinnerst du ihn daran?) – An was?

Interrogatives Pronominaladverb

wo- / wo(d)r- + Präposition
wofür, womit, woran *usw.*
(meist ersetzbar durch Präposition + Interrogativpronomen)

Verwendung

– für Sachen und Begriffe
Womit hast du das gemacht? – (Mit dem Messer.)
– für Sachverhalte
Worüber habt ihr gesprochen? – (Darüber, daß sie nicht mehr hier bleiben kann.)
Zur Verwendung des Interrogativpronomens und des interrogativen Pronominaladverbs im indirekten Interrogativsatz → GR 3.2.1; vgl. auch w-Wörter GR 5.8

5.6.5 Relativpronomen

der / die / das
Nominativ, Akkusativ, Dativ Singular und Plural in den 3 Genera
R Genitiv

Ist das der Mantel, den du suchst?
Präposition + Relativpronomen
mit dem, auf das *usw.*
Das ist der Mann, mit dem ich gesprochen habe.

wo

Verwendung

– bei lokalem Bezugswort

Das ist die Stadt, in der / wo ich fünf Jahre gelebt habe.
In Berlin, wo ich studiert habe, . . .

– bei temporalem Bezugswort

Das war der Tag, an dem / wo wir angekommen sind.

was

Verwendung

– bei neutralem Pronomen als Bezugswort

(das, etwas, nichts, alles *usw.*)
Das ist das, was ich brauche.
Das ist alles, was ich weiß.

– beim Adjektiv im Neutrum als Bezugswort (meist Superlativ)

Das war das Schönste, was wir gesehen haben.

R Generalisierendes Relativpronomen

wer / wen / wem
was / was / was
Wer nicht mitkommen will, kann hier essen.

5.6.6   Indefinitpronomen

welcher
jemand (meist unflektiert)
niemand (meist unflektiert)

R irgendwer / wer

Nominativ, Akkusativ, Dativ Singular und Plural in den 3 Genera (soweit vorhanden)

Im Kühlschrank sind noch welche.
Hat jemand angerufen?
Ich habe niemand gesehen.

man
etwas / was
irgendetwas
nichts

Hier muß man immer lange warten.
Irgendetwas stimmt da nicht.
Ich habe noch nichts gegessen.

Zur Konstruktion etwas/nichts + Adjektiv → GR 5.3.2

Vgl. auch Indefinitpronomen/Indefinitdeterminativ GR 5.7.4

5.7   **Pronomen und Determinativ**

5.7.1   Demonstrativpronomen / Demonstrativdeterminativ

der / die / das
der da
R dieser
R jener
R derselbe

Formen
Nominativ, Akkusativ, Dativ Singular und Plural in den 3 Genera
R Genitiv

Verwendung

– autonom (betont und unbetont)

Dér war es.
(Hast du den Schirm?) – Ach, den habe ich vergessen.
Ich nehme den da.

– attributiv

An dér Straße möchte ich nicht wohnen.
Das Bild da gefällt mir am besten.

Zur Verwendung des Demonstrativpronomens als Pro-Form für Sätze und Einzelelemente → GR 1.2

5.7.2 Possessivpronomen / Possessivdeterminativ

mein	unser
dein / Ihr	euer / Ihr
sein, ihr	ihr

Formen
Nominativ, Akkusativ, Dativ Singular und Plural in den 3 Genera
R Genitiv

Formen bei autonomer Verwendung
meiner, meine
deiner, deine
usw.

Formen mit Ausfall von e
meins, deins, seins, unsers//unsres, euers//eures, Ihrs, ihrs, unsre, eure, unsren//unsern, euren//euern, unsrem//unserm, eurem//euerm

Verwendung

– autonom
(Wem gehört der Koffer?) – Das ist meiner.
– attributiv
Sind das deine Schlüssel?

Semantische Funktion

– allgemeine Beziehung (→ AB 1)
Wann fährt dein Zug?
Der ist auch in unserer Schule.
– Besitz (→ AB 7.6.1)
(Wem gehört der Mantel?) – Das ist meiner.
– Agens (→ AB 7.3.1) / Urheber
(Kennen Sie Böll?) Sein neues Buch finde ich nicht schlecht.
– Adressat (→ AB 7.3.3)
(Ist der Kaffee für Sie?) – Nein, das ist seiner.

Du/Sie-Formen

– Duzen: Dein / Euer
Vielen Dank für Eure Karte.
– Siezen: Ihr (Singular und Plural)
Haben Sie Ihren Schirm?

Zur deiktischen und anaphorischen Verwendung des Possessivpronomens → GR 1.1 *und* GR 1.2

5.7.3 Interrogativpronomen / Interrogativdeterminativ

welcher
was für einer (Plural: was für welche)
was für ein (Plural: was für ∅)
wieviel (meist unflektiert)

Formen
Nominativ, Akkusativ, Dativ Singular und Plural in den 3 Genera
R Genitiv

Formen bei autonomer Verwendung von was für ein:
was für einer, was für eins

Verwendung

– autonom

Welcher ist dir?
Was für eins willst du?
Ich weiß auch nicht, was für welche das sind.
Wieviel hast du noch?

– attributiv

Welcher Mantel ist dir?
Was für ein Examen ist das?
Was für Leute sind das?
Wieviel Zigaretten hast du noch?

Zur Verwendung des Interrogativpronomens bzw. -determinativs im indirekten Interrogativsatz → GR 3.2.1

5.7.4 Indefinitpronomen / Indefinitdeterminativ

(irgend)ein / (irgend)einer (Plural: [irgend]welche)
kein / keiner
jeder
alles, alle
manche
viel(e)
wenig(e)
R einige
R mehrere

Formen

Nominativ, Akkusativ, Dativ Singular und Plural in den 3 Genera (soweit vorhanden)
R Genitiv

Unflektierbar

ein paar
ein bißchen
etwas/was

Verwendung

– autonom

Geben Sie mir irgendeinen.
Ich nehme gern noch eins.
Danke, ich möchte lieber keine mehr.
Was muß jeder bezahlen?
Sind alle so?
Manche glauben . . .
Waren viele da?
Mir nur noch wenig bitte!
Wir haben noch ein paar.
Ich nehme noch ein bißchen.

– attributiv

Gibt es hier keinen Parkplatz?
Ich gehe jeden Morgen schwimmen.
Sind alle Zimmer so?
Manche Leute glauben . . .
Waren viele Leute da?
Ich habe nur wenig Geld bei mir.
Wir haben noch ein paar Flaschen.
Ich nehme noch etwas Kaffee.

5.8 w-Wörter (Fragewörter)

– Interrogativpronomen (GR 5.6.4)
wer/was

– Interrogativpronomen / Interrogativdeterminativ (GR 5.7.3)
welcher, was für ein(er), wieviel

– Interrogatives Pronominaladverb (GR 5.6.4)
wo-/wo(d)r- + Präposition: wofür, woran *usw.*

– Interrogativadverb (GR 5.14)

wann, warum, wie, wieso, wo, woher/wo . . her, wohin/wo . . . hin, wofür

– wie + Adjektiv/Adverb

wie groß, wie schnell, wie teuer *usw.*
wie lange, wie oft

Verwendung

– w-Interrogativsatz (GR 3.1)

Wer ist das?
Was für einen (Wagen) hat er?
Wofür ist das?
Wann kommt er?
Wie teuer ist das Zimmer?

– indirekter w-Interrogativsatz (GR 3.2.1)

Ich weiß, wer das ist.
Ich habe vergessen, was für einen (Wagen) er hat.
Wissen Sie, für was/wofür das ist?
Er kommt bestimmt, aber ich weiß nicht wann.
Er hat nicht gesagt, wie lange das geht.

5.9 Negationswörter

Zur Negation vgl. SA 1.1.2.2, SA 1.3.2, SA 4.5.4 *und* SA 4.5.5

– Negationspartikel (GR 5.17)

nicht, gar nicht
R überhaupt nicht, ganz und gar nicht
Das gefällt mir gar nicht.
Zur Stellung von nicht *bei Satznegation und Sondernegation* → GR 3.7.6

– Antwortpartikel (GR 5.16 *und* GR 1.6)

nein
(Gehört das dir?) – Nein.

– Adverb

nie, nirgends/nirgendwo, nirgendwohin, auf keinen Fall
R niemals, keinesfalls, keineswegs, kaum
Ich habe ihn nirgends gesehen.

– Indefinitpronomen (GR 5.6.6)

nichts, niemand
Ich habe noch nichts gegessen.

– Indefinitpronomen / Indefinitdeterminativ (GR 5.7.4)

kein(er)
Ich habe keinen (Parkplatz) gefunden.

R Konjunktor (GR 5.12)

weder – noch
Es geht weder heute noch morgen.

R Subjunktor (GR 5.13)

ohne daß/zu

– Negationswort + mehr (Abschluß, → AB 4.15)

nicht mehr, nie mehr, niemand mehr, keiner mehr *usw.*

Zu den negierenden Wortbildungsmitteln → GR 6

5.10 Verwendung von es

– Prowort mit Genuskongruenz (Neutrum)

(Wo ist dein Ticket?)   –   Ich habe es im Portemonnaie.
                            Das habe ich im Portemonnaie.

– Prowort ohne Genuskongruenz (in Sätzen mit Subsumptivergänzung)

(Siehst du die Leute da?) Es/Das sind Italiener.

– Prowort für Satz (→ GR 1.2)

(Wir sind den ganzen Tag gefahren.) Es/Das war sehr anstrengend.

– es impersonale

nicht weglaßbar, nicht ersetzbar

Es hat geregnet.

nicht weglaßbar, ersetzbar

Es/Das Telefon hat geklingelt.

weglaßbar, nicht ersetzbar

Mir ist (es) nicht gut.

– Korrelat für Nebensatz

Es ist schön, daß du da bist.

– Platzhalter im Vorfeld

Es waren viel Leute da.

Vorbemerkungen zu den nichtflektierbaren Wörtern

Es werden hier die folgenden Klassen von nichtflektierbaren Wörtern unterschieden:

– Präposition
– Konjunktor
– Subjunktor
– Adverb
– Modalwort
– Antwortpartikel
– Partikel
– Interjektion

Viele nichtflektierbare Wörter gehören je nach Verwendung und Bedeutung zwei oder mehr Wortklassen an.

Beispiel doch:

– Antwortpartikel

(Kommt sie nicht mit?) – Doch, doch.

– Adverb

Ich hatte keine Lust, aber ich bin doch hingegangen.

– Modalpartikel

Kommen Sie doch rein!

weitere Beispiele:

aber	: Konjunktor / Modalpartikel
während	: Präposition / Subjunktor
fast	: Adverb / graduierende Partikel
schon	: Adverb / Modalpartikel
ja	: Antwortpartikel / Modalpartikel
usw.	

5.11 Präposition

Kasus

– mit Akkusativ

bis, durch, für, gegen, ohne, pro, um . . . (herum/rum)
Ist der Kaffee für Sie?

– mit Dativ

ab, aus, außer, bei, mit, nach, seit, von, von . . . an, während, wegen, zu
R gegenüber *(vor- und nachgestellt)*, trotz
Willst du mit mir kommen?

– mit Akkusativ oder Dativ

an, auf, hinter, in, neben, über, unter, vor, zwischen
Ich habe die Zeitung auf den Tisch gelegt.
Die Zeitung liegt auf dem Tisch.

R mit Genitiv

> aufgrund, trotz, während, wegen

Präpositionen ohne Kasusforderung

als, wie
Er ist größer als ich.
Der sieht aus wie mein Bruder.

Verwendung

– beim Verb (Ergänzung)

> Ich warte auf dich.

– beim Verb (Angabe)

> Auf dem Balkon ist es zu kalt.

– beim Adjektiv

> Das ist typisch für ihn.

– beim Substantiv

> Der Anfang von dem Buch ist nicht interessant.

Kombination von Präpositionen

Ich fahre nicht bis in die Stadt.
Von hier an müssen Sie zu Fuß gehen.

Präpositionen in der Form von Präpositionalgruppen

in der Nähe von
in der Gegend von
im Norden von
usw.

Präpositionen beim Adverb

ab, bis, nach, seit, von
ab morgen
bis bald
nach rechts
seit gestern
von hier

Zur Zusammenziehung von Präposition und Artikel → GR 5.5.1

Zum Pronominaladverb → GR 5.6.1 *und* → GR 5.6.4

5.12 Konjunktor

Formen

– einfach

> aber
> oder
> und
> R denn

– zweiteilig

> nicht ┐ – sondern
> kein │
> nichts ┘
> R weder – noch
> R nicht nur – sondern auch
> R sowohl – als auch
> R entweder – oder

Verwendung

– Verbindung von Hauptsätzen

> Ich komme auch. Aber ich kann nicht lang bleiben.

– Verbindung von Nebensätzen

> Warum kommst du nicht? – Weil ich keine Lust habe. Und weil ich müde bin.

– Verbindung von Satzgliedern

Er kommt nicht heute, sondern morgen.
Das Hotel ist ziemlich alt. Aber sehr nett.
Ich habe am Montag, Dienstag oder am Freitag Zeit.
Heute oder in einer Woche?

– Verbindung von Attributen

Es ist ein altes, aber sehr nettes Hotel.
Ich habe ein Zimmer mit Bad und (mit) Balkon.
Sind das meine oder deine (Zigaretten)?

5.13 Subjunktor

Formen

als, bevor, bis, damit, daß, ob, obwohl, seit, so . . . daß/so daß, trotzdem, während, weil, wenn
R da, ehe, falls, nachdem, ohne daß, sobald, solange, wie

Verwendung

– Einleitung von Subjunktionalsätzen

(Kommst du mit?) – Wenn du willst.
Zur Verwendung der Subjunktoren → GR 3.2

Infinitivsubjunktor

um . . . zu
R ohne . . . zu
Ich habe nichts, um die Flasche aufzumachen.

5.14 Adverb

Temporal-, Lokal-, Modaladverb

heute, oft, sofort, immer; hier, oben, rechts, draußen; so, gern, anders, mehr *usw.*

Verwendung

– als Satzglied

Wir wohnen hier.

– als Attribut

Die Schuhe hier gefallen mir.

Besondere Gruppen und Verwendungen von Adverbien

– Konjunktionaladverb

deshalb, sonst, also, trotzdem *usw.*
Ich muß mich beeilen, sonst komme ich zu spät.

– Interrogativadverb

wann, warum, wie, wieso, wo, woher, wohin, wofür
R weshalb, weswegen, wozu
Wann fährt der Zug?

– Pronominaladverb → GR 5.6.1 *und* GR 5.6.4

– Zahladverb → GR 5.4.3

– Adjektive in adverbialer Verwendung → GR 5.3

5.15 Modalwort

Formen

besser
am besten
bestimmt
hoffentlich
leider
lieber
am liebsten
natürlich
sicher
vielleicht
wahrscheinlich
wirklich

R allerdings, angeblich, anscheinend, eigentlich, eventuell, freilich, garantiert, gottseidank, höchstwahrscheinlich, kaum, keinesfalls, keineswegs, möglicherweise, offenbar, scheinbar, scheint's, selbstverständlich, tatsächlich, unbedingt, vermutlich, voraussichtlich, wohl, zweifellos

Konkurrierende Wortgruppen

auf jeden Fall, auf keinen Fall

R ohne Zweifel

Verwendung

– innerhalb des Satzes (inkl. Kurzsatz)

Die Geschäfte sind jetzt natürlich zu.
Hoffentlich ist nichts passiert.
(Wann kommt er?) – Wahrscheinlich morgen.

– als Antwort auf Entscheidungsfragen (Ja/Nein-Interrogativsatz und Deklarativsatz mit Frageintonation) (allein oder zusammen mit Antwortpartikel)

(Weiß er das?) – (Ja), bestimmt.
(Geht es lange?) – (Nein), wahrscheinlich nicht.
(Er kommt nicht?) – Doch, sicher.

– als Nachtrag (im Nachfeld des Satzes)

Er hat das gehört. Bestimmt.
Das geht nicht lange. Wirklich nicht.

5.16   Antwortpartikel

Formen

ja
nein
doch
R jawohl

bitte
danke

Verwendung

als Antwort auf Entscheidungsfragen (Ja/Nein-Interrogativsatz und Deklarativsatz mit Frageintonation)

– allein

(Kannst du das?) – Ja.

– kombiniert

(Du mußt jetzt gehen.) – Ja ja.
(Kann ich Ihnen helfen?) – Ja bitte!
(Möchten Sie noch was?) – Nein danke.

– zusammen mit andern Zustimmungs- bzw. Ablehnungssignalen

(Ist er weg?) – | Ja natürlich.
| Ich glaube ja.
| Ja, seit gestern.

Zu den Ausdrucksformen der Antwort → GR 1.6 *und* SA 1.3

5.17   Partikel

5.17.1   Modalpartikel

Formen

aber
denn
doch
ja
mal

R bloß, eben, eigentlich, einmal, einfach, etwa, halt, já, nicht *(rhetorisch),* nun mal, nur, ruhig, schon, wohl

Zu den Kombinationen der Modalpartikeln (doch mal, doch besser *usw.) vgl. den Katalog der Sprechakte*

Verwendung

– im Interrogativsatz (denn)

Hast du es ihm denn nicht gesagt?
Wann fahren Sie denn?

– im Deklarativsatz und Exklamativsatz (ja, aber)

Ich kann Ihnen ja was aus der Stadt mitbringen.
Das ist ja die Ursula!
Das ist aber nett(!)

– im Deklarativsatz (auch mit Frageintonation) und Imperativsatz (doch)

Das macht doch nichts.
Das ist doch der Zug nach Bonn?
Setzen Sie sich doch!

– im Imperativ-, Interrogativ- und Deklarativsatz (mal)

Gib mir mal den Schlüssel!
Gibst du mir mal den Schlüssel?
Du mußt mir mal den Schlüssel geben.

Zu den pragmatischen Funktionen der Modalpartikeln vgl. den Katalog der Sprechakte

Zu den nach Deklarativsätzen auftretenden Vergewisserungspartikeln ja?, nicht/nich/ne?, nicht wahr?, oder? *vgl.* SA 1.2.2 *und* SA 6.1.4

5.17.2 Gradpartikel

Formen
auch
besonders
fast
genau
höchstens
noch
nur
schon
ungefähr
wenigstens

R beinahe, bloß, etwa, maximal, mindestens, rund, vor allem

Verwendung

vor allem in quantifizierender Funktion

– Stellung unmittelbar vor dem modifizierten Satzglied (Betonung auf dem Satzgliedkern, Attribut oder auf der Gradpartikel)

Hast du auch die K i r c h e gesehen?
Hast du auch die n e u e Kirche gesehen?
Das kostet nur zwanzig M a r k .
Das da kostet nur z w a n z i g Mark.
Ich bleibe h ö c h s t e n s eine Woche.

– Stellung im Mittelfeld des Satzes (auch)
Ich habe das auch gesehen. *(= auch ich)*

Zur Adverbfunktion → GR 5.14

5.17.3 Graduierende Partikel

Formen
besonders
ein bißchen
etwas
fast
ganz *(= sehr)*
genug *(nachgestellt)*
immer
noch
sehr
so
viel
weniger
wirklich
ziemlich
zu

R beinahe, furchtbar, ganz *(= ziemlich)*, ganz schön, recht, schrecklich, wesentlich

Verwendung

– beim Adjektiv (prädikativ, adverbial, attributiv)

im Positiv (fast, ganz, genug, sehr, so, weniger, wirklich, ziemlich, zu)

Das ist doch ganz einfach.
Bist du zu spät gekommen?
Da gibt es eine sehr alte Brücke.

im Komparativ (immer, noch, viel)

Der da ist noch größer.
Es geht ihm immer besser.
Ich kenne einen viel besseren Weg.

im Positiv und Komparativ (etwas, ein bißchen)

Das ist ein bißchen teuer/teurer.

– beim Indefinitpronomen bzw. Indefinitdeterminativ

Ich habe fast alles verstanden.
Mir nur ganz wenig Zucker.
Es sind sehr viele Leute gekommen.

– beim Adverb

Wir gehen ziemlich oft schwimmen.
Ich bin fast immer da.
Ganz vorne ist noch Platz.

Zu den Kombinationen von graduierenden Partikeln viel zu, etwas zu usw.) vgl. AB 5.3

5.17.4 Negationspartikel

Formen
nicht
gar nicht
R überhaupt nicht
R ganz und gar nicht
R durchaus nicht

Ich lese nicht gern dicke Bücher.
Das gefällt mir gar nicht.

Zu den Negationswörtern vgl. GR 5.9

Zur Stellung von nicht *vgl.* GR 3.7.6 f

5.18 **Interjektion**

ah, aha, hm, hallo, pst *usw.*

Zur Verwendung der Interjektionen vgl. den Katalog der Sprechakte, vor allem SA 3 *(Gefühlsausdruck) und* SA 6 *(Redeorganisation)*

6   Wortbildung

Durch die Kenntnis elementarer Wortbildungsmuster und Wortbildungselemente wird der Bereich des Verstehens entscheidend erweitert. Der Prozeß des Verstehens hängt dabei zum einen ab vom Wiedererkennen bekannter Wortbestandteile (Lexeme der Listen, Internationalismen) und von der Vertrautheit mit Wortbildungsmitteln (Muster der Komposition und Derivation; Präfixe und Suffixe). Zum andern wird das Erschließen der Bedeutungen durch die Sprechsituation, den sprachlichen Kontext, durch das „Wissen von den Sachen" und die Kenntnis des soziokulturellen Hintergrunds erleichtert.

Der Lernende sollte in der Lage sein, aufgrund ihm bekannter Lexeme die Bedeutungen durchschaubarer Zusammensetzungen und Ableitungen zu erschließen, z. B. Komposita wie Briefpapier, Gartenstuhl, Hausnummer, Privathaus und Derivate wie Häuschen, Briefchen, Papierchen. Nicht eingeschlossen sind dagegen idiomatisierte Komposita und Derivate, deren Bedeutung nicht ohne weiteres aus der Bedeutung der Einzelbestandteile erschlossen werden kann, z. B. Brieftasche, Fahrstuhl, Päckchen.

Die Listen im zweiten Teil der *Kontaktschwelle* enthalten eine ganze Reihe von Zusammensetzungen und Ableitungen. Diese Einträge, die verschiedene Bildungsmuster repräsentieren, werden im folgenden Überblick nicht mehr aufgeführt. Soweit möglich wird jedoch unter dem Stichwort „Typ" auf solche Einträge in den Listen Bezug genommen. Die Offenheit des Bildungstyps ist jeweils nur durch ein paar Beispiele angedeutet.

Da es nur um das Verstehen geht, wird auf formale Besonderheiten (Fugenzeichen, Umlaut, kleinere Veränderungen des Wortkörpers gegenüber dem einfachen Lexem) nicht näher eingegangen.

Bei den Komposita werden nur die häufigsten syntaktisch-semantischen Beziehungen zwischen den Wortbestandteilen berücksichtigt, bei den Ableitungen nur solche Suffixe und Präfixe, bei denen eine relative eindeutige semantische Zuordnung möglich ist.

Zusätzlich aufgeführt werden auch einige bei Ausdrücken des internationalen Wortschatzes geläufige Fremdsuffixe und -präfixe.

Es geht bei den im folgenden aufgelisteten Wortbildungsmustern nicht um eine aktive Bildung von Zusammensetzungen und Ableitungen, sondern lediglich um das Erschließen und Verstehen. Eine gewisse Ausnahme bilden die Verbindungen von geläufigen Bewegungsverben und Richtungsadverbien (z. B. hinfahren, weggehen, zurückbringen → GR 6.1.3) und der Wortartwechsel (Konversion, → GR 6.3). Als Markierung für produktive Kompetenz wird in diesen Fällen das Zeichen + gesetzt.

6.1   Zusammensetzung (Komposition)

6.1.1   Nomen

Determinativkomposita
Durch das Vorderglied (Bestimmungswort) wird das im Hinterglied (Grundwort) Genannte in irgendeiner Weise spezifiziert oder näher charakterisiert.

a) Nomen + Nomen
Häufige syntaktisch-semantische Beziehungen zwischen Vorderglied und Hinterglied

– Typ HAUSNUMMER (Zugehörigkeit, Teil/Ganzes → AB 7.6)
  Stadtzentrum, Zimmerdecke, Studentenausweis *usw.*
– Typ REGENMANTEL (Funktion, Zweck → AB 7.13)
  Reisetasche, Studentenheim, Bücherschrank *usw.*
– Typ STADTRUNDFAHRT (Ort → AB 3)
  Bahnhofplatz, Kellertheater, Auslandreise *usw.*

– Typ LEDERJACKE (Material → AB 6.14)
Plastiktasche, Glastüre, Gummischuhe *usw.*

– Typ MITTAGSNACHRICHTEN (Zeit → AB 4)
Abendspaziergang, Wintersport, 4-Uhr-Zug *usw.*

– Typ RINDFLEISCH (Herkunft)
Schweinefleisch, Meersalz, Südfrüchte *usw.*

– Typ GLATTEISGEFAHR (Grund, Ursache → AB 7.11)
Lawinengefahr, Examensangst, Geldsorgen *usw.*

– Typ FUSSBALLSPIEL (Spezifizierung)
Regenschauer, Zehnmarkschein, Telefonapparat *usw.*

– Typ WETTERBERICHT (Syntaktische Beziehung zwischen Verbalabstraktum und Ergänzung, *vgl.* Objekt AB 7.3.2)
Geldwechsel, Gepäckannahme, Benzinverbrauch *usw.*

– Typ FERIENDAUER (Syntaktische Beziehung zwischen Verbalabstraktum und Subjekt, *vgl.* Agens AB 7.3.1)
Frühlingsanfang, Studentendemonstration, Metallarbeiterstreik *usw.*

b) Verb + Nomen

– Typ WASCHMASCHINE (Funktion, Zweck → AB 7.13)
Kochtopf, Rasierapparat, Wartezimmer *usw.*

– Typ BADEVERBOT (Spezifizierung, Bereichsangabe)
Wohnprobleme, Kauflust, Mitfahrgelegenheit *usw.*

c) Adjektiv + Nomen

– Typ Rotwein (Spezifizierung)
Warmluft, Großstadt, Privatstraße *usw.*

d) Besondere Bildungen

HAUPT-
Haupteingang, Hauptfrage, Hauptsaison *usw.*

NEBEN-
Nebenstraße, Nebensache, Nebenfach *usw.*

SONDER-
Sonderzug, Sonderangebot, Sondersteuer *usw.*

SPEZIAL-
Spezialkarte, Spezialproblem, Spezialprogramm *usw.*

EXTRA-
Extrazug, Extravorstellung, Extrazeitung *usw.*

LIEBLINGS-
Lieblingsessen, Lieblingsfarbe, Lieblingsbuch *usw.*

EINZEL-
Einzelkind, Einzelperson, Einzelstück *usw.*

DOPPEL-
Doppelzimmer, Doppelbett, Doppeltür *usw.*

HINTER-
Hintersitz, Hinterrad, Hinterbein *usw.*

VORDER-
Vordereingang, Vordertür, Vorderstück *usw.*

AUSSEN-
Außenwand, Außentemperatur, Außenpolitik *usw.*

INNEN-
Innenseite, Innenraum, Innenminister *usw.*

HIN-
Hinreise, Hinweg, Hinfahrt *usw.*

HER-
Herreise, Herweg, Herfahrt *usw.*

RECHTS-
Rechtsverkehr, Rechtspartei, Rechtsextremist *usw.*

LINKS-
Linkskurve, Linksregierung, Linkskoalition *usw.*

MITTEL-
Mitteleuropa, Mittelamerika, Mittelstück *usw.*

NORD-/SÜD-/OST-/WEST
Nordzimmer, Nordgrenze, Norddeutschland *usw.*

RÜCK-
Rückfahrt, Rückflug, Rückspiegel *usw.*

GESAMT-
Gesamtgewicht, Gesamtpreis, Gesamtzahl *usw.*

TEIL-
Teilerfolg, Teilstreik, Teilstrecke *usw.*

HALB-
Halbjahr, Halbmond, Halbschlaf *usw.*

HÖCHST-
Höchstgeschwindigkeit, Höchstgewicht, Höchsttemperatur *usw.*

MINDEST-
Mindestlohn, Mindestalter, Mindestpreis *usw.*

MIET-
Mietwohnung, Mietpreis, Mietvertrag *usw.*

LEIH-
Leihwagen, Leihfahrzeug, Leihbibliothek *usw.*

SCHWIEGER-
Schwiegermutter, Schwiegereltern, Schwiegersohn *usw.*

6.1.2   Adjektiv

a) Adjektiv + Adjektiv

– Typ SCHWARZWEISS (Kopulativkomposita, ,,Addition'')
grünrot, naßkalt, deutsch-französisch *usw.*

– Typ HELLBLAU (Determinativkomposita, Spezifizierung durch Vorderglied)
hellgrün, dunkelrot, linkssozialistisch *usw.*

b) ALLER + Adjektiv (im Superlativ, → AB 5.3)
allerbest-, allerschönst- *usw.*

6.1.3   Verb

Adverb + Verb

+ RAUF-
raufgehen, raufkommen, raufbringen *usw.*

HOCH-
hochsteigen, hochbringen, hochkommen *usw.*

+ RUNTER-
runterholen, runterstellen, runterfallen *usw.*

+ RAUS
rausfallen, rausstellen, rauswollen *usw.*

+ REIN-
reinfahren, reintun, reinkönnen *usw.*

+ HIN-
hinlaufen, hinlegen, hinhängen *usw.*

HER-
herkommen, herbringen, herholen *usw.*

+ RÜBER-
rübergehen, rüberschwimmen, rübermüssen *usw.*

+ ZURÜCK-
zurückfliegen, zurückgeben, zurückschicken *usw.*

+ WEITER- (Bewegungsrichtung, → AB 3.2.3)
weitergehen, weiterfahren, weiterlaufen *usw.*

+ WEITER- (Fortdauer, Fortsetzung, → AB 4.13)
weitermachen, weiterarbeiten, weiterschlafen *usw.*

HEIM-
heimgehen, heimbringen, heimmüssen *usw.*

+ VORBEI-
vorbeigehen, vorbeifahren, vorbeikommen *usw.*

WIEDER- (= *erneut*, Wiederholung, → AB 4.19)
wiedersehen, wiederbeginnen, wiedereinfallen *usw.*

+ WIEDER (= *zurück*, Bewegungsrichtung, → AB 3.2.3)
wiederbringen, wiederkommen, wiedergeben *usw.*

+ WEG-
wegfahren, wegmüssen, wegbringen *usw.*

FORT-
fortgehen, fortschicken, fortmüssen *usw.*

LOS-
losrennen, losmachen, losschrauben *usw.*

FEST-
festdrehen, festbinden, festkleben *usw.*

6.1.4 Adverb / Pronomen

- Typ DAHIN (Adverb + hin)
nirgendshin, untenhin, linkshin *usw.*
- Typ DAHER (Adverb + her)
überallher, weither, irgendwoher *usw.*
- Typ HINEIN (hin + Präposition)
hinauf, hinunter, hinüber *usw.*
- Typ HEREIN (her + Präposition)
heraus, hervor, herum *usw.*
+ - Typ DAVOR (da/d(a)r + Präposition)
daneben, dahinter, drüber *usw.*
+ - Typ WOFÜR (wo/wo(d)r + Präposition)
womit, wozu, wovon *usw.*
- Typ MITEINANDER (Präposition + einander)
beieinander, zueinander, gegeneinander *usw.*
- Typ IRGENDETWAS (irgend + Pronomen)
irgendjemand
- Typ IRGENDWO (irgend + Interrogativadverb)
irgendwie, irgendwoher, irgendwofür *usw.*

6.2 **Ableitung (Derivation)**

6.2.1 Nomen

- Typ STUDENTIN (Nomen + in)
Reiseleiterin, Zuschauerin, Amerikanerin *usw.*

- Typ Politiker (Nomen + er)
  Kritiker, Techniker, Berliner *usw.*
- Typ Päckchen/Päcklein (Nomen + chen/lein)
  Fläschchen, Brückchen, Büchlein *usw.*
- Typ Bäckerei (Nomen + ei)
  Gärtnerei, Fleischerei *usw.*

- Typ Grösse (Adjektiv + e)
  Länge, Kälte, Stille *usw.*
- Typ Freiheit (Adjektiv + heit)
  Sicherheit, Schönheit, Zufriedenheit *usw.*
- Typ Möglichkeit (Adjektiv + keit)
  Freundlichkeit, Traurigkeit, Wahrscheinlichkeit *usw.*
- Typ Geschwindigkeit (Adjektiv + igkeit)
  Genauigkeit, Arbeitslosigkeit, Müdigkeit *usw.*

- Typ Raucher (Verb + er) (Personenbezeichnungen)
  Leser, Zuhörer, Übersetzer *usw.*
- Typ Beginn (Verb + ∅)
  Versuch, Verbrauch, Entscheid *usw.*
- Typ Anmeldung (Verb + ung) (Vorgang und/oder Resultat)
  Störung, Verwechslung, Mitteilung *usw.*

6.2.2 Adjektiv

- Nomen + lich
  Typ beruflich (Beziehung, Zugehörigkeit)
  sprachlich, ärztlich, wissenschaftlich *usw.*
  Typ freundlich (Vergleich)
  herbstlich, jugendlich, brüderlich *usw.*
  Typ monatlich (Zeit)
  jährlich, stündlich
- Typ giftig (Nomen + ig)
  salzig, durstig, steinig *usw.*
- Typ österreichisch (Nomen + isch) (Länder- und Landschaftsnamen)
  griechisch, schwedisch, europäisch *usw.*
- Typ arbeitslos (Nomen + los) (Negation)
  erfolglos, problemlos, geruchlos *usw.*

- Typ hörbar (Verb + bar) (Möglichkeit, → AB 6.3.12)
  tragbar, eßbar, waschbar *usw.*

- Typ unmöglich (un + Adjektiv) (Negation, → SA 1.1.2.2)
  ungesund, unglücklich, unsympathisch *usw.*
- Typ grünlich (Adjektiv + lich) (Abschwächung, → AB 6.1.3)
  rötlich, länglich, kränklich *usw.*

6.2.3 Verb

- Typ streiten (Nomen + ∅)
  planen, filmen, bürsten *usw.*

- Typ: Verbzusatz + Verb
  auf- (Aufwärtsbewegung)
  aufsteigen, auffliegen, aufstellen *usw.*
  auf- (Öffnen)
  aufbinden, aufdrehen, aufschrauben *usw.*
  zu- (Schließen)
  zukleben, zubinden, zudrehen *usw.*

AUS- (Bewegung aus etwas heraus)
ausgießen, ausreisen, ausschicken *usw.*
Nomen: Ausfahrt, Ausreise *usw.*

EIN- (Bewegung in etwas hinein)
eingießen, einschütten, einwerfen *usw.*
Nomen: Eingang, Einwurf *usw.*

AN- (Annäherung, Kontakt)
anmachen, anbinden, ankleben *usw.*

AB- (Entfernung)
abnehmen, abfallen, abschicken *usw.*

+ DÚRCH- (Bewegung durch etwas hindurch)
durchgehen, durchfahren, durchkönnen *usw.*

+ MIT- (Einschluß)
mitkommen, mitdürfen, mitspielen *usw.*

MISS- (Negation)
mißlingen, mißfallen, mißverstehen *usw.*
Nomen: Mißerfolg *usw.*

6.2.4 Adverb

– Typ ABWÄRTS (Präposition u. a. + wärts)
vorwärts, rückwärts, heimwärts *usw.*

– Typ AUSSERHALB
innerhalb, oberhalb, unterhalb

6.2.5 Fremdpräfixe und -suffixe

Fremdpräfixe

A- (AB-/AN-)
asozial, a(b)normal *usw.*

IN- (IL-/IM-/IR-)
Intoleranz, illegal *usw.*

ANTI-
Antisemitismus, antifaschistisch *usw.*

PSEUDO-
Pseudoreform, pseudorevolutionär *usw.*

EX-
Expräsident, Exfrau *usw.*

SUPER-
Superstar, superschnell *usw.*

HYPER-
hypermodern, hypernervös *usw.*

MINI-
Minirock, Minireform *usw.*

Fremdsuffixe

-EUR
Redakteur, Monteur *usw.*

-EUSE
Masseuse, Friseuse *usw.*

-IST
Marxist, Optimist *usw.*

-ANT
Fabrikant, Laborant *usw.*

-ENT
Konsument, Assistent *usw.*

-IER
Bankier, Hotelier *usw.*

-AGE
Massage, Spionage *usw.*

-ENZ
Intelligenz, Frequenz *usw.*

-ANZ
Eleganz, Toleranz *usw.*

-ION
Fabrikation, Explosion *usw.*

-TÄT
Nervosität, Sexualität *usw.*

-MENT
Temperament, Abonnement *usw.*

-IE
Geographie, Kalorie *usw.*

-IK
Botanik, Statistik *usw.*

-AT
Sekretariat, Antiquariat *usw.*

-ITIS
Bronchitis, Arthritis *usw.*

-OSE
Neurose, Tuberkulose *usw.*

-ABEL
komfortabel, diskutabel *usw.*

-AL
zentral, horizontal *usw.*

-ELL
konfessionell, industriell *usw.*

-IV
attraktiv, progressiv *usw.*

-IEREN
halbieren, telegrafieren *usw.*

-ISIEREN
automatisieren, organisieren *usw.*

6.3 Wortwechsel (Konversion)

+ – Infinitiv → Nomen
Das Fahren macht müde.
Das ist beim Packen passiert.

– Partizip I → Nomen
Die Streikenden wollen mehr Lohn.

– Partizip II → Nomen
Das klein Geschriebene kann ich nicht lesen.

– Adjektiv → Nomen
Da oben wohnen die Reichen.
Das wäre mir das Liebste.

Register grammatischer Termini

Anhang

Alphabetische Wortliste

Die Wortliste hat die Funktion eines Registers, nicht die eines für sich zu benutzenden Wörterbuchs. Der Weg wird also den Benutzer immer wieder in die Listen der Sprechakte und Begriffe zurückführen, oder besser, ihn durch diese Listen hindurchführen.

Zu jedem der in alphabetischer Anordnung aufgeführten Stichwörter sind mit Nummer und Titel die Rubriken im Inventar der Sprechakte und Begriffe angegeben, in denen ein Stichwort vorkommt. Aufgrund dieser Angaben sind im Wortregister schon die pragmatischen und semantischen *Verwendungsbereiche* erkennbar. Informationen zur *Verwendungsweise* sind den Listen selbst und dem Grammatik-Inventar zu entnehmen.

In der Kolonne der Stichworteinträge sind Homographen nicht getrennt aufgeführt. Komplexe Ausdrücke wurden unter mindestens einem der Einzelstichwörter registriert. Auf (die in Wörterbüchern zu findenden) Angaben zu Wortart und Morphologie wird verzichtet. Die zusammengezogenen Formen von Präposition und Artikel sind nicht als eigene Stichworteinträge aufgeführt. Eine Übersicht dazu findet sich im Grammatik-Inventar. Bei Nomen ist lediglich das Genus angegeben. Genusschwankungen sind nicht vermerkt. Die Genusangabe besagt nicht unbedingt, daß eine Verwendung des Nomens mit Artikel gebräuchlich oder in den Listen gemeint wäre. Als Abkürzungen werden verwendet:

m = Maskulinum   f = Femininum   n = Neutrum   Pl. = Plural

Die Stellenangaben stehen in der Reihenfolge der Listen im Buch:

SA   = Sprechakte
AB   = Allgemeine Begriffe
SB   = Spezifische Begriffe
GR   = Grammatik-Inventar

Sind mehrere Rubriken einer Liste angegeben, so folgt die Anordnung dem Prinzip der aufsteigenden Ziffernfolge. Die Titel der Rubriken sind zum Teil in verkürzter Form wiedergegeben.

Bei Stichwörtern, die in sehr vielen Verwendungsbereichen vorkommen können, sind die Stellen nicht vollzählig aufgeführt. Verweise innerhalb der Listen wurden für das Register nicht berücksichtigt. Die angegebenen Titel der Rubriken weisen auf Schwerpunkte der Verwendung hin. Die Aufzählung der Titel deckt jedoch nicht notwendig den ganzen Anwendungsbereich eines Wortes ab. Dies gilt beispielsweise für viele Adjektive und vor allem für Strukturwörter. Bei Elementen des Strukturwortschatzes wird öfter auf die zusammenfassende Darstellung im Grammatik-Inventar verwiesen. Verweise auf das Grammatik-Inventar stehen außerdem bei den Wortbildungselementen.

Das Zeichen + wurde aus den Listen ins Wortregister übertragen und der Stellenangabe zugefügt, wenn das jeweilige Stichwort innerhalb des betreffenden Listenabschnitts einmal für die produktive Verwendung vorgeschlagen wird. Es sei daran erinnert, daß ein Stichwort in den Listen innerhalb einer Rubrik mehrmals aufgeführt sein kann und daß sich die Markierung + in der Liste der Sprechakte häufig nicht auf Einzelwörter, sondern auf komplexere Äußerungsformen bezieht.

Nicht berücksichtigt sind im alphabetischen Register 1. Zahlwörter und 2. aus dem Katalog Spezifische Begriffe die offenen Listen, in die jeweils ein Wort oder einige wenige Wörter einzusetzen sind. Eine Übersicht zu diesen beiden Gruppen gibt die folgende Zusammenstellung:

1. **Zahlen**	GR + 5.4	Zahlworter
Kardinalzahlen	AB + 4.1	Zeitpunkt, Zeitraum
	AB + 5.1	Zahl
	SB + 1.2	Adresse
	SB + 1.3	Telefon
Ordinalzahlen	AB + 4.1	Zeitpunkt, Zeitraum
	AB + 4.4	Abfolge, Reihenfolge
	AB + 5.1	Zahl
Einteilungszahlen	SA + 6.3.6	aufzählen
	AB + 4.4	Abfolge, Reihenfolge
	AB + 5.1	Zahl
Wiederholungszahlen	AB + 4.18	Häufigkeit
	AB + 5.1	Zahl
2. **Offene Listen**		
Name des eigenen Landes	SB + 1.2	Adresse
einige andere Ländernamen	SB + 1.2	Adresse
	SB + 15.3	Politik
eigene Staatsangehörigkeit	SB + 1.8	Staatsangehörigkeit

Staatsangehörigkeit von Bürgern einiger anderer Länder	SB	+ 1.8	Staatsangehörigkeit
	SB	+ 15.3	Politik
Bezeichnung des eigenen Berufs ev. Beruf des Partners, der Kinder	SB	+ 1.10	berufliche Tätigkeit
Arbeitsort je nach eigenem Beruf	SB	+ 1.10	berufliche Tätigkeit
Bezeichnung der eigenen Religionszugehörigkeit	SB	+ 1.11	Religion
Kultorte entsprechend der eigenen Religionszugehörigkeit	SB	+ 1.11	Religion
Kultfeiern je nach Religionszugehörigkeit	SB	+ 1.11	Religion
übliche Aufschriften auf Verkehrsschildern	SB	4.5	Privatverkehr
Namen von einigen Fleischgerichten, Gemüsesorten, Früchten	SB	+ 5.2	Nahrungsmittel, Speisen, Getränke
Währung des Herkunftslandes	SB	+ 7.4	Bank
eventuelle eigene chronische Krankheiten oder Beschwerden	SB	+ 8.4	Krankheit
Schulen, die man besucht hat	SB	+ 11.1	Schule und Studium
Namen von Fächern, für die man sich besonders interessiert	SB	+ 11.2	Unterrichtsfächer
eigene Muttersprache	SB	+ 12.2	Sprachbeherrschung
Fremdsprachen, die man spricht	SB	+ 12.2	Sprachbeherrschung
eigene Hobbys	SB	+ 13.1	Freizeitbeschäftigung/Interessen
eigene Interessengebiete	SB	+ 13.1	Freizeitbeschäftigung/Interessen
Bezeichnungen von Musikarten	SB	+ 13.3	Theater, Kino, Konzert
Namen von Musikinstrumenten	SB	+ 13.3	Theater, Kino, Konzert
Sportarten, die man aktiv betreibt oder für die man sich interessiert	SB	+ 13.5	Sport
Sportgeräte (für Sportarten, die man aktiv betreibt)	SB	+ 13.5	Sport
Sendungen, für die man sich interessiert	SB	+ 13.6	Radio/Fernsehen
Namen von Gesellschaftsspielen	SB	+ 13.8	gesellige Anlässe
Vereine, in denen man mitmacht	SB	+ 14.4	Vereine

A

a-	SA	1.1.2.2	als nicht gegeben, nicht wahr darstellen
	GR	6.2.5	Wortbildung
à	SB	6.2	Preis/Bezahlen
ab	AB	3.2.3	Bewegungsrichtung
	AB	+ 3.2.6	Weg
	AB	+ 4.12	Beginn
	SB	4.4	öffentlicher Verkehr
ab-	SB	9.3	manuelle Tätigkeiten
	GR	6.2.3	Wortbildung
abbiegen	SB	4.1	Orientierung
Abend (m)	AB	+ 4.1	Zeitpunkt, Zeitraum
– guten Abend	SA	+ 5.1.1.1	j. begrüßen
Abendessen (n)	SB	+ 5.1	Essen, Trinken, Mahlzeiten
Abendkasse (f)	SB	13.2	Besuch von Veranstaltungen
abends	AB	4.1	Zeitpunkt, Zeitraum
	AB	4.18	Häufigkeit
aber	SA	2.2.1	loben, positiv bewerten
	SA	2.2.3	dankend anerkennen
	SA	2.2.5	kritisieren, negativ bewerten
	SA	+ 2.2.8	bedauern
	SA	+ 2.3.3	sich entschuldigen
	SA	+ 2.5.4	einräumen

	SA	+ 2.5.5	einwenden
	SA	+ 2.5.6	auf etwas beharren, Einwand zurückweisen
	SA	+ 2.5.7	widerrufen
	SA	+ 3.6	Freude ausdrücken
	SA	+ 3.8	Überraschung ausdrücken
	SA	+ 3.10	Enttäuschung ausdrücken
	SA	4.2.1	erlauben
	SA	+ 4.2.3	Erlaubnis verweigern
	SA	+ 4.2.4	Dispens verweigern
	SA	+ 4.5.1	einwilligen
	SA	+ 4.5.4	sich weigern
	SA	+ 4.5.5	Angebote ablehnen
	SA	+ 6.3.1	Äußerung einleiten
	AB	+ 7.10	Opposition, Einschränkung
aber bitte!	SA	5.3.2.2	auf Dank reagieren
abfahren	AB	+ 3.2.1	Bewegung, Fortbewegung
	SB	+ 4.4	Verkehr
Abfahrt (f)	SB	4.4	Verkehr
Abfall (m)	SB	2.4	Haushalt
abholen	AB	+ 3.2.2	Bewegung mit Personen und Gegenständen
	SB	+ 4.4	Verkehr
Abkommen (n)	SB	15.1	aktuelles Geschehen
ablegen	SB	6.4	Kleidung
ablehnen	AB	6.3.4	Akzeptabilität
abmachen	SA	4.4.6	versprechen
	SA	4.5.1	einwilligen
	SA	4.5.2	vereinbaren
	SB	14.2	Einladungen/Verabredungen
abraten	SA	4.1.18	raten
abschleppen	SB	+ 7.7	Autoreparatur/Pannenhilfe
abschließen	SB	2.4	Haushalt, technische Einrichtungen
	SB	9.3	manuelle Tätigkeiten
abschneiden	SB	9.3	manuelle Tätigkeiten
Absender (m)	SB	7.1	Post
Absicht (f)	SA	4.6.1.1	Absicht ausdrücken
	SA	4.7.1.1	nach Absicht fragen
	AB	6.2.3	Wollen
– mit Absicht	SA	+ 2.3.1	begründen, rechtfertigen
	SA	+ 2.3.3	sich entschuldigen
	AB	6.2.3	Wollen
absichtlich	SA	2.3.1	begründen, rechtfertigen
	SA	2.3.3	sich entschuldigen
	AB	6.2.3	Wollen
abstellen	SB	9.3	manuelle Tätigkeiten
Abstimmung (f)	SB	15.3	Politik
Abteilung (f)	SB	6.1	Einkaufen, Geschäfte
	SB	8.5	medizinische Versorgung
abtrocknen	SB	2.4	Haushalt
abwesend	AB	2.2	Anwesenheit/Abwesenheit
ach!	SA	+ 3.8	Überraschung ausdrücken
	SA	+ 3.11	Bestürzung ausdrücken
	SA	+ 4.1.3	bitten
	SA	+ 4.3.1	um Erlaubnis bitten
	SA	4.5.4	sich weigern
	SA	+ 6.1.7	zur Kenntnis nehmen
ach ja!	SA	+ 1.4.1	Wissen ausdrücken
ach jeh!	SA	3.11	Bestürzung ausdrücken
ach so!	SA	+ 3.8	Überraschung ausdrücken
	SA	+ 4.5.1	einwilligen
	SA	+ 6.1.7	zur Kenntnis nehmen
Achtung!	SA	4.1.14	warnen
– alle Achtung	SA	2.2.1	loben, positiv bewerten

Adresse (f)	SB	+ 1.2	Adresse
Afrika	SB	+ 15.3	Politik
afrikanisch	SB	15.3	Politik
ah!	SA	+ 3.5	Begeisterung ausdrücken
aha!	SA	+ 3.8	Überraschung ausdrücken
	SA	+ 4.5.1	einwilligen
	SA	+ 6.1.7	zur Kenntnis nehmen
ähnlich	AB	+ 7.5.2	Vergleich; Entsprechung/Unterschiedlichkeit
Ahnung (f)	SA	1.4.6	Nichtwissen ausdrücken
	AB	6.2.1	Denken, Wissen
Alkohol (m)	SB	+ 5.2	Getränke
all-	SA	+ 1.1.3	verallgemeinern, generalisieren
	SA	4.4.1	nach Wünschen fragen
	SA	+ 6.2.8	Verstehen signalisieren
	SA	+ 6.3.11	Äußerung abschließen
	AB	+ 1	Gegenstände
	AB	4.18	Häufigkeit
	AB	5.2	Menge
	AB	+ 7.6.2	Teil-Ganzes
– alles Gute	SA	+ 5.3.4.1	gratulieren
	SA	+ 5.3.6.1	gute Wünsche aussprechen
alle sein	AB	2.3	Verfügbarkeit/Nicht-Verfügbarkeit
allein	AB	+ 7.9	Inklusion/Exklusion
aller-	AB	5.3	Grad
	GR	6.1.2	Wortbildung
allerdings	SA	1.3.1	bejahen
	SA	2.5.1	zustimmen, beipflichten
	SA	6.1.7	zur Kenntnis nehmen
allgemein			
– im allgemeinen	AB	6.3.7	Normalität
allmählich	AB	4.16	Veränderung/Beständigkeit
als	AB	+ 4.2	Vorzeitigkeit
	AB	+ 4.5	Gleichzeitigkeit
	AB	7.4	Prädikation
	AB	+ 7.5.2	Vergleich
also	SA	4.1.18	raten
	SA	+ 4.5.2	vereinbaren
	SA	+ 6.3.1	Äußerung einleiten
	SA	+ 6.3.9	zusammenfassen
	AB	+ 7.15	Deduktion, Folge
alt	AB	+ 6.1.11	Alter
	SB	+ 1.5	Alter (Personen)
	SB	+ 2.7	Charakterisierungen für Wohnung
Alter (n)	SB	1.5	Alter
Ambulanz (f)	SB	7.6	Not-/Bereitschaftsdienste
Amerika	SB	15.3	Politik
amerikanisch	SB	15.3	Politik
Ampel (f)	SB	+ 4.5	Verkehr
an	AB	+ 3.1.3	relative Lage
	AB	+ 3.2.4	Richtung, Ziel
	AB	+ 3.2.6	Weg
	AB	+ 4.1	Zeitpunkt, Zeitraum
	AB	+ 4.18	Häufigkeit
	SB	4.4	öffentlicher Verkehr
	SB	7.1	Post
– an die	AB	5.3	Grad
– an etw. sein	AB	4.14	Verlauf
an-	SB	9.3	manuelle Tätigkeiten
	GR	6.2.3	Wortbildung
anbieten	SA	4.4.2	Dinge anbieten
	SB	14.2	Einladungen/Verabredungen
ander-	AB	+ 7.5.1	Identität

	AB + 7.5.2	Vergleich; Entsprechung/Unterschiedlichkeit
	SA 6.2.11	eigene Äußerungen explizieren, kommentieren
(sich) ändern	AB 4.16	Veränderung/Beständigkeit
anders	SA + 4.2.4	Dispens verweigern
	SA 6.2.11	eigene Äußerungen explizieren, kommentieren
	SA + 6.3.3	um Ausdruckshilfe bitten
	AB + 7.5.2	Vergleich; Entsprechung/Unterschiedlichkeit
anderswo	AB 3.1.2	Ort, Lage
anderthalb	AB + 5.1	Zahl
Anfang (m)	AB + 3.1.3	relative Lage
	AB + 4.1	Zeitpunkt, Zeitraum
	AB + 4.12	Beginn
anfangen	AB + 4.12	Beginn
anfassen	SB 9.1	sinnliche Wahrnehmung
angeblich	SA 1.1.9	Äußerungen wiedergeben
angehen, j. etw.	SA 1.3.5	Antwort verweigern
	SA 3.13	Gleichgültigkeit ausdrücken
angenehm	SA 5.1.3.3	reagieren, wenn sich j. vorstellt oder vorgestellt wird
	SB + 3.3	Klima, Wetter
	SB + 10.6	Charakterisierungen für Stelle und Arbeit
Angestellte(r) (m, f)	SB + 1.10	berufliche Tätigkeit
Angst (f)	SA 3.17	Angst/Befürchtung ausdrücken
	AB + 6.2.2	Gefühl
anhaben	SB + 6.4	Kleidung
ankommen	AB + 3.2.1	Bewegung, Fortbewegung
	SB + 4.2	alltägliche Wege, Fahrten
	SB + 4.4	öffentlicher Verkehr
	SB + 7.2	Telegrammdienst
– das kommt drauf an	SA + 1.1.11.1	von Eventualfällen sprechen
	SA + 4.5.6	zögern
Ankunft (f)	SB 4.4	öffentlicher Verkehr
anmachen	SB 2.4	Haushalt, technische Einrichtungen
	SB + 6.5	Rauchwaren
	SB + 9.3	manuelle Tätigkeiten
(sich) anmelden	SB + 2.6	auswärts wohnen
	SB + 8.5	medizinische Versorgung
	SB + 11.1	Schule und Studium
Anmeldung (f)	SB 2.6	auswärts wohnen
	SB 8.5	medizinische Versorgung
annehmen	SA 1.1.2.9	als unwahrscheinlich darstellen
	SA 1.4.3	Glauben ausdrücken
	AB 6.2.1	Denken, Wissen
	AB 6.3.4	Akzeptabilität
anprobieren	SB 6.4	Kleidung
anrufen	SB + 1.3	Telefon
	SB + 7.3	Telefondienst
anscheinend	SA 1.1.2.5	als offenbar, augenscheinlich darstellen
Anschluß (m)	SB 4.4	öffentlicher Verkehr
Anschrift (f)	SB 1.2	Adresse
ansein	SB + 2.4	Haushalt, technische Einrichtungen
Ansicht (f)	SA 2.1.1	Meinungen, Ansichten ausdrücken
	AB 6.2.1	Denken, Wissen
Ansichtskarte (f)	SB 14.3	Korrespondenz
anstellen	SB 9.3	manuelle Tätigkeiten
anstrengend	SB + 10.6	Charakterisierungen für Stelle und Arbeit
anti-	GR 6.2.5	Wortbildung
Antwort (f)	SA 1.3.4	Nichtwissen ausdrücken
	AB + 6.2.4	Ausdruck, Sprache
	SB + 14.3	Korrespondenz
antworten	AB + 6.2.4	Ausdruck, Sprache
	SB + 14.3	Korrespondenz
Anzeige (f)	SB 7.5	Polizei

	SB	+	13.7	Presse
anziehen	SB	+	6.4	Kleidung
Anzug (m)	SB	+	6.4	Kleidung
anzünden	SB		6.5	Rauchwaren
Apotheke (f)	SB	+	8.5	medizinische Versorgung
Apparat (m)	SB		2.4	Haushalt
	SB		7.3	Telefondienst
Appartement (n)	SB		2.1	Art der Wohnung
Appetit (m)				
– guten Appetit	SA		5.3.6.1	gute Wünsche aussprechen
April (m)	AB	+	4.1	Zeitpunkt, Zeitraum
Arbeit (f)	SB	+	1.10	berufliche Tätigkeit
	SB	+	10.5	Berufsausbildung/Laufbahn
arbeiten	SB	+	1.10	berufliche Tätigkeit
Arbeiter, -in (m, f)	SB	+	1.10	berufliche Tätigkeit
Arbeitgeber (m)	SB		1.10	berufliche Tätigkeit
Arbeitnehmer (m)	SB		1.10	berufliche Tätigkeit
arbeitslos	SB		1.10	berufliche Tätigkeit
	SB		10.5	Berufsausbildung/Laufbahn
ärgerlich	SA		3.23	Verärgerung ausdrücken
(sich) ärgern	SA	+	3.23	Verärgerung ausdrücken
	AB	+	6.2.2	Gefühl
arm	SA		3.2	Mitgefühl ausdrücken
	SB	+	15.2	Lebensverhältnisse
Arm (m)	SB	+	8.1	Körperteile
Armee (f)	SB	+	15.3	Politik
Artikel (m)	SB	+	13.7	Lektüre, Presse
Arzt, Ärztin (m, f)	SB	+	7.6	Not-/Bereitschaftsdienste
	SB	+	8.5	medizinische Versorgung
Aschenbecher (m)	SB	+	6.5	Rauchwaren
asiatisch	SB		15.3	Politik
Asien	SB	+	15.3	Politik
Atom (n)	SB		15.2	Lebensverhältnisse, Wirtschaft
au!	SA		3.25	Schmerz ausdrücken
au ja!	SA		4.5.1	einwilligen
auch	SA		1.2.2	sich vergewissern
	SA	+	2.1.2	Partei nehmen
	SA	+	2.4.3	Zustimmung suchen
	SA	+	2.5.1	zustimmen, beipflichten
	SA	+	4.5.1	einwilligen
	SA	+	5.3.6.2	auf gute Wünsche reagieren
	SA	+	6.1.7	zur Kenntnis nehmen
	SA	+	6.3.6	aufzählen
	AB	+	7.7	Konjunktion
	AB	+	7.9	Inklusion/Exklusion
auf	SA	+	6.2.5	um sprachliche Erklärungen bitten
	AB	+	3.1.3	relative Lage
	AB	+	3.2.4	Richtung, Ziel
	SB	+	4.3	Reisen
	SB	+	12.2	Sprachbeherrschung
auf-	SB		9.3	manuelle Tätigkeiten
	GR		6.2.3	Wortbildung
auf einmal	AB		4.16	Veränderung/Beständigkeit
Aufenthalt (m)	SB		4.4	öffentlicher Verkehr
aufgeben	SB		4.4	öffentlicher Verkehr
	SB		7.2	Telegrammdienst
aufgrund	AB		7.11	Kausalität: Grund, Ursache
aufheben	SB		9.3	manuelle Tätigkeiten
aufhören	AB	+	4.15	Abschluß, Ende
aufmachen	SB	+	2.4	Haushalt, technische Einrichtungen
	SB	+	9.3	manuelle Tätigkeiten
aufpassen	SA		4.1.14	warnen

	SB	9.1	sinnliche Wahrnehmung
aufräumen	SB	2.4	Haushalt
(sich) aufregen	SA	3.12	Gelassenheit ausdrücken
	SA	3.23	Verärgerung ausdrücken
	AB	6.2.2	Gefühl
Aufregung (f)	SA	3.12	Gelassenheit ausdrücken
aufschließen	SB	2.4	Haushalt, technische Einrichtungen
aufsein	SB	+ 2.4	Haushalt, technische Einrichtungen
	SB	8.2	physisches und psychisches Befinden
	SB	+ 13.2	Besuch von Veranstaltungen
aufstehen	SB	+ 8.2	physisches und psychisches Befinden
	SB	+ 9.2	Körperstellung und -bewegung
aufwachen	SB	8.2	physisches und psychisches Befinden
Aufzug (m)	SB	+ 2.2	Räume
Auge (n)	SB	+ 8.1	Körperteile
Augenblick (m)	AB	4.1	Zeitpunkt, Zeitraum
	SA	4.5.1	einwilligen
	SA	6.1.3	anzeigen, daß man weitersprechen will
	SA	6.3.2	zögern, nach Worten suchen
– im Augenblick	AB	4.7	Gegenwartsbezug
August (m)	AB	4.1	Zeitpunkt, Zeitraum
aus	AB	+ 3.2.5	Herkunft
	AB	+ 6.1.4	Material
	AB	7.11	Kausalität: Grund, Ursache
	SB	2.4	Haushalt, technische Einrichtungen
aus-	AB	3.2.3	Bewegungsrichtung
	GR	6.2.3	Wortbildung
Ausbildung (f)	SB	10.5	Beruf/Laufbahn
	SB	11.1	Schule und Studium
Ausdruck (m)	SB	12.1	Verständigung
auseinandernehmen	SB	9.3	manuelle Tätigkeiten
Ausfahrt (f)	SB	4.5	Privatverkehr
ausfallen	AB	2.4	Vorkommen/Nicht-Vorkommen
	SB	13.2	Besuch von Veranstaltungen
Ausflug (m)	SB	+ 4.3	(Ferien-)Reisen
ausführen	SB	4.6	Grenzübergang
ausfüllen	SB	7.1	Post
Ausgang (m)	SB	+ 13.2	Besuch von Veranstaltungen
ausgeben	SB	+ 6.2	Preis/Bezahlen
	SB	14.2	Einladungen/Verabredungen
ausgehen	SB	13.1	Freizeitbeschäftigung/Interessen
	SB	5.3	Restaurant, Café
ausgeschlossen	SA	4.2.3	Erlaubnis verweigern
ausgezeichnet	SA	2.2.1	loben, positiv bewerten
	AB	6.3.2	Qualität (allgemeine Wertung)
sich auskennen	SA	4.6.3.2	Zuständigkeit ausdrücken
	SB	4.1	Orientierung
Auskunft (f)	SA	1.3.4	Nichtwissen ausdrücken
	SB	4.4	öffentlicher Verkehr
	SB	7.3	Telefondienst
Ausland (n)	SB	+ 1.8	Staatsangehörigkeit
	SB	+ 4.3	(Ferien-)Reisen
	SB	+ 7.3	Telefondienst
	SB	+ .3	Politik
Ausländer, -in (m, f)	SB	+ 1.8	Staatsangehörigkeit
ausmachen	SB	+ 2.4	Haushalt, technische Einrichtungen
	SB	+ 6.5	Rauchwaren
	SB	+ 9.3	manuelle Tätigkeiten
ausmachen, jm. etw.	SA	4.3.1	um Erlaubnis bitten
Ausnahme (f)	SA	4.3.1	um Erlaubnis bitten
	AB	6.3.7	Normalität
	AB	7.9	Inklusion/Exklusion

ausnahmsweise	AB	6.3.7	Normalität
auspacken	SB +	4.4	öffentlicher Verkehr (Reisen)
Ausrufezeichen (n)	SA	6.2.7	buchstabieren, diktieren
(sich) ausruhen	SB +	8.2	physisches und psychisches Befinden
ausschalten	SB	9.3	manuelle Tätigkeiten
ausschütten	SB	9.3	manuelle Tätigkeiten
aussehen	SA	1.1.2.5	als offenbar, augenscheinlich darstellen
	AB +	6.1.1	Form
	SB +	1.15	Aussehen (Personen)
	SB +	8.4	Krankheit
aussein	AB +	4.15	Abschluß, Ende
	SB +	2.4	Haushalt, technische Einrichtungen
außen	AB +	3.1.2	Ort, Lage
außen-	SB	15.3	Politik
	GR	6.1.1	Wortbildung
außer	AB +	7.9	Inklusion/Exklusion
– außer Betrieb	AB	6.1.12	Zustand, Verfassung
außerdem	AB	7.9	Inklusion/Exklusion
Aussicht (f)	SB	2.7	Charakterisierungen für Wohnlage
Aussprache (f)	SB	12.2	Sprachbeherrschung
aussprechen	SA +	6.3.3	um Ausdruckshilfe bitten
	SB +	12.2	Sprachbeherrschung
aussteigen	SB +	4.4	öffentlicher Verkehr
Ausstellung (f)	SB	13.4	Bildende Kunst/Ausstellungen
Australien	SB +	15.3	Politik
ausverkauft	SB	13.2	Besuch von Veranstaltungen
auswärts	AB	3.1.3	relative Lage
– auswärts essen	SB	5.3	Restaurant, Café
Ausweis (m)	SB +	1.1	Name
	SB +	4.7	Ausweispapiere
ausziehen	SB +	6.4	Kleidung
Auto (n)	SB +	4.5	Privatverkehr
Autobahn (f)	SB +	4.5	Privatverkehr
Automat (m)	SB +	6.1	Einkaufen, Geschäfte
	SB +	6.5	Rauchwaren
Autor, -in (m, f)	SB +	13.7	Lektüre/Presse
Autostop (m)	SB +	4.3	(Ferien-)Reisen

B

Baby (n)	SB +	1.12	Familie
Bach (m)	SB	3.1	Gegend
Bäcker (m)	SB +	6.3	Lebensmittel, Einkaufen
Bäckerei (f)	SB +	6.3	Lebensmittel, Einkaufen
Bad (n)	SB +	2.2	Räume
	SB +	2.4	Komfort, technische Einrichtungen
	SB +	2.6	auswärts wohnen
baden	SB +	8.3	Körperpflege/Hygiene
	SB +	13.5	Sport
Badewanne (f)	SB	2.4	Komfort, technische Einrichtungen
Badezimmmer (n)	SB +	2.2	Räume
Bahn (f)	SB +	4.4	öffentlicher Verkehr
Bahnhof (m)	SB +	4.4	öffentlicher Verkehr
Bahnsteig (m)	SB	4.4	öffentlicher Verkehr
bald	SA	4.1.13	drängen
	SA +	5.2.1.1	sich verabschieden
	AB +	4.6	Zukunftsbezug
Ball (m)	SB +	13.5	Sport
Balkon (m)	SB +	2.2	Räume
Bank (f)	SB +	7.4	Bank
Bar (f)	SB +	5.3	Restaurant, Café
bar	SB +	6.2	Preis/Bezahlen

-bar	SA	4.6.3.4	Machbarkeit ausdrücken
	AB	6.3.12	Möglichkeit
	GR	6.2.1	Wortbildung
Bart (m)	SB	+ 1.15	Aussehen
Batterie (f)	SB	+ 6.6	Haushaltartikel
	SB	+ 7.8	Tankstelle
Bauch (m)	SB	+ 8.1	Körperteile
bauen	SB	+ 2.1	Wohnung
Bauer, Bäuerin (m, f)	SB	+ 1.10	berufliche Tätigkeit
Baum (m)	SB	+ 3.2	Pflanzen
Baumwolle (f)	SB	6.4	Kleidung
Beamte(r), Beamtin (m, f)	SB	1.10	berufliche Tätigkeit
beantworten	SA	1.3.4	Nichtwissen ausdrücken
bedauern	SA	2.2.8	bedauern
	SA	3.10	Enttäuschung ausdrücken
	SA	4.2.3	Erlaubnis verweigern
bedeuten	SA	+ 6.2.5	um sprachliche Erklärungen bitten
	SB	+ 12.1	Verständigung
sich bedienen	SA	4.4.2	Dinge anbieten
Bedienung (f)	SB	+ 5.3	Restaurant, Café
sich beeilen	SA	+ 4.1.13	drängen
	AB	+ 4.17	Geschwindigkeit
	SB	+ 4.4	öffentlicher Verkehr
Beginn (m)	AB	4.12	Beginn
beginnen	AB	4.12	Beginn
begleiten	AB	3.2.2	Bewegung mit Personen
begreifen	AB	6.2.1	Denken, Wissen
begrüßen	SA	5.1.1.1	j. begrüßen
behalten	AB	6.2.1	Denken, Wissen
	AB	7.6.1	Besitz
behaupten	SA	1.4.2	Überzeugung ausdrücken
bei	AB	+ 3.1.3	relative Lage
	AB	+ 3.1.4	Nähe/Distanz
	AB	4.5	Gleichzeitigkeit
	AB	7.14	Bedingungsverhältnis
	SB	+ 2.1	Wohnung
– bei etw. sein	AB	4.14	Verlauf
– bei sich haben	SB	+ 6.2	Preis/Bezahlen
– bei uns	SB	+ 1.2	Adresse (Land)
beide	AB	+ 5.1	Zahl
Beileid (n)	SA	+ 5.3.5.1	kondolieren
Bein (n)	SB	+ 8.1	Körperteile
beinahe	SA	1.1.11.2	von irrealen Sachverhalten sprechen
	AB	5.3	Grad
Beispiel (n)	SA	+ 4.1.17	vorschlagen
	SA	+ 6.3.7	Beispiel geben
beispielsweise	SA	6.3.7	Beispiel geben
bekannt	SB	+ 13.9	Charakterisierungen für Veranstaltungen, Lektüre usw.
Bekannte(r) (m,f)	SB	+ 14.1	Art der persönlichen Beziehung
bekanntmachen	SA	5.1.3.2	j. vorstellen
bekommen	SA	4.1.8	bestellen
	SA	4.4.1	nach Wünschen fragen
	AB	+ 7.6.1	Besitz
	SB	+ 6.1	Einkaufen, Geschäfte
	SB	+ 6.2	Preis/Bezahlen
	SB	+ 7.1	Post
	SB	+ 7.4	Bank
	SB	+ 8.2	physisches und psychisches Befinden
	SB	+ 14.3	Korrespondenz
bemerken	SB	9.1	sinnliche Wahrnehmung
Benzin (n)	SB	+ 7.8	Tankstelle
bequem	SB	+ 2.7	Charakterisierungen für Wohnung, Einrichtung

bereit	SA	4.6.3.3	Bereitsein ausdrücken
Bereitschafts-	SB	7.6	Not-/Bereitschaftsdienste
Berg (m)	SB	+ 3.1	Gegend
Beruf (m)	SB	+ 1.10	berufliche Tätigkeit
– von Beruf	SB	+ 1.10	berufliche Tätigkeit
beruflich	SB	1.10	berufliche Tätigkeit
berufstätig	SB	1.10	berufliche Tätigkeit
berühmt	SB	13.9	Charakterisierungen für Veranstaltungen, Lektüre usw.
berühren	SB	9.1	sinnliche Wahrnehmung
beschädigt	AB	6.1.12	Zustand, Verfassung
Bescheid (m)			
– Bescheid geben	AB	6.2.4	Ausdruck, Sprache
– Bescheid sagen	AB	6.2.4	Ausdruck, Sprache
– Bescheid wissen	SA	4.6.3.2	Zuständigkeit ausdrücken
	AB	6.2.1	Denken, Wissen
beschließen	SA	4.6.1.2	Entschlossenheit ausdrücken
	AB	6.2.3	Wollen
beschreiben	AB	6.2.4	Ausdruck, Sprache
besetzt	SB	+ 5.3	Restaurant, Café
	SB	+ 7.3	Telefondienst
besichtigen	SB	+ 4.3	(Ferien-)Reisen
	SB	+ 13.4	Ausstellungen, Sehenswürdigkeiten
besitzen	AB	7.6.1	Besitz
Besitzer, -in (m, f)	SB	2.5	Mietverhältnis
besonder-	SA	2.6.5	Indifferenz ausdrücken
	SA	4.4.1	nach Wünschen fragen
besonders	SA	+ 2.6.4	Vorliebe ausdrücken
	SA	+ 2.7.1	nach Interessen fragen
	SA	+ 2.7.4	nach Vorliebe fragen
	AB	+ 5.3	Grad
	AB	+ 6.3.7	Normalität
besser (→ gut)	SA	2.2.5	kritisieren, negativ bewerten
	SA	+ 4.1.18	raten
	SA	+ 4.3.4	um Rat fragen
	SA	+ 4.6.2.2	Präferenz ausdrücken
	SA	6.2.11	eigene Äußerungen explizieren, kommentieren
	SA	+ 6.3.3	um Ausdruckshilfe bitten
	AB	+ 6.3.8	Erwünschtheit
Besserung (f)			
– gute Besserung	SA	+ 5.3.6.1	gute Wünsche aussprechen
best- (→ gut)			
– am besten	SA	+ 4.1.18	raten
	SA	+ 4.3.4	um Rat fragen
	SA	+ 4.3.5	um Instruktion bitten
	AB	+ 6.3.8	Erwünschtheit
bestehen	SB	+ 11.3	Prüfungen, Diplome
bestellen	SA	+ 4.1.9	Aufträge geben
	SB	+ 2.6	auswärts wohnen
	SB	+ 5.3	Restaurant, Café
	SB	+ 13.2	Besuch von Veranstaltungen
bestimmt	SA	+ 1.1.2.4	als sicher, gewiß darstellen
	SA	1.1.2.9	als unwahrscheinlich darstellen
	SA	+ 1.1.2.10	als unmöglich darstellen
	SA	+ 1.1.12	versichern, beteuern
	SA	1.2.2	sich vergewissern
	SA	+ 1.4.2	Überzeugung ausdrücken
	SA	+ 2.5.1	zustimmen, beipflichten
	SA	+ 4.4.6	versprechen
bestimmt-	SA	2.6.5	Indifferenz ausdrücken
	SA	4.4.1	nach Wünschen fragen
Besuch (m)	SB	+ 8.5	medizinische Versorgung
	SB	+ 14.2	Einladungen/Verabredungen

besuchen	SB	+ 8.5	medizinische Versorgung
	SB	11.1	Schule und Studium
	SB	+ 14.2	Einladungen/Verabredungen
Besuchszeit (f)	SB	8.5	medizinische Versorgung
Beton (m)	AB	6.1.4	Material
Betrieb (m)	SB	1.10	berufliche Tätigkeit
– in/außer Betrieb	AB	6.1.12	Zustand, Verfassung
Betriebsrat (m)	SB	10.3	Arbeitsbedingungen
betrunken	SB	5.1	Essen, Trinken
Bett (n)	SB	+ 2.3	Einrichtung, Möbel
– ins Bett gehen	SB	+ 8.2	physisches und psychisches Befinden
Bettuch (n)	SB	+ 2.3	Bettwäsche
Bevölkerung (f)	SB	15.3	Politik
bevor	AB	+ 4.3	Nachzeitigkeit
(sich) bewegen	AB	+ 3.2.1	Bewegung, Fortbewegung
	SB	+ 9.2	Körperstellung und -bewegung
sich bewerben	SB	10.5	Berufsausbildung/Laufbahn
Bewilligung (f)	SA	4.6.4.3	auf Erlaubtheit hinweisen
bewölkt	SB	3.3	Klima, Wetter
bezahlen	SB	+ 4.6	Grenzübergang
	SB	+ 5.3	Restaurant, Café
	SB	+ 6.2	Preis/Bezahlen
beziehungsweise	SA	6.3.4	sich korrigieren
bezweifeln	SA	1.4.5	Zweifel ausdrücken
Bibliothek (f)	SB	13.7	Lektüre
Bier (n)	SB	+ 5.2	Getränke
Bikini (m)	SB	6.4	Kleidung
Bild (n)	SB	+ 13.1	Freizeitbeschäftigung
	SB	+ 13.4	bildende Kunst/Ausstellungen
	SB	+ 13.7	Lektüre/Presse
billig	AB	+ 6.3.1	Wert, Preis
	SB	+ 13.7	Charakterisierungen für Wohnung
	SB	+ 6.2	Preis/Bezahlen
Binde (f)	SB	+ 8.5	medizinische Versorgung
binden	SB	9.3	manuelle Tätigkeiten
Bindestrich (m)	SA	6.2.7	buchstabieren, diktieren
bis	SA	+ 5.2.1.1	sich verabschieden
	AB	+ 3.1.4	Nähe/Distanz
	AB	+ 3.2.4	Richtung, Ziel
	AB	+ 4.11	Zeitdauer
	AB	+ 4.15	Abschluß, Ende
bis zu	AB	+ 3.1.4	Nähe/Distanz
	AB	+ 3.2.4	Richtung, Ziel
	AB	+ 4.11	Zeitdauer
	AB	+ 4.15	Abschluß, Ende
ein bißchen	AB	+ 5.2	Menge
	AB	+ 5.3	Grad
	AB	+ 4.11	Zeitdauer
	SB	+ 12.2	Sprachbeherrschung
bitte	SA	+ 4.1.1	j. auffordern
	SA	+ 4.1.3	bitten
	SA	+ 4.1.4	um Hilfe bitten
	SA	+ 4.1.7	verlangen, kaufen
	SA	+ 4.1.8	bestellen
	SA	+ 4.1.9	Aufträge geben
	SA	4.1.10	gebieten
	SA	+ 4.1.13	drängen
	SA	+ 4.1.16	ermuntern
	SA	+ 4.2.1	erlauben
	SA	+ 4.2.3	Erlaubnis verweigern
	SA	+ 4.3.1	um Erlaubnis bitten
	SA	+ 4.4.1	nach Wünschen fragen

	SA	+ 4.4.2	Dinge anbieten
	SA	+ 4.5.1	einwilligen
	SA	+ 4.5.3	Angebote annehmen
	SA	+ 4.5.5	Angebote ablehnen
	SA	5.1.4.1	j. ansprechen
	SA	+ 5.1.4.2	reagieren, wenn man angesprochen wird
	SA	+ 5.1.5.2	j. hereinbitten
	SA	+ 5.1.6.2	sich als Angerufener am Telefon melden
	SA	+ 5.3.1.1	sich entschuldigen
	SA	+ 5.3.1.2	auf Entschuldigung reagieren
	SA	+ 5.3.2.2	auf Dank reagieren
	SA	+ 6.1.2	j. unterbrechen
	SA	+ 6.1.5	das Wort überlassen, übergeben
	SA	+ 6.2.2	um Wiederholung bitten
	SA	+ 6.2.4	Nicht-Verstehen signalisieren
– aber bitte	SA	4.2.1	erlauben
	SA	5.3.2.2	auf Dank reagieren
– ach bitte	SA	+ 4.1.3	bitten
	SA	+ 4.3.1	um Erlaubnis bitten
– bitte schön	SA	+ 5.3.2.2	auf Dank reagieren
– bitte sehr	SA	4.2.1	erlauben
– wie bitte?	SA	+ 6.2.2	um Wiederholung bitten
	SA	+ 6.2.4	Nicht-Verstehen signalisieren
Bitte (f)			
– eine Bitte haben	SA	+ 4.1.3	bitten
	SA	4.1.6	Wünsche äußern
	SA	+ 4.3.1	um Erlaubnis bitten
bitten	SA	4.1.3	bitten
	SA	4.1.10	gebieten
bitter	AB	+ 6.1.9	Geschmack
	SB	+ 5.4	Charakterisierungen für Essen und Trinken
blaß	SB	8.4	Krankheit/Unfall
Blatt (n)	SB	+ 14.3	Korrespondenz
blau	AB	+ 6.1.3	Farbe
bleiben	SA	4.1.13	drängen
	AB	+ 3.1.1	Ruhezustand
	AB	+ 4.16	Veränderung/Beständigkeit
	SB	+ 3.3	Klima, Wetter
Bleistift (m)	SB	+ 14.3	Korrespondenz
Block (m)	SB	2.1	Art der Wohnung
blöd	SA	3.23	Verärgerung ausdrücken
	SB	1.14	Charakterisierungen für Personen
blond	SB	+ 1.15	Aussehen (Personen)
bloß	SA	2.2.7	Vorwürfe machen, beschuldigen
	SA	3.17	Angst/Befürchtung ausdrücken
	SA	4.1.15	drohen
	SA	4.1.18	raten
	SA	4.3.4	um Rat fragen
	AB	5.3	Grad
Blume (f)	SB	3.2	Pflanzen
Bluse (f)	SB	+ 6.4	Kleidung
Blut (n)	SB	8.4	Krankheit/Unfall
bluten	SB	8.4	Krankheit/Unfall
Boden (m)	SB	+ 2.2	Räume
Boot (n)	SB	4.4	öffentlicher Verkehr
Botschaft (f)	SB	7.9	konsularische Vertretung
brauchen	SA	4.1.4	um Hilfe bitten
	SA	+ 4.1.6	Wünsche äußern
	SA	4.1.7	verlangen, kaufen
	SA	+ 4.2.2	dispensieren
	SA	+ 4.4.1	nach Wünschen fragen
	SA	4.4.3	anbieten, etwas zu tun

	SA	4.4.4	Hilfe anbieten
	SA	4.5.5	Angebote ablehnen
	SA	+ 4.6.4.1	auf Verpflichtung hinweisen
	SA	+ 4.6.4.3	auf Erlaubtheit hinweisen
	SA	+ 4.7.4.1	nach Verpflichtung fragen
	AB	+ 2.3	Verfügbarkeit/Nicht-Verfügbarkeit
	AB	+ 6.3.9	Nützlichkeit
	AB	+ 6.3.11	Notwendigkeit
	SB	+ 4.2	alltägliche Wege
	SB	+ 15.2	Lebensverhältnisse, Wirtschaft
braun	AB	+ 6.1.3	Farbe
	SB	+ 1.15	Aussehen
bravo!	SA	2.2.1	loben, positiv bewerten
brechen	SB	+ 8.4	Krankheit/Unfall
breit	AB	+ 3.3.1	Größe
Bremse (f)	SB	+ 7.7	Autoreparatur/Pannenhilfe
bremsen	SB	+ 4.5	Privatverkehr
	SB	+ 7.7	Autoreparatur/Pannenhilfe
die BRD	SB	1.2	Adresse (Land)
brennen	SB	+ 2.4	Haushalt, technische Einrichtungen
	SB	+ 7.6	Not-/Bereitschaftsdienste
Brief (m)	SB	+ 7.1	Post
	SB	+ 14.3	Korrespondenz
Briefkasten (m)	SB	+ 7.1	Post
Briefmarke (f)	SB	+ 7.1	Post
Brieftasche (f)	SB	+ 6.4	Kleidung, Accessoires
Briefumschlag (m)	SB	+ 14.3	Korrespondenz
Brille (f)	SB	+ 1.15	Aussehen (Personen)
	SB	+ 8.5	medizinische Versorgung
bringen	SA	4.1.8	bestellen
	AB	+ 3.2.2	Bewegung mit Personen und Gegenständen
Brot (n)	SB	+ 5.2	Nahrungsmittel, Speisen, Getränke
Brötchen (n)	SB	+ 5.2	Nahrungsmittel, Speisen, Getränke
Brücke (f)	SB	+ 4.5	Privatverkehr
Bruder (m)	SB	+ 1.12	Familie
Buch (n)	SB	+ 13.7	Lektüre/Presse
buchen	SB	4.4	öffentlicher Verkehr
Bücherei (f)	SB	13.7	Lektüre/Presse
Buchhandlung (f)	SB	13.7	Lektüre/Presse
buchstabieren	SA	+ 6.2.3	bitten zu buchstabieren
	SB	+ 1.1	Name
	SB	+ 12.1	Verständigung
Bund (m)	SB	15.3	Politik
Bundes-	SB	15.3	Politik
Bundeskanzler (m)	SB	+ 15.3	Politik
die Bundesrepublik	SB	+ 1.2	Adresse (Land)
bunt	AB	6.1.3	Farbe
Burg (f)	SB	+ 13.4	Sehenswürdigkeiten
Bürger, -in (m, f)	SB	15.3	Politik
Bürgersteig (m)	SB	4.5	Privatverkehr
Büro (n)	SB	+ 1.10	berufliche Tätigkeit
Bürste (f)	SB	+ 8.3	Körperpflege/Hygiene
Bus (m)	SB	+ 4.4	öffentlicher Verkehr
Bußgeld (n)	SB	7.5	Polizei
Butter (f)	SB	+ 5.2	Nahrungsmittel, Speisen, Getränke

C

Café (n)	SB	+ 5.3	Restaurant, Café
Campingplatz (m)	SB	+ 2.6	auswärts wohnen
Chance (f)	AB	+ 6.3.12	Möglichkeit

Change (m)	SB	7.4	Bank
Charter-	SB	4.4	öffentlicher Verkehr
Chef, -in (m, f)	SB	+ 1.10	berufliche Tätigkeit
	SB	+ 10.3	Arbeitsbedingungen
	SB	+ 15.3	Politik
-chen	AB	3.3.1	Größe
	GR	6.2.1	Wortbildung
cm	AB	3.3.2	Längenmaß

D

D	SB	1.6	Geschlecht
da	SA	+ 1.1.6	auf etwas aufmerksam machen
	SA	+ 4.3.4	um Rat fragen
	SA	+ 4.4.2	Dinge anbieten
	SA	+ 4.5.1	einwilligen
	AB	+ 3.1.2	Ort, Lage
	AB	+ 4.1	Zeitpunkt, Zeitraum
	AB	7.11	Kausalität: Grund, Ursache
	GR	+ 1	Text
da sein	AB	+ 2.2	Anwesenheit/Abwesenheit
	AB	+ 2.3	Verfügbarkeit/Nicht-Verfügbarkeit
da-/d(a)r-	AB	+ 1	Gegenstände
	AB	+ 3.1.3	relative Lage
	AB	+ 3.2.4	Richtung, Ziel
	GR	+ 6.1.4	Wortbildung
dabei	AB	7.10	Opposition, Einschränkung
dabei sein	AB	4.14	Verlauf
	AB	+ 7.9	Inklusion/Exklusion
	SB	+ 5.3	Café, Restaurant
Dach (n)	SB	+ 2.2	Räume
dafür	AB	7.13	Zweck
dafür sein	SA	+ 2.1.2	Partei nehmen
	SA	+ 2.4.1	Meinungen erfragen
	SA	+ 4.5.1	einwilligen
	SA	+ 4.6.2.1	Handlungswunsch ausdrücken
etw. dafür können	SA	2.2.4	bagatellisieren, verzeihen
dagegen	AB	7.10	Opposition, Einschränkung
dagegen sein	SA	+ 2.1.2	Partei nehmen
	SA	+ 2.4.1	Meinungen erfragen
etw. dagegen haben	SA	4.2.1	erlauben
	SA	4.3.1	um Erlaubnis bitten
daher	AB	7.12	Kausalität: Folge, Wirkung
dahin	AB	3.2.3	Bewegungsrichtung
dahinten	AB	3.1.2	Ort, Lage
dalli!	SA	4.1.13	drängen
damals	AB	4.5	Gleichzeitigkeit
Dame (f)	SA	+ 5.1.7	Anrede in Briefen
	SB	+ 1.6	Geschlecht
damit	AB	+ 7.13	Zweck
danach	AB	4.3	Nachzeitigkeit
	AB	4.4	Abfolge, Reihenfolge
Dank (m)			
– besten Dank	SA	5.3.2.1	sich bedanken
– herzlichen Dank	SA	5.3.2.1	sich bedanken
– schönen Dank	SA	5.3.2.1	sich bedanken
– vielen Dank	SA	+ 2.2.3	dankend anerkennen
	SA	+ 4.5.3	Angebote annehmen
	SA	+ 4.5.5	Angebote ablehnen
	SA	+ 5.3.2.1	sich bedanken
dankbar	SA	2.2.3	dankend anerkennen
danke	SA	+ 4.5.1	einwilligen

	SA	+ 4.5.3	Angebote annehmen
	SA	+ 4.5.5	Angebote ablehnen
	SA	+ 5.1.2.2	auf Frage nach dem Befinden reagieren
	SA	+ 5.3.2.1	sich bedanken
	SA	+ 5.3.3.2	auf Komplimente reagieren
	SA	+ 5.3.6.2	auf gute Wünsche reagieren
– danke gleichfalls	SA	+ 5.3.6.2	auf gute Wünsche reagieren
– danke schön	SA	+ 5.3.2.1	sich bedanken
– danke sehr	SA	5.3.2.1	sich bedanken
danken	SA	2.2.3	dankend anerkennen
	SA	5.3.2.2	auf Dank reagieren
dann	SA	+ 1.1.11.1	von Eventualfällen sprechen
	SA	+ 1.1.12.1	von irrealen Sachverhalten sprechen
	SA	+ 4.3.4	um Rat fragen
	SA	+ 4.5.2	vereinbaren
	SA	+ 5.2.1.1	sich verabschieden
	SA	+ 6.3.1	Äußerung einleiten
	SA	+ 6.3.6	aufzählen
	AB	+ 4.4	Abfolge, Reihenfolge
	AB	+ 4.5	Gleichzeitigkeit
	AB	+ 7.14	Bedingungsverhältnis
	AB	+ 7.15	Deduktion, Folge
darum	AB	7.11	Kausalität: Grund, Ursache
	AB	7.12	Kausalität: Folge, Wirkung
das	SA	+ 1.1.1	identifizieren, benennen
	SA	+ 5.1.3.2	j. vorstellen
	AB	+ 1	Gegenstände
	GR	+ 1.2	Text
	sieheauch: der		
daß	AB	+ 7.13	Zweck
	AB	+ 1	Gegenstände, Sachverhalte
	GR	+ 3.2	Nebensatzarten
dasselbe	*siehe:* derselbe		
Datum (n)	AB	+ 4.1	Zeitpunkt, Zeitraum
dauern	AB	+ 4.11	Zeitdauer
dauernd	AB	4.11	Zeitdauer
	AB	4.18	Häufigkeit
davor	AB	4.2	Vorzeitigkeit
die DDR	SB	+ 1.2	Adresse (Land)
Decke (f)	SB	+ 2.2	Räume
	SB	+ 2.3	Einrichtung; Möbel, Bettwäsche
Deckel (m)	SB	6.6	Haushaltartikel
dein	SA	+ 5.2.4	Grußformeln in Briefen
	sieheauch: mein		
Demokratie (f)	SB	15.3	Politik
demokratisch	SB	+ 15.3	Politik
Demonstration (f)	SB	15.1	aktuelles Geschehen
demonstrieren	SB	15.1	aktuelles Geschehen
denken	SA	1.1.7	an etwas erinnern
	SA	1.4.3	Glauben ausdrücken
	SA	2.1.1	Meinungen, Ansichten ausdrücken
	SA	2.5.7	widerrufen
	SA	3.8	Überraschung ausdrücken
	SA	3.12	Gelassenheit ausdrücken
	AB	6.2.1	Denken, Wissen
Denkmal (n)	SB	13.4	Sehenswürdigkeiten
denn	SA	+ 1.2.1	Informationen erfragen
	SA	+ 2.2.7	Vorwürfe machen, beschuldigen
	SA	+ 3.8	Überraschung ausdrücken
	SA	+ 4.1.13	drängen
	SA	+ 4.3.4	um Rat fragen
	SA	4.5.1	einwilligen

	AB	7.11	Kausalität: Grund, Ursache
der	SA +	1.1.1	identifizieren, benennen
	AB +	1	Gegenstände
	GR +	5.5.1	Definitartikel
	GR +	5.6.5	Relativpronomen
	GR +	5.7.1	Demonstrativpronomen/Demonstrativdeterminativ
der da	SA +	1.1.1	identifizieren, benennen
	AB +	1	Gegenstände
	GR +	5.7.1	Demonstrativpronomen/Demonstrativdeterminativ
derselbe	AB	1	Gegenstände
	AB	7.5.1	Identität
	AB	7.5.2	Vergleich; Entsprechung/Unterschiedlichkeit
deshalb	AB	7.11	Kausalität: Grund, Ursache
	AB +	7.12	Kausalität: Folge, Wirkung
Dessert (n)	SB +	5.2	Nahrungsmittel, Speisen, Getränke
deswegen	AB	7.11	Kausalität: Grund, Ursache
	AB	7.12	Kausalität: Folge, Wirkung
deutlich	AB	6.1.7	Sichtbarkeit, Sicht
deutsch	SB +	1.8	Staatsangehörigkeit
	SB +	12.2	Sprachbeherrschung
– auf deutsch	SA +	6.3.2	zögern, nach Worten suchen
	SA +	6.3.3	um Ausdruckshilfe bitten
Deutsch (n)	SB +	12.2	Sprachbeherrschung
die Deutsche Demo-			
kratische Republik	SB	1.2	Adresse (Land)
Deutsche(r) (m, f)	SB +	1.8	Staatsangehörigkeit
Deutschland	SB +	1.2	Adresse (Land)
Dezember (m)	AB +	4.1	Zeitpunkt, Zeitraum
Dialekt (m)	SB	12.2	Sprachbeherrschung
Dichter, -in (m, f)	SB	13.7	Lektüre/Presse
dick	AB +	3.3.1	Größe
	SB +	1.15	Aussehen (Personen)
die	*siehe:* der		
Dienstag (m)	AB +	4.1	Zeitpunkt, Zeitraum
dies-	AB	1	Gegenstände
	AB +	4.1	Zeitpunkt, Zeitraum
Diesel (m)	SB	7.8	Tankstelle
dieselbe	*siehe:* derselbe		
Diktatur (f)	SB	15.3	Politik
Ding (n)	SA +	6.3.2	zögern, nach Worten suchen
	SA +	6.3.3	um Ausdruckshilfe bitten
	SA +	6.3.5	umschreiben
	AB +	1	Gegenstände
Dings (m, f, n)	AB	1	Gegenstände
Dingsda (m, f, n)	AB	1	Gegenstände
Diplom (n)	SB +	11.3	Prüfungen, Diplome
direkt	AB +	3.1.4	Nähe/Distanz
Direktor, -in (m, f)	SB +	10.3	Arbeitsbedingungen
Dirigent, -in (m, f)	SB +	13.3	Theater, Kino, Konzert
Diskothek (f)	SB	13.3	Theater, Kino, Konzert
Diskussion (f)	SB +	14.2	Einladungen/Verabredungen
	SB +	15.1	aktuelles Geschehen
diskutieren	AB +	6.2.4	Ausdruck, Sprache
	SB +	14.2	Einladungen/Verabredungen
	SB +	15.1	aktuelles Geschehen
DM	SB +	7.4	Bank (Währung)
D-Mark (f)	SB +	7.4	Bank (Währung)
Doktor (m)	SB +	8.5	medizinische Versorgung
Dom (m)	SB +	1.11	Religion
Donnerstag (m)	AB +	4.1	Zeitpunkt, Zeitraum
doof	SB +	1.14	Charakterisierungen für Personen
doch	SA +	1.1.2.3	als selbstverständlich darstellen

	SA + 1.2.2	sich vergewissern
	SA + 1.3.2	verneinen
	SA + 1.4.2	Überzeugung ausdrücken
	SA + 2.2.6	mißbilligen
	SA + 2.2.7	Vorwürfe machen, beschuldigen
	SA + 2.3.1	begründen, rechtfertigen
	SA + 2.5.2	widersprechen
	SA + 2.5.3	korrigieren
	SA + 2.5.5	einwenden
	SA + 2.5.6	auf etwas beharren, Einwand zurückweisen
	SA + 3.8	Überraschung ausdrücken
	SA + 3.12	Gelassenheit ausdrücken
	SA + 3.16	Hoffnung ausdrücken
	SA + 3.23	Verärgerung ausdrücken
	SA + 4.1.1	j. auffordern
	SA + 4.1.3	bitten
	SA + 4.1.4	um Hilfe bitten
	SA + 4.1.9	Aufträge geben
	SA + 4.1.13	drängen
	SA + 4.1.16	ermuntern
	SA + 4.1.17	vorschlagen
	SA + 4.1.18	raten
	SA + 4.2.2	dispensieren
	SA + 4.3.1	um Erlaubnis bitten
	SA 4.3.4	um Rat fragen
	SA 4.4.2	Dinge anbieten
	SA + 4.4.3	anbieten, etwas zu tun
	SA + 4.5.1	einwilligen
	SA + 4.5.4	sich weigern
	SA + 4.6.1.5	Verzicht ausdrücken
	SA 6.3.11	Äußerung abschließen
	AB + 7.10	Opposition, Einschränkung
Doppel-	AB 5.1	Zahl
	GR 6.1.1	Wortbildung
Doppelpunkt (m)	SA 6.2.7	buchstabieren, diktieren
doppelt	AB 5.1	Zahl
Doppelzimmer (n)	SB 2.6	auswärts wohnen
Dorf (n)	SB 3.1	Gegend, Stadt, Land
dort	AB 3.1.2	Ort, Lage
dorthin	AB 3.2.3	Bewegungsrichtung
Dose (f)	SB + 5.2	Nahrungsmittel, Speisen, Getränke
dran sein	SA 6.1.5	das Wort überlassen, übergeben
	SB 6 1	Einkaufen, Geschäfte
draußen	AB + 3.1.2	Ort, Lage
dreckig	SB 2.7	Charakterisierungen für Wohnung, Wohnlage
	SB 8.3	Körperpflege, Hygiene
drehen	SB + 9.3	manuelle Tätigkeiten
dringend	AB 6.3.10	Wichtigkeit
drinnen	AB + 3.1.2	Ort, Lage
das Dritte Reich	SB 15.3	Politik
die dritte Welt	SB + 15.3	Politik
Drittel (n)	AB + 5.1	Zahl
Drogerie (f)	SB 8.5	medizinische Versorgung
drüben	AB + 3.1.2	Ort, Lage
drücken	SB + 9.3	manuelle Tätigkeiten
drum	AB 7.12	Kausalität: Folge, Wirkung
du	SA 5.1.4.1	j. ansprechen
	SA 6.3.1	Äußerung einleiten
	AB + 1	Gegenstände, Personen
	GR + 1.1	Deixis
Du sagen	SB + 14.1	Art der persönlichen Beziehung
dumm	SA 2.2.8	bedauern

	AB	6.2.1	Denken, Wissen
	SB	1.14	Charakter, Temperament
	SA	+ 3.23	Verärgerung ausdrücken
dunkel	AB	+ 6.1.3	Farbe
	AB	+ 6.1.7	Sichtbarkeit, Sicht
	SB	+ 1.15	Aussehen (Personen)
	SB	+ 5.2	Nahrungsmittel, Speisen, Getränke
dunkel-	AB	6.1.3	Farbe
dünn	AB	+ 3.3.1	Größe
	SB	+ 1.15	Aussehen (Personen)
durch	AB	+ 3.2.6	Weg
	AB	7.11	Kausalität: Grund, Ursache
durch-	AB	+ 3.2.6	Weg
	GR	+ 6.2.3	Wortbildung
durchaus nicht	SA	4.2.1	erlauben
dürfen	SA	+ 1.2.1	Informationen erfragen
	SA	+ 1.3.5	Antwort verweigern
	SA	1.4.4	Vermutung ausdrücken
	SA	2.3.2	zugeben, eingestehen
	SA	+ 4.1.1	j. auffordern
	SA	+ 4.1.3	bitten
	SA	+ 4.1.10	gebieten
	SA	+ 4.1.11	instruieren
	SA	4.1.16	ermuntern
	SA	+ 4.2.1	erlauben
	SA	+ 4.2.2	dispensieren
	SA	+ 4.3.1	um Erlaubnis bitten
	SA	+ 4.3.2	um Dispens bitten
	SA	+ 4.4.2	Dinge anbieten
	SA	+ 4.4.4	Hilfe anbieten
	SA	+ 4.4.5	einladen
	SA	+ 4.6.4.2	auf Verbote hinweisen
	SA	+ 4.6.4.3	auf Erlaubtheit hinweisen
	SA	4.7.3.2	nach Zuständigkeit fragen
	SA	4.7.4.2	nach Erlaubtheit fragen
	SA	5.1.3.2	j. vorstellen
	SA	+ 5.1.5.1	um Erlaubnis bitten einzutreten
	SA	+ 6.1.1	ums Wort bitten
	SA	+ 6.1.3	anzeigen, daß man weitersprechen will
	AB	+ 3.2.1	Bewegung, Fortbewegung
Durst (m)	SB	+ 5.1	Essen, Trinken
	SB	+ 8.2	physisches und psychisches Befinden
Dusche (f)	SB	+ 2.2	Räume
	SB	+ 2.4	Haushalt, Komfort, technische Einrichtungen
	SB	+ 2.6	auswärts wohnen
duschen	SB	+ 8.3	Körperpflege, Hygiene
Dutzend (n)	AB	5.1	Zahl
duzen	SB	14.1	Art der persönlichen Beziehung

E

eben	SA	2.3.1	begründen, rechtfertigen
	SA	2.5.1	zustimmen, beipflichten
	SA	3.14	Resignation ausdrücken
	SA	6.1.7	zur Kenntnis nehmen
	AB	4.8	Vergangenheitsbezug
echt	SB	6.4	Kleidung, Accessoires
Ecke (f)	SB	+ 4.5	Privatverkehr
-eckig	AB	+ 6.1.1	Form
egal	SA	+ 2.6.5	Indifferenz ausdrücken
	SA	+ 3.13	Gleichgültigkeit ausdrücken

	SA	+ 4.5.1	einwilligen
	SA	4.5.4	sich weigern
ehe	AB	4.3	Nachzeitigkeit
Ehefrau (f)	SB	1.7	Familienstand
Eheleute (Pl.)	SB	1.7	Familienstand
Ehemann (m)	SB	1.7	Familienstand
Ehepaar (n)	SB	1.7	Familienstand
eher	SA	4.1.18	raten
	SA	4.3.4	um Rat fragen
	SA	4.6.2.2	Präferenz ausdrücken
ehrlich	SA	1.1.12	versichern, beteuern
	SB	1.14	Charakter, Temperament
ei!	SA	3.5	Begeisterung ausdrücken
Ei (n)	SB	+ 5.2	Nahrungsmittel, Speisen, Getränke
eigen-	AB	7.6.1	Besitz
eigentlich	SA	1.2.1	Informationen erfragen
	SA	2.5.4	einräumen
	SA	4.5.5	Angebote ablehnen
Eilbrief (m)	SB	7.1	Post
eilig			
– es eilig haben	SA	4.1.13	drängen
	SB	4.4	öffentlicher Verkehr
Eilzug (m)	SB	4.4	öffentlicher Verkehr
Eimer (m)	SB	6.6	Haushaltartikel
ein	AB	+ 1	Gegenstände
	GR	+ 5.5.2	Indefinitartikel
	GR	+ 5.7.4	Indefinitpronomen/Indefinitdeterminativ
	SB	2.4	Haushalt, Komfort, technische Einrichtungen
ein-	AB	3.2.3	Bewegungsrichtung
	GR	6.2.3	Wortbildung
einander	AB	1	Gegenstände
	GR	6.1.4	Wortbildung
Eindruck (m)	SA	2.1.1	Meinungen, Ansichten ausdrücken
eineinhalb	AB	+ 5.1	Zahl
einfach	SA	2.2.1	loben, positiv bewerten
	SA	2.2.5	kritisieren, negativ bewerten
	SA	3.14	Resignation ausdrücken
	SA	3.15	Ratlosigkeit ausdrücken
	SA	3.23	Verärgerung ausdrücken
	AB	+ 6.3.14	Schwierigkeit
	SB	+ 4.4	öffentlicher Verkehr
	SB	+ 12.2	Sprachbeherrschung
Einfahrt (f)	SB	4.4	öffentlicher Verkehr
	SB	4.5	Privatverkehr
einfallen	SA	1.4.1	Wissen ausdrücken
	SA	1.4.6	Nichtwissen ausdrücken
	SA	6.3.2	zögern, nach Worten suchen
	SA	6.3.8	Thema wechseln
	AB	6.2.1	Denken, Wissen
	SB	12.2	Sprachbeherrschung
Einfluß (m)	SB	15.3	Politik
einführen	SB	4.6	Grenzübergang
Eingang (m)	SB	+ 13.2	Besuch von Veranstaltungen
einige	AB	1	Gegenstände
	AB	5.2	Menge
sich einigen	SB	15.1	aktuelles Geschehen
einkaufen	SB	+ 6.1	Einkaufen, Geschäfte
einladen	SA	+ 4.4.5	einladen
	SB	+ 14.2	Einladungen/Verabredungen
Einladung (f)	SB	14.2	Einladungen/Verabredungen
einmal	SB	+ 4.4	öffentlicher Verkehr
– auf einmal	AB	4.16	Veränderung/Beständigkeit

einpacken	SB	+ 4.4	öffentlicher Verkehr (Reisen)
	SB	+ 6.1	Einkaufen, Geschäfte
	SB	+ 9.3	manuelle Tätigkeiten
einschalten	SB	9.3	manuelle Tätigkeiten
einschenken	SA	4.4.2	Dinge anbieten
	SB	9.3	manuelle Tätigkeiten
einschlafen	SB	8.2	physisches und psychisches Befinden
einschließlich	AB	7.9	Inklusion/Exklusion
	SB	5.3	Restaurant, Café
einschreiben	SB	+ 7.1	Post
sich einschreiben	SB	11.1	Schule und Studium
einsteigen	SB	+ 4.4	öffentlicher Verkehr
Eintritt (m)	SB	13.2	Besuch von Veranstaltungen
Eintrittskarte (f)	SB	13.2	Besuch von Veranstaltungen
einverstanden	SA	2.4.3	Zustimmung suchen
	SA	2.5.1	zustimmen, beipflichten
	SA	2.5.2	widersprechen
	SA	4.4.6	versprechen
	SA	4.5.1	einwilligen
	SA	4.5.2	vereinbaren
einwerfen	SB	9.3	manuelle Tätigkeiten
einzahlen	SB	7.1	Post
Einzel-	AB	5.1	Zahl
	GR	6.1.1	Wortbildung
Einzelzimmer (n)	SB	2.6	auswärts wohnen
Eis (n)	SB	+ 3.3	Klima, Wetter
	SB	+ 5.2	Nahrungsmittel, Speisen, Getränke
elektrisch	SB	2.4	Haushalt, Komfort, technische Einrichtungen
Elektrizität (f)	SB	2.4	Haushalt, Komfort, technische Einrichtungen
Elektro-	SB	2.4	Haushalt, Komfort, technische Einrichtungen
Eltern (Pl.)	SB	+ .12	Familie
Empfang (m)	SB	2.6	auswärts wohnen
Empfänger (m)	SB	7.1	Post
empfehlen	SA	4.1.18	raten
	SA	+ 4.3.4	um Rat fragen
empfehlenswert	SA	4.1.18	raten
empfohlen-	SA	4.1.18	raten
Ende (n)	AB	+ 3.1.3	relative Lage
	AB	+ 4.1	Zeitpunkt, Zeitraum
	AB	+ 4.15	Abschluß, Ende
endlich	SA	+ 3.9	Erleichterung ausdrücken
	SA	4.1.13	drängen
Endstation (f)	SB	4.4	öffentlicher Verkehr
Energie (f)	SB	15.2	Lebensverhältnisse, Wirtschaft, Soziales
eng	AB	3.3.1	Größe
Entfernung (f)	AB	3.1.4	Nähe/Distanz
entführen	SB	15.1	aktuelles Geschehen
Entführung (f)	SB	15.1	aktuelles Geschehen
entlang	AB	3.2.6	Weg
entlassen	SB	10.5	Berufsausbildung/Laufbahn
entscheiden	SA	4.5.6	zögern
	SA	4.6.1.2	Entschlossenheit ausdrücken
	SA	4.6.1.3	Unentschlossenheit ausdrücken
	AB	6.2.3	Wollen
	SB	15.1	aktuelles Geschehen
sich entschließen	SA	4.6.1.2	Entschlossenheit ausdrücken
	SA	4.6.1.3	Unentschlossenheit ausdrücken
	AB	6.2.3	Wollen
entschuldigen	SA	+ 2.3.3	sich entschuldigen
	SA	+ 5.1.4.1	j. ansprechen
	SA	+ 5.3.1.1	sich entschuldigen
	SA	6.1.2	j. unterbrechen

	SA	+ 6.2.2	um Wiederholung bitten
Entschuldigung!	SA	+ 2.3.3	sich entschuldigen
	SA	+ 5.1.4.1	j. ansprechen
	SA	+ 5.3.1.1	sich entschuldigen
	SA	+ 6.1.2	j. unterbrechen
	SA	+ 6.2.2	um Wiederholung bitten
	SA	+ 6.3.4	sich korrigieren
enttäuschen	SA	3.10	Enttäuschung ausdrücken
	AB	6.2.2	Gefühl
entweder . . . oder	AB	7.8	Disjunktion
entwerten	SB	4.4	öffentlicher Verkehr
Entwicklungshilfe (f)	SB	15.2	Lebensverhältnisse, Wirtschaft, Soziales
er	AB	+ 1	Gegenstände
	GR	+ 5.6.1	Personalpronomen
erbrechen	SB	8.4	Krankheit/Unfall
Erdgeschoß (n)	SB	2.2	Räume
erfahren	AB	6.2.1	Denken, Wissen
Erfolg (m)	AB	6.3.15	Gelingen, Erfolg
Ergebnis (n)	AB	7.12	Kausalität: Folge, Wirkung
erhalten	AB	7.6.1	Besitz
sich erholen	SB	8.2	physisches und psychisches Befinden
(sich) erinnern	SA	+ 1.4.1	Wissen ausdrücken
	SA	+ 1.4.6	Nichtwissen ausdrücken
	SA	+ 1.5.1	nach Wissen fragen
	AB	+ 6.2.1	Denken, Wissen
	SB	+ 12.2	Sprachbeherrschung
Erkältung (f)	SB	+ 8.4	Krankheit/Unfall
erklären	SA	4.1.11	instruieren
	SA	+ 4.3.5	um Instruktion bitten
	SA	+ 6.2.5	um sprachliche Erklärungen bitten
	SA	+ 6.2.6	um Explizierung bitten
	AB	+ 6.2.4	Ausdruck, Sprache
	SB	+ 12.1	Verständigung
erlauben	SA	4.2.1	erlauben
	SA	4.2.3	Erlaubnis verweigern
	SA	4.3.1	um Erlaubnis bitten
Erlaubnis (f)	SA	4.6.4.3	auf Erlaubtheit hinweisen
	SB	4.7	Ausweispapiere
erlaubt sein	SA	4.1.10	gebieten
	SA	4.6.4.2	auf Verbote hinweisen
erledigen	SA	4.4.6	versprechen
ernst	SB	15.1	aktuelles Geschehen
erst	AB	4.4	Abfolge, Reihenfolge
	AB	+ 4.10	Frühzeitigkeit/Späte
	AB	+ 4.11	Zeitdauer
	AB	+ 4.18	Häufigkeit
	AB	+ 5.3	Grad
Erwachsene(r) (m, f)	SB	+ 1.5	Alter
erzählen	SA	+ 1.1.6	auf etwas aufmerksam machen
	SA	+ 1.1.9	Äußerungen wiedergeben
	SA	+ 6.1.6	zum Sprechen auffordern
	AB	+ 6.2.4	Ausdruck, Sprache
	SB	+ 14.2	Einladungen/Verabredungen
es	AB	+ 7.3.1	Agens
	GR	+ 5.10	Verwendung von es
	siehe auch: er		
essen	SA	+ 4.4.1	nach Wünschen fragen
	SA	+ 4.4.2	Dinge anbieten
	SB	+ 5.1	Essen, Trinken, Mahlzeiten
	SB	+ 5.2	Nahrungsmittel, Speisen, Getränke
	SB	+ 5.3	Restaurant, Café
Essen (n)	SB	+ 5.1	Essen, Trinken, Mahlzeiten

	SB	+ 5.2	Nahrungsmittel, Speisen, Getränke
Essig (m)	SB	5.2	Nahrungsmittel, Speisen, Getränke
Etage (f)	SB	+ 2.2	Räume
etwa	SA	3.8	Überraschung ausdrücken
	AB	5.3	Grad
etwas	SA	+ 6.3.5	umschreiben
	AB	+ 1	Gegenstände
	AB	+ 4.11	Zeitdauer
	AB	+ 5.2	Menge
	AB	+ 5.3	Grad
	SB	+ 6.1	Einkaufen, Geschäfte
	SB	+ 6.6	Haushaltartikel
	SB	+ 8.5	medizinische Versorgung
	SB	+ 12.2	Sprachbeherrschung
euer	*siehe:* mein		
Europa	SB	+ 15.3	Politik
europäisch	SB	15.3	Politik
evangelisch	SB	1.11	Religion
eventuell	SA	1.1.2.7	als möglich darstellen
Ex-	GR	6.2.5	Wortbildung
Examen (n)	SB	+ 1.3	Prüfungen, Diplome
existieren	AB	2.1	Sein/Nicht-Sein
Export (m)	SB	15.2	Wirtschaft
exportieren	SB	15.2	Wirtschaft
Express (m)	SB	+ 7.1	Post
extra	SA	2.3.1	begründen, rechtfertigen
	SA	2.3.3	sich entschuldigen
	AB	6.2.3	Wollen
	SB	2.5	Mietverhältnis
Extra-	AB	6.3.7	Normalität
	GR	6.1.1	Wortbildung

F

F	SB	1.6	Geschlecht
Fabrik (f)	SB	+ 3.1	Gegend, Stadt, Land
	SB	+ 1.10	berufliche Tätigkeit
Fach (n)	SB	11.2	Unterrichtsfächer
Faden (m)	SB	+ 6.4	Kleidung, Accessoires
Fähre (f)	SB	4.4	öffentlicher Verkehr
fahren	AB	+ 3.2.1	Bewegung, Fortbewegung
	AB	+ 3.2.2	Bewegung mit Personen und Gegenständen
	AB	+ 3.2.6	Weg
	SB	+ 4.1	Orientierung
	SB	+ 4.2	alltägliche Wege, Fahrten
	SB	+ 4.4	öffentlicher Verkehr
	SB	+ 4.5	Privatverkehr
Fahrer, -in (m, f)	SB	4.4	öffentlicher Verkehr
Fahrgast (m)	SB	4.4	öffentlicher Verkehr
Fahrkarte (f)	SB	+ 4.4	öffentlicher Verkehr
Fahrplan (m)	SB	+ 4.4	öffentlicher Verkehr
Fahrrad (n)	SB	+ 4.5	Privatverkehr
Fahrschein (m)	SB	4.4	öffentlicher Verkehr
Fahrt (f)	SB	4.3	(Ferien-)Reisen
– gute Fahrt			
Fall (m)	SA	5.3.6.1	gute Wünsche aussprechen
– auf jeden/keinen Fall	SA	+ 1.1.2.4	als sicher, gewiß darstellen
	SA	+ 1.3.1	bejahen
	SA	+ 1.3.2	verneinen
	SA	4.2.3	Erlaubnis verweigern
	SA	4.2.4	Dispens verweigern
	SA	+ 4.4.6	versprechen

	SA	4.5.4	sich weigern
	SA +	4.6.4.2	auf Verbote hinweisen
	SA +	4.6.4.1	auf Verpflichtung hinweisen
	AB +	6.3.10	Wichtigkeit
– in dem Fall	SA	4.3.4	um Rat fragen
	SA	4.5.1	einwilligen
fallen	AB +	3.2.1	Bewegung, Fortbewegung
	SB +	8.4	Krankheit/Unfall
fallenlassen	SB	9.3	manuelle Tätigkeiten
falls	SA	1.1.11.1	von Eventualfällen sprechen
	AB	7.14	Bedingungsverhältnis
falsch	SA +	6.3.4	sich korrigieren
	AB +	6.3.6	Richtigkeit, Wahrheit
	SB +	4.1	Orientierung
	SB +	12.2	Sprachbeherrschung
Familie (f)	SB +	1.7	Familienstand
	SB +	1.12	Familie
Familienname (m)	SB	1.1	Name
Familienstand (m)	SB	1.7	Familienstand
Farbe (f)	AB +	6.1.3	Farbe
Farbfilm (m)	SB	13.3	Kino
Faschismus (m)	SB	15.3	Politik
Faschist (m)	SB +	15.3	Politik
faschistisch	SB +	15.3	Politik
fast	SA +	1.1.11.2	von irrealen Sachverhalten sprechen
	AB +	4.18	Häufigkeit
	AB +	5.3	Grad
Februar (m)	AB +	4.1	Zeitpunkt, Zeitraum
fehlen	AB +	2.2	Anwesenheit/Abwesenheit
Fehler (m)	SA	2.3.2	zugeben, eingestehen
	SB +	12.2	Sprachbeherrschung
Feier (f)	SB	13.8	gesellige Anlässe
feiern	SB	13.8	gesellige Anlässe
Feiertag (m)	AB	4.1	Zeitpunkt, Zeitraum
	SA	5.3.6.1	gute Wünsche aussprechen
fein	SA	2.2.1	loben, positiv bewerten
	SA	4.5.1	einwilligen
	SB	5.4	Charakterisierungen für Essen und Trinken
Feld (n)	SB +	3.1	Gegend, Stadt, Land
Fenster (n)	SB +	2.2	Räume
Ferien (Pl.)	SB +	4.3	(Ferien-)Reisen
	SB +	10.3	Arbeitsbedingungen
	SB +	11.1	Schule und Studium
– schöne Ferien	SB +	4.3	(Ferien-)Reisen
	SA +	5.3.6.1	gute Wünsche aussprechen
Ferngespräch (n)	SB	7.3	Telefondienst
Fernsehapparat (m)	SB +	13.6	Radio/Fernsehen
Fernsehen (n)	SB +	13.6	Radio/Fernsehen
fernsehen	SB +	13.6	Radio/Fernsehen
Fernseher (m)	SB +	13.6	Radio/Fernsehen
fertig	SA	4.1.13	drängen
	SA +	4.6.3.3	Bereitsein ausdrücken
	SA +	4.7.3.3	nach Bereitsein fragen
	SA	6.1.3	anzeigen, daß man weitersprechen will
	AB +	4.15	Abschluß, Ende
fest	SA	4.6.1.2	Entschlossenheit ausdrücken
	SB +	9.3	manuelle Tätigkeiten
fest-	SB	9.3	manuelle Tätigkeiten
	GR	6.1.3	Wortbildung
Fest (n)	SB +	13.8	gesellige Anlässe
– frohes Fest	SA	5.3.6.1	gute Wünsche aussprechen
festhalten	SB	9.3	manuelle Tätigkeiten

festmachen	SB	+ 9.3	manuelle Tätigkeiten
Festival (n)	SB	13.3	Theater, Kino, Konzert
Festspiele (Pl.)	SB	13.3	Theater, Kino, Konzert
feststehen	SA	1.1.2.4	als sicher, gewiß darstellen
	SA	1.1.2.8	als unsicher, ungewiß darstellen
	SA	1.4.2	Überzeugung ausdrücken
Festwochen (Pl.)	SB	13.3	Theater, Kino, Konzert
fett	SB	+ 5.4	Charakterisierungen für Essen und Trinken
feucht	AB	+ 6.1.6	Feuchtigkeit
	SB	+ 3.3	Klima, Wetter
Feuer (n)	SA	+ 4.1.5	um Hilfe rufen
	SA	+ 4.1.14	warnen
	SB	+ 6.5	Rauchwaren
Feuerwehr (f)	SB	7.6	Not-/Bereitschaftsdienste
Feuerzeug (n)	SB	6.5	Rauchwaren
Fieber (n)	SB	+ 8.4	Krankheit/Unfall
Film (m)	SB	+ 13.1	Freizeitbeschäftigung/Interessen
	SB	+ 13.3	Theater, Kino, Konzert
	SB	+ 13.6	Radio/Fernsehen
Filter (m)	SB	6.5	Rauchwaren
finanziell	SB	15.2	Lebensverhältnisse, Wirtschaft, Soziales
finden	SA	+ 2.1.1	Meinungen, Ansichten ausdrücken
	SA	+ 2.2.1	loben, positiv bewerten
	SA	+ 2.2.3	dankend anerkennen
	SA	+ 2.2.5	kritisieren, negativ bewerten
	SA	+ 2.2.8	bedauern
	SA	+ 2.4.1	Meinungen erfragen
	SA	+ 2.5.5	einwenden
	SA	+ 2.6.1	Interesse ausdrücken
	SA	+ 2.6.2	Wertschätzung/Gefallen ausdrücken
	SA	+ 2.6.6	Geringschätzung/Mißfallen ausdrücken
	SA	+ 2.6.7	Desinteresse ausdrücken
	SA	+ 2.7.2	nach Wertschätzung fragen
	SA	+ 3.1	Sympathie ausdrücken
	SA	+ 3.3	Antipathie ausdrücken
	SA	+ 3.10	Enttäuschung ausdrücken
	SA	+ 3.21	Langeweile ausdrücken
	SA	+ 6.1.7	zur Kenntnis nehmen
	SA	+ 6.3.1	Äußerung einleiten
	SA	6.3.2	zögern, nach Worten suchen
	AB	+ 6.2.1	Denken, Wissen
	SB	+ 4.4	öffentlicher Verkehr
	SB	+ 6.1	Einkaufen, Geschäfte
	SB	+ 7.5	Polizei
	SB	+ 10.5	Berufsausbildung/Laufbahn
Finger (m)	SB	+ 8.1	Körperteile
Firma (f)	SB	+ 1.10	berufliche Tätigkeit
Fisch (m)	SB	+ 3.2	Tiere
	SB	+ 5.2	Nahrungsmittel, Speisen
flach	AB	3.3.1	Größe
	SB	+ 3.1	Gegend, Stadt, Land
Fläche (f)	AB	3.3.3	Flächenmaß
Flasche (f)	SB	+ 5.2	Nahrungsmittel, Speisen, Getränke
	SB	+ 6.6	Haushaltartikel
Fleisch (n)	SB	+ 5.2	Nahrungsmittel, Speisen, Getränke
fliegen	AB	+ 3.2.1	Bewegung, Fortbewegung
	SB	+ 4.4	öffentlicher Verkehr
fließend	SB	2.4	Haushalt, Komfort, technische Einrichtungen
	SB	12.2	Sprachbeherrschung
Flug (m)	SB	4.4	öffentlicher Verkehr
Flughafen (m)	SB	+ 4.4	öffentlicher Verkehr
Flugzeug (n)	SB	+ 4.4	öffentlicher Verkehr

Flur (m)	SB	2.2	Räume
Fluß (m)	SB +	3.1	Gegend, Stadt, Land
Folge (f)	AB	7.12	Kausalität: Folge, Wirkung
folgen	AB	4.4	Abfolge, Reihenfolge
folgend-	AB	4.4	Abfolge, Reihenfolge
fordern	SB	15.1	aktuelles Geschehen
Form (f)	AB +	6.1.1	Form
Formular (n)	SB +	2.6	auswärts wohnen
	SB +	7.1	Post
fort	AB	2.2	Anwesenheit/Abwesenheit
	AB	3.2.3	Bewegungsrichtung
fort-	AB	3.2.3	Bewegungsrichtung
	GR	6.1.3	Wortbildung
Foto (n)	SB +	13.1	Freizeitbeschäftigung/Interessen
	SB +	13.4	bildende Kunst/Ausstellungen
Fotoapparat (m)	SB	13.1	Freizeitbeschäftigung/Interessen
Fotograf, -in (m, f)	SB	13.4	bildende Kunst/Ausstellungen
fotografieren	SB +	13.1	Freizeitbeschäftigung/Interessen
Fr.	SB	7.4	Bank (Währung)
Frage (f)	SA +	1.2.1	Informationen erfragen
	SA	1.3.4	Nichtwissen ausdrücken
	SA +	4.1.6	Wünsche äußern
	SA +	4.3.1	um Erlaubnis bitten
	SA +	6.1.1	ums Wort bitten
	AB +	6.2.4	Ausdruck, Sprache
– in Frage kommen	SA	4.2.3	Erlaubnis verweigern
	SA	4.5.4	sich weigern
– eine Frage stellen	SA	6.1.1	ums Wort bitten
fragen	SA +	1.2.1	Informationen erfragen
	SA +	1.1.9	Äußerungen wiedergeben
	SA +	4.1.3	bitten
	SA +	4.3.1	um Erlaubnis bitten
	SA +	6.1.1	ums Wort bitten
	SA +	6.1.3	anzeigen, daß man weitersprechen will
	SA +	6.1.6	zum Sprechen auffordern
	SA +	6.2.2	um Wiederholung bitten
	AB +	6.2.4	Ausdruck, Sprache
sich fragen	SA	1.4.6	Nichtwissen ausdrücken
	SA	2.5.5	einwenden
Fragezeichen (n)	SA	6.2.7	buchstabieren, diktieren
Franken (m)	SB +	7.4	Bank (Währung)
frankieren	SB	7.1	Post
Frau (f)	SA +	5.1.1.1	j. begrüßen
	SA +	5.1.3.2	j. vorstellen
	SA +	5.1.4.1	j. ansprechen
	SA +	5.1.7	Anrede in Briefen
	SA +	5.2.1.1	sich verabschieden
	SB +	1.1	Name
	SB +	1.6	Geschlecht
	SB +	1.7	Familienstand
Fräulein (n)	SA +	5.1.1.1	j. begrüßen
	SA +	5.1.3.2	j. vorstellen
	SA +	5.1.4.1	j. ansprechen
	SA +	5.1.7	Anrede in Briefen
	SA +	5.2.1.1	sich verabschieden
	SB +	1.1	Name
	SB +	1.6	Geschlecht
	SB +	5.3	Restaurant, Café
frei	SB +	4.3	(Ferien-)Reisen
	SB +	5.3	Restaurant, Café
	SB +	10.3	Arbeitsbedingungen
	SB +	13.2	Besuch von Veranstaltungen

	SB	+ 15.3	Politik
Freiheit (f)	SB	15.3	Politik
freilich	SA	1.3.1	bejahen
	SA	1.3.2	verneinen
	SA	2.5.1	zustimmen, beipflichten
	SA	4.2.1	erlauben
	SA	4.5.1	einwilligen
	SA	6.1.7	zur Kenntnis nehmen
Freitag (m)	AB	+ 4.1	Zeitpunkt, Zeitraum
freiwillig	AB	6.2.3	Wollen
Freizeit (f)	SB	13.1	Freizeitbeschäftigung/Interessen
fremd	SB	4.1	Orientierung
Fremdsprache (f)	SB	12.2	Sprachbeherrschung
Freude (f)	AB	6.2.2	Gefühl
(sich) freuen	SA	+ 3.2	Mitgefühl ausdrücken
	SA	+ 3.6	Freude ausdrücken
	SA	4.5.3	Angebote annehmen
	SA	5.1.3.3	reagieren, wenn sich j. vorstellt oder vorgestellt wird
	SA	+ 5.3.3.2	auf Komplimente reagieren
	AB	+ 6.2.2	Gefühl
Freund, -in (m, f)	SB	+ 14.1	Art der persönlichen Beziehung
freundlich	SA	2.2.3	dankend anerkennen
	SA	4.1.1	j. auffordern
	SA	+ 5.2.4	Schluß-, Grußformeln in Briefen
	SB	+ 1.14	Charakter, Temperament
Frieden (m)	SB	15.1	aktuelles Geschehen
frieren	SB	3.3	Klima, Wetter
	SB	8.2	physisches und psychisches Befinden
frisch	AB	+ 6.1.11	Alter
	SB	3.3	Klima, Wetter
	SB	+ 5.4	Charakterisierungen für Essen und Trinken
Friseur (m)	SB	+ 8.3	Körperpflege/Hygiene
froh	SA	+ 2.2.3	dankend anerkennen
	SA	+ 3.6	Freude ausdrücken
	SA	+ 3.9	Erleichterung ausdrücken
	SA	4.1.3	bitten
	SA	4.1.6	Wünsche äußern
	SA	+ 4.5.3	Angebote annehmen
	SA	+ 5.3.6.1	gute Wünsche aussprechen
	AB	+ 6.2.2	Gefühl
Frost (m)	SB	3.3	Klima, Wetter
Frucht (f)	SB	+ 5.2	Nahrungsmittel, Speisen, Getränke
früh	AB	+ 4.10	Frühzeitigkeit/Späte
– morgen früh	AB	+ 4.1	Zeitpunkt, Zeitraum
früher	AB	+ 4.2	Vorzeitigkeit
	AB	+ 4.8	Vergangenheitsbezug
Frühling (m)	AB	+ 4.1	Zeitpunkt, Zeitraum
Frühstück (n)	SB	+ 2.6	auswärts wohnen
	SB	+ 5.1	Essen, Trinken, Mahlzeiten
frühstücken	SB	5.1	Essen, Trinken, Mahlzeiten
sich fühlen	SA	3.7	Zufriedenheit ausdrücken
	SB	8.2	physisches und psychisches Befinden
führen zu	AB	7.12	Kausalität: Folge, Wirkung
Führer (m)	SB	+ 4.3	(Ferien-)Reisen
Führerschein (m)	SB	+ 4.7	Ausweispapiere für Reise und Verkehr
Führung (f)	SB	4.3	(Ferien-)Reisen
Fundbüro (n)	SB	4.4	öffentlicher Verkehr
	SB	7.5	Polizei
funktionieren	AB	6.1.12	(äußerer) Zustand, Verfassung
für	SA	+ 2.1.2	Partei nehmen
	SA	+ 2.4.1	Meinungen erfragen
	SA	+ 4.1.8	bestellen

	SA	+ 4.4.2	Dinge anbieten
	SA	+ 4.4.3	anbieten, etwas zu tun
	SA	+ 4.7.2.3	nach Handlungszweck fragen
	AB	+ 6.3.1	Wert, Preis
	AB	+ 7.3.3	Adressat
	AB	+ 7.13	Zweck
	SB	+ 2.6	auswärts wohnen
	SB	+ 6.1	Einkaufen, Geschäfte
	SB	+ 8.5	medizinische Versorgung
furchtbar	SA	3.11	Bestürzung ausdrücken
	SA	3.24	Abscheu ausdrücken
	AB	5.3	Grad
(sich) fürchten	SA	1.4.3	Glauben ausdrücken
	SA	3.17	Angst/Befürchtung ausdrücken
	AB	6.2.2	Gefühl
Fuß (m)	SB	+ 8.1	Körperteile
– zu Fuß	SB	+ 4.2	alltägliche Wege
	SB	+ 4.5	Privatverkehr
Fußball (m)	SB	+ 13.5	Sport
Fußballplatz (m)	SB	13.5	Sport
Fußgänger (m)	SB	4.5	Privatverkehr

G

g	AB	3.3.5	Gewicht
Gabel (f)	SB	+ 6.6	Haushaltartikel
Galerie (f)	SB	13.4	bildende Kunst/Ausstellungen/Sehenswürdigkeiten
Gang (m)	SB	2.2	Räume
ganz	SA	2.2.2	billigen
	SA	+ 4.4.6	versprechen
	AB	+ 5.2	Menge
	AB	+ 5.3	Grad
	AB	+ 6.1.12	(äußerer) Zustand, Verfassung
	AB	+ 7.6.2	Teil-Ganzes
– ganz und gar nicht	SA	4.2.1	erlauben
gar nicht	SA	+ 4.2.1	erlauben
	AB	+ 5.3	Grad
Garage (f)	SB	+ 2.2	Räume
Garantie (f)	SB	6.1	Einkaufen, Geschäfte
garantieren	SA	4.4.6	versprechen
garantiert	SA	1.4.2	Überzeugung ausdrücken
	SA	4.4.6	versprechen
Garderobe (f)	SB	13.2	Besuch von Veranstaltungen
Garten (m)	SB	+ 2.2	Räume
Gas (n)	SA	+ 2.4	Haushalt, Komfort, technische Einrichtungen
Gast (m)	SB	2.6	auswärts wohnen
	SB	5.3	Restaurant, Café
	SB	14.2	Einladungen/Verabredungen
Gastarbeiter (m)	SB	+ 10.3	Arbeitsbedingungen
Gasthaus (n)	SB	2.6	auswärts wohnen
	SB	5.3	Restaurant, Café
Gasthof (m)	SB	2.6	auswärts wohnen
	SB	5.3	Restaurant, Café
Gaststätte (f)	SB	5.3	Restaurant, Café
geb.	SB	1.1	Name
	SB	1.4	Geburtsdatum, Geburtsort
gebacken	SB	5.2	Nahrungsmittel, Speisen, Getränke
Gebäude (n)	SB	2.1	Art der Wohnung
	SB	13.4	bildende Kunst (Architektur)
geben	SA	+ 4.1.7	verlangen, kaufen
	SA	4.1.8	bestellen
	SA	+ 4.4.2	Dinge anbieten

	AB	+ 7.6.1	Besitz
	SB	+ 5.1	Essen, Trinken, Mahlzeiten
	SB	7.3	Telefondienst
	SB	+ 9.3	manuelle Tätigkeiten
	SB	+ 14.2	Einladungen/Verabredungen
– es gibt	SA	5.1.4.2	reagieren, wenn man angesprochen wird
	AB	+ 2.1	Sein/Nicht-Sein
	AB	+ 2.3	Verfügbarkeit/Nicht-Verfügbarkeit
	SB	+ 3.3	Klima, Wetter
	SB	+ 13.2	Besuch von Veranstaltungen
Gebirge (n)	SB	3.1	Gegend, Stadt, Land
geboren sein	SB	+ 1.1	Name
	SB	+ 1.4	Geburtsdatum, Geburtsort
geborene	SB	1.1	Name
gebraten	SB	+ 5.2	Nahrungsmittel, Speisen, Getränke
gebrauchen	AB	+ 6.3.9	Nützlichkeit
Gebrauchsanweisung (f)	SA	4.1.11	instruieren
	SB	6.1	Einkaufen, Geschäfte
gebrochen sein	SB	+ 8.4	Krankheit/Unfall
Gebühr (f)	SB	6.2	Preis/Bezahlen
Geburtsdatum (n)	SB	1.4	Geburtsdatum, Geburtsort
Geburtsort (m)	SB	1.4	Geburtsdatum, Geburtsort
Geburtstag (m)	SB	+ 1.4	Geburtsdatum, Geburtsort
Gedicht (n)	SB	13.7	Lektüre/Presse
geehrt-	SA	+ 5.1.7	Anrede in Briefen
Gefahr (f)	SA	4.1.14	warnen
	SB	15.1	aktuelles Geschehen
gefährlich	SA	+ 4.1.14	warnen
	SB	+ 10.6	Charakterisierungen für Stelle und Arbeit
	SB	+ 15.1	aktuelles Geschehen
gefallen	SA	+ 2.6.2	Wertschätzung/Gefallen ausdrücken
	SA	+ 2.6.6	Geringschätzung/Mißfallen ausdrücken
	SA	+ 2.7.2	nach Wertschätzung fragen
	SA	+ 3.7	Zufriedenheit ausdrücken
	SA	+ 3.20	Unzufriedenheit ausdrücken
	SB	+ 1.13	Interessen, Neigungen
Gefallen (m)			
– einen Gefallen tun	SA	4.1.3	bitten
Geflügel (n)	SB	5.2	Nahrungsmittel, Speisen, Getränke
Gefühl (n)	SA	2.1.1	Meinungen, Ansichten ausdrücken
	AB	6.2.2	Gefühl
gegen	SA	+ 2.1.2	Partei nehmen
	SA	+ 2.4.1	Meinungen erfragen
	AB	+ 3.2.4	Richtung, Ziel
	AB	+ 4.1	Zeitpunkt, Zeitraum
	AB	5.3	Grad
	SB	+ 6.1	Einkaufen
	SB	+ 8.5	medizinische Versorgung
Gegend (f)	AB	+ 3.1.4	Nähe/Distanz
	SB	+ 3.1	Gegend, Stadt, Land
Gegenteil (n)			
– im Gegenteil	SA	2.5.2	widersprechen
gegenüber	AB	+ 3.1.3	relative Lage
Gegenwart (f)	AB	4.7	Gegenwartsbezug
gegrillt	SB	5.2	Nahrungsmittel, Speisen, Getränke
Gehalt (n)	SB	10.4	Lohn
gehen	SA	+ 2.2.2	billigen
	SA	+ 2.2.6	mißbilligen
	SA	+ 2.4.2	um Beurteilung bitten
	SA	+ 3.23	Verärgerung ausdrücken
	SA	+ 4.1.6	Wünsche äußern
	SA	4.1.10	gebieten

	SA	+ 4.1.11	instruieren
	SA	+ 4.2.1	erlauben
	SA	+ 4.2.3	Erlaubnis verweigern
	SA	+ 4.2.4	Dispens verweigern
	SA	+ 4.3.1	um Erlaubnis bitten
	SA	+ 4.3.5	um Instruktion bitten
	SA	+ 4.5.2	vereinbaren
	SA	+ 4.5.5	Angebote ablehnen
	SA	+ 4.6.3.3	Bereitsein ausdrücken
	SA	+ 4.6.3.4	Machbarkeit ausdrücken
	SA	+ 4.6.4.2	auf Verbote hinweisen
	SA	+ 4.7.3.3	nach Bereitsein fragen
	SA	+ 4.7.3.4	nach Machbarkeit fragen
	SA	+ 4.7.4.2	nach Erlaubtheit fragen
	SA	+ 5.1.2.2	auf Frage nach dem Befinden reagieren
	AB	+ 3.2.1	Bewegung, Fortbewegung
	AB	+ 3.2.6	Weg
	AB	+ 3.3.4	Volumen
	AB	+ 4.11	Zeitdauer
	AB	+ 6.1.12	(äußerer) Zustand, Verfassung
	AB	+ 6.3.4	Akzeptabilität
	AB	+ 6.3.5	Adäquatheit
	AB	+ 6.3.12	Möglichkeit
	AB	+ 6.3.15	Gelingen, Erfolg
	SB	+ 4.1	Orientierung
	SB	+ 4.2	alltägliche Wege, Fahrten
	SB	+ 4.4	öffentlicher Verkehr
	SB	+ 4.5	Privatverkehr
	SB	+ 5.3	Restaurant, Café
	SB	+ 6.1	Einkaufen, Geschäfte
	SB	+ 6.4	Kleidung, Accessoires
	SB	+ 7.7	Autoreparatur/Pannenhilfe
	SB	+ 8.2	physisches und psychisches Befinden
	SB	+ 8.4	Krankheit/Unfall
	SB	+ 8.5	medizinische Versorgung
	SB	+ 9.2	Körperstellung und -bewegung
	SB	+ 11.1	Schule und Studium
	SB	+ 13.4	bildende Kunst/Ausstellungen/Sehenswürdigkeiten
	SB	14.1	Art der persönlichen Beziehung
	SB	+ 14.2	Einladungen/Verabredungen
– jm. gut gehen, es	SA	+ 3.7	Zufriedenheit ausdrücken
	SA	+ 3.18	Kummer ausdrücken
	SA	+ 3.19	Traurigkeit ausdrücken
	SB	+ 8.2	physisches und psychisches Befinden
	SB	+ 8.4	Krankheit/Unfall
– wie geht es?	SA	+ 5.1.2.1	nach dem Befinden fragen
– das geht zu weit	SA	+ 3.23	Verärgerung ausdrücken
	AB	+ 6.3.4	Akzeptabilität
gehören	AB	+ 7.6.1	Besitz
	AB	7.6.2	Teil-Ganzes
gekocht	SB	+ 5.2	Nahrungsmittel, Speisen, Getränke
gelaunt	SB	1.14	Charakter, Temperament
gelb	AB	+ 6.1.3	Farbe
Geld (n)	SB	+ 6.2	Preis/Bezahlen
	SB	+ 15.2	Lebensverhältnisse, Wirtschaft, Soziales
Geldrückgabe (f)	SB	6.2	Preis/Bezahlen
Gelegenheit (f)	AB	6.3.12	Möglichkeit
gell	SA	6.3.11	Äußerung abschließen
Gemälde (n)	SB	13.4	bildende Kunst/Ausstellungen/Sehenswürdigkeiten
Gemüse (n)	SB	+ 5.2	Nahrungsmittel, Speisen, Getränke
gemütlich	SB	+ 2.7	Charakterisierungen für Wohnung, Einrichtung
genau	SA	2.5.1	zustimmen, beipflichten

	SA	+ 3.7	Zufriedenheit ausdrücken
	SA	6.1.7	Zur Kenntnis nehmen
	SA	6.2.11	eigene Äußerungen explizieren, kommentieren
	AB	+ 5.3	Grad
	AB	+ 6.3.5	Adäquatheit
	AB	+ 6.3.6	Richtigkeit, Wahrheit
genauso	AB	7.5.2	Vergleich; Entsprechung/Unterschiedlichkeit
Genehmigung (f)	SA	4.6.4.3	auf Erlaubtheit hinweisen
	SB	4.7	Ausweispapiere für Reise und Verkehr
genug	AB	+ 4.10	Frühzeitigkeit/Späte
	AB	+ 5.3	Grad
	AB	+ 6.3.5	Adäquatheit
geöffnet	SB	13.2	Besuch von Veranstaltungen
Gepäck (n)	SB	+ 4.4	öffentlicher Verkehr
Gepäckannahme (f)	SB	4.4	öffentlicher Verkehr
Gepäckaufbewahrung (f)	SB	4.4	öffentlicher Verkehr
Gepäckaufgabe (f)	SB	4.4	öffentlicher Verkehr
Gepäckrückgabe (f)	SB	4.4	öffentlicher Verkehr
gerade	AB	4.6	Zukunftsbezug
	AB	+ 4.7	Gegenwartsbezug
	AB	+ 4.8	Vergangenheitsbezug
	AB	+ 4.14	Verlauf
geradeaus	AB	+ 3.2.3	Bewegungsrichtung
Gerät (n)	SB	2.4	Haushalt, Komfort, technische Einrichtungen
gerecht	SB	15.2	Lebensverhältnisse, Wirtschaft, Soziales
Gerechtigkeit (f)	SB	15.2	Lebensverhältnisse, Wirtschaft, Soziales
Gericht (n)	SB	5.2	Nahrungsmittel, Speisen, Getränke
gern	SA	+ 2.6.2	Wertschätzung/Gefallen ausdrücken
	SA	+ 2.6.3	Wunschvorstellungen ausdrücken
	SA	+ 2.6.6	Geringschätzung/Mißfallen ausdrücken
	SA	+ 2.7.2	nach Wertschätzung fragen
	SA	+ 2.7.3	nach Wunschvorstellungen fragen
	SA	+ 4.1.6	Wünsche äußern
	SA	+ 4.1.7	verlangen, kaufen
	SA	+ 4.1.8	bestellen
	SA	+ 4.1.17	vorschlagen
	SA	4.2.1	erlauben
	SA	4.4.1	nach Wünschen fragen
	SA	4.4.2	Dinge anbieten
	SA	+ 4.4.3	anbieten, etwas zu tun
	SA	+ 4.4.5	einladen
	SA	+ 4.5.1	einwilligen
	SA	+ 4.5.3	Angebote annehmen
	SA	+ 4.7.2.1	nach Handlungswunsch fragen
	SA	+ 5.2.2.2	versprechen, Grüße auszurichten
	AB	+ 6.3.8	Erwünschtheit
	SB	+ 1.13	Interessen, Neigungen
	SB	+ 5.1	Essen, Trinken, Mahlzeiten
	SB	+ 13.1	Freizeitbeschäftigung/Interessen
– gern geschehen	SA	5.3.2.2	auf Dank reagieren
– gern haben	SA	+ 2.6.2	Wertschätzung/Gefallen ausdrücken
	SA	+ 2.6.6	Geringschätzung/Mißfallen ausdrücken
	SA	+ 2.7.2	nach Wertschätzung fragen
	SA	+ 3.1	Sympathie ausdrücken
	AB	+ 6.2.2	Gefühl
	AB	+ 6.3.8	Erwünschtheit
	SB	+ 1.13	Interessen, Neigungen
	SB	+ 5.1	Essen, Trinken, Mahlzeiten
	SB	+ 14.1	Art der persönlichen Beziehung
gesamt-	AB	7.6.2	Teil-Ganzes
	GR	6.1.1	Wortbildung
Geschäft (n)	SB	+ 1.10	berufliche Tätigkeit

	SB	+ 6.1	Einkaufen, Geschäfte
Geschäftsmann (m)	SB	1.10	berufliche Tätigkeit
geschehen	AB	2.4	Vorkommen/Nicht-Vorkommen
Geschenk (n)	SB	+ 14.2	Einladungen/Verabredungen
Geschichte (f)	SB	+ 13.7	Lektüre/Presse
	SB	+ 15.3	Politik
geschieden	SB	1.7	Familienstand
Geschirr (n)	SB	+ 2.4	Haushalt, Komfort, technische Einrichtungen
	SB	+ 6.6	Haushaltartikel
Geschlecht (n)	SB	1.6	Geschlecht
geschlossen	SB	13.2	Besuch von Veranstaltungen
Geschwindigkeit (f)	AB	4.17	Geschwindigkeit
Geschwister (Pl.)	SB	1.12	Familie
Gesellschaft (f)	SB	4.3	(Ferien-)Reisen
	SB	15.3	Politik
Gesetz (n)	SB	+ 15.3	Politik
Gesicht (n)	SB	+ 8.1	Körperteile
gesperrt	SB	4.5	Privatverkehr
Gespräch (n)	SB	14.2	Einladungen/Verabredungen
gestatten	SA	4.2.3	Erlaubnis verweigern
	SA	4.3.1	um Erlaubnis bitten
gestattet sein	SA	4.1.10	gebieten
	SA	4.6.4.2	auf Verbote hinweisen
gestern	AB	+ .1	Zeitpunkt, Zeitraum
gestrichen	AB	6.1.3	Farbe
gesund	SB	+ 8.4	Krankheit/Unfall
Gesundheit (f)	SB	8.4	Krankheit/Unfall
Getränke (Pl.)	SB	5.2	Nahrungsmittel, Speisen, Getränke
Gewerkschaft (f)	SB	+ 10.3	Arbeitsbedingungen
Gewicht (n)	AB	3.3.5	Gewicht
gewinnen	SB	+ 13.5	Sport
	SB	+ 15.3	Politik
Gewitter (n)	SB	+ 3.3	Klima, Wetter
gewöhnlich	AB	6.3.7	Normalität
Gewürz (n)	SB	5.2	Nahrungsmittel, Speisen, Getränke
gewürzt	SB	+ 5.4	Charakterisierungen für Essen und Trinken
gießen	SB	9.3	manuelle Tätigkeiten
Gift (n)	SB	8.5	medizinische Versorgung
giftig	SB	8.5	medizinische Versorgung
Glas (n)	AB	+ 6.1.4	Material
	SB	+ 5.2	Nahrungsmittel, Speisen, Getränke
	SB	+ 6.6	Haushaltartikel
glatt	SB	+ 3.3	Klima, Wetter
Glatteis (n)	SB	3.3	Klima, Wetter
glauben	SA	+ 1.1.9	Äußerungen wiedergeben
	SA	1.1.12	versichern, beteuern
	SA	1.4.2	Überzeugung ausdrücken
	SA	+ 1.4.3	Glauben ausdrücken
	SA	+ 1.5.2	nach Überzeugung, Glauben, Vermutung fragen
	SA	+ 2.1.1	Meinungen, Ansichten ausdrücken
	SA	+ 2.4.1	Meinungen erfragen
	SA	+ 2.5.5	einwenden
	SA	+ 2.5.7	widerrufen
	SA	+ 6.1.7	zur Kenntnis nehmen
	SA	+ 6.3.1	Äußerung einleiten
	AB	+ 6.2.1	Denken, Wissen
	SB	+ 1.11	Religion
gleich	SA	2.6.5	Indifferenz ausdrücken
	SA	3.13	Gleichgültigkeit ausdrücken
	SA	4.5.1	einwilligen
	SA	6.1.3	anzeigen, daß man weitersprechen will
	AB	+ 4.6	Zukunftsbezug

	AB +	7.5.1	Identität
	AB +	.5.2	Vergleich; Entsprechung/Unterschiedlichkeit
	SB +	15.2	Lebensverhältnisse, Wirtschaft, Soziales
– der gleiche	AB +	1	Gegenstände
Gleichberechtigung (f)	SB	15.2	Lebensverhältnisse, Wirtschaft, Soziales
gleichfalls			
– danke gleichfalls	SA +	5.3.6.2	auf gute Wünsche reagieren
gleichzeitig	AB	4.5	Gleichzeitigkeit
Gleis (n)	SB	4.4	öffentlicher Verkehr
Glück (n)	SA	3.9	Erleichterung ausdrücken
	AB +	6.3.15	Gelingen, Erfolg
– viel Glück	SA	5.3.6.1	gute Wünsche aussprechen
– zum Glück	SA	3.9	Erleichterung ausdrücken
glücklich	AB	6.2.2	Gefühl
Glückwunsch (m)			
– herzlichen Glückwunsch	SA +	5.3.4.1	gratulieren
Gold (n)	AB	6.1.4	Material
Gott	SB +	1.11	Religion
– mein Gott!	SA	3.11	Bestürzung ausdrücken
– um Gottes willen!	SA	3.11	Bestürzung ausdrücken
– Gott sei Dank!	SA	3.9	Erleichterung ausdrücken
Grad (m)	AB +	6.1.2.2	Temperatur
Gramm (n)	AB +	3.3.5	Gewicht
Gras (n)	SB	3.2	Pflanzen
gräßlich	SA	3.24	Abscheu ausdrücken
gratis	AB +	6.3.1	Wert, Preis
	SB +	6.2	Preis/Bezahlen
gratulieren	SA	2.2.1	loben, positiv bewerten
	SA	5.3.4.1	gratulieren
grau	AB +	6.1.3	Farbe
Grenze (f)	SB +	4.6	Grenzübergang
Grill (m)	SB	5.2	Nahrungsmittel, Speisen, Getränke
Grippe (f)	SB +	8.4	Krankheit/Unfall
Groschen (m)	SB +	7.4	Bank (Währung)
groß	SA +	6.2.7	buchstabieren
	AB +	3.3.1	Größe
	AB +	3.3.2	Längenmaß
	AB +	3.3.3	Flächenmaß
	AB +	3.3.4	Volumen
	SB +	1.15	Aussehen
	SB +	2.7	Charakterisierungen für Wohnung
großartig	SA	2.2.1	loben, positiv bewerten
	SA	3.5	Begeisterung ausdrücken
Größe (f)	SB	6.4	Kleidung
Großeltern (Pl.)	SB +	1.12	Familie
Großmutter (f)	SB +	1.12	Familie
Großvater (m)	SB +	1.12	Familie
grün	AB +	6.1.3	Farbe
Grund (m)	AB	7.11	Kausalität: Grund, Ursache
Grundschule (f)	SB	11.1	Schule und Studium
Gruppe (f)	SB +	4.3	(Ferien-)Reisen
Gruß (m)			
– viele Grüße	SA +	5.2.2.1	jm. Grüße auftragen
	SA +	5.2.4	Schluß-, Grußformeln in Briefen
– mit freundlichen Grüßen	SA +	5.2.4	Schluß-, Grußformeln in Briefen
grüßen	SA	5.2.2.1	jm. Grüße auftragen
gucken	SA	1.1.6	auf etwas aufmerksam machen
	SB	9.1	sinnliche Wahrnehmung
günstig	AB	6.3.1	Wert, Preis
	SB	6.2	Preis/Bezahlen
Gummi (m)	AB +	6.1.4	Material
gut	SA +	2.2.1	loben, positiv bewerten

	SA + 2.2.2	billigen
	SA + 2.2.3	dankend anerkennen
	SA 2.2.4	bagatellisieren, verzeihen
	SA + 2.5.4	einräumen
	SA + 3.6	Freude ausdrücken
	SA + 3.9	Erleichterung ausdrücken
	SA 4.1.1	j. auffordern
	SA + 4.2.1	erlauben
	SA 4.2.4	Dispens verweigern
	SA + 4.3.4	um Rat fragen
	SA + 4.4.6	versprechen
	SA + 4.5.1	einwilligen
	SA + 4.5.3	Angebote annehmen
	SA + 5.1.2.2	auf Frage nach dem Befinden reagieren
	SA + .1.7	zur Kenntnis nehmen
	SA + 6.2.9	kontrollieren, ob man akustisch verstanden wird
	AB + 6.1.7	Sichtbarkeit, Sicht
	AB + 6.1.8	Hörbarkeit, Geräusch
	AB + .1.10	Geruch
	AB + 6.3.2	Qualität
	AB + 6.3.4	Akzeptabilität
	AB + 6.3.9	Nützlichkeit
	SB 1.13	Interessen, Neigungen
	SB + 3.3	Klima, Wetter
	SB + 5.4	Charakterisierungen für Essen und Trinken
	SB + 8.4	Krankheit/Unfall
	SB + 10.6	Charakterisierungen für Stelle und Arbeit
	SB + 12.2	Sprachbeherrschung
	SB + 13.9	Charakterisierungen für Veranstaltungen, Lektüre
– alles Gute	SA + 5.3.4.1	gratulieren
	SA + 5.3.6.1	gute Wünsche aussprechen
– gute Besserung	SA + 5.3.6.1	gute Wünsche aussprechen
– gute Fahrt	SA 5.3.6.1	gute Wünsche aussprechen
– gute Nacht	SA + 5.2.1.1	sich verabschieden
– gute Reise	SA 5.3.6.1	gute Wünsche aussprechen
– guten Abend	SA + 5.1.1.1	j. begrüßen
– guten Appetit	SA + 5.3.6.1	gute Wünsche aussprechen
– guten Morgen	SA + 5.1.1.1	j. begrüßen
– guten Tag	SA + 5.1.1.1	j. begrüßen
– jm. gutgehen, es	SB + 8.2	physisches und psychisches Befinden
	SB + 8.4	Krankheit/Unfall
– jm. nicht gut sein	SB + 8.4	Krankheit/Unfall
Gymnasium (n)	SB 11.1	Schule und Studium

H

H	SB 1.6	Geschlecht
Haare (Pl.)	SB + 1.15	Aussehen (Personen)
	SB + 8.3	Körperpflege, Hygiene
haben	SA + 4.1.1	j. auffordern
	SA + 4.1.3	bitten
	SA + 4.1.6	Wünsche äußern
	AB + 2.3	Verfügbarkeit/Nicht-Verfügbarkeit
	AB + 7.4	Prädikation
	AB + 7.6.1	Besitz
	AB 7.6.2	Teil-Ganzes
	AB + 7.14	Bedingungsverhältnis
	SB + 4.2	alltägliche Wege, Fahrten
	SB + 6.1	Einkaufen, Geschäfte
	SB + 14.3	Korrespondenz
	GR + 3.3.2	Verbalkomplex

– haben zu	SA	4.1.10	gebieten
	SA	4.6.4.1	auf Verpflichtung hinweisen
– die Absicht haben	SA	4.6.1.1	Absicht ausdrücken
	SA	4.7.1.1	nach Absicht fragen
– bei sich haben	SB	+ 6.2	Preis/Bezahlen
– etw. dagegen haben	SA	4.2.1	erlauben
	SA	4.3.1	um Erlaubnis bitten
– es eilig haben	SB	4.4	öffentlicher Verkehr
– frei haben	SB	+ 4.3	(Ferien-)Reisen
	SB	+ 10.3	Arbeitsbedingungen
– gern haben	*siehe:* gern		
– Lust haben	SA	+ 4.1.17	vorschlagen
	SA	4.3.3	um Vorschläge bitten
	SA	+ 4.5.1	einwilligen
	SA	+ 4.6.2.1	Handlungswunsch ausdrücken
	SA	+ 4.7.2.1	nach Handlungswunsch fragen
	AB	+ 6.2.3	Wollen
– Platz haben	AB	3.3.4	Volumen
	SB	+ 2.7	Charakterisierungen für Wohnung
– recht haben	SA	+ 2.5.1	zustimmen, beipflichten
	SA	2.5.2	widersprechen
	SA	2.5.7	widerrufen
	AB	6.3.6	Richtigkeit, Wahrheit
– das Recht haben	SA	4.6.4.2	auf Verbote hinweisen
	SA	4.6.4.3	auf Erlaubtheit hinweisen
– Zeit haben	SA	+ 4.6.3.3	Bereitsein ausdrücken
	SA	+ 4.7.3.3	nach Bereitsein fragen
	AB	+ 4.10	Frühzeitigkeit/Späte
Hafen (m)	SB	+ 4.4	öffentlicher Verkehr
Hähnchen (n)	SB	5.2	Nahrungsmittel, Speisen, Getränke
halb	AB	+ 4.1	Zeitpunkt, Zeitraum
	AB	+ 5.1	Zahl
	AB	+ 5.2	Menge
	AB	+ 7.6.2	Teil-Ganzes
halb-	GR	6.1.1	Wortbildung
-halb	AB	3.1.3	relative Lage
	GR	6.2.4	Wortbildung
Halbpension (f)	SB	2.6	auswärts wohnen
Hälfte (f)	AB	+ 5.2	Menge
	AB	+ 7.6.2	Teil-Ganzes
hallo!	SA	+ 4.1.5	um Hilfe rufen
	SA	5.1.1.1	j. begrüßen
	SA	+ 5.1.4.1	j. ansprechen
	SA	+ 5.1.6.2	sich als Angerufener am Telefon melden
	SA	+ 6.2.4	Nicht-Verstehen signalisieren
	SA	+ 6.2.9	kontrollieren, ob man akustisch verstanden wird
Hals (m)	SB	+ 8.1	Körperteile
halt	SA	2.3.1	begründen, rechtfertigen
	SA	3.14	Resignation ausdrücken
halt!	SA	+ 4.1.14	warnen
	SB	+ 4.5	Privatverkehr
haltbar	SB	5.2	Nahrungsmittel, Speisen, Getränke
halten	AB	+ 3.1.1	Ruhezustand
	AB	+ 3.2.1	Bewegung, Fortbewegung
	SB	+ 4.5	Privatverkehr
	SB	+ 9.3	manuelle Tätigkeiten
halten für	SA	1.4.2	Überzeugung ausdrücken
	SA	2.1.1	Meinungen, Ansichten ausdrücken
Haltestelle (f)	SB	+ 4.4	öffentlicher Verkehr
Hand (f)	SB	+ 8.1	Körperteile
Handel (m)	SB	15.2	Lebensverhältnisse, Wirtschaft
Handschuh (m)	SB	+ 6.4	Kleidung, Accessoires

Handtuch (n)	SB	+ 8.3	Körperpflege, Hygiene
Handwerker (m)	SB	1.10	berufliche Tätigkeit
hängen	AB	3.1.1	Ruhezustand
	AB	3.2.2	Bewegung mit Personen und Gegenständen
hart	AB	+ 6.1.5	Materialbeschaffenheit
hassen	AB	6.2.2	Gefühl
häßlich	AB	6.3.3	ästhetische Qualität
ein Haufen (m)	AB	5.2	Menge
häufig	AB	4.18	Häufigkeit
Haupt-	AB	6.3.10	Wichtigkeit
	GR	6.1.1	Wortbildung
Hauptbahnhof (m)	SB	4.4	öffentlicher Verkehr
Hauptsache (f)	AB	6.3.10	Wichtigkeit
Hauptstraße (f)	SB	4.5	Privatverkehr
Haus (n)	SB	+ 2.1	Art der Wohnung
– nach Hause	AB	+ 3.2.4	Richtung, Ziel
	SB	+ 2.1	Art der Wohnung
	SB	+ 4.2	alltägliche Wege, Fahrten
– zu Hause	AB	+ 3.1.3	relative Lage
	SB	+ 2.1	Art der Wohnung
	SB	+ 4.2	alltägliche Wege, Fahrten
Hausfrau (f)	SB	+ 1.10	berufliche Tätigkeit
Haushalt (m)	SB	6.6	Haushaltartikel
Hausordnung (f)	SA	4.1.10	gebieten
heben	SB	9.3	manuelle Tätigkeiten
heh!	SA	5.1.4.1	j. ansprechen
Heim (n)	SB	2.1	Art der Wohnung
heim-	AB	3.2.4	Richtung, Ziel
	GR	6.1.3	Wortbildung
heiraten	SB	+ 1.7	Familienstand
heiß	AB	+ 6.1.2.2	Temperatur
	SB	+ 3.3	Klima, Wetter
	SB	+ 8.2	physisches und psychisches Befinden
heißen	SA	+ 1.1.1	identifizieren, benennen
	SA	+ 5.1.3.1	sich vorstellen
	SA	+ 6.2.5	um sprachliche Erklärungen bitten
	SA	+ 6.2.6	um Explizierung, Kommentierung bitten
	SA	+ 6.3.2	zögern, nach Worten suchen
	SA	+ 6.3.5	umschreiben
	AB	+ 7.4	Prädikation
	SB	+ 1.1	Name
	SB	+ 12.1	Verständigung
	SB	+ 13.7	Lektüre/Presse
– das heißt	SA	+ 6.2.11	eigene Äußerungen explizieren, kommentieren
heiter	SB	+ 3.3	Klima, Wetter
heizen	SB	+ 2.4	Haushalt, Komfort, technische Einrichtungen
Heizung (f)	SB	+ 2.4	Haushalt, Komfort, technische Einrichtungen
helfen	SA	+ 4.1.4	um Hilfe bitten
	SA	4.4.1	nach Wünschen fragen
	SA	+ 4.4.4	Hilfe anbieten
	SB	+ 15.2	Lebensverhältnisse, Wirtschaft, Soziales
– sich zu helfen wissen	SA	3.15	Ratlosigkeit ausdrücken
hell	AB	+ 6.1.3	Farbe
	AB	+ 6.1.7	Sichtbarkeit, Sicht
	SB	+ 1.15	Aussehen (Personen)
	SB	+ 5.2	Nahrungsmittel, Speisen, Getränke
hell-	AB	6.1.3	Farbe
Hemd (n)	SB	+ 6.4	Kleidung
her/her-	AB	3.2.3	Bewegungsrichtung
	GR	6.1.1	Wortbildung
	GR	6.1.3	Wortbildung
	GR	6.1.4	Wortbildung

– her sein	AB	4.8	Vergangenheitsbezug
– wo . . . her	*siehe:* woher		
-her	AB	3.2.5	Herkunft
	GR	6.1.4	Wortbildung
Herbst (m)	AB +	4.1	Zeitpunkt, Zeitraum
Herd (m)	SB	2.4	Haushalt, Komfort, technische Einrichtungen
herein	SA +	5.1.5.2	j. hereinbitten
	AB +	3.2.3	Bewegungsrichtung
herkommen	AB	3.2.3	Bewegungsrichtung
Herr (m)	SA +	5.1.1.1	j. begrüßen
	SA +	5.1.3.2	j. vorstellen
	SA +	5.1.4.1	j. ansprechen
	SA +	5.1.7	Anrede in Briefen
	SA +	5.2.1.1	sich verabschieden
	SB +	1.1	Name
	SB +	1.6	Geschlecht
herrlich	SA	3.5	Begeisterung ausdrücken
	AB	6.3.2	Qualität (allgemeine Wertung)
herstellen	SB	15.2	Wirtschaft
herum	AB	3.1.4	Nähe/Distanz
Herz (n)	SB	8.1	Körperteile
herzlich	SA	4.4.5	einladen
– herzlich willkommen	SA	5.1.1.1	j. begrüßen
– herzlichen Dank	SA	5.3.2.1	sich bedanken
– herzlichen Glückwunsch	SA +	5.3.4.1	gratulieren
– herzliches Beileid	SA +	5.3.5.1	kondolieren
heute	AB +	4.1	Zeitpunkt, Zeitraum
hier	SA +	4.3.5	um Instruktion bitten
	SA +	4.4.2	Dinge anbieten
	SA +	4.5.1	einwilligen
	SA +	5.1.6.1	sich als Anrufender am Telefon melden
	AB +	2.2	Anwesenheit/Abwesenheit
	AB +	3.1.2	Ort, Lage
	SB +	4.1	Orientierung
hierher	AB +	3.2.3	Bewegungsrichtung
hierhin	AB +	3.2.3	Bewegungsrichtung
hiermit	SA	4.1.9	Aufträge geben
Hilfe (f)	SA	4.1.4	um Hilfe bitten
	SA +	4.1.5	um Hilfe rufen
	SA	4.4.4	Hilfe anbieten
	SB +	15.2	Lebensverhältnisse, Wirtschaft, Soziales
Himmel (m)	SB +	3.3	Klima, Wetter
hin/hin-	AB +	3.2.3	Bewegungsrichtung
	SB +	4.4	öffentlicher Verkehr
	GR +	6.1.1	Wortbildung
	GR +	6.1.3	Wortbildung
	GR	6.1.4	Wortbildung
– wo . . . hin	*siehe:* wohin		
-hin	GR	6.1.4	Wortbildung
hinfallen	SB	8.4	Krankheit/Unfall
sich hinlegen	SB	9.2	Körperstellung und -bewegung
sich hinsetzen	SB	9.2	Körperstellung und -bewegung
hinten	AB +	3.1.2	Ort, Lage
hinter	AB +	3.1.3	relative Lage
	AB +	3.2.4	Richtung, Ziel
hinter-	AB	3.1.2	Ort, Lage
	GR	6.1.1	Wortbildung
hinterher	AB	4.3	Nachzeitigkeit
Hinweis (m)	SA	4.1.11	instruieren
hm	SA	1.3.1	bejahen
	SA	1.3.2	verneinen
	SA	4.5.1	einwilligen

	SA		6.1.7	zur Kenntnis nehmen
	SA	+	6.3.1	Äußerung einleiten
Hobby (n)	SB	+	13.1	Freizeitbeschäftigung/Interessen
hoch	AB	+	3.3.1	Größe
	SB		6.2	Preis/Bezahlen
hoch-	AB		3.2.3	Bewegungsrichtung
	GR		6.1.3	Wortbildung
Hoch (n)	SB		3.3	Klima, Wetter
Hochhaus (n)	SB		2.1	Art der Wohnung
Höchst-	AB		5.3	Grad
	GR		6.1.1	Wortbildung
höchstens	AB	+	5.3	Grad
höchstwahrscheinlich	SA		1.1.2.6	als wahrscheinlich darstellen
	SA		1.1.2.9	als unwahrscheinlich darstellen
Hof (m)	SB	+	2.2	Räume
hoffen	SA	+	1.1.9	Äußerungen wiedergeben
	SA	+	3.16	Hoffnung ausdrücken
	AB	+	6.2.2	Gefühl
	AB	+	6.3.8	Erwünschtheit
hoffentlich	SA	+	3.16	Hoffnung ausdrücken
	SA	+	3.17	Angst/Befürchtung ausdrücken
	AB	+	6.3.8	Erwünschtheit
holen	AB	+	3.2.2	Bewegung mit Personen und Gegenständen
	SB	+	4.4	öffentlicher Verkehr
	SB	+	6.1	Einkaufen, Geschäfte
	SB	+	7.6	Not-/Bereitschaftsdienste
	SB	+	8.5	medizinische Versorgung
	SB	+	13.2	Besuch von Veranstaltungen
Holz (n)	AB	+	6.1.4	Material
	SB	+	2.4	Haushalt, Komfort, technische Einrichtungen
hören	SA	+	1.1.6	auf etwas aufmerksam machen
	SA	+	1.1.9	Äußerungen wiedergeben
	AB	+	6.1.8	Hörbarkeit, Geräusch
	SB	+	7.3	Telefondienst
	SB	+	9.1	sinnliche Wahrnehmung
– Musik hören	SB	+	13.3	Theater, Kino, Konzert
– Radio hören	SB	+	13.6	Radio
Hose (f)	SB	+	6.4	Kleidung
Hotel (n)	SB	+	2.6	auswärts wohnen
hübsch	AB	+	6.3.3	ästhetische Qualität
	SB	+	1.15	Aussehen
	SB	+	6.4	Kleidung, Accessoires
Hügel (m)	SB		3.1	Gegend, Stadt, Land
Huhn (n)	SB	+	5.2	Nahrungsmittel, Speisen, Getränke
Hund (m)	SB	+	3.2	Tiere
Hunger (m)	SB	+	5.1	Essen, Trinken, Mahlzeiten
	SB	+	8.2	physisches und psychisches Befinden
hurra!	SA		3.5	Begeisterung ausdrücken
Husten (m)	SB		8.4	Krankheit
Hut (m)	SB	+	6.4	Kleidung, Accessoires
hyper-	GR		6.2.5	Wortbildung

I

ich	AB	+	1	Gegenstände; Personen
	GR	+	1.1	Deixis
	GR	+	5.6.1	Personalpronomen
ideal	AB		6.3.2	Qualität (allgemeine Wertung)
Idee (f)	SA	+	4.1.17	vorschlagen
	SA	+	4.3.3	um Vorschläge bitten
	SA	+	4.5.1	einwilligen
	AB	+	6.2.1	Denken, Wissen

ihr	AB + 1	Gegenstände; Personen
	AB + 7.6.1	Besitz
	GR + 1.1	Text
	GR + 5.6.1	Personalpronomen
	GR + 5.7.2	Possessivpronomen/Possessivdeterminativ
Ihr	SA + 5.2.4	Grußformeln in Briefen
	siehe auch: mein	
Illustrierte (f)	SB 13.7	Lektüre/Presse
Imbiß (m)	SB 5.1	Essen, Trinken, Mahlzeiten
immer	SA + 1.1.3	verallgemeinern, generalisieren
	AB + 4.11	Zeitdauer
	AB + 4.13	Fortdauer, Fortsetzung
	AB + 4.18	Häufigkeit
	AB 4.19	Wiederholung
	AB + 5.3	Grad
Import (m)	SB 15.2	Wirtschaft
importieren	SB 15.2	Wirtschaft
in	AB + 3.1.3	relative Lage
	AB + 3.2.4	Richtung, Ziel
	AB + 4.1	Zeitpunkt, Zeitraum
	AB + 4.3	Nachzeitigkeit
	AB + 4.11	Zeitdauer
	AB + 4.18	Häufigkeit
	SB + 11.2	Unterrichtsfächer
in-	SA 1.1.2.2	als nicht gegeben, nicht wahr darstellen
	GR 6.2.5	Wortbildung
-in	SB .1.6	Geschlecht
	GR 6.2.1	Wortbildung
inbegriffen	AB 7.9	Inklusion/Exklusion
	SB 2.5	Mietverhältnis
	SB 5.3	Restaurant, Café
Industrie (f)	SB + 3.1	Gegend, Stadt, Land
	SB + 15.2	Lebensverhältnisse, Wirtschaft, Soziales
Infektion (f)	SB + 8.4	Krankheit/Unfall
Inflation (f)	SB 15.2	Lebensverhältnisse, Wirtschaft, Soziales
Information (f)	SB 4.3	(Ferien-)Reisen
	SB 4.4	öffentlicher Verkehr
informieren	SA 1.1.6	auf etwas aufmerksam machen
Inhalt (m)	AB 3.3.4	Volumen
inklusive	AB 7.9	Inklusion/Exklusion
Inland (n)	SB 7.3	Telefondienst
innen	AB + 3.1.2	Ort, Lage
innen-	SB 15.3	Politik
	GR 6.1.1	Wortbildung
Insekt (n)	SB + 3.2	Tiere
Insel (f)	SB + 3.1	Gegend, Stadt, Land
Instrument (n)	SB + 13.3	Theater, Kino, Konzert
intelligent	AB + 6.2.1	Denken, Wissen
	SB + 1.14	Charakter, Temperament
interessant	SA + 2.6.1	Interesse ausdrücken
	SA + 2.6.7	Desinteresse ausdrücken
	SA + 3.21	Langeweile ausdrücken
	SA + 6.1.7	zur Kenntnis nehmen
	SB + 10.6	Charakterisierungen für Stelle und Arbeit
	SB + 13.9	Charakterisierungen für Veranstaltungen, Lektüre
sich interessieren	SA + 2.6.1	Interesse ausdrücken
	SA + 2.6.7	Desinteresse ausdrücken
	SA + 2.7.1	nach Interesse fragen
	SA + 3.13	Gleichgültigkeit ausdrücken
	SB + 1.13	Interessen, Neigungen
	SB + 13.1	Freizeitbeschäftigung/Interessen
sich interessieren für	SA + 2.6.1	Interesse ausdrücken

	SA	+ 2.6.7	Desinteresse ausdrücken
	SA	+ 2.7.1	nach Interesse fragen
	SB	+ 1.13	Interessen, Neigungen
	SB	+ 13.1	Freizeitbeschäftigung/Interessen
international	SB	15.3	Politik
inzwischen	AB	4.5	Gleichzeitigkeit
	AB	4.6	Zukunftsbezug
	AB	4.8	Vergangenheitsbezug
irgend-	GR	6.1.4	Wortbildung
irgendein	AB	+ 1	Gegenstände
irgendetwas	AB	+ 1	Gegenstände
irgendwann	AB	+ 4.1	Zeitpunkt, Zeitraum
irgendwer	AB	1	Gegenstände; Personen
irgendwo	AB	+ 3.1.2	Ort, Lage
irgendwohin	AB	+ 3.2.3	Bewegungsrichtung
sich irren	SA	1.2.2	sich vergewissern
	SA	1.4.3	Glauben ausdrücken
	SA	+ 2.5.3	korrigieren
	SA	+ 2.5.7	widerrufen
	AB	+ 6.3.6	Richtigkeit, Wahrheit

J

ja	SA	1.1.2.3	als selbstverständlich darstellen
	SA	+ 1.2.2	sich vergewissern
	SA	+ 1.3.1	bejahen
	SA	2.3.1	begründen, rechtfertigen
	SA	+ 2.3.2	zugeben, eingestehen
	SA	+ 2.5.4	einräumen
	SA	+ 3.8	Überraschung ausdrücken
	SA	4.1.15	drohen
	SA	4.1.18	raten
	SA	+ 4.2.1	erlauben
	SA	+ 4.2.2	dispensieren
	SA	4.3.1	um Erlaubnis bitten
	SA	+ 4.5.1	einwilligen
	SA	+ 4.5.3	Angebote annehmen
	SA	+ 5.1.4.2	reagieren, wenn man angesprochen wird
	SA	+ 5.1.5.2	j. hereinbitten
	SA	+ 5.1.6.2	sich als Angerufener am Telefon melden
	SA	+ 6.1.4	Aufmerksamkeit des Hörers suchen
	SA	+ 6.1.5	das Wort überlassen, übergeben
	SA	+ 6.1.7	zur Kenntnis nehmen
	SA	+ 6.3.1	Äußerung einleiten
	SA	+ 6.3.11	Äußerung abschließen
Jacke (f)	SB	+ 6.4	Kleidung, Accessoires
Jahr (n)	AB	+ 4.1	Zeitpunkt, Zeitraum
	SB	+ 1.5	Alter
Jahrhundert (n)	AB	+ 4.1	Zeitpunkt, Zeitraum
Januar (m)	AB	+ 4.1	Zeitpunkt, Zeitraum
jawohl	SA	2.5.1	zustimmen, beipflichten
	SA	4.5.1	einwilligen
jeder	SA	+ 1.1.3	verallgemeinern, generalisieren
	AB	+ 1	Gegenstände; Personen
	AB	+ 4.18	Häufigkeit
	AB	+ 5.2	Menge
jedesmal	AB	4.18	Häufigkeit
jemand	AB	+ 1	Gegenstände; Personen
jener	AB	1	Gegenstände; Personen
jetzt	SA	+ 3.15	Ratlosigkeit ausdrücken
	SA	+ 4.1.13	drängen
	SA	+ 4.3.4	um Rat fragen

	SA	+ 4.6.1.2	Entschlossenheit ausdrücken
	SA	+ 4.7.1.2	nach Entschlossenheit fragen
	AB	+ 4.1	Zeitpunkt, Zeitraum
	AB	+ 4.7	Gegenwartsbezug
Jh.	AB	4.1	Zeitpunkt, Zeitraum
Job (m)	SB	1.10	berufliche Tätigkeit
Journalist, -in (m, f)	SB	13.7	Lektüre/Presse
Jugend (f)	SB	1.5	Alter
Jugendherberge (f)	SB	2.6	auswärts wohnen
Jugendliche(r) (m, f)	SB	1.5	Alter
Juli (m)	AB	+ 4.1	Zeitpunkt, Zeitraum
jung	AB	+ 6.1.11	Alter
	SB	+ 1.5	Alter
Junge (m)	SB	+ 1.6	Geschlecht
	SB	+ 1.7	Familienstand
	SB	+ 1.12	Familie
Juni (m)	AB	+ 4.1	Zeitpunkt, Zeitraum

K

Kabarett (n)	SB	13.2	Besuch von Veranstaltungen
Kabine (f)	SB	6.4	Kleidung
	SB	7.3	Telefondienst
Kabinett (n)	SB	15.3	Politik
Kaffee (m)	SB	+ 5.1	Essen, Trinken
	SB	+ 5.2	Nahrungsmittel, Speisen, Getränke
Kalb(fleisch) (n)	SB	+ 5.2	Nahrungsmittel, Speisen, Getränke
kalt	AB	+ 6.1.2.2	Temperatur
	SB	+ 2.4	Haushalt, Komfort, technische Einrichtungen
	SB	+ 3.3	Klima, Wetter
	SB	+ 8.2	physisches und psychisches Befinden
Kamera (f)	SB	13.1	Freizeitbeschäftigung, Interessen
Kamm (m)	SB	+ 8.3	Körperpflege/Hygiene
kämpfen	SB	15.1	aktuelles Geschehen
Kanne (f)	SB	6.6	Haushaltartikel
Kännchen (n)	SB	5.2	Nahrungsmittel, Speisen, Getränke
Kantine (f)	SB	10.3	Arbeitsbedingungen
Kapelle (f)	SB	1.11	Religion
kapieren	AB	6.2.1	Denken, Wissen
kapitalistisch	SB	+ 15.2	Lebensverhältnisse, Wirtschaft, Soziales
kaputt	AB	+ 6.1.12	(äußerer) Zustand, Verfassung
	SB	+ 7.7	Autoreparatur/Pannenhilfe
	SB	8.2	physisches und psychisches Befinden
kaputtgehen	AB	+ 6.1.5	Materialbeschaffenheit
Karte (f)	SB	+ 4.1	Orientierung
	SB	+ 5.3	Restaurant, Café
	SB	+ 7.1	Post
	SB	+ 13.2	Besuch von Veranstaltungen
	SB	+ 14.3	Korrespondenz
Kartoffel (f)	SB	+ 5.2	Nahrungsmittel, Speisen, Getränke
Käse (m)	SB	+ 5.2	Nahrungsmittel, Speisen, Getränke
Kasse (f)	SB	+ 6.2	Preis/Bezahlen
	SB	+ 13.2	Besuch von Veranstaltungen
Kassette (f)	SB	+ 13.6	Radio/Fernsehen
Kassettengerät (n)	SB	+ 13.6	Radio/Fernsehen
Kassettenrecorder (m)	SB	+ 13.6	Radio/Fernsehen
Katastrophe (f)	SB	15.1	aktuelles Geschehen
Kathedrale (f)	SB	1.11	Religion
Katholik (m)	SB	1.11	Religion
katholisch	SB	1.11	Religion
Katze (f)	SB	+ 3.2	Tiere

kaufen	SB	+ 2.1	Art der Wohnung
	SB	+ 6.1	Einkaufen, Geschäfte
	SB	+ 13.2	Besuch von Veranstaltungen
	SB	+ 15.2	Lebensverhältnisse, Wirtschaft, Soziales
Kaufhaus (n)	SB	+ 6.1	Einkaufen, Geschäfte
Kaufmann (m)	SB	1.10	berufliche Tätigkeit
kaufmännisch	SB	1.10	berufliche Tätigkeit
kaum	SA	1.1.2.9	als unwahrscheinlich darstellen
	SA	1.3.1	bejahen
	SA	1.3.2	verneinen
	SA	1.4.5	Zweifel ausdrücken
	AB	4.18	Häufigkeit
	AB	5.3	Grad
kein	SA	1.1.2.2	als nicht gegeben, nicht wahr darstellen
	AB	+ 1	Gegenstände
	AB	+ 5.2	Menge
	GR	+ 5.9	Negationswörter
keinesfalls	SA	1.3.1	bejahen
	SA	1.3.2	verneinen
	SA	4.6.4.2	auf Verbote hinweisen
keineswegs	SA	1.3.1	bejahen
	SA	1.3.2	verneinen
	SA	4.2.1	erlauben
Keller (m)	SB	+ 2.2	Räume
Kellner (m)	SB	5.3	Restaurant, Café
kennen	SA	+ 1.4.1	Wissen ausdrücken
	SA	+ 1.4.6	Nichtwissen ausdrücken
	SA	+ 1.5.1	nach Wissen fragen
	SA	+ 4.6.3.2	Zuständigkeit ausdrücken
	SA	+ 4.7.3.2	nach Zuständigkeit fragen
	SA	+ 5.1.3.2	j. vorstellen
	AB	+ 6.2.1	Denken, Wissen
	SB	+ 14.1	Art der persönlichen Beziehung
kennenlernen	SA	5.1.3.3	reagieren, wenn sich j. vorstellt oder vorgestellt wird
	SB	+ 14.1	Art der persönlichen Beziehung
Kette (f)	SB	6.4	Kleidung, Accessoires
kg	AB	3.3.5	Gewicht
Kilo (n)	AB	+ 3.3.5	Gewicht
Kilogramm (n)	AB	3.3.5	Gewicht
Kilometer (m)	AB	+ 3.3.2	Längenmaß
Kind (n)	SB	+ 1.5	Alter
	SB	+ 1.7	Familienstand
	SB	+ 1.12	Familie
	SB	+ 8.2	physisches und psychisches Befinden
Kindergarten (m)	SB	11.1	Schule, Ausbildung
Kino (n)	SB	+ 13.3	Theater, Kino, Konzert
Kiosk (m)	SB	+ 6.1	Einkaufen, Geschäfte
Kirche (f)	SB	+ 1.11	Religion
	SB	+ 13.4	bildende Kunst/Ausstellungen/Sehenswürdigkeiten
Kissen (n)	SB	+ 2.3	Einrichtung; Möbel, Bettwäsche
Klammer (f)	SA	6.2.7	buchstabieren, diktieren
klappen	AB	6.3.15	Gelingen, Erfolg
klar	SA	+ 1.1.2.3	als selbstverständlich darstellen
	SA	+ 1.1.2.8	als unsicher, ungewiß darstellen
	SA	+ 1.3.1	bejahen
	SA	+ 1.3.2	verneinen
	SA	+ 1.4.2	Überzeugung ausdrücken
	SA	+ 2.5.1	zustimmen, beipflichten
	SA	+ 4.2.1	erlauben
	SA	+ 4.5.1	einwilligen
	SA	+ 6.1.7	zur Kenntnis nehmen
	AB	6.1.7	Sichtbarkeit, Sicht

	AB	6.2.1	Denken, Wissen
Klasse (f)	SA	2.2.1	loben, positiv bewerten
	SA	3.5	Begeisterung ausdrücken
	SA	4.5.1	einwilligen
	SB +	4.4	öffentlicher Verkehr
	SB +	11.1	Schule und Studium
klassisch	SB +	13.3	Theater, Kino, Konzert
kleben	SB +	6.6	Haushaltartikel
Klebstoff (m)	SB +	6.6	Haushaltartikel
Kleid (n)	SB +	6.4	Kleidung
Kleider (Pl.)	SB +	6.4	Kleidung
klein	SA +	6.2.7	buchstabieren
	AB +	3.3.1	Größe
	SB +	1.5	Alter
	SB +	1.15	Aussehen (Personen)
	SB +	2.7	Charakterisierungen für Wohnung
Kleingeld (n)	SB	6.2	Preis/Bezahlen
Klima (n)	SB +	3.3	Klima, Wetter
klingeln	SB +	2.4	Haushalt, Komfort, technische Einrichtungen
	SB +	7.3	Telefondienst
Klinik (f)	SB	8.5	medizinische Versorgung
Klo (n)	SB	2.2	Räume
klopfen	SB +	2.4	Haushalt, Komfort, technische Einrichtungen
Klub (m)	SB +	13.3	Theater, Kino, Konzert
	SB +	13.5	Sport
	SB +	14.4	Vereine
km	AB	3.3.2	Längenmaß
km/h	AB	4.17	Geschwindigkeit
Kneipe (f)	SB	5.3	Restaurant, Café
Knopf (m)	SB +	2.4	Haushalt
	SB +	4.4	Kleidung, Accessoires
k.o.	SB	8.2	physisches und psychisches Befinden
Koalition (f)	SB	15.3	Politik
kochen	SB +	2.4	Haushalt
	SB +	5.1	Essen, Trinken, Mahlzeiten
Koffer (m)	SB +	4.4	öffentlicher Verkehr (Reisen)
Kohle (f)	SB +	2.4	Haushalt, Komfort, technische Einrichtungen
Kopfkissen (n)	SB	2.3	Einrichtung; Möbel, Bettwäsche
Kollege, Kollegin (m, f)	SB +	10.3	Arbeitsbedingungen
	SB +	14.1	Art der persönlichen Beziehung
Komfort (m)	SB	2.7	Charakterisierungen für Wohnung, Einrichtung
komisch	SA +	3.8	Überraschung ausdrücken
	AB +	6.1.10	Geruch
	AB +	6.3.7	Normalität
	SB +	1.14	Charakter, Temperament
	SB +	13.9	Charakterisierungen für Veranstaltungen, Lektüre
Komma (n)	SA +	6.2.7	buchstabieren, diktieren
	AB +	5.1	Zahl
kommen	SA	2.4.4	Rechtfertigung verlangen
	SA	4.1.2	auffordern zu gemeinsamem Handeln
	SA	4.1.13	drängen
	SA	4.1.16	ermuntern
	SA +	4.3.5	um Instruktion bitten
	SA +	4.5.1	einwilligen
	SA +	4.5.5	Angebote ablehnen
	SA +	5.1.5.2	j. hereinbitten
	AB +	3.2.1	Bewegung, Fortbewegung
	AB +	3.2.6	Weg
	AB +	4.4	Abfolge, Reihenfolge
	AB +	7.11	Kausalität: Grund, Ursache
	SB +	1.9	Herkunft
	SB +	4.1	Orientierung

	SB	+ 4.2	alltägliche Wege, Fahrten
	SB	+ 14.2	Einladungen, Verabredungen
– in Frage kommen	SA	4.2.3	Erlaubnis verweigern
	SA	4.5.4	sich weigern
kommend-	AB	4.1	Zeitpunkt, Zeitraum
Kommunist, -in (m, f)	SB	+ 15.3	Politik
kommunistisch	SB	+ 15.3	Politik
kompliziert	AB	6.3.14	Schwierigkeit
Kompromiß (m)	SB	15.1	aktuelles Geschehen
Konferenz (f)	SB	15.1	aktuelles Geschehen
Konfession (f)	SB	1.11	Religion
Konflikt (m)	SB	15.1	aktuelles Geschehen
König, -in (m, f)	SB	15.3	Politik
Konkurrenz (f)	SB	15.2	Lebensverhältnisse, Wirtschaft, Soziales
können	SA	+ 1.2.1	Informationen erfragen
	SA	+ 1.3.5	Antwort verweigern
	SA	1.4.4	Vermutung ausdrücken
	SA	+ 1.4.6	Nichtwissen ausdrücken
	SA	+ 1.5.1	nach Wissen fragen
	SA	2.2.4	bagatellisieren, verzeihen
	SA	2.2.5	kritisieren, negativ bewerten
	SA	2.2.7	Vorwürfe machen, beschuldigen
	SA	+ 3.14	Resignation ausdrücken
	SA	+ 4.1.1	j. auffordern
	SA	+ 4.1.3	bitten
	SA	+ 4.1.4	um Hilfe bitten
	SA	+ 4.1.6	Wünsche äußern
	SA	4.1.7	verlangen, kaufen
	SA	4.1.8	bestellen
	SA	+ 4.1.9	Aufträge geben
	SA	+ 4.1.10	gebieten, verbieten
	SA	4.1.11	instruieren
	SA	+ 4.1.13	drängen
	SA	4.1.16	ermuntern
	SA	+ 4.1.17	vorschlagen
	SA	4.1.18	raten
	SA	+ 4.2.1	erlauben
	SA	+ 4.2.2	dispensieren
	SA	4.2.3	Erlaubnis verweigern
	SA	+ 4.3.1	um Erlaubnis bitten
	SA	+ 4.3.2	um Dispens bitten
	SA	+ 4.3.3	um Vorschläge bitten
	SA	+ 4.3.4	um Rat fragen
	SA	+ 4.3.5	um Instruktion bitten
	SA	+ 4.4.2	Dinge anbieten
	SA	+ 4.4.3	anbieten, etwas zu tun
	SA	+ 4.4.4	Hilfe anbieten
	SA	+ 4.5.6	zögern
	SA	+ 4.6.1.3	Unentschlossenheit ausdrücken
	SA	+ 4.6.3.1	Fähigkeit ausdrücken
	SA	+ 4.6.3.2	Zuständigkeit ausdrücken
	SA	+ 4.6.3.3	Bereitsein ausdrücken
	SA	+ 4.6.3.4	Machbarkeit ausdrücken
	SA	+ 4.6.3.8	Unfähigkeit ausdrücken
	SA	+ 4.6.4.2	auf Verbote hinweisen
	SA	+ 4.6.4.3	auf Erlaubtheit hinweisen
	SA	+ 4.7.1.2	nach Entschlossenheit fragen
	SA	+ 4.7.3.1	nach Fähigkeit fragen
	SA	+ 4.7.3.2	nach Zuständigkeit fragen
	SA	+ 4.7.3.3	nach Bereitsein fragen
	SA	+ 4.7.3.4	nach Machbarkeit fragen
	SA	+ 4.7.4.2	nach Erlaubtheit fragen

	SA	+ 5.1.5.1	um Erlaubnis bitten einzutreten
	SA	+ 6.1.1	ums Wort bitten
	SA	+ 6.1.3	anzeigen, daß man weitersprechen will
	SA	+ 6.2.2	um Wiederholung bitten
	SA	+ 6.2.3	bitten zu buchstabieren
	SA	+ 6.2.4	Nicht-Verstehen signalisieren
	SA	+ 6.2.5	um sprachliche Erklärungen bitten
	SA	+ 6.2.6	um Explizierung, Kommentierung bitten
	SA	+ 6.2.9	kontrollieren, ob man akustisch verstanden wird
	SA	+ 6.3.3	um Ausdruckshilfe bitten
	AB	+ 3.2.1	Bewegung, Fortbewegung
	AB	+ 6.3.12	Möglichkeit
	AB	+ 6.3.13	Fähigkeit
	SB	+ 12.2	Sprachbeherrschung
– sein können	SA	+ 1.1.2.7	als möglich darstellen
	SA	+ 1.1.2.10	als unmöglich darstellen
	SA	+ 2.5.4	einräumen
konservativ	SB	+ 15.3	Politik
Konservative(r) (m, f)	SB	+ 15.3	Politik
Konsulat (n)	SB	+ 7.9	konsularische Vertretung
Konsum (m)	SB	15.2	Lebensverhältnisse, Wirtschaft, Soziales
Konto (n)	SB	+ 7.4	Bank
kontrollieren	SB	+ 7.8	Tankstelle
Konzert (n)	SB	+ 13.3	Theater, Kino, Konzert
Kopf (m)	SB	+ 8.1	Körperteile
Kopfkissen (n)	SB	2.3	Einrichtung; Möbel, Bettwäsche
korrigieren	SB	+ 12.2	Sprachbeherrschung
kosten	SB	+ 2.5	Mietverhältnis
	SB	+ 6.2	Preis/Bezahlen
	SB	+ 7.1	Post
kostenlos	AB	6.3.1	Wert, Preis
	SB	6.2	Preis/Bezahlen
Krach (m)	AB	6.1.8	Hörbarkeit, Geräusch
Kraft (f)	SB	8.2	physisches und psychisches Befinden
krank	SB	+ 8.4	Krankheit/Unfall
Kranke(r) (m, f)	SB	8.5	medizinische Versorgung
Krankenhaus (n)	SB	+ 7.6	Not-/Bereitschaftsdienste
	SB	+ 8.5	medizinische Versorgung
Krankenkasse (f)	SB	8.6	Versicherung
Krankenschein (m)	SB	8.6	Versicherung
Krankenwagen (m)	SB	7.6	Not-/Bereitschaftsdienste
Krankheit (f)	SB	8.4	Krankheit/Unfall
Kreuzung (f)	SB	+ 4.5	Privatverkehr
Krieg (m)	SB	+ 15.1	aktuelles Geschehen
	SB	+ 15.3	Politik
kriegen	SA	4.1.8	bestellen
	SA	4.4.1	nach Wünschen fragen
	AB	+ 7.6.1	Besitz
	SB	4.4	öffentlicher Verkehr
	SB	6.1	Einkaufen, Geschäfte
	SB	6.2	Preis/Bezahlen
	SB	+ 7.1	Post
	SB	+ 8.2	physisches und psychisches Befinden
	SB	+ 14.3	Korrespondenz
Krise (f)	SB	15.1	aktuelles Geschehen
Kritik (f)	SB	15.1	aktuelles Geschehen
kritisch	SB	15.1	aktuelles Geschehen
kritisieren	SB	+ 15.1	aktuelles Geschehen
Kubikmeter (m)	AB	3.3.4	Volumen
Küche (f)	SB	+ 2.2	Räume
	SB	5.2	Nahrungsmittel, Speisen, Getränke
Kuchen (m)	SB	+ 5.2	Nahrungsmittel, Speisen, Getränke

Kugelschreiber (m)	SB	+ 14.3	Korrespondenz
Kuh (f)	SB	+ 3.2	Tiere
kühl	AB	6.1.2.2	Temperatur
	SB	3.3	Klima, Wetter
Kühlschrank (m)	SB	+ 2.4	Haushalt, Komfort, technische Einrichtungen
Kunde, Kundin (m, f)	SB	6.1	Einkaufen, Geschäfte
kündigen	SB	2.5	Mietverhältnis
	SB	10.5	Berufsausbildung/Laufbahn
Kunst (f)	SB	+ 13.4	bildende Kunst/Ausstellungen/Sehenswürdigkeiten
Kunstfaser (f)	SB	6.4	Kleidung
Kunststoff (m)	AB	+ 6.1.4	Material
Künstler, -in (m, f)	SB	13.4	bildende Kunst/Ausstellungen/Sehenswürdigkeiten
Kurs (m)	SB	7.4	Bank
	SB	+ 11.1	Schule und Studium
Kursbuch (n)	SB	4.4	öffentlicher Verkehr
Kurve (f)	SB	+ 4.5	Privatverkehr
kurz	SA	6.3.9	zusammenfassen
	AB	+ 3.3.1	Größe
	AB	+ 4.11	Zeitdauer
	SB	+ 1.15	Aussehen (Personen)
kürzlich	AB	4.8	Vergangenheitsbezug
Kuß (m)	SB	+ 14.1	Art der persönlichen Beziehung
küssen	SB	14.1	Art der persönlichen Beziehung
Küste (f)	SB	3.1	Gegend, Stadt, Land
Kuvert (n)	SB	+ 14.3	Korrespondenz

L

l	AB	3.3.4	Volumen
lachen	AB	+ 6.2.2	Gefühl
Laden (m)	SB	6.1	Einkaufen, Geschäfte
Lage (f)	SB	2.7	Charakterisierungen für Wohnung, Wohnlage
	SB	15.1	aktuelles Geschehen
– in der Lage sein	SA	4.6.3.8	Unfähigkeit ausdrücken
	SA	4.7.3.1	nach Fähigkeit fragen
	AB	6.3.13	Fähigkeit
Lampe (f)	SB	+ 2.4	Haushalt, Komfort, technische Einrichtungen
Land (n)	SB	+ 1.2	Adresse
	SB	+ 1.9	Herkunft
	SB	+ 3.1	Gegend, Stadt, Land
	SB	+ 15.3	Politik
Landschaft (f)	SB	3.1	Gegend, Stadt, Land
Landwirtschaft (f)	SB	15.2	Lebensverhältnisse, Wirtschaft, Soziales
lang	AB	3.2.6	Weg
	AB	+ 3.3.1	Größe
	AB	+ 3.3.2	Längenmaß
	AB	+ 4.11	Zeitdauer
	SB	+ 1.15	Aussehen (Personen)
lange	SA	4.1.13	drängen
	AB	+ 4.11	Zeitdauer
langsam	SA	+ 6.2.4	Nicht-Verstehen signalisieren
	AB	+ 4.16	Veränderung/Beständigkeit
	AB	+ 4.17	Geschwindigkeit
	SB	+ 12.1	Verständigung
sich langweilen	SA	3.21	Langeweile ausdrücken
langweilig	SA	+ 3.21	Langeweile ausdrücken
	SB	+ 1.14	Charakter, Temperament
	SB	+ 10.6	Charakterisierungen für Stelle und Arbeit
	SB	+ 13.9	Charakterisierungen für Veranstaltungen, Lektüre
Lärm (m)	AB	6.1.8	Hörbarkeit, Geräusch
	SB	2.7	Charakterisierungen für Wohnung, Wohnlage

lassen	SA	+ 4.1.9	Aufträge geben
	SA	4.3.1	um Erlaubnis bitten
	SA	4.6.3.4	Machbarkeit ausdrücken
	AB	4.16	Veränderung/Beständigkeit
	AB	6.3.12	Möglichkeit
	AB	+ 7.3.1	Agens
	AB	+ 7.11	Kausalität: Grund, Ursache
	SB	+ 4.4	öffentlicher Verkehr
	SB	+ 8.3	Körperpflege/Hygiene
– etw. bleiben lassen	SA	3.23	Verärgerung ausdrücken
– j. in Ruhe lassen	SA	3.23	Verärgerung ausdrücken
– etw. sein lassen	SA	3.23	Verärgerung ausdrücken
	SA	4.2.2	dispensieren
Lastwagen (m)	SB	4.5	Privatverkehr
laufen	AB	+ 3.2.1	Bewegung, Fortbewegung
	SB	+ 4.4	öffentlicher Verkehr
	SB	+ 9.2	Körperstellung und -bewegung
laut	SA	+ 6.1.8	zum Schweigen auffordern
	SA	+ 6.2.4	Nicht-Verstehen signalisieren
	AB	+ 6.1.8	Hörbarkeit, Geräusch
	SB	+ 2.7	Charakterisierungen für Wohnung, Wohnlage
läuten	SB	2.4	Haushalt, Komfort, technische Einrichtungen
lauwarm	AB	6.1.2.2	Temperatur
Leben (n)	SB	+ 15.2	Lebensverhältnisse, Wirtschaft, Soziales
leben	SB	+ 1.2	Adresse
	SB	+ 8.4	Krankheit/Unfall
	SB	+ 14.1	Art der persönlichen Beziehung
	SB	+ 15.2	Lebensverhältnisse, Wirtschaft, Soziales
Lebensmittel (Pl.)	SB	+ 5.2	Nahrungsmittel, Speisen, Getränke
lecker	SB	5.4	Charakterisierungen für Essen und Trinken
Leder (n)	AB	+ 6.1.4	Material
	SB	+ 6.4	Kleidung, Accessoires
ledig	SB	1.7	Familienstand
leer	AB	+ 3.3.4	Volumen
leer machen	SB	+ 9.3	manuelle Tätigkeiten
legen	AB	+ 3.2.2	Bewegung mit Personen und Gegenständen
	SB	+ 9.2	Körperstellung und -bewegung
Lehre (f)	SB	+ 10.5	Berufsausbildung/Laufbahn
Lehrer, -in (m, f)	SB	+ 11.1	Schule und Studium
Lehrling (m)	SB	10.5	Berufsausbildung/Laufbahn
leicht	AB	+ 3.3.5	Gewicht
	AB	+ 6.3.14	Schwierigkeit
	SB	+ 6.5	Rauchwaren
	SB	8.4	Krankheit/Unfall
	SB	+ 12.2	Sprachbeherrschung
	SB	13.3	Theater, Kino, Konzert
leiden können	SA	3.1	Sympathie ausdrücken
	SA	3.3	Antipathie ausdrücken
	SB	1.13	Interessen, Neigungen
leider	SA	+ 1.3.4	Nichtwissen ausdrücken
	SA	+ 2.2.8	bedauern
	SA	+ 2.3.3	sich entschuldigen
	SA	+ 3.10	Enttäuschung ausdrücken
	SA	+ 3.14	Resignation ausdrücken
	SA	+ 4.2.3	Erlaubnis verweigern
	SA	+ 4.2.4	Dispens verweigern
	SA	+ 4.5.4	sich weigern
	SA	+ 4.5.5	Angebote ablehnen
leid tun	SA	3.2	Mitgefühl ausdrücken
– es tut mir leid	SA	+ 2.2.8	bedauern
	SA	+ 3.2	Mitgefühl ausdrücken
	SA	+ 4.2.3	Erlaubnis verweigern

	SA	+ 4.2.4	Dispens verweigern
	SA	+ 4.5.4	sich weigern
	SA	+ 4.5.5	Angebote ablehnen
Leih-	SB	4.5	Privatverkehr
	GR	6.1.1	Wortbildung
leihen	SB	+ 6.2	Preis/Bezahlen
-lein	AB	3.3.1	Größe
	GR	6.2.1	Wortbildung
leise	SA	+ 6.1.8	zum Schweigen auffordern
	SA	+ 6.2.4	Nicht-Verstehen signalisieren
	AB	+ 6.1.8	Hörbarkeit, Geräusch
lernen	SB	+ 10.5	Berufsausbildung/Laufbahn
	SB	+ 11.1	Schule und Studium
	SB	+ 11.3	Prüfungen, Diplome
	SB	+ 12.2	Sprachbeherrschung
lesen	SA	+ 1.1.6	auf etwas aufmerksam machen
	SA	+ 6.3.8	Thema wechseln
	SB	+ 11.2	Unterrichtsfächer
	SB	+ 12.2	Sprachbeherrschung
	SB	+ 13.7	Lektüre/Presse
letzt-	AB	+ 4.1	Zeitpunkt, Zeitraum
	AB	+ 4.4	Abfolge, Reihenfolge
Leute (Pl.)	AB	+ 1	Gegenstände; Personen
liberal	SB	+ 15.3	Politik
Liberale(r) (m, f)	SB	+ 15.3	Politik
-lich	AB	6.1.3	Farbe
	GR	6.2.2	Wortbildung
Licht (n)	SB	+ 2.4	Haushalt, Komfort, technische Einrichtungen
lieb	SA	2.2.3	dankend anerkennen
	SA	+ 5.1.7	Anrede in Briefen
Liebe (f)	AB	6.2.2	Gefühl
lieben	SA	+ 3.1	Sympathie ausdrücken
	AB	+ 6.2.2	Gefühl
	SB	+ 1.13	Interessen, Neigungen
	SB	+ 14.1	Art der persönlichen Beziehung
liebenswürdig	SA	4.5.3	Angebote annehmen
lieber (→ gern)	SA	+ 2.6.4	Vorliebe ausdrücken
	SA	+ 2.7.4	nach Vorliebe fragen
	SA	+ 4.1.6	Wünsche äußern
	SA	+ 4.1.18	raten
	SA	+ 4.2.3	Erlaubnis verweigern
	SA	4.3.4	um Rat fragen
	SA	ǀ 4.4.2	Dinge anbieten
	SA	+ 4.5.1	einwilligen
	SA	+ 4.5.5	Angebote ablehnen
	SA	+ 4.6.2.2	Präferenz ausdrücken
	AB	+ 6.3.8	Erwünschtheit
am liebsten (→ gern)	SA	+ 2.6.4	Vorliebe ausdrücken
	SA	+ 2.7.4	nach Vorliebe fragen
	SA	+ 4.1.6	Wünsche äußern
	SA	+ 4.6.2.2	Präferenz ausdrücken
	SA	+ 4.7.2.2	nach Präferenz fragen
	AB	+ 6.3.8	Erwünschtheit
Lieblings-	SA	2.6.4	Vorliebe ausdrücken
	GR	6.1.1	Wortbildung
Lied (n)	SB	+ 13.3	Theater, Kino, Konzert
liegen	AB	+ 3.1.1	Ruhezustand
	SB	+ 2.7	Charakterisierungen für Wohnung, Wohnlage
	SB	+ 9.2	Körperstellung und -bewegung
liegenlassen	SB	4.4	öffentlicher Verkehr
Liegewagen (m)	SB	4.4	öffentlicher Verkehr
Lift (m)	SB	2.2	Räume, Wohnung

Likör (m)	SB	5.2	Nahrungsmittel, Speisen, Getränke
Limonade (f)	SB +	5.2	Nahrungsmittel, Speisen, Getränke
Linie (f)	SB	4.4	öffentlicher Verkehr
link-	AB +	3.1.2	Ort, Lage
	SB +	15.3	Politik
Linke(r) (m, f)	SB +	15.3	Politik
links	AB +	3.1.2	Ort, Lage
	AB +	3.1.3	relative Lage
	SB +	15.3	Politik
	GR	6.1.1	Wortbildung
Liter (m)	AB +	3.3.4	Volumen
	SB	7.8	Tankstelle
Literatur (f)	SB	13.7	Lektüre/Presse
LKW (m)	SB	4.5	Privatverkehr
Loch (n)	AB +	6.1.12	(äußerer) Zustand, Verfassung
Löffel (m)	SB +	6.6	Haushaltartikel
Lokal (n)	SB	5.3	Restaurant, Café
Lohn (m)	SB	10.4	Lohn
sich lohnen	SA	4.1.18	raten
	AB	6.3.9	Nützlichkeit
los!	SA	4.1.13	drängen
	SA	4.1.16	ermuntern
los sein	AB	2.4	Vorkommen/Nicht-Vorkommen
los-	SB	9.3	manuelle Tätigkeiten
	GR	6.1.3	Wortbildung
-los	GR	6.2.1	Wortbildung
losgehen	AB	4.12	Beginn
loslassen	SB	9.3	manuelle Tätigkeiten
Lösung (f)	SA	4.6.3.5	Nicht-Machbarkeit ausdrücken
	SB	15.1	aktuelles Geschehen
Luft (f)	SB +	3.3	Klima, Wetter
	SB +	7.8	Tankstelle
Luftpost (f)	SB	7.1	Post
Lust (f)			
– Lust haben	SA +	4.1.17	vorschlagen
	SA	4.3.3	um Vorschläge bitten
	SA +	4.5.1	einwilligen
	SA +	4.6.2.1	Handlungswunsch ausdrücken
	SA +	4.7.2.1	nach Handlungswunsch fragen
	AB +	6.2.3	Wollen
lustig	SB +	1.14	Charakter, Temperament
	SB +	13.9	Charakterisierungen für Veranstaltungen, Lektüre

M

M	SB	1.6	Geschlecht
m	AB	3.3.2	Längenmaß
m^2	AB	3.3.3	Flächenmaß
Mädchen (n)	SB +	1.6	Geschlecht
	SB +	1.7	Familienstand
	SB +	1.12	Familie
Mädchenname	SB	1.1	Name
machen	SA +	2.2.1	loben, positiv bewerten
	SA +	3.14	Resignation ausdrücken
	SA +	3.15	Ratlosigkeit ausdrücken
	SA +	4.1.11	instruieren
	SA +	4.1.13	drängen
	SA +	4.3.3	um Vorschläge bitten
	SA +	4.3.4	um Rat fragen
	SA +	4.3.5	um Instruktion bitten
	SA	4.4.3	anbieten, etwas zu tun

	SA	4.4.6	versprechen
	SA +	4.5.1	einwilligen
	SA +	5.2.2.2	versprechen, Grüße auszurichten
	SA	5.3.6.1	gute Wünsche aussprechen
	AB +	1	Gegenstände; Sachverhalte
	AB +	3.2.2	Bewegung mit Personen und Gegenständen
	AB +	4.16	Veränderung/Beständigkeit
	AB +	7.11	Kausalität: Grund, Ursache
	SB +	2.4	Haushalt, Komfort, technische Einrichtungen
	SB +	4.4	öffentlicher Verkehr (Reisen)
	SB +	5.1	Essen, Trinken, Mahlzeiten
	SB +	6.4	Kleidung, Accessoires
	SB +	9.3	manuelle Tätigkeiten
	SB +	15.2	Lebensverhältnisse, Wirtschaft, Soziales
– das macht	AB +	5.1	Zahl
	SB +	6.2	Preis/Bezahlen
– macht das etwas?	SA	2.4.2	um Beurteilung bitten
– das macht nichts	SA +	2.2.4	bagatellisieren, verzeihen
	SA	2.4.2	um Beurteilung bitten
	SA +	3.12	Gelassenheit ausdrücken
	SA +	5.3.1.2	auf Entschuldigung reagieren
– Geschirr machen	SB +	2.4	Haushalt
– Ordnung machen	SB +	2.4	Haushalt
– sauber machen	SB +	2.4	Haushalt
– schnell machen	SA +	4.1.13	drängen
	SB +	4.4	öffentlicher Verkehr
– Schluß machen	SA +	6.3.11	Äußerung abschließen
	AB +	4.15	Abschluß, Ende
Macht (f)	SB	15.3	Politik
Magen (m)	SB	8.1	Körperteile
mager	SB	1.15	Aussehen (Personen)
Mahlzeit (f)	SA	5.3.6.1	gute Wünsche aussprechen
	SB	5.1	Essen, Trinken, Mahlzeiten
	SB	5.2	Nahrungsmittel, Speisen, Getränke
Mai (m)	AB +	4.1	Zeitpunkt, Zeitraum
mal	SA +	4.1.1	j. auffordern
	SA +	4.1.4	um Hilfe bitten
	SA +	4.1.17	vorschlagen
	AB +	4.1	Zeitpunkt, Zeitraum
	AB +	4.18	Häufigkeit
	AB +	5.1	Zahl
-mal	AB +	4.18	Häufigkeit
malen	SB	13.4	bildende Kunst/Ausstellungen
Maler, -in (m, f)	SB	13.4	bildende Kunst/Ausstellungen
man	SA +	1.1.3	verallgemeinern, generalisieren
	SA +	4.1.10	gebieten, verbieten
	SA +	4.1.11	instruieren
	SA +	4.3.3	um Vorschläge bitten
	SA +	4.3.4	um Rat fragen
	SA +	4.3.5	um Instruktion bitten
	SA +	4.6.3.4	Machbarkeit ausdrücken
	SA +	4.6.4.1	auf Verpflichtung hinweisen
	SA +	4.6.4.2	auf Verbote hinweisen
	SA +	4.7.3.4	nach Machbarkeit fragen
	SA +	4.7.4.2	nach Erlaubtheit fragen
	SA +	6.2.3	bitten zu buchstabieren
	SA +	6.3.3	zögern, nach Worten suchen
	SA +	6.3.3	um Ausdruckshilfe bitten
	AB +	1	Gegenstände; Personen
	AB +	6.3.7	Normalität
manche	AB +	1	Gegenstände
	AB +	5.2	Menge

manchmal	AB	+ 4.18	Häufigkeit
Mann (m)	SB	+ 1.6	Geschlecht
	SB	+ 1.7	Familienstand
männlich	SB	1.6	Geschlecht
Mannschaft (f)	SB	13.5	Sport
Mantel (m)	SB	+ 6.4	Kleidung
Margarine (f)	SB	5.2	Nahrungsmittel, Speisen, Getränke
Mark (f)	SB	+ 7.4	Bank (Währung)
Marke (f)	SB	+ 7.1	Post
Markt (m)	SB	+ 6.1	Einkaufen, Geschäfte
	SB	15.2	Lebensverhältnisse, Wirtschaft, Soziales
Marmelade (f)	SB	+ 5.2	Nahrungsmittel, Speisen, Getränke
März (m)	AB	+ 4.1	Zeitpunkt, Zeitraum
Maschine (f)	SB	+ 2.4	Haushalt, Komfort, technische Einrichtungen
	SB	4.4	öffentlicher Verkehr
	SB	+ 14.3	Korrespondenz
Material (n)	AB	+ 6.1.4	Material
Mathematik (f)	SB	+ 11.2	Unterrichtsfächer
maximal	AB	5.3	Grad
Maximum (n)	AB	5.3	Grad
Medikament (n)	SB	+ 8.5	medizinische Versorgung
Meer (n)	SB	+ 3.1	Gegend, Stadt, Land
mehr (→ viel)	AB	+ 5.3	Grad
	AB	+ 7.5.2	Vergleich; Entsprechung/Unterschiedlichkeit
– *Neg.* + mehr	AB	+ 4.15	Abschluß, Ende
	GR	+ 5.9	Negationswörter
mehrere	AB	1	Gegenstände
	AB	5.2	Menge
mehrmals	AB	4.18	Häufigkeit
mein	AB	+ 1	Gegenstände, Personen, Sachverhalte
	AB	+ 7.3.1	Agens
	AB	+ 7.3.3	Adressat
	AB	+ 7.6.1	Besitz
	GR	+ 1	Text
	GR	+ 5.7.2	Possessivpronomen/Possessivdeterminativ
meinen	SA	+ 1.1.1	identifizieren, benennen
	SA	1.4.3	Glauben ausdrücken
	SA	+ 1.5.2	nach Überzeugung, Glauben, Vermutung fragen
	SA	2.1.1	Meinungen, Ansichten ausdrücken
	SA	2.3.3	sich entschuldigen
	SA	+ 2.4.1	Meinungen erfragen
	SA	+ 2.5.3	korrigieren
	SA	+ 2.5.7	widerrufen
	SA	+ 4.1.17	vorschlagen
	SA	+ 4.3.4	um Rat fragen
	SA	4.5.1	einwilligen
	SA	+ 6.1.7	zur Kenntnis nehmen
	SA	+ 6.2.6	um Explizierung, Kommentierung bitten
	SA	+ 6.2.10	kontrollieren, ob Inhalt/Zweck eigener Äußerungen verstanden werden
	SA	+ 6.2.11	eigene Äußerungen explizieren, kommentieren
	SA	+ 6.3.1	Äußerung einleiten
	AB	+ 6.2.1	Denken, Wissen
	SB	+ 12.1	Verständigung
meinetwegen	SA	2.5.4	einräumen
	SA	3.13	Gleichgültigkeit ausdrücken
	SA	4.2.1	erlauben
	SA	4.2.2	dispensieren
	SA	4.5.1	einwilligen
Meinung (f)	SA	2.1.1	Meinungen, Ansichten ausdrücken
	SA	2.1.2	Partei nehmen
	SA	2.5.1	zustimmen, beipflichten

	SA	2.5.2	widersprechen
	AB	6.2.1	Denken, Wissen
meist- (→ viel)	AB +	5.3	Grad
– am meisten	AB +	5.3	Grad
	AB +	7.5.2	Vergleich; Entsprechung/Unterschiedlichkeit
meistens	AB +	4.18	Häufigkeit
	AB +	6.3.7	Normalität
eine Menge (f)	AB	5.2	Menge
Mensch (m)	SA	3.5	Begeisterung ausdrücken
	AB +	1	Gegenstände; Personen
Menü (n)	SB +	5.3	Restaurant, Café
merken	SB +	9.1	sinnliche Wahrnehmung
merkwürdig	AB	6.3.7	Normalität
messen	AB	3.3.1	Größe
Messer (n)	SB +	6.6	Haushaltartikel
Metall (n)	AB +	6.1.4	Material
Meter (m)	AB +	3.3.2	Längenmaß
Metzger (m)	SB +	6.3	Lebensmittel, Einkaufen
Metzgerei (f)	SB +	6.3	Lebensmittel, Einkaufen
Miet-	SB	4.5	Privatverkehr
	GR	6.1.1	Wortbildung
Miete (f)	SB	2.5	Mietverhältnis
mieten	SB +	2.1	Art der Wohnung
	SB +	2.5	Mietverhältnis
	SB +	4.5	Privatverkehr
Mieter, -in (m, f)	SB	2.5	Mietverhältnis
Milch (f)	SB +	5.2	Nahrungsmittel, Speisen, Getränke
mild	SB	3.3	Klima, Wetter
Militär (n)	SB	15.3	Politik
militärisch	SB	15.3	Politik
Mindest-	AB	5.3	Grad
	GR	6.1.1	Wortbildung
mindestens	AB	5.3	Grad
Mineralwasser (n)	SB +	5.2	Nahrungsmittel, Speisen, Getränke
Mini-	GR	6.2.5	Wortbildung
Minimum (n)	AB	5.3	Grad
minus	AB	5.1	Zahl
	AB	6.1.2.2	Temperatur
Minister, -in (m, f)	SB +	15.3	Politik
Minute (f)	AB +	4.1	Zeitpunkt, Zeitraum
miß-	SA	1.1.2.2	als nicht gegeben, nicht wahr darstellen
	GR	6.2.3	Wortbildung
Mißerfolg (m)	AB	6.3.15	Gelingen, Erfolg
Mißverständnis (n)	SA	2.3.3	sich entschuldigen
Mist (m)	SA +	2.2.5	kritisieren, negativ bewerten
	SA +	3.23	Verärgerung ausdrücken
mit	SA +	6.2.7	buchstabieren
	AB +	3.2.2	Bewegung mit Personen und Gegenständen
	AB	4.5	Gleichzeitigkeit
	AB +	7.3.4	Instrument
	AB	7.3.5	Art und Weise
	AB +	7.4	Prädikation
	AB +	7.6.2	Teil-Ganzes
	AB +	7.9	Inklusion/Exklusion
	SB +	1.1	Name
	SB +	2.5	Mietverhältnis
	SB +	2.6	auswärts wohnen
	SB +	5.3	Restaurant, Café
mit-	AB +	3.2.2	Bewegung mit Personen und Gegenständen
	GR +	6.2.3	Wortbildung
mitbringen	SB +	14.2	Einladungen/Verabredungen
Mitglied (n)	SB	14.4	Vereine

mitnehmen	SB + 4.6	Grenzübergang
Mittag (m)	AB + 4.1	Zeitpunkt, Zeitraum
Mittagessen (n)	SB + 5.1	Essen, Trinken, Mahlzeiten
mittags	AB 4.1	Zeitpunkt, Zeitraum
	AB 4.18	Häufigkeit
Mitte (f)	AB + 3.1.3	relative Lage
	AB + 3.2.4	Richtung, Ziel
	AB + 4.1	Zeitpunkt, Zeitraum
	SB 15.3	Politik
mitteilen	SA 1.1.6	auf etwas aufmerksam machen
	AB 6.2.4	Ausdruck, Sprache
Mittel-	AB 3.1.3	relative Lage
	GR 6.1.1	Wortbildung
mitten	AB + 3.1.3	relative Lage
	AB + 3.2.4	Richtung, Ziel
Mittwoch (m)	AB + 4.1	Zeitpunkt, Zeitraum
Möbel (Pl.)	SB + 2.3	Einrichtung; Möbel, Bettwäsche
möbliert	SB 2.1	Art der Wohnung
möchten	SA + 1.1.6	auf etwas aufmerksam machen
	SA + 1.2.1	Informationen erfragen
	SA + 1.3.5	Antwort verweigern
	SA 2.2.3	dankend anerkennen
	SA + 2.6.3	Wunschvorstellungen ausdrücken
	SA + 2.7.3	nach Wunschvorstellungen fragen
	SA + 2.7.4	nach Vorliebe fragen
	SA + 4.1.3	bitten
	SA + 4.1.6	Wünsche äußern
	SA + 4.1.7	verlangen, kaufen
	SA + 4.1.8	bestellen
	SA + 4.1.9	Aufträge geben
	SA 4.1.16	ermuntern
	SA + 4.1.17	vorschlagen
	SA 4.1.18	raten
	SA + 4.3.1	um Erlaubnis bitten
	SA + 4.3.3	um Vorschläge bitten
	SA + 4.4.1	nach Wünschen fragen
	SA + 4.4.2	Dinge anbieten
	SA 4.4.3	anbieten, etwas zu tun
	SA + 4.4.5	einladen
	SA + 4.5.1	einwilligen
	SA + 4.5.5	Angebote ablehnen
	SA + 4.6.2.1	Handlungswunsch ausdrücken
	SA + 4.6.2.2	Präferenz ausdrücken
	SA + 4.7.2.1	nach Handlungswunsch fragen
	SA + 4.7.2.2	nach Präferenz fragen
	SA + 4.7.2.3	nach Handlungszweck fragen
	SA 5.1.3.2	j. vorstellen
	SA + 6.1.1	ums Wort bitten
	SA + 6.1.3	anzeigen, daß man weitersprechen will
	SA + 6.2.10	kontrollieren, ob Inhalt/Zweck eigener Äußerungen verstanden werden
	SA + 6.2.11	eigene Äußerungen explizieren, kommentieren
	AB + 3.2.1	Bewegung, Fortbewegung
	AB + 6.2.3	Wollen
	AB + 6.3.8	Erwünschtheit
	vgl.: mögen	
Mode (f)	SB 6.4	Kleidung, Accessoires
modern	AB + 6.1.11	Alter
	SB + 2.7	Charakterisierungen für Wohnung, Einrichtung
	SB + 6.4	Kleidung, Accessoires
	SB + 13.3	Theater, Kino, Konzert
mögen	SA + 2.6.2	Wertschätzung/Gefallen ausdrücken

	SA + 2.6.6	Geringschätzung/Mißfallen ausdrücken
	SA + 2.7.2	nach Wertschätzung fragen
	SA 3.1	Sympathie ausdrücken
	SA + 3.3	Antipathie ausdrücken
	AB + 6.2.2	Gefühl
	SB + 1.13	Interessen, Neigungen
	SB + 5.1	Essen, Trinken, Mahlzeiten
– mag sein	SA 2.5.4	einräumen
	vgl.: möchte	
möglich	SA + 1.1.2.7	als möglich darstellen
	SA + 1.1.2.10	als unmöglich darstellen
	SA + 2.5.4	einräumen
	SA + 3.8	Überraschung ausdrücken
	SA 4.1.3	bitten
	SA + 4.1.6	Wünsche äußern
	SA + 4.2.3	Erlaubnis verweigern
	SA 4.3.1	um Erlaubnis bitten
	SA + 4.7.3.4	nach Machbarkeit fragen
	AB + 5.3	Grad
	AB + 6.3.12	Möglichkeit
möglicherweise	SA 1.1.2.7	als möglich darstellen
	SA 1.4.4	Vermutungen ausdrücken
Möglichkeit (f)	SA 4.6.3.5	Nicht-Machbarkeit ausdrücken
	AB + 6.3.12	Möglichkeit
möglichst	SA 4.1.6	Wünsche äußern
Moment (m)	SA + 4.4.4	Hilfe anbieten
	SA + 4.5.1	einwilligen
	SA + 6.1.2	j. unterbrechen
	SA + 6.1.3	anzeigen, daß man weitersprechen will
	SA + 6.3.2	zögern, nach Worten suchen
	AB + 4.1	Zeitpunkt, Zeitraum
– im Moment	AB + 4.7	Gegenwartsbezug
Monat (m)	AB + 4.1	Zeitpunkt, Zeitraum
	SB + 1.5	Alter
monatlich	AB 4.18	Häufigkeit
Mond (m)	SB + 3.3	Klima, Wetter
Montag (m)	AB + 4.1	Zeitpunkt, Zeitraum
Moped (n)	SB 4.5	Privatverkehr
morgen	AB + 4.1	Zeitpunkt, Zeitraum
Morgen (m)	AB + 4.1	Zeitpunkt, Zeitraum
– guten Morgen	SA + 5.1.1.1	j. begrüßen
morgens	AB 4.1	Zeitpunkt, Zeitraum
	AB 4.18	Häufigkeit
Motor (m)	SB + 7.7	Autoreparatur, Pannenhilfe
Motorrad (n)	SB + 4.5	Privatverkehr
müde	SB + 8.2	physisches und psychisches Befinden
Mühe (f)	AB 6.3.14	Schwierigkeit
Mund (m)	SB 8.1	Körperteile
Münster (n)	SB 1.11	Religion
Museum (n)	SB + 13.4	bildende Kunst/Ausstellungen/Sehenswürdigkeiten
Musik (f)	SB + 13.3	Theater, Kino, Konzert
Musiker, -in (m, f)	SB + 13.3	Theater, Kino, Konzert
müssen	SA + 1.1.6	auf etwas aufmerksam machen
	SA + 1.2.1	Informationen erfragen
	SA 2.2.7	Vorwürfe machen, beschuldigen
	SA 2.3.2	zugeben, eingestehen
	SA 2.3.3	sich entschuldigen
	SA + 4.1.1	j. auffordern
	SA + 4.1.2	auffordern zu gemeinsamem Handeln
	SA 4.1.3	bitten
	SA + 4.1.10	gebieten
	SA + 4.1.11	instruieren

	SA	+ 4.1.13	drängen
	SA	+ 4.1.18	raten
	SA	+ 4.2.2	dispensieren
	SA	+ 4.3.2	um Dispens bitten
	SA	+ 4.3.5	um Instruktion bitten
	SA	4.5.6	zögern
	SA	+ 4.6.4.1	auf Verpflichtung hinweisen
	SA	+ 4.6.4.3	auf Erlaubtheit hinweisen
	SA	+ 4.7.4.1	nach Verpflichtung fragen
	SA	+ 6.3.11	Äußerung abschließen
	AB	+ 3.2.1	Bewegung, Fortbewegung
	AB	+ 6.3.11	Notwendigkeit
	SB	+ 8.2	physisches und psychisches Befinden, Bedürfnisse
– sein müssen	SA	1.4.2	Überzeugung ausdrücken
	SA	4.2.4	Dispens verweigern
	SA	4.3.2	um Dispens bitten
Mutter (f)	SB	+ 1.12	Familie
Muttersprache (f)	SB	12.2	Sprachbeherrschung
Mütze (f)	SB	+ 6.4	Kleidung, Accessoires

N

na	SA	2.2.4	bagatellisieren, verzeihen
	SA	2.5.4	einräumen
	SA	3.8	Überraschung ausdrücken
	SA	3.12	Gelassenheit ausdrücken
	SA	4.1.16	ermuntern
	SA	4.2.1	erlauben
	SA	4.5.1	einwilligen
nach	SA	6.1.5	das Wort überlassen, übergeben
	AB	+ 3.2.3	Bewegungsrichtung
	AB	+ 3.2.4	Richtung, Ziel
	AB	+ 3.2.6	Weg
	AB	+ 4.1	Zeitpunkt, Zeitraum
	AB	+ 4.3	Nachzeitigkeit
– nach Hause	AB	+ 3.2.4	Richtung, Ziel
	SB	+ 2.1	Art der Wohnung
	SB	+ 4.2	alltägliche Wege, Fahrten
Nachbar, -in (m, f)	SB	+ 14.1	Art der persönlichen Beziehung
nachdem	AB	4.2	Vorzeitigkeit
nachdenken	AB	6.2.1	Denken, Wissen
nachgehen	AB	4.10	Frühzeitigkeit/Späte
nachher	AB	+ 4.3	Nachzeitigkeit
Nachmittag (m)	AB	+ 4.1	Zeitpunkt, Zeitraum
Nachname (m)	SB	+ 1.1	Name
Nachrichten (Pl.)	SB	+ 13.6	Radio/Fernsehen
nächst-	AB	+ 3.1.4	Nähe/Distanz
	AB	+ 4.1	Zeitpunkt, Zeitraum
	AB	+ 4.4	Abfolge, Reihenfolge
Nacht (f)	AB	+ 4.1	Zeitpunkt, Zeitraum
– gute Nacht	SA	+ 5.2.1.1	sich verabschieden
Nachteil (m)	AB	6.3.9	Nützlichkeit
Nachtisch (m)	SB	+ 5.2	Nahrungsmittel, Speisen, Getränke
Nachtklub (m)	SB	13.3	Theater, Kino, Konzert
Nachtlokal (n)	SB	13.3	Theater, Kino, Konzert
nachts	AB	4.1	Zeitpunkt, Zeitraum
	AB	4.18	Häufigkeit
Nadel (f)	SB	+ 6.4	Kleidung, Accessoires
Nagel (m)	SB	+ 6.6	Haushaltartikel
nahe	AB	+ 3.1.4	Nähe/Distanz
Nähe (f)	AB	+ 3.1.4	Nähe/Distanz

Name (m)	SA	5.1.3.1	sich vorstellen
	SA +	6.3.2	zögern, nach Worten suchen
	SB +	1.1	Name
nämlich	AB	7.11	Kausalität: Grund, Ursache
nanu!	SA	3.8	Überraschung ausdrücken
Nase (f)	SB	8.1	Körperteile
naß	AB +	6.1.6	Feuchtigkeit
Nässe (f)	SB	3.3	Klima, Wetter
Nation (f)	SB	15.3	Politik
national	SB	15.3	Politik
Nationalität (f)	SB	1.8	Staatsangehörigkeit
Nationalsozialist (m)	SB	15.3	Politik
Nationalsozialismus (m)	SB	15.3	Politik
Natur (f)	SB	3.1	Gegend, Stadt, Land
natürlich	SA +	1.1.2.3	als selbstverständlich darstellen
	SA +	1.4.2	Überzeugung ausdrücken
	SA +	2.5.1	zustimmen, beipflichten
	SA +	4.2.1	erlauben
	SA +	4.2.2	dispensieren
	SA +	4.4.6	versprechen
	SA +	4.5.1	einwilligen
	SA +	6.1.7	zur Kenntnis nehmen
	AB +	6.3.7	Normalität
Nazi (m)	SB	15.3	Politik
Nebel (m)	SB +	3.3	Klima, Wetter
neben	AB	3.1.3	relative Lage
	AB	3.2.4	Richtung, Ziel
Neben-	AB	6.3.10	Wichtigkeit
	GR	6.1.1	Wortbildung
nebenan	AB	3.1.3	relative Lage
nebenbei	SA	6.3.8	Thema wechseln
nebendran	AB	3.1.3	relative Lage
Nebenstraße (f)	SB	4.5	Privatverkehr
nehmen	SA +	4.1.7	verlangen, kaufen
	SA +	4.1.8	bestellen
	SA +	4.4.1	nach Wünschen fragen
	SA +	4.4.2	Dinge anbieten
	AB +	3.2.2	Bewegung mit Personen und Gegenständen
	AB +	7.6.1	Besitz
	SB +	4.2	alltägliche Wege, Fahrten
	SB +	4.4	öffentlicher Verkehr
	SB +	4.5	Privatverkehr
	SB +	9.3	manuelle Tätigkeiten
nein	SA +	1.3.1	bejahen
	SA +	1.3.2	verneinen
	SA +	2.5.1	zustimmen, beipflichten
	SA +	2.5.2	widersprechen
	SA +	2.5.3	korrigieren
	SA +	3.8	Überraschung ausdrücken
	SA +	3.11	Bestürzung ausdrücken
	SA +	4.2.1	erlauben
	SA +	4.2.2	dispensieren
	SA +	4.2.3	Erlaubnis verweigern
	SA +	4.2.4	Dispens verweigern
	SA +	4.5.1	einwilligen
	SA	4.5.3	Angebote annehmen
	SA +	4.5.4	sich weigern
	SA +	4.5.5	Angebote ablehnen
	SA +	6.1.2	j. unterbrechen
	SA +	6.1.7	zur Kenntnis nehmen
	SA +	6.3.4	sich korrigieren
– nein danke	SA +	4.5.5	Angebote ablehnen

nennen	SA	1.1.1	identifizieren, benennen
	SA	6.3.3	um Ausdruckshilfe bitten
	SB	1.1	Name
	SB	12.1	Verständigung
nervös	AB +	6.2.2	Gefühl
	SB +	1.14	Charakter, Temperament
	SB +	8.2	physisches und psychisches Befinden
nett	SA +	2.2.3	dankend anerkennen
	SA +	3.1	Sympathie ausdrücken
	SA +	3.3	Antipathie ausdrücken
	SA +	3.6	Freude ausdrücken
	SA	4.1.1	j. auffordern
	SA	4.1.3	bitten
	SA +	4.5.3	Angebote annehmen
	SA +	4.5.5	Angebote ablehnen
	AB +	6.3.3	ästhetische Qualität
	SB +	1.14	Charakter, Temperament
	SB +	2.7	Charakterisierungen für Wohnung, Einrichtung
	SB +	6.4	Kleidung, Accessoires
neu	SA	3.8	Überraschung ausdrücken
	AB +	6.1.11	Alter
	SB +	2.7	Charakterisierungen für Wohnung, Einrichtung
	SB +	15.1	aktuelles Geschehen
– ein gutes neues Jahr	SA +	5.3.6.1	gute Wünsche aussprechen
neugierig	SB	1.14	Charakter, Temperament
Neuigkeit (f)	SB	15.1	aktuelles Geschehen
Neujahr (n)	AB +	4.1	Zeitpunkt, Zeitraum
neulich	AB	4.8	Vergangenheitsbezug
nicht	SA +	1.1.2.2	als nicht gegeben, nicht wahr darstellen
	SA +	1.2.2	sich vergewissern
	SA +	1.3.2	verneinen
	SA	2.4.3	Zustimmung suchen
	SA +	2.5.3	widersprechen
	SA	4.1.1	j. auffordern
	SA	4.1.3	bitten
	SA	6.1.4	Aufmerksamkeit des Hörers suchen
	SA	6.3.11	Äußerung abschließen
	AB +	5.3	Grad
	GR +	3.7.6 f	Stellung von nicht
	GR +	5.9	Negationswörter
	GR +	5.17.4	Negationspartikel
– nicht mehr	SA +	1.4.6	Nichtwissen ausdrücken
	SA +	1.5.1	nach Wissen fragen
	SA +	6.3.2	zögern, nach Worten suchen
	SA +	6.3.3	um Ausdruckshilfe bitten
	AB +	4.15	Abschluß, Ende
– nicht nur . . .			
sondern auch	SA	6.3.6	aufzählen
	AB	7.7	Konjunktion
– nicht . . . sondern	SA +	2.5.3	korrigieren
	AB +	7.10	Opposition, Einschränkung
– nicht wahr?	SA	1.2.2	sich vergewissern
	SA	6.1.4	Aufmerksamkeit des Hörers suchen
	SA	6.3.11	Äußerung abschließen
Nichtraucher (m)	SB	4.4	öffentlicher Verkehr
nichts	SA +	1.1.2.2	als nicht gegeben, nicht wahr darstellen
	AB +	1	Gegenstände
	AB +	5.2	Menge
	GR +	5.9	Negationswörter
nie	SA +	1.1.2.2	als nicht gegeben, nicht wahr darstellen
	SA +	1.1.3	verallgemeinern, generalisieren
	AB +	4.18	Häufigkeit

Niederschläge (Pl.)	SB	3.3	Klima, Wetter
niedrig	AB	3.3.1	Größe
	SB	6.2	Preis/Bezahlen
niemals	SA	4.5.4	sich weigern
niemand	SA	+ 1.1.2.2	als nicht gegeben, nicht wahr darstellen
	SA	+ 1.1.3	verallgemeinern, generalisieren
	AB	+ 1	Gegenstände; Personen
	GR	+ 5.9	Negationswörter
nirgends	SA	+ 1.1.2.2	als nicht gegeben, nicht wahr darstellen
	AB	+ 3.1.2	Ort, Lage
	GR	+ 5.9	Negationswörter
nirgendwo	SA	+ 1.1.2.2	als nicht gegeben, nicht wahr darstellen
	AB	+ 3.1.2	Ort, Lage
	GR	+ 5.9	Negationswörter
nirgendwohin	SA	+ 1.1.2.2	als nicht gegeben, nicht wahr darstellen
	AB	+ 3.2.3	Bewegungsrichtung
	GR	+ 5.9	Negationswörter
noch	SA	+ 1.4.1	Wissen ausdrücken
	SA	+ 1.5.1	nach Wissen fragen
	SA	+ 4.1.7	verlangen, kaufen
	SA	+ 4.1.8	bestellen
	SA	+ 4.5.6	zögern
	SA	+ 6.1.3	anzeigen, daß man weitersprechen will
	SA	6.3.2	zögern, nach Worten suchen
	SA	+ 6.3.6	aufzählen
	AB	+ 4.2	Vorzeitigkeit
	AB	+ 4.3	Nachzeitigkeit
	AB	+ 4.13	Fortdauer, Fortsetzung
	AB	+ 4.18	Häufigkeit
	AB	+ 4.19	Wiederholung
	AB	+ 5.1	Zahl
	AB	+ 5.3	Grad
	AB	+ 7.9	Inklusion/Exklusion
nochmal	SA	+ 6.2.2	um Wiederholung bitten
	AB	+ 4.19	Wiederholung
	SB	+ 12.1	Verständigung
Nord	AB	3.1.3	relative Lage
	GR	6.1.1	Wortbildung
Norden (m)	AB	+ 3.1.3	relative Lage
	AB	+ 3.2.3	Bewegungsrichtung
	AB	3.2.4	Richtung, Ziel
nördlich	AB	3.1.3	relative Lage
normal	AB	+ 6.3.7	Normalität
Normal (n)	SB	7.8	Tankstelle
normalerweise	AB	6.3.7	Normalität
Not (f)	SB	15.2	Lebensverhältnisse, Wirtschaft, Soziales
Not-	SB	7.6	Not-/Bereitschaftsdienste
Notausgang (m)	SB	13.2	Besuch von Veranstaltungen
nötig	SA	+ 4.2.2	dispensieren
	SA	4.2.4	Dispens verweigern
	SA	4.3.2	um Dispens bitten
	SA	+ 4.5.5	Angebote ablehnen
	AB	+ 6.3.11	Notwendigkeit
notwendig	AB	6.3.11	Notwendigkeit
November (m)	AB	+ 4.1	Zeitpunkt, Zeitraum
Nr.	SB	1.2	Adresse
Nudeln (Pl.)	SB	+ 5.2	Nahrungsmittel, Speisen, Getränke
null	AB	+ 5.1	Zahl
Null (f)	AB	+ 6.1.2.2	Temperatur
Nummer (f)	SB	+ 1.2	Adresse
	SB	+ 1.3	Telefon
	SB	+ 2.6	auswärts wohnen

	SB	+ 6.4	Kleidung, Accessoires
	SB	+ 7.3	Telefondienst
nun	SA	4.1.13	drängen
	SA	6.3.1	Äußerung einleiten
	AB	4.1	Zeitpunkt, Zeitraum
	AB	4.7	Gegenwartsbezug
nun mal	SA	3.14	Resignation ausdrücken
nur	SA	2.2.7	Vorwürfe machen, beschuldigen
	SA	2.5.5	einwenden
	SA	3.17	Angst/Befürchtung ausdrücken
	SA	4.1.15	drohen
	SA	4.1.16	ermuntern
	SA	4.1.18	raten
	SA	4.2.1	erlauben
	SA	4.2.2	dispensieren
	SA	+ 4.3.1	um Erlaubnis bitten
	SA	4.3.4	um Rat fragen
	SA	5.1.5.2	j. hereinbitten
	AB	+ 4.11	Zeitdauer
	AB	+ 4.18	Häufigkeit
	AB	+ 5.3	Grad
	AB	+ 7.9	Inklusion/Exklusion
	AB	+ 7.14	Bedingungsverhältnis
nützen	AB	6.3.9	Nützlichkeit
nützlich	AB	6.3.9	Nützlichkeit
Nylon (n)	SB	6.4	Kleidung, Accessoires

O

ob	SA	+ 1.1.2.8	als unsicher, ungewiß darstellen
	SA	+ 1.1.9	Äußerungen wiedergeben
	SA	+ 1.2.1	Informationen erfragen
	SA	1.4.4	Vermutungen ausdrücken
	SA	+ 1.4.5	Zeifel ausdrücken
	SA	+ 1.4.6	Nichtwissen ausdrücken
	SA	+ 1.5.1	nach Wissen fragen
	AB	+ 1	Gegenstände; Sachverhalte
	GR	+ 3.2	Nebensatzarten
oben	AB	+ 3.1.2	Ort, Lage
Ober (m)	SB	+ 5.3	Restaurant, Café
obligatorisch	SA	4.6.4.1	auf Verpflichtung hinweisen
Obst (n)	SB	+ 5.2	Nahrungsmittel, Speisen, Getränke
obwohl	AB	+ 7.10	Opposition, Einschränkung
oder	SA	1.2.2	sich vergewissern
	SA	+ 2.7.4	nach Vorliebe fragen
	SA	+ 4.1.15	drohen
	SA	+ 4.3.4	um Rat fragen
	SA	+ 4.4.2	Dinge anbieten
	SA	+ 4.7.2.2	nach Präferenz fragen
	SA	6.1.4	Aufmerksamkeit des Hörers suchen
	SA	6.2.11	eigene Äußerungen explizieren, kommentieren
	SA	6.3.4	sich korrigieren
	SA	6.3.11	Äußerung abschließen
	AB	+ 7.8	Disjunktion
Ofen (m)	SB	+ 2.4	Haushalt, Komfort, technische Einrichtungen
offen	SB	+ 2.4	Haushalt, Komfort, technische Einrichtungen
offenbar	SA	1.1.2.5	als offenbar, augenscheinlich darstellen
öffentlich	AB	7.6.1	Besitz
öffnen	SB	2.4	Haushalt, Komfort, technische Einrichtungen
	SB	9.3	manuelle Tätigkeiten
Öffnungszeit (f)	SB	13.2	Besuch von Veranstaltungen

oft	AB +	4.18	Häufigkeit
– wie oft	AB +	4.18	Häufigkeit
oh!	SA +	3.5	Begeisterung ausdrücken
oh jeh!	SA	3.11	Bestürzung ausdrücken
oh nein!	SA	4.5.4	sich weigern
ohne	AB	7.3.5	Art und Weise
	AB +	7.6.2	Teil-Ganzes
	AB +	7.9	Inklusion/Exklusion
	SB +	2.5	Mietverhältnis
	SB +	2.6	auswärts wohnen
	SB +	5.3	Restaurant, Café
ohne daß	SA	1.1.2.2	als nicht gegeben, nicht wahr darstellen
ohne weiteres	SA	4.2.1	erlauben
ohne zu	SA	1.1.2.2	als nicht gegeben, nicht wahr darstellen
Ohr (n)	SB	8.1	Körperteile
okay!	SA +	4.5.1	einwilligen
	SA +	4.5.2	vereinbaren
Oktober (m)	AB +	4.1	Zeitpunkt, Zeitraum
Öl (n)	SB +	2.4	Haushalt, Komfort, technische Einrichtungen
	SB +	5.2	Nahrungsmittel, Speisen, Getränke
	SB +	7.8	Tankstelle
Ölwechsel (m)	SB	7.8	Tankstelle
Omnibus (m)	SB	4.4	öffentlicher Verkehr
Onkel (m)	SB	1.12	Familie
Oper (f)	SB +	13.3	Theater, Kino, Konzert
Operation (f)	SB +	8.4	Krankheit/Unfall
operieren	SB	8.4	Krankheit/Unfall
Opposition (f)	SB +	15.3	Politik
orange	AB +	6.1.3	Farbe
Orchester (n)	SB +	13.3	Theater, Kino, Konzert
Ordnung (f)			
– Ordnung machen	SB +	2.4	Haushalt
– in Ordnung	SA	2.2.2	billigen
	SA	2.2.6	mißbilligen
	SA	4.2.1	erlauben
	SA	4.4.6	versprechen
	SA	4.5.2	vereinbaren
	AB	6.1.12	(äußerer) Zustand, Verfassung
Ort (m)	SB	1.2	Adresse
	SB +	3.1	Gegend, Stadt, Land
Ortsgespräch (n)	SB	7.3	Telefondienst
Ost	AB	3.1.3	relative Lage
	GR	6.1.1	Wortbildung
Osten (m)	AB +	3.1.3	relative Lage
	AB +	3.2.3	Bewegungsrichtung
	AB	3.2.4	Richtung, Ziel
	SB +	15.3	Politik
Ostern (n)	AB +	4.1	Zeitpunkt, Zeitraum
– frohe Ostern	SA +	5.3.6.1	gute Wünsche aussprechen
Österreich	SB +	1.2	Adresse (Land)
Österreicher, -in (m, f)	SB +	1.8	Staatsangehörigkeit
österreichisch	SB +	1.8	Staatsangehörigkeit
östlich	AB	3.1.3	relative Lage

P

Paar (n)	AB	5.1	Zahl
	SB	6.4	Kleidung, Accessoires
ein paar	AB +	1	Gegenstände
	AB +	5.2	Menge
ein paarmal	AB +	4.18	Häufigkeit

Päckchen (n)	SB	7.1	Post
packen	SB +	4.4	öffentlicher Verkehr (Reisen)
Paket (n)	SB +	5.2	Nahrungsmittel, Speisen, Getränke
	SB +	6.1	Einkaufen, Geschäfte
	SB +	7.1	Post
Panne (f)	SB +	7.7	Autoreparatur/Pannenhilfe
Pannenhilfe (f)	SB	7.7	Autoreparatur/Pannenhilfe
Papier (n)	AB +	6.1.4	Material
	SB +	14.3	Korrespondenz
Papiere (Pl.)	SB	1.1	Name
	SB	4.7	Ausweispapiere für Reise und Verkehr
parat	SA	4.6.3.3	Bereitsein ausdrücken
Park (m)	SB +	3.1	Gegend, Stadt, Land
Park-	SB	4.5	Privatverkehr
parken	SB +	4.5	Privatverkehr
Parlament (n)	SB +	15.3	Politik
Partei (f)	SB +	15.3	Politik
Parterre (n)	SB +	2.2	Räume
Party (f)	SB	13.8	gesellige Anlässe
Paß (m)	SB +	1.1	Name
	SB +	4.7	Ausweispapiere für Reise und Verkehr
Passagier (m)	SB	4.4	öffentlicher Verkehr
passen	AB	6.3.4	Akzeptabilität
	AB	6.3.5	Adäquatheit
	SB	6.4	Kleidung, Accessoires
passieren	SA	2.2.4	bagatellisieren, verzeihen
	AB +	2.4	Vorkommen/Nicht-Vorkommen
Patient, -in (m, f)	SB	8.5	medizinische Versorgung
pauschal	SB	4.3	(Ferien-)Reisen
Pauschal-	SB	4.3	(Ferien-)Reisen
Pause (f)	AB +	4.15	Abschluß, Ende
	SB +	13.2	Besuch von Veranstaltungen
Pech (n)	SA	2.2.8	bedauern
	AB	6.3.15	Gelingen, Erfolg
Pension (f)	SB	2.6	auswärts wohnen
	SB	10.4	Lohn
Person (f)	AB +	1	Gegenstände; Personen
Personenzug (m)	SB	4.4	öffentlicher Verkehr
Pfanne (f)	SB	6.6	Haushaltartikel
Pfeffer (m)	SB +	5.2	Nahrungsmittel, Speisen, Getränke
Pfeife (f)	SB	6.5	Rauchwaren
Pfennig (m)	SB	7.4	Bank (Währung)
Pferd (n)	SB +	3.2	Tiere
Pfingsten (n)	AB +	4.1	Zeitpunkt, Zeitraum
Pflanze (f)	SB +	3.2	Pflanzen
Pflaster (n)	SB	8.5	medizinische Versorgung
-pflichtig	SA	4.6.4.1	auf Verpflichtung hinweisen
pfui!	SA	3.24	Abscheu ausdrücken
Pfund (n)	AB +	3.3.5	Gewicht
Phantasie (f)	AB	6.2.1	Denken, Wissen
phantastisch	SA	2.2.1	loben, positiv bewerten
	SA	3.5	Begeisterung ausdrücken
Pille (f)	SB	8.5	medizinische Versorgung
Pilot (m)	SB	4.4	öffentlicher Verkehr
Pilze (Pl.)	SB	5.2	Nahrungsmittel, Speisen, Getränke
PKW (m)	SB	4.5	Privatverkehr
Plan (m)	SA +	4.6.1.4	Absichtslosigkeit ausdrücken
	SA	4.7.1.1	nach Absicht fragen
	SB +	4.3	(Ferien-)Reisen
	SB	15.3	Politik
Plastik (f)	SB	13.4	bildende Kunst/Ausstellungen/Sehenswürdigkeiten
Plastik (n)	AB	6.1.4	Material

Platte (f)	SB	+ 13.6	Radio/Fernsehen
Plattenspieler (m)	SB	+ 13.6	Radio/Fernsehen
Platz (m)	AB	+ 3.3.3	Flächenmaß
	AB	+ 3.3.4	Volumen
	SB	+ 1.2	Adresse
	SB	+ 2.7	Charakterisierungen für Wohnung, Wohnlage
	SB	+ 3.1	Gegend, Stadt, Land
	SB	+ 4.4	öffentlicher Verkehr
	SB	+ 4.5	Privatverkehr
	SB	+ 13.2	Besuch von Veranstaltungen
– Platz nehmen	SA	5.1.5.2	j. hereinbitten
	SB	9.2	Körperstellung und -bewegung
plötzlich	AB	+ 4.16	Veränderung/Beständigkeit
plus	AB	6.1.2.2	Temperatur
	AB	5.1	Zahl
PLZ	SB	1.2	Adresse
Politik (f)	SB	+ 15.3	Politik
Politiker, -in (m, f)	SB	+ 15.3	Politik
politisch	SB	+ 15.3	Politik
Polizei (f)	SB	+ 7.5	Polizei
	SB	+ 7.6	Not-/Bereitschaftsdienste
Polizist (m)	SB	7.5	Polizei
Portemonnaie (n)	SB	+ 6.4	Kleidung, Accessoires
Portion (f)	SB	5.2	Nahrungsmittel, Speisen, Getränke
Porto (n)	SB	7.1	Post
Post (f)	SB	+ 7.1	Post
	SB	+ 14.3	Korrespondenz
Postamt (n)	SB	7.1	Post
Postanweisung (f)	SB	7.1	Post
Postkarte (f)	SB	7.1	Post
	SB	14.3	Korrespondenz
postlagernd	SB	7.1	Post
Postleitzahl (f)	SB	1.2	Adresse
praktisch	AB	5.3	Grad
	AB	+ 6.3.9	Nützlichkeit
	SB	+ 2.7	Charakterisierungen für Wohnung, Einrichtung
Präsident, -in (m, f)	SB	+ 15.3	Politik
Preis (m)	AB	+ 6.3.1	Wert, Preis
	SB	+ 6.2	Preis/Bezahlen
preiswert	AB	6.3.1	Wert, Preis
	SB	6.2	Preis/Bezahlen
Premierminister, -in	SB	+ 15.3	Politik
prima	SA	1 2.2.1	loben, positiv bewerten
	SA	+ 3.5	Begeisterung ausdrücken
	SA	+ 3.6	Freude ausdrücken
	SA	+ 4.5.1	einwilligen
	SA	+ 6.1.7	zur Kenntnis nehmen
	AB	+ 6.3.2	Qualität (allgemeine Wertung)
privat	AB	7.6.1	Besitz
pro	AB	4.17	Geschwindigkeit
	AB	+ 5.1	Zahl
– -mal pro	AB	+ 4.18	Häufigkeit
probieren	AB	6.3.15	Gelingen, Erfolg
	SB	5.1	Essen, Trinken, Mahlzeiten
	SB	9.1	sinnliche Wahrnehmung
Problem (n)	SA	+ 3.18	Kummer ausdrücken
	AB	+ 6.3.14	Schwierigkeit
	SB	+ 15.1	aktuelles Geschehen
Produktion (f)	SB	15.2	Lebensverhältnisse, Wirtschaft, Soziales
produzieren	SB	15.2	Lebensverhältnisse, Wirtschaft, Soziales
Professor, -in (m, f)	SB	+ 11.1	Schule und Studium
Programm (n)	SB	+ 13.2	Besuch von Veranstaltungen

	SB	+ 13.6	Radio/Fernsehen
	SB	+ 15.3	Politik
Prospekt (m)	SB	+ 4.3	(Ferien-)Reisen
prost!	SA	5.3.7.1	j. zutrinken
	SB	5.1	Essen, Trinken, Mahlzeiten
Protest (m)	SB	15.1	aktuelles Geschehen
Protestant (m)	SB	1.11	Religion
protestantisch	SB	1.11	Religion
protestieren	SB	15.1	aktuelles Geschehen
Prozent (n)	AB	+ 5.1	Zahl
	SB	6.2	Preis/Bezahlen
Prüfung (f)	SB	+ 11.3	Prüfungen, Diplome
pseudo-	GR	6.2.5	Wortbildung
pst!	SA	6.1.8	zum Schweigen auffordern
Publikum (n)	SB	13.2	Besuch von Veranstaltungen
Pullover (m)	SB	+ 6.4	Kleidung
Punkt (m)	SA	+ 6.2.7	buchstabieren, diktieren
	AB	4.1	Zeitpunkt, Zeitraum
	SB	13.5	Sport
pünktlich	AB	4.10	Frühzeitigkeit/Späte
putzen	SB	2.4	Haushalt, Komfort, technische Einrichtungen

Q

Quadratmeter (m)	AB	3.3.3	Flächenmaß
Qualität (f)	AB	6.3.2	Qualität (allgemeine Wertung)
Quartier (n)	SB	3.1	Gegend, Stadt, Land
Quatsch (m)	SA	2.2.5	kritisieren, negativ bewerten
	SA	2.5.2	widersprechen
	SA	3.23	Verärgerung ausdrücken
	SA	6.3.4	sich korrigieren
quatschen	AB	6.2.4	Ausdruck, Sprache
quer	AB	3.2.6	Weg
Quittung (f)	SB	6.2	Preis/Bezahlen

R

Rabatt (m)	SB	6.2	Preis/Bezahlen
Rad (n)	SB	+ 4.5	Privatverkehr
	SB	+ 7.7	Autoreparatur/Pannenhilfe
Radio (n)	SB	+ 13.6	Radio/Fernsehen
Rappen (m)	SB	+ 7.4	Bank (Währung)
Rasen (m)	SB	3.1	Gegend, Stadt, Land
Rasierapparat (m)	SB	8.3	Körperpflege/Hygiene
(sich) rasieren	SB	+ 8.3	Körperpflege/Hygiene
Rasthof (m)	SB	5.3	Restaurant, Café
Raststätte (f)	SB	5.3	Restaurant, Café
Rat (m)			
– einen Rat geben	SA	4.1.18	raten
	SA	4.3.4	um Rat fragen
raten	SA	4.1.18	raten
	SA	4.3.4	um Rat fragen
Rathaus (n)	SB	+ 13.4	bildende Kunst/Ausstellungen/Sehenswürdigkeiten
rauchen	SB	+ 6.5	Rauchwaren
Raucher (m)	SB	4.4	öffentlicher Verkehr
rauf/rauf-	AB	+ 3.2.3	Bewegungsrichtung
	GR	+ 6.1.3	Wortbildung
Raum (m)	SB	2.2	Räume
raus/raus-	AB	+ 3.2.3	Bewegungsrichtung
	SB	+ 9.3	manuelle Tätigkeiten
	GR	+ 6.1.3	Wortbildung

rechnen	SB	11.2	Unterrichtsfächer
Rechnung (f)	SB +	6.2	Preis/Bezahlen
recht	SA	2.2.2	billigen
	AB	5.3	Grad
recht haben	SA +	2.5.1	zustimmen, beipflichten
	SA +	2.5.2	widersprechen
	SA +	2.5.7	widerrufen
	AB +	6.3.6	Richtigkeit, Wahrheit
Recht (n)	SB	15.3	Politik
– das Recht haben	SA	4.6.4.2	auf Verbote hinweisen
	SA	4.6.4.3	auf Erlaubtheit hinweisen
recht-	AB +	3.1.2	Ort, Lage
Rechte(r) (m, f)	SB +	15.3	Politik
rechts	AB +	3.1.2	Ort, Lage
	AB +	3.1.3	relative Lage
	SB +	15.3	Politik
	GR	6.1.1	Wortbildung
rechtzeitig	AB	4.10	Frühzeitigkeit/Späte
reden	AB	6.2.4	Ausdruck, Sprache
	SB	14.2	Einladungen/Verabredungen
Reform (f)	SB	15.1	aktuelles Geschehen
Regal (n)	SB +	2.3	Einrichtung; Möbel
Regel (f)	AB	4.18	Häufigkeit
	AB	6.3.7	Normalität
regelmäßig	AB	4.18	Häufigkeit
Regen (m)	SB +	3.3	Klima, Wetter
Regenmantel (m)	SB +	6.4	Kleidung
regieren	SB	15.3	Politik
Regierung (f)	SB +	15.3	Politik
Regisseur, -in (m, f)	SB +	13.3	Theater, Kino, Konzert
regnen, es	SB +	3.3	Klima, Wetter
reich	SB +	15.2	Lebensverhältnisse, Wirtschaft, Soziales
reichen	AB	6.3.5	Adäquatheit
Reifen (m)	SB	7.7	Autoreparatur/Pannenhilfe
	SB	7.8	Tankstelle
Reihe (f)	SB	13.2	Besuch von Veranstaltungen
– an der Reihe sein	SA	6.1.5	das Wort überlassen, übergeben
	SB	6.1	Einkaufen, Geschäfte
rein	SB	6.4	Kleidung
rein/rein-	SA +	5.1.5.2	j. hereinbitten
	AB +	3.2.3	Bewegungsrichtung
	AB +	3.3.4	Volumen
	SB	9.3	manuelle Tätigkeiten
	GR +	6.1.3	Wortbildung
reinigen	SB +	8.3	Körperpflege/Hygiene
Reinigung (f)	SB	8.3	Körperpflege/Hygiene
reinkommen	SA +	5.1.5.1	um Erlaubnis bitten einzutreten
	SA +	5.1.5.2	j. hereinbitten
Reis (m)	SB +	5.2	Nahrungsmittel, Speisen, Getränke
Reise (f)	SB +	4.3	(Ferien-)Reisen
– gute Reise	SA	5.3.6.1	gute Wünsche aussprechen
Reisebüro (n)	SB +	4.3	(Ferien-)Reisen
reisen	SB	4.3	(Ferien-)Reisen
Reiseführer (m)	SB +	4.3	(Ferien-)Reisen
Reiseleiter, -in (m, f)	SB	4.3	(Ferien-)Reisen
Reisende(r) (m, f)	SB	4.4	öffentlicher Verkehr
Reklame (f)	SB +	13.7	Lektüre/Presse
Religion (f)	SB	1.11	Religion
Rennen (n)	SB	13.5	Sport
rennen	SB	9.2	Körperstellung und -bewegung
Rente (f)	SB +	10.4	Lohn
Reparatur (f)	SB	7.7	Autoreparatur/Pannenhilfe

reparieren	SB	+ 6.6	Haushaltartikel
	SB	+ 7.7	Autoreparatur/Pannenhilfe
reservieren	SA	+ 4.1.9	Aufträge geben
	SB	+ 2.6	auswärts wohnen
	SB	+ 4.4	öffentlicher Verkehr
	SB	+ 5.3	Restaurant, Café
	SB	+ 13.2	Besuch von Veranstaltungen
Restaurant (n)	SB	+ 5.3	Restaurant, Café
Revolution (f)	SB	15.1	aktuelles Geschehen
Rezept´(n)	SB	8.5	medizinische Versorgung
Rezeption (f)	SB	2.6	auswärts wohnen
richtig	SA	+ 2.5.1	zustimmen, beipflichten
	SA	+ 2.5.2	widersprechen
	SA	+ 2.5.7	widerrufen
	SA	4.3.5	um Instruktion bitten
	SA	+ 6.2.6	um Explizierung, Kommentierung bitten
	SA	6.3.2	zögern, nach Worten suchen
	SA	6.3.3	um Ausdruckshilfe bitten
	SA	6.3.4	sich korrigieren
	AB	4.10	Frühzeitigkeit/Späte
	AB	+ 6.3.5	Adäquatheit
	AB	+ 6.3.6	Richtigkeit, Wahrheit
	SB	+ 12.2	Sprachbeherrschung
Richtung (f)	AB	+ 3.2.3	Bewegungsrichtung
riechen	AB	+ 6.1.10	Geruch
	SB	+ 9.1	sinnliche Wahrnehmung
Rind(fleisch) (n)	SB	+ 5.2	Nahrungsmittel, Speisen, Getränke
Ring (m)	SB	6.4	Kleidung, Accessoires
ringsum	AB	3.1.3	relative Lage
Rock (m)	SB	+ 6.4	Kleidung, Accessoires
Rolle (f)	SB	13.3	Theater, Kino, Konzert
– (k)eine Rolle spielen	SA	2.2.4	bagatellisieren, verzeihen
	AB	6.3.10	Wichtigkeit
Roman (m)	SB	+ 13.7	Lektüre/Presse
rot	AB	+ 6.1.3	Farbe
	SB	+ 1.15	Aussehen
Rotwein (m)	SB	+ 5.2	Nahrungsmittel, Speisen, Getränke
rüber/rüber-	AB	+ 3.2.3	Bewegungsrichtung
	GR	+ 6.1.3	Wortbildung
Rück-	AB	3.2.3	Bewegungsrichtung
	GR	6.1.1	Wortbildung
Rücken (m)	SB	+ 8.1	Körperteile
Rückfahrkarte (f)	SB	4.4	öffentlicher Verkehr
Rucksack (m)	SB	4.4	öffentlicher Verkehr (Reisen)
rufen	SB	+ 7.6	Not-/Bereitschaftsdienste
	SB	+ 8.5	medizinische Versorgung
Ruhe (f)	SA	3.12	Gelassenheit ausdrücken
	SA	6.1.8	zum Schweigen auffordern
	AB	6.1.8	Hörbarkeit, Geräusch
	SB	8.2	physisches und psychisches Befinden
– in Ruhe lassen	SA	3.23	Verärgerung ausdrücken
ruhig	SA	4.1.16	ermuntern
	SA	4.2.1	erlauben
	SA	4.2.2	dispensieren
	SA	5.1.5.2	j. hereinbitten
	AB	+ 6.1.8	Hörbarkeit, Geräusch
	SB	+ 1.14	Charakter, Temperament
	SB	+ 2.7	Charakterisierungen für Wohnung, Wohnlage
rum	*siehe*: herum		
rund	AB	5.3	Grad
	AB	+ 6.1.1	Form
– rund um	AB	3.1.3	relative Lage

Rundfahrt (f)	SB	4.3	(Ferien-)Reisen
Rundfunk (m)	SB	13.6	Radio/Fernsehen
runter/runter-	AB +	3.2.3	Bewegungsrichtung
	GR +	6.1.3	Wortbildung

S

S	SB	7.4	Bank (Währung)
Sache (f)	SA	6.3.1	Äußerung einleiten
	AB +	1	Gegenstände; Dinge, Sachverhalte
Sachen (Pl.)	AB +	1	Gegenstände; Dinge
Saft (m)	SB +	5.2	Nahrungsmittel, Speisen, Getränke
sagen	SA +	1.1.6	auf etwas aufmerksam machen
	SA +	1.1.9	Äußerungen wiedergeben
	SA +	1.2.1	Informationen erfragen
	SA +	1.3.5	Antwort verweigern
	SA +	1.4.2	Überzeugung ausdrücken
	SA +	1.4.6	Nichtwissen ausdrücken
	SA +	1.5.1	nach Wissen fragen
	SA	2.1.1	Meinungen, Ansichten ausdrücken
	SA +	4.1.11	instruieren
	SA	4.3.1	um Erlaubnis bitten
	SA +	4.3.5	um Instruktion bitten
	SA	4.3.5	Angebote annehmen
	SA +	4.5.6	zögern
	SA +	4.6.1.3	Unentschlossenheit ausdrücken
	SA +	4.7.1.2	nach Entschlossenheit fragen
	SA +	6.1.1	ums Wort bitten
	SA +	6.1.3	anzeigen, daß man weitersprechen will
	SA +	6.1.6	zum Sprechen auffordern
	SA +	6.2.1	rückfragen
	SA +	6.2.2	um Wiederholung bitten
	SA +	6.2.5	um sprachliche Erklärungen bitten
	SA +	6.2.6	um Explizierung, Kommentierung bitten
	SA +	6.2.10	kontrollieren, ob Inhalt/Zweck eigener Äußerungen verstanden werden
	SA +	6.2.11	eigene Äußerungen explizieren, kommentieren
	SA	6.3.1	Äußerung einleiten
	SA +	6.3.2	zögern, nach Worten suchen
	SA +	6.3.3	um Ausdruckshilfe bitten
	SA	6.3.4	sich korrigieren
	SA +	6.3.5	umschreiben
	AB +	6.2.4	Ausdruck, Sprache
	SB +	12.1	Verständigung
– Du/Sie sagen	SB +	14.1	Art der persönlichen Beziehung
sagen wollen	SB +	12.1	Verständigung
Sahne (f)	SB	5.2	Nahrungsmittel, Speisen, Getränke
Saison (f)	SB	4.3	(Ferien-)Reisen
Salat (m)	SB +	5.2	Nahrungsmittel, Speisen, Getränke
Salbe (f)	SB	8.5	medizinische Versorgung
Salz (n)	SB +	5.2	Nahrungsmittel, Speisen, Getränke
salzig	AB	6.1.9	Geschmack
Samstag (m)	AB +	4.1	Zeitpunkt, Zeitraum
sämtlich-	AB	5.2	Menge
Sänger, -in (m, f)	SB	13.3	Theater, Kino, Konzert
Satz (m)	SB +	12.1	Verständigung
sauber	SB +	2.7	Charakterisierungen für Wohnung, Wohnlage
	SB +	8.3	Körperpflege/Hygiene
saubermachen	SB +	2.4	Haushalt, Komfort, technische Einrichtungen
Sauce (f)	SB	5.2	Nahrungsmittel, Speisen, Getränke
sauer	SA	3.23	Verärgerung ausdrücken
	AB +	6.1.9	Geschmack

	SB	+ 5.4	Charakterisierungen für Essen und Trinken
schade	SA	+ 2.2.8	bedauern
	SA	+ 3.2	Mitgefühl ausdrücken
	SA	+ 3.10	Enttäuschung ausdrücken
Schaden (m)	AB	6.3.9	Nützlichkeit
schädlich	AB	6.3.9	Nützlichkeit
schaffen	AB	6.3.15	Gelingen, Erfolg
Schaffner (m)	SB	4.4	öffentlicher Verkehr
Schallplatte (f)	SB	13.6	Radio/Fernsehen
Schalter (m)	SB	+ 2.4	Haushalt, Komfort, technische Einrichtungen
	SB	4.4	öffentlicher Verkehr
	SB	7.1	Post
scharf	AB	+ 6.1.9	Geschmack
	SB	+ 5.4	Charakterisierungen für Essen und Trinken
Schatten (m)	SB	+ 3.3	Klima, Wetter
schauen	SA	1.1.6	auf etwas aufmerksam machen
	SB	9.1	sinnliche Wahrnehmung
Schauer (m)	SB	3.3	Klima, Wetter
Schauspieler, -in (m, f)	SB	+ 13.3	Theater, Kino, Konzert
Schauspielhaus (n)	SB	13.3	Theater, Kino, Konzert
Scheck (m)	SB	+ 6.2	Preis/Bezahlen
	SB	+ 7.4	Bank
Scheckkarte (f)	SB	7.4	Bank
Scheibe (f)	SB	5.2	Nahrungsmittel, Speisen, Getränke
Schein (m)	SB	6.2	Preis/Bezahlen
scheinbar	SA	1.1.2.5	als offenbar, augenscheinlich darstellen
scheinen	SA	1.1.2.5	als offenbar, augenscheinlich darstellen
	SA	1.4.3	Glauben ausdrücken
	SA	2.1.1	Meinungen, Ansichten ausdrücken
	SB	+ 3.3	Klima, Wetter
scheint's	SA	1.1.2.5	als offenbar, augenscheinlich darstellen
scheiß-	SA	2.2.5	kritisieren, negativ bewerten
Scheiße (f)	SA	2.2.5	kritisieren, negativ bewerten
	SA	3.23	Verärgerung ausdrücken
schellen	SB	2.4	Haushalt, Komfort, technische Einrichtungen
	SB	7.3	Telefondienst
schenken	SB	14.2	Einladungen/Verabredungen
Schere (f)	SB	+ 6.6	Haushaltartikel
	SB	+ 8.3	Körperpflege/Hygiene
schicken	SB	+ 4.4	öffentlicher Verkehr
	SB	+ 7.1	Post
	SB	+ 7.2	Telegrammdienst
	SB	+ 14.3	Korrespondenz
schieben	SB	9.3	manuelle Tätigkeiten
Schiff (n)	SB	+ 4.4	öffentlicher Verkehr
Schild (n)	SB	+ 4.5	Privatverkehr
Schilift (m)	SB	13.5	Sport
Schilling (m)	SB	+ 7.4	Bank (Währung)
Schinken (m)	SB	+ 5.2	Nahrungsmittel, Speisen, Getränke
Schirm (m)	SB	+ 6.4	Kleidung, Accessoires
schlafen	SB	+ 2.6	auswärts wohnen
	SB	+ 8.2	physisches und psychisches Befinden
	SB	+ 14.1	Art der persönlichen Beziehung
– schlafen gehen	SB	+ 8.2	physisches und psychisches Befinden
Schlafsack (m)	SB	2.3	Einrichtung; Möbel, Bettwäsche
Schlafwagen (m)	SB	4.4	öffentlicher Verkehr
Schlafzimmer (n)	SB	+ 2.2	Räume
schlagen	SB	13.5	Sport
schlank	SB	1.15	Aussehen (Personen)
schlecht	AB	+ 6.1.7	Sichtbarkeit, Sicht
	AB	+ 6.1.8	Hörbarkeit, Geräusch
	AB	+ 6.1.10	Geruch

	AB + 6.3.2	Qualität (allgemeine Wertung)
	AB + 6.3.9	Nützlichkeit
	SB + 3.3	Klima, Wetter
	SB + 5.4	Charakterisierungen für Essen und Trinken
	SB + 8.4	Krankheit/Unfall
	SB + 12.2	Sprachbeherrschung
	SB + 13.9	Charakterisierungen für Veranstaltungen/Lektüre
– jm. schlecht sein/ werden	SB + 8.4	Krankheit/Unfall
– nicht schlecht	SA 2.2.1	loben, positiv bewerten
	SA 2.2.2	billigen
	SA 4.5.1	einwilligen
schließen	SB 2.4	Haushalt, Komfort, technische Einrichtungen
	SB 9.3	manuelle Tätigkeiten
Schließfach (n)	SB 4.4	öffentlicher Verkehr
schließlich	AB 4.4	Abfolge, Reihenfolge
schlimm	SA + 2.2.4	bagatellisieren, verzeihen
	SA + 2.4.2	um Beurteilung bitten
	SA + 3.2	Mitgefühl ausdrücken
	SA + 3.12	Gelassenheit ausdrücken
	SB + 8.4	Krankheit/Unfall
Schloß (n)	SB + 13.4	bildende Kunst/Ausstellungen/Sehenswürdigkeiten
Schluck (m)	SB 5.2	Nahrungsmittel, Speisen, Getränke
Schluß (m)	AB + 3.1.3	relative Lage
	AB + 4.15	Abschluß, Ende
– Schluß machen	SA + 6.3.11	Äußerung abschließen
	AB + 4.15	Abschluß, Ende
Schlüssel (m)	SB + 2.4	Haushalt, Komfort, technische Einrichtungen
	SB + 2.6	auswärts wohnen
schmal	AB + 3.3.1	Größe
schmecken	AB + 6.1.9	Geschmack
	SB + 5.4	Charakterisierungen für Essen und Trinken
	SB + 9.1	sinnliche Wahrnehmung
schmeißen	SB 9.3	manuelle Tätigkeiten
Schmerzen (Pl.)	SB + 8.4	Krankheit/Unfall
Schmuck (m)	SB 6.4	Kleidung, Accessoires
schmutzig	SB + 2.7	Charakterisierungen für Wohnung, Einrichtung
	SB + 8.3	Körperpflege/Hygiene
Schnaps (m)	SB + 5.2	Nahrungsmittel, Speisen, Getränke
Schnee (m)	SB + 3.3	Klima, Wetter
schneiden	SB + 8.3	Körperpflege/Hygiene
	SB + 8.4	Krankheit/Unfall
	SB ׀ 9.3	manuelle Tätigkeiten
schneien, es	SB + 3.3	Klima, Wetter
Schnellzug (m)	SB 4.4	öffentlicher Verkehr
Schnupfen (m)	SB 8.4	Krankheit
Schnur (f)	SB + 6.6	Haushaltartikel
Schokolade (f)	SB + 5.2	Nahrungsmittel, Speisen, Getränke
schnell	SA + 4.1.13	drängen
	SA 4.4.3	anbieten, etwas zu tun
	SA + 6.2.4	Nicht-Verstehen signalisieren
	AB + 4.17	Geschwindigkeit
	SB + 12.1	Verständigung
schnell machen	SA + 4.1.13	drängen
	AB + 4.17	Geschwindigkeit
	SB + 4.4	öffentlicher Verkehr (Reisen)
schon	SA 1.3.1	bejahen
	SA 1.3.2	verneinen
	SA 2.5.4	einräumen
	SA 4.1.13	drängen
	SA 4.2.1	erlauben
	SA 4.5.1	einwilligen

	SA	4.5.5	Angebote ablehnen
	SA	6.3.2	zögern, nach Worten suchen
	SA	+ 6.3.8	Thema wechseln
	SA	6.3.11	Äußerung abschließen
	AB	+ 4.2	Vorzeitigkeit
	AB	+ 4.10	Frühzeitigkeit/Späte
	AB	+ 4.11	Zeitdauer
	AB	+ 4.18	Häufigkeit
	AB	+ 5.3	Grad
– schon gut	SA	2.2.4	bagatellisieren, verzeihen
	SA	4.5.1	einwilligen
	SA	5.3.1.2	auf Entschuldigung reagieren
schön	SA	+ 2.2.1	loben, positiv bewerten
	SA	+ 2.2.3	dankend anerkennen
	SA	+ 3.2	Mitgefühl ausdrücken
	SA	+ 3.5	Begeisterung ausdrücken
	SA	+ 3.6	Freude ausdrücken
	SA	4.5.1	einwilligen
	SA	+ 6.1.7	zur Kenntnis nehmen
	AB	+ 6.3.3	ästhetische Qualität
	SB	+ 1.15	Aussehen
	SB	+ 2.7	Charakterisierungen für Wohnung, Einrichtung
	SB	+ 3.3	Klima, Wetter
	SB	+ 6.4	Kleidung, Accessoires
	SB	+ 13.9	Charakterisierungen für Veranstaltungen, Lektüre
– schönen Dank	SA	5.3.2.1	sich bedanken
– schöne Feiertage	SA	5.3.6.1	gute Wünsche aussprechen
– schöne Ferien	SA	+ 5.3.6.1	gute Wünsche aussprechen
	SB	+ 4.3	(Ferien-)Reisen
Schrank (m)	SB	+ 2.3	Einrichtung; Möbel
Schraube (f)	SB	+ 6.6	Haushaltartikel
schrecklich	SA	+ 3.2	Mitgefühl ausdrücken
	SA	+ 3.11	Bestürzung ausdrücken
	SA	+ 3.24	Abscheu ausdrücken
	SA	+ 6.1.7	zur Kenntnis nehmen
	AB	5.3	Grad
schreiben	SA	+ 6.2.3	bitten zu buchstabieren
	AB	+ 6.2.4	Ausdruck, Sprache
	SB	+ 11.2	Unterrichtsfächer
	SB	+ 12.1	Verständigung
	SB	+ 12.2	Sprachbeherrschung
	SB	+ 13.7	Lektüre/Presse
	SB	+ 14.3	Korrespondenz
Schreibmaschine (f)	SB	+ 14.3	Korrespondenz
Schriftsteller, -in (m, f)	SB	13.7	Lektüre/Presse
Schuh (m)	SB	+ 6.4	Kleidung, Accessoires
schuld sein	SA	+ 2.2.7	Vorwürfe machen, beschuldigen
	SA	+ 2.3.2	zugeben, eingestehen
Schuld (f)	SA	2.2.4	bagatellisieren, verzeihen
Schule (f)	SB	+ 11.1	Schule und Studium
Schüler, -in (m, f)	SB	+ 11.1	Schule und Studium
Schüssel (f)	SB	6.6	Haushaltartikel
schütteln	SB	9.3	manuelle Tätigkeiten
schütten	SB	9.3	manuelle Tätigkeiten
schwach	AB	6.1.5	Materialbeschaffenheit
	SB	+ 8.2	physisches und psychisches Befinden
	SB	+ 15.3	Politik
schwanger	SB	+ 8.2	physisches und psychisches Befinden
schwarz	AB	+ 6.1.3	Farbe
	SB	+ 1.15	Aussehen
Schwarzweißfilm (m)	SB	13.3	Theater, Kino, Konzert
Schwein(efleisch) (n)	SB	+ 5.2	Nahrungsmittel, Speisen, Getränke

die Schweiz	SB + 1.2	Adresse (Land)
Schweizer, -in (m, f)	SB + 1.8	Staatsangehörigkeit
Schweizer/schweizerisch	SB + 1.8	Staatsangehörigkeit
schwer	AB + 3.3.5	Gewicht
	AB + 6.3.14	Schwierigkeit
	SB 8.4	Krankheit/Unfall
	SB + 10.6	Charakterisierungen für Stelle und Arbeit
	SB + 12.2	Sprachbeherrschung
Schwester (f)	SB + 1.12	Familie
Schwieger-	SB 1.12	Familie
	GR 6.1.1	Wortbildung
schwierig	AB 6.3.14	Schwierigkeit
	SB 12.2	Sprachbeherrschung
Schwierigkeit (f)	AB 6.3.14	Schwierigkeit
schwimmen	SB + 13.5	Sport
Schwimmbad (n)	SB + 13.5	Sport
schwitzen	SB 8.2	physisches und psychisches Befinden
See (m)	SB + 3.1	Gegend, Stadt, Land
See (f)	SB 3.1	Gegend, Stadt, Land
sehen	SA + 1.1.6	auf etwas aufmerksam machen
	SA 2.1.1	Meinungen, Ansichten ausdrücken
	SA 4.5.6	zögern
	SA 6.3.1	Äußerung einleiten
	AB + 6.1.7	Sichtbarkeit, Sicht
	SB + 4.3	(Ferien-)Reisen
	SB + 9.1	sinnliche Wahrnehmung
	SB + 13.6	Radio/Fernsehen
	SB + 14.1	Art der persönlichen Beziehung
	SB + 14.2	Einladungen/Verabredungen
– jm. ähnlich sehen	AB 7.5.2	Vergleich; Entsprechung/Unterschiedlichkeit
– mal sehen	SA 4.5.6	zögern
	SA 4.6.1.3	Unentschlossenheit ausdrücken
sehenswert	SB ⋈4.3	(Ferien-)Reisen
Sehenswürdigkeit (f)	SB 4.3	(Ferien-)Reisen
sehr	SA + 5.1.7	Anrede in Briefen
	AB + 5.3	Grad
Seide (f)	SB 6.4	Kleidung, Accessoires
Seife (f)	SB + 8.3	Körperpflege/Hygiene
sein	SA + 1.1.1	identifizieren, benennen
	SA + 5.1.3.1	sich vorstellen
	SA + 5.1.3.2	j. vorstellen
	SA + 6.2.5	um sprachliche Erklärungen bitten
	AB ǀ 2.1	Sein/Nicht-Sein
	AB + 2.2	Anwesenheit/Abwesenheit
	AB + 2.3	Verfügbarkeit/Nicht-Verfügbarkeit
	AB + 2.4	Vorkommen/Nicht-Vorkommen
	AB + 3.1	Lage
	AB + 3.2.5	Herkunft
	AB + 4.1	Zeitpunkt, Zeitraum
	AB + 4.8	Vergangenheitsbezug
	AB + 4.16	Veränderung/Beständigkeit
	AB + 5.1	Zahl
	AB + 7.4	Prädikation
	AB + 7.5.1	Identität
	AB + 7.6.1	Besitz
	AB + 7.9	Inklusion/Exklusion
	SB + 1.9	Herkunft
	SB + 1.10	berufliche Tätigkeit
	SB + 8.2	physisches und psychisches Befinden
	GR + 3.3.2	Verbalkomplex
	GR + 5.1.2 b	Tempus (Perfekt)
	GR 5.1.2 e	Passiv

– sein für	SA	+ 2.1.2	Partei nehmen
	SA	+ 2.4.1	Meinungen erfragen
	SA	+ 4.5.1	einwilligen
	SA	+ 4.6.2.1	Handlungswunsch ausdrücken
	SB	+ 15.3	Politik
– sein gegen	SA	+ 2.1.2	Partei nehmen
	SA	+ 2.4.1	Meinungen erfragen
	SB	+ 15.3	Politik
– sein zu	SA	4.1.10	gebieten
	SA	4.1.11	instruieren
	SA	4.6.3.4	Machbarkeit ausdrücken
	SA	4.6.4.1	auf Verpflichtung hinweisen
– an etw. sein	AB	4.14	Verlauf
– an der Reihe sein	SA	6.1.5	das Wort überlassen, übergeben
	SB	6.1	Einkaufen, Geschäfte
– bei etw. sein	AB	4.14	Verlauf
– dabei sein	AB	+ 7.9	Inklusion/Exklusion
	SB	+ 5.3	Restaurant, Café
– dran sein	SA	6.1.5	das Wort überlassen, übergeben
	SB	6.1	Einkaufen, Geschäfte
– jm. gut/schlecht sein	SB	+ 8.4	Krankheit/Unfall
– in der Lage sein	SA	4.6.3.8	Unfähigkeit ausdrücken
	SA	4.7.3.1	nach Fähigkeit fragen
	AB	6.3.13	Fähigkeit
– so sein	SA	+ 1.1.2.1	als gegeben, wahr darstellen
	SA	+ 1.1.6	auf etwas aufmerksam machen
	SA	+ 1.1.12	versichern, beteuern
	SA	+ 1.2.2	sich vergewissern
	SA	+ 2.5.1	zustimmen, beipflichten
	SA	+ 2.5.2	widersprechen
	SA	+ 3.14	Resignation ausdrücken
	SA	+ 6.3.1	Äußerung einleiten
	SA	+ 6.3.11	Äußerung abschließen
	AB	+ 6.3.6	Richtigkeit, Wahrheit
sein/seiner	AB	+ 1	Gegenstände; Personen
	AB	+ 7.6.1	Besitz
	GR	+ 1	Text
	GR	+ 5.7.2	Possessivpronomen/Possessivdeterminativ
seit	AB	+ 4.11	Zeitdauer
	AB	+ 4.12	Beginn
	AB	+ 4.13	Fortdauer
Seite (f)	AB	+ 3.1.3	relative Lage
	AB	+ 3.2.4	Richtung, Ziel
	SB	+ 13.7	Lektüre/Presse
Sekundarschule (f)	SB	11.1	Schule und Studium
Sekunde (f)	AB	+ 4.1	Zeitpunkt, Zeitraum
selber	AB	+ 1	Gegenstände; Personen
selbst	AB	+ 1	Gegenstände; Personen
selbständig	SB	1.10	berufliche Tätigkeit
Selbstbedienung (f)	SB	5.3	Restaurant, Café
	SB	6.1	Einkaufen, Geschäfte
selbstverständlich	SA	1.1.2.3	als selbstverständlich darstellen
	SA	1.4.2	Überzeugung ausdrücken
	SA	2.5.1	zustimmen, beipflichten
	SA	4.2.1	erlauben
	SA	4.5.1	einwilligen
	SA	5.3.2.2	auf Dank reagieren
	AB	6.3.7	Normalität
selten	AB	4.18	Häufigkeit
seltsam	AB	6.3.7	Normalität
Semester (n)	AB	4.1	Zeitpunkt, Zeitraum
Sendung (f)	SB	13.6	Radio/Fernsehen

Senf (m)	SB + 5.2	Nahrungsmittel, Speisen, Getränke
September (m)	AB + 4.1	Zeitpunkt, Zeitraum
Sessel (m)	SB 2.3	Einrichtung; Möbel
sich setzen	SA + 5.1.5.2	j. hereinbitten
	SB + 9.2	Körperstellung und -bewegung
sicher	SA + 1.1.2.4	als sicher, gewiß darstellen
	SA + 1.1.2.6	als wahrscheinlich darstellen
	SA + 1.1.2.8	als unsicher, ungewiß darstellen
	SA 1.1.2.9	als unwahrscheinlich darstellen
	SA + 1.1.2.10	als unmöglich darstellen
	SA 1.2.2	sich vergewissern
	SA + 1.4.2	Überzeugung ausdrücken
	SA + 1.4.3	Glauben ausdrücken
	SA + 1.5.2	nach Überzeugung, Glauben fragen
	SA + 2.5.1	zustimmen, beipflichten
	SA + 2.5.2	widersprechen
	SA 4.2.1	erlauben
	SA 4.4.6	versprechen
	SA 4.5.1	einwilligen
	SA + 4.6.1.3	Unentschlossenheit ausdrücken
	AB + 6.1.7	zur Kenntnis nehmen
	AB + 6.2.1	Denken, Wissen
Sicht (f)	AB 6.1.7	Sichtbarkeit, Sicht
sie	*siehe*: er	
Sie	SA 5.1.4.1	j. ansprechen
	SA 6.3.1	Äußerung einleiten
	AB + 1	Gegenstände; Personen
	GR + 1.1	Deixis
Sie sagen	SB + 14.1	Art der persönlichen Beziehung
siegen	SB 13.5	Sport
siezen	SB 14.1	Art der persönlichen Beziehung
Silber (n)	AB 6.1.4	Material
singen	SB + 13.3	Theater, Kino, Konzert
Sinn (m)	SA 3.14	Resignation ausdrücken
	SB 12.1	Verständigung
Situation (f)	SA 4.3.4	um Rat fragen
	SB + 15.1	aktuelles Geschehen
sitzen	SB + 9.2	Körperstellung und -bewegung
Sitzplatz (m)	SB 13.2	Besuch von Veranstaltungen
so	SA + 2.2.2	billigen
	SA + 2.2.4	bagatellisieren, verzeihen
	SA + 2.2.6	mißbilligen
	SA + 2.4.2	um Beurteilung bitten
	SA + 4.1.11	instruieren
	SA + 4.4.2	Dinge anbieten
	SA 4.5.1	einwilligen
	SA 4.6.1.2	Entschlossenheit ausdrücken
	SA + 6.3.3	um Ausdruckshilfe bitten
	SA + 6.3.5	umschreiben
	AB + 5.3	Grad
	AB + 7.3.5	Art und Weise
	AB + 7.5.2	Vergleich; Entsprechung/Unterschiedlichkeit
so ein	SA + 2.2.5	kritisieren, negativ bewerten
	SA + 3.23	Verärgerung ausdrücken
	AB + 1	Gegenstände
	AB + 7.5.2	Vergleich; Entsprechung/Unterschiedlichkeit
so sein	SA + 1.1.2.1	als gegeben, wahr darstellen
	SA + 1.1.6	auf etwas aufmerksam machen
	SA + 1.1.12	versichern, beteuern
	SA + 1.2.2	sich vergewissern
	SA + 2.5.1	zustimmen, beipflichten
	SA + 2.5.2	widersprechen

	SA	+ 3.14	Resignation ausdrücken
	SA	+ 6.3.1	Äußerung einleiten
	SA	+ 6.3.11	Äußerung abschließen
	AB	+ 6.3.6	Richtigkeit, Wahrheit
so . . . wie	SA	+ 4.1.6	Wünsche äußern
	AB	+ 5.3	Grad
	AB	+ 7.5.2	Vergleich; Entsprechung/Unterschiedlichkeit
sobald	AB	4.2	Vorzeitigkeit
Socken (Pl.)	SB	6.4	Kleidung, Accessoires
so daß	AB	+ 7.12	Kausalität: Folge, Wirkung
sofort	SA	+ 4.5.1	einwilligen
	AB	+ 4.6	Zukunftsbezug
Sohn (m)	SB	+ 1.7	Familienstand
	SB	+ 1.12	Familie
solange	AB	4.5	Gleichzeitigkeit
solch/solch-	AB	1	Gegenstände
Soldat (m)	SB	+ 15.3	Politik
Solist, -in (m, f)	SB	13.3	Theater, Kino, Konzert
sollen	SA	+ 1.1.9	Äußerungen wiedergeben
	SA	2.2.7	Vorwürfe machen, beschuldigen
	SA	2.3.2	zugeben, eingestehen
	SA	+ 3.15	Ratlosigkeit ausdrücken
	SA	4.1.13	drängen
	SA	4.1.16	ermuntern
	SA	+ 4.1.17	vorschlagen
	SA	4.1.18	raten
	SA	+ 4.3.3	um Vorschläge bitten
	SA	+ 4.3.4	um Rat fragen
	SA	4.3.5	um Instruktion bitten
	SA	+ 4.4.1	nach Wünschen fragen
	SA	+ 4.4.3	anbieten, etwas zu tun
	SA	+ 4.4.4	Hilfe anbieten
	SA	4.5.6	zögern
	SA	4.6.1.3	Unentschlossenheit ausdrücken
	SA	+ 4.6.4.1	auf Verpflichtung hinweisen
	SA	+ 4.6.4.2	auf Verbote hinweisen
	SA	+ 4.7.4.1	nach Verpflichtung fragen
	AB	+ 3.2.1	Bewegung, Fortbewegung
	AB	+ 6.3.8	Erwünschtheit
Sommer (m)	AB	+ 4.1	Zeitpunkt, Zeitraum
Sonder-	AB	6.3.7	Normalität
	GR	6.1.1	Wortbildung
sondern	AB	+ 7.10	Opposition, Einschränkung
Sonnabend (m)	AB	4.1	Zeitpunkt, Zeitraum
Sonne (f)	SB	+ 3.3	Klima, Wetter
Sonnencreme (f)	SB	+ 8.3	Körperpflege/Hygiene
sonnig	SB	3.3	Klima, Wetter
Sonntag (m)	AB	+ 4.1	Zeitpunkt, Zeitraum
sonst	SA	+ 1.1.11.2	von irrealen Sachverhalten sprechen
	SA	4.1.15	drohen
	SA	4.4.1	nach Wünschen fragen
	AB	+ 6.3.7	Normalität
	AB	+ 7.9	Inklusion/Exklusion
	AB	+ 7.14	Bedingungsverhältnis
Sorge (f)	SA	3.17	Angst/Befürchtung ausdrücken
	SA	3.18	Kummer ausdrücken
Soße (f)	SB	5.2	Nahrungsmittel, Speisen, Getränke
soviel			
– soviel ich weiß	SA	1.4.3	Glauben ausdrücken
sowas	SA	3.8	Überraschung ausdrücken
	SA	6.3.11	Äußerung abschließen
	vgl.: was/etwas		

soweit sein	SA	4.6.3.3	Bereitsein ausdrücken
	SA	4.1.13	drängen
sowohl . . . als auch	SA	6.3.6	aufzählen
	AB	7.7	Konjunktion
sozial	SB	+ 15.2	Lebensverhältnisse, Wirtschaft, Soziales
sozialdemokratisch	SB	+ 15.3	Politik
Sozialdemokrat, -in (m, f)	SB	+ 15.3	Politik
Sozialist, -in (m, f)	SB	+ 15.3	Politik
sozialistisch	SB	+ 15.3	Politik
spannend	SB	13.9	Charakterisierungen für Veranstaltungen, Lektüre
sparen	SB	+ 7.4	Bank
Sparkasse (f)	SB	7.4	Bank
Spaß (m)			
– es macht Spaß	SA	+ 3.6	Freude ausdrücken
	AB	+ 6.2.2	Gefühl
– viel Spaß	SA	+ 5.3.6.1	gute Wünsche aussprechen
spät	AB	+ 4.10	Frühzeitigkeit/Späte
– wie spät ist es?	AB	+ 4.1	Zeitpunkt, Zeitraum
später	AB	+ 4.3	Nachzeitigkeit
Spaziergang (m)	SB	+ 13.1	Freizeitbeschäftigung
spazieren gehen	SB	13.1	Freizeitbeschäftigung
Speck (m)	SB	5.2	Nahrungsmittel, Speisen, Getränke
Speise (f)	SB	5.2	Nahrungsmittel, Speisen, Getränke
Speisekarte (f)	SB	5.3	Restaurant, Café
Speisesaal (m)	SB	2.6	auswärts wohnen
Speisewagen (m)	SB	+ 4.4	öffentlicher Verkehr
spendieren	SB	14.2	Einladungen/Verabredungen
Spezial-	AB	6.3.7	Normalität
	GR	6.1.1	Wortbildung
Spezialist, -in (m, f)	SB	+ 8.5	medizinische Versorgung
Spezialität (f)	SB	+ 5.2	Nahrungsmittel, Speisen, Getränke
Spiegel (m)	SB	+ 2.3	Einrichtung; Möbel
	SB	+ 8.3	Körperpflege/Hygiene
Spiel (n)	SB	+ 13.5	Sport
spielen	SB	+ 13.3	Theater, Kino, Konzert
	SB	+ 13.5	Sport
	SB	+ 13.8	gesellige Anlässe
Spirituosen (Pl.)	SB	5.2	Nahrungsmittel, Speisen, Getränke
Sport (m)	SB	+ 13.5	Sport
– Sport machen	SB	+ 13.5	Sport
– Sport treiben	SB	13.5	Sport
Sportplatz (m)	SB	+ 13.5	Sport
Sprache (f)	SB	+ 11.2	Unterrichtsfächer
	SB	+ 12.2	Sprachbeherrschung
sprechen	SA	+ 6.1.8	zum Schweigen auffordern
	SA	+ 6.2.4	Nicht-Verstehen signalisieren
	AB	+ 6.2.4	Ausdruck, Sprache
	SB	+ 7.3	Telefondienst
	SB	+ 12.2	Sprachbeherrschung
	SB	+ 14.2	Einladungen/Verabredungen
Sprechstunde (f)	SB	8.5	medizinische Versorgung
spülen	SB	2.4	Haushalt, Komfort, technische Einrichtungen
spüren	SB	9.1	sinnliche Wahrnehmung
Staat (m)	SB	1.2	Adresse
	SB	15.3	Politik
staatlich	SB	15.3	Politik
Staatsangehörigkeit (f)	SB	1.8	Staatsangehörigkeit
Stadion (n)	SB	13.5	Sport
Stadt (f)	SB	+ 3.1	Gegend, Stadt, Land
Stadtplan (m)	SB	+ 4.1	Orientierung
Stadtrundfahrt (f)	SB	13.4	bildende Kunst/Ausstellungen/Sehenswürdigkeiten
ständig	AB	4.11	Zeitdauer

	AB	4.18	Häufigkeit
Standpunkt (m)	SA	2.1.1	Meinungen, Ansichten ausdrücken
stark	AB +	6.1.5	Materialbeschaffenheit
	SB +	6.5	Rauchwaren
	SB +	8.2	physisches und psychisches Befinden
	SB +	15.3	Politik
Start (m)	SB	4.4	öffentlicher Verkehr
Station (f)	SB +	4.4	öffentlicher Verkehr
stattfinden	AB	2.4	Vorkommen/Nicht-Vorkommen
	SB	13.2	Besuch von Veranstaltungen
Stau (m)	SB	4.5	Privatverkehr
Steckdose (f)	SB +	2.4	Haushalt, Komfort, technische Einrichtungen
Stecker (m)	SB	2.4	Haushalt, Komfort, technische Einrichtungen
stehen	SA +	1.1.9	Äußerungen wiedergeben
	AB +	3.1.1	Ruhezustand
	SB	6.4	Kleidung, Accessoires
	SB +	9.2	Körperstellung und -bewegung
	SB +	13.5	Sport
stehenlassen	SB	4.4	öffentlicher Verkehr
stehlen	SB	7.5	Polizei (Verlust)
Stehplatz (m)	SB	13.2	Besuch von Veranstaltungen
steigen	AB	3.2.1	Bewegung, Fortbewegung
steil	SB +	3.1	Gegend, Stadt, Land
Stein (m)	AB +	6.1.4	Material
Stelle (f)	SB	1.10	berufliche Tätigkeit
	SB	3.1	Gegend, Stadt, Land
	SB	10.5	Berufsausbildung/Laufbahn
– an Ihrer Stelle	SA	4.1.18	raten
– an meiner Stelle	SA	4.3.4	um Rat fragen
stellen	AB +	3.2.2	Bewegung mit Personen und Gegenständen
– eine Frage stellen	SA	6.1.1	ums Wort bitten
sterben	SB +	8.4	Krankheit/Unfall
Stern (m)	SB +	3.3	Klima, Wetter
Steuer (f)	SB +	10.4	Lohn
Steward, Stewardeß (m, f)	SB	4.4	öffentlicher Verkehr
still	SA +	6.1.8	zum Schweigen auffordern
	AB	6.1.8	Hörbarkeit, Geräusch
still-	AB	3.1.1	Ruhezustand
stimmen	SA +	1.1.12	versichern, beteuern
	SA +	1.2.2	sich vergewissern
	SA +	2.5.1	zustimmen, beipflichten
	SA +	2.5.2	widersprechen
	SA +	2.5.7	widerrufen
	SA +	4.4.2	Dinge anbieten
	SA +	6.1.7	zur Kenntnis nehmen
	SA +	6.3.4	sich korrigieren
	AB +	6.3.6	Richtigkeit, Wahrheit
	SB	15.3	Politik
stinken	AB	6.1.10	Geruch
Stock (m)	SB +	2.2	Räume
Stoff (m)	AB +	6.1.4	Material
	SB +	6.4	Kleidung, Accessoires
stören	SA +	3.23	Verärgerung ausdrücken
	SA	4.2.1	erlauben
	SA	4.3.1	um Erlaubnis bitten
	SA +	5.1.5.1	um Erlaubnis bitten einzutreten
	AB +	6.3.4	Akzeptabilität
stoßen	SB	9.3	manuelle Tätigkeiten
Strafe (f)	SB	7.5	Polizei
Strand (m)	SB +	3.1	Gegend, Stadt, Land
Straße (f)	SB +	1.2	Adresse
	SB +	4.5	Privatverkehr

Straßenbahn (f)	SB	+ 4.4	öffentlicher Verkehr
Strecke (f)	AB	3.2.6	Weg
Streichhölzer (Pl.)	SB	+ 6.5	Rauchwaren
Streik (m)	SB	+ 10.3	Arbeitsbedingungen
	SB	+ 15.1	aktuelles Geschehen
streiken	SB	10.3	Arbeitsbedingungen
	SB	15.1	aktuelles Geschehen
Streit (m)	SB	+ 14.1	Art der persönlichen Beziehung
	SB	+ 15.1	aktuelles Geschehen
streiten	SB	14.1	Art der persönlichen Beziehung
streng	SA	4.1.10	gebieten
	SA	4.6.4.2	auf Verbote hinweisen
strengstens	SA	4.1.10	gebieten, verbieten
	SA	4.6.4.2	auf Verbote hinweisen
Strom (m)	SB	+ 2.4	Haushalt, Komfort, technische Einrichtungen
Strumpf (m)	SB	+ 6.4	Kleidung, Accessoires
Strumpfhose (f)	SB	6.4	Kleidung, Accessoires
Stück (n)	AB	+ 3.3.2	Längenmaß
	AB	+ 5.2	Menge
	AB	+ 7.6.2	Teil-Ganzes
	SB	+ 5.2	Nahrungsmittel, Speisen, Getränke
	SB	+ 13.3	Theater, Kino, Konzert
-stück	SB	6.2	Preis/Bezahlen
Student, -in (m, f)	SB	+ 11.1	Schule und Studium
studieren	SB	+ 11.1	Schule und Studium
Studium (n)	SB	11.1	Schule und Studium
Stuhl (m)	SB	+ 2.3	Einrichtung; Möbel
Stunde (f)	AB	+ 4.1	Zeitpunkt, Zeitraum
	SB	+ 11.1	Schule und Studium
suchen	SA	+ 4.3.5	um Instruktion bitten
	SA	+ 4.4.1	nach Wünschen fragen
	SB	+ 4.1	Orientierung
	SB	+ 4.4	öffentlicher Verkehr
	SB	+ 6.1	Einkaufen, Geschäfte
	SB	+ 7.5	Polizei
	SB	+ 10.5	Berufsausbildung/Laufbahn
Süd	AB	3.1.3	relative Lage
	GR	6.1.1	Wortbildung
Süden (m)	AB	+ 3.1.3	relative Lage
	AB	+ 3.2.3	Bewegungsrichtung
	AB	3.2.4	Richtung, Ziel
südlich	AB	3.1.3	relative Lage
Super (n)	SB	7.8	Tankstelle
Super-	GR	6.2.5	Wortbildung
Supermarkt (m)	SB	+ 6.1	Einkaufen, Geschäfte
Suppe (f)	SB	+ 5.2	Nahrungsmittel, Speisen, Getränke
süß	AB	+ 6.1.9	Geschmack
	SB	+ 5.4	Charakterisierungen für Essen und Trinken
sympathisch	SA	+ 3.1	Sympathie ausdrücken
	SA	+ 3.3	Antipathie ausdrücken
	SB	+ 1.14	Charakter, Temperament
synthetisch	AB	6.1.4	Material
System (n)	SB	15.2	Lebensverhältnisse, Wirtschaft, Soziales

T

t	AB	3.3.5	Gewicht
Tabak (m)	SB	+ 6.5	Rauchwaren
Tablette (f)	SB	8.5	medizinische Versorgung
Tag (m)	AB	+ 4.1	Zeitpunkt, Zeitraum
– guten Tag	SA	+ 5.1.1.1	j. begrüßen

täglich	AB	4.18	Häufigkeit
Tal (n)	SB	+ 3.1	Gegend, Stadt, Land
Tampon (m)	SB	+ 8.5	medizinische Versorgung
tanken	SB	+ 7.8	Tankstelle
Tankstelle (f)	SB	+ 7.8	Tankstelle
Tante (f)	SB	1.12	Familie
tanzen	SB	+ 13.3	Theater, Kino, Konzert
	SB	+ 13.8	gesellige Anlässe
Tänzer, -in (m, f)	SB	13.3	Theater, Kino, Konzert
Tasche (f)	SB	+ 4.4	öffentlicher Verkehr
	SB	+ 6.4	Kleidung, Accessoires
Taschenbuch (n)	SB	13.7	Lektüre/Presse
Taschentuch (n)	SB	+ 8.3	Körperpflege/Hygiene
Tasse (f)	SB	+ 6.6	Haushaltartikel
Tatsache (f)	SA	1.1.12	versichern, beteuern
tatsächlich	SA	1.1.12	versichern, beteuern
	SA	1.2.2	sich vergewissern
sich täuschen	AB	6.3.6	Richtigkeit, Wahrheit
Taxi (n)	SB	+ 4.4	öffentlicher Verkehr
Taxistand (m)	SB	4.4	öffentlicher Verkehr
Technik (f)	SB	15.2	Lebensverhältnisse, Wirtschaft, Soziales
technisch	SB	15.2	Lebensverhältnisse, Wirtschaft, Soziales
Tee (m)	SB	+ 5.2	Nahrungsmittel, Speisen, Getränke
Teil (m)	AB	7.6.2	Teil-Ganzes
Teil-	GR	6.1.1	Wortbildung
teilen	AB	7.6.2	Teil-Ganzes
Teilnehmer, -in (m, f)	SB	11.1	Schule und Studium
Telefon (n)	SB	+ 1.3	Telefon
	SB	+ 2.4	Haushalt, Komfort, technische Einrichtungen
	SB	+ 7.3	Telefondienst
Telefonbuch (n)	SB	+ 7.3	Telefondienst
telefonieren	SB	+ 1.3	Telefon
	SB	+ 7.3	Telefondienst
Telefonnummer (f)	SB	1.3	Telefon
Telegramm (n)	SB	+ 7.2	Telegrammdienst
Teller (m)	SB	+ 6.6	Haushaltartikel
Temperatur (f)	AB	6.1.2.2	Temperatur
Tempo (n)	SA	4.1.13	drängen
	AB	4.17	Geschwindigkeit
Teppich (m)	SB	+ 2.3	Einrichtung; Möbel
Terrasse (f)	SB	+ 2.2	Räume
Test (m)	SB	+ 11.3	Prüfungen, Diplome
teuer	AB	+ 6.3.1	Wert, Preis
	SB	+ 2.7	Charakterisierungen für Wohnung, Einrichtung
	SB	+ 6.2	Preis/Bezahlen
Theater (n)	SB	+ 13.3	Theater, Kino, Konzert
Theke (f)	SB	5.3	Restaurant, Café
Ticket (n)	SB	+ 4.4	öffentlicher Verkehr
tief	AB	+ 3.3.1	Größe
	SB	6.2	Preis/Bezahlen
Tief (n)	SB	3.3	Klima, Wetter
Tier (n)	SB	+ 3.2	Tiere
Tip (m)			
– einen Tip geben	SA	4.1.18	raten
	SA	4.3.4	um Rat fragen
Tisch (m)	SB	+ 2.3	Einrichtung; Möbel
	SB	+ 5.3	Restaurant, Café
Titel (m)	SB	13.7	Lektüre/Presse
Tochter (f)	SB	+ 1.7	Familienstand
	SB	+ 1.12	Familie
Toilette (f)	SB	+ 2.2	Räume
	SB	+ 8.2	physisches und psychisches Befinden, Bedürfnisse

	SB	+ 13.2	Besuch von Veranstaltungen
toll	SA	3.5	Begeisterung ausdrücken
	SA	4.5.1	einwilligen
Tonband (n)	SB	+ 13.6	Radio/Fernsehen
Tonbandgerät (n)	SB	+ 13.6	Radio/Fernsehen
Tonne (f)	AB	3.3.5	Gewicht
Topf (m)	SB	6.6	Haushaltartikel
Tor (n)	SB	13.5	Sport
Torte (f)	SB	5.2	Nahrungsmittel, Speisen, Getränke
tot	SB	+ 8.4	Krankheit/Unfall
Tourist (m)	SB	+ 4.3	(Ferien-)Reisen
tragen	SB	6.4	Kleidung, Accessoires
	SB	+ 9.3	manuelle Tätigkeiten
tragisch	SA	2.2.4	bagatellisieren, verzeihen
trampen	SB	+ 4.3	(Ferien-)Reisen
traurig	SA	+ 3.19	Traurigkeit ausdrücken
	AB	+ 6.2.2	Gefühl
(sich) treffen	SB	+ 14.1	Art der persönlichen Beziehung
	SB	+ 14.2	Einladungen/Verabredungen
	SB	+ 14.4	Vereine
Treppe (f)	SB	+ 2.2	Räume
Trimester (n)	AB	4.1	Zeitpunkt, Zeitraum
trinken	SA	+ 4.4.1	nach Wünschen fragen
	SA	+ 4.4.2	Dinge anbieten
	SB	+ 5.1	Essen, Trinken, Mahlzeiten
	SB	+ 5.2	Nahrungsmittel, Speisen, Getränke
Trinkgeld (n)	SB	+ 5.3	Restaurant, Café
trocken	AB	+ 6.1.6	Feuchtigkeit
	SB	+ 3.3	Klima, Wetter
trocknen	AB	6.1.6	Feuchtigkeit
Tropfen (m)	SB	8.5	medizinische Versorgung
Trottoir (n)	SB	4.5	Privatverkehr
trotz	AB	7.10	Opposition, Einschränkung
trotzdem	SA	+ 2.5.6	auf etwas beharren, Einwand zurückweisen
	SA	4.5.4	sich weigern
	AB	+ 7.10	Opposition, Einschränkung
tun	SA	+ 4.3.3	um Vorschläge bitten
	SA	+ 4.3.4	um Rat fragen
	SA	4.4.1	nach Wünschen fragen
	SA	4.4.3	anbieten, etwas zu tun
	SA	4.6.4.2	auf Verbote hinweisen
	AB	+ 1	Gegenstände; Sachverhalte
	AB	+ 3.2.2	Bewegung mit Personen und Gegenständen
	SB	+ 9.3	manuelle Tätigkeiten
– (es) tut mir leid	SA	+ 2.3.3	sich entschuldigen
	SA	+ 2.2.8	bedauern
	SA	+ 3.2	Mitgefühl ausdrücken
	SA	+ 4.2.3	Erlaubnis verweigern
	SA	+ 4.2.4	Dispens verweigern
	SA	+ 4.5.4	sich weigern
	SA	+ 4.5.5	Angebote ablehnen
Turm (m)	SB	+ 13.4	bildende Kunst/Ausstellungen/Sehenswürdigkeiten
Tür (f)	SB	+ 2.2	Räume
typisch	AB	+ 6.3.7	Normalität

U

U-Bahn (f)	SB	+ 4.4	öffentlicher Verkehr
über	SA	+ 1.1.9	Äußerungen wiedergeben
	AB	+ 3.1.3	relative Lage
	AB	+ 3.2.4	Richtung, Ziel

	AB + 3.2.6	Weg
	AB + 6.1.2.2	Temperatur
	AB 5.3	Grad
	SB + 4.1	Orientierung
überall	SA + 1.1.3	verallgemeinern, generalisieren
	AB + 3.1.2	Ort, Lage
überallhin	AB + 3.2.3	Bewegungsrichtung
überhaupt+*Neg.*	SA 4.2.1	erlauben
	AB 5.3	Grad
überholen	SB + 4.5	Privatverkehr
überlegen	SA 4.5.6	zögern
	SA 4.6.1.3	Unentschlossenheit ausdrücken
	AB + 6.2.1	Denken, Wissen
übermorgen	AB + 4.1	Zeitpunkt, Zeitraum
übernachten	SB 2.6	auswärts wohnen
Übernachtung (f)	SB 2.6	auswärts wohnen
überqueren	SB 4.1	Orientierung
überraschen	SA 3.8	Überraschung ausdrücken
	SA 3.12	Gelassenheit ausdrücken
Überraschung (f)	SA 3.8	Überraschung ausdrücken
übersetzen	SA + 6.2.5	um sprachliche Erklärungen bitten
	SB + 12.1	Verständigung
Übersetzung (f)	SB + 12.1	Verständigung
überzeugt sein	SA 1.4.2	Überzeugung ausdrücken
	AB 6.2.1	Denken, Wissen
üblich	AB 6.3.7	Normalität
übrigens	SA + 6.3.8	Thema wechseln
Ufer (n)	SB 3.1	Gegend, Stadt, Land
Uhr (f)	AB + 4.1	Zeitpunkt, Zeitraum
	SB + 6.4	Kleidung, Accessoires
– wieviel Uhr ist es?	AB + 4.1	Zeitpunkt, Zeitraum
um	AB + 4.1	Zeitpunkt, Zeitraum
	AB + 3.1.3	relative Lage
	AB + 3.2.6	Weg
um . . . zu	AB + 7.13	Zweck
um Gottes willen!	SA 3.11	Bestürzung ausdrücken
Umlaut (m)	SA 6.2.7	buchstabieren
Umleitung (f)	SB 4.5	Privatverkehr
umsonst	AB 6.3.1	Wert, Preis
	AB + 6.3.15	Gelingen, Erfolg
	SB 6.2	Preis/Bezahlen
umsteigen	SB + 4.4	öffentlicher Verkehr
umtauschen	SB 6.1	Einkaufen, Geschäfte
Umwelt (f)	SB 15.2	Lebensverhältnisse, Wirtschaft, Soziales
sich umziehen	SB 6.4	Kleidung
un-	SA 1.1.2.2	als nicht gegeben, nicht wahr darstellen
	GR 6.2.1	Wortbildung
unbedingt	SA 4.1.18	raten
	SA 4.2.2	dispensieren
	SA 4.2.4	Dispens verweigern
	SA 4.3.2	um Dispens bitten
	SA 4.6.4.1	auf Verpflichtung hinweisen
	AB + 6.3.10	Wichtigkeit
und	SA + 6.3.1	Äußerung einleiten
	SA + 6.3.6	aufzählen
	AB + 5.1	Zahl
	AB + 7.7	Konjunktion
	GR + 5.12	Konjunktor
– und so	SA 6.3.7	Beispiel geben
	SA 6.3.11	Äußerung abschließen;
– und so weiter	SA + 6.3.7	Beispiel geben
unentschieden	SB 13.5	Sport

Unfall (m)	SB + 4.5	Privatverkehr
	SB + 8.4	Krankheit/Unfall
unfreundlich	SB + 1.14	Charakter, Temperament
ungefähr	AB + 5.3	Grad
ungewiß	SA 1.1.2.8	als unsicher, ungewiß darstellen
unglaublich	SA 3.8	Überraschung ausdrücken
	SA 6.1.7	zur Kenntnis nehmen
Unglück (n)	SB 15.1	aktuelles Geschehen
Universität (f)	SB + 11.1	Schule und Studium
unmöglich	SA + 1.1.2.10	als unmöglich darstellen
	SA + 4.6.3.5	Nicht-Machbarkeit ausdrücken
	AB + 6.3.12	Möglichkeit
unser	*siehe:* mein	
Unsinn (m)	SA + 2.2.5	kritisieren, negativ bewerten
	SA + 2.5.2	widersprechen
	SA + 3.23	Verärgerung ausdrücken
	SA + 6.3.4	sich korrigieren
unten	AB + 3.1.2	Ort, Lage
unter	AB + 3.1.3	relative Lage
	AB + 3.2.4	Richtung, Ziel
	AB + 6.1.2.2	Temperatur
unterbrechen	SA 6.1.2	j. unterbrechen
unterdessen	AB 4.5	Gleichzeitigkeit
sich unterhalten	AB 6.2.4	Ausdruck, Sprache
	SB 14.2	Einladungen/Verabredungen
Unterkunft (f)	SB 2.6	auswärts wohnen
Unterricht (m)	SB + 11.1	Schule und Studium
untersagt sein	SA 4.1.10	gebieten, verbieten
	SA 4.6.4.2	auf Verbote hinweisen
(sich) unterscheiden	AB 7.5.2	Vergleich; Entsprechung/Unterschiedlichkeit
Unterschied (m)	AB 7.5.2	Vergleich; Entsprechung/Unterschiedlichkeit
unterschreiben	SB + 1.1	Name
Unterschrift (f)	SB 1.1	Name
unterstützen	SB 15.2	Lebensverhältnisse, Wirtschaft, Soziales
Unterstützung (f)	SB 15.2	Lebensverhältnisse, Wirtschaft, Soziales
unterwegs	SB + 4.3	(Ferien-)Reisen
Urlaub (m)	SB 4.3	(Ferien-)Reisen
	SB 10.3	Arbeitsbedingungen
Ursache (f)		
– keine Ursache	SA 5.3.2.2	auf Dank reagieren

V

Vater (m)	SB + 1.12	Familie
verabredet sein	SB + 14.2	Einladungen/Verabredungen
Verabredung (f)	SB 14.2	Einladungen/Verabredungen
(sich) verändern	AB 4.16	Veränderung/Beständigkeit
Veranstaltung (f)	SB 13.2	Besuch von Veranstaltungen
Verband (m)	SB 8.5	medizinische Versorgung
Verbandzeug (n)	SB + 8.5	medizinische Versorgung
verbessern	SB 12.2	Sprachbeherrschung
verbinden	SB 7.3	Telefondienst
Verbindung (f)	SB 4.4	öffentlicher Verkehr
Verbot (n)	SA 4.6.4.2	auf Verbote hinweisen
verboten sein	SA + 4.1.10	gebieten, verbieten
	SA + 4.6.4.2	auf Verbote hinweisen
	SA + 4.7.4.2	nach Erlaubtheit fragen
verbrauchen	SB 15.2	Lebensverhältnisse, Wirtschaft, Soziales
(sich) verbrennen	SB + 8.4	Krankheit/Unfall
verdammt	SA 3.23	Verärgerung ausdrücken
verdienen	SB + 10.4	Lohn

Verein (m)	SB	+ 13.1	Freizeitbeschäftigung/Interessen
	SB	+ 13.5	Sport
	SB	+ 14.4	Vereine
sich verfahren	SB	4.1	Orientierung
Verfassung (f)	SB	15.3	Politik
vergangen-	AB	4.1	Zeitpunkt, Zeitraum
Vergangenheit (f)	AB	4.8	Vergangenheitsbezug
vergebens	AB	6.3.15	Gelingen, Erfolg
vergeblich	AB	6.3.15	Gelingen, Erfolg
vergessen	SA	+ 1.1.7	an etwas erinnern
	SA	+ 1.4.1	Wissen ausdrücken
	SA	+ 1.4.6	Nichtwissen ausdrücken
	SA	+ 1.5.1	nach Wissen fragen
	SA	2.2.4	bagatellisieren, verzeihen
	SA	+ 6.3.2	zögern, nach Worten suchen
	SA	+ 6.3.3	um Ausdruckshilfe bitten
	AB	+ 6.2.1	Denken, Wissen
	SB	+ 4.4	öffentlicher Verkehr
	SB	+ 12.2	Sprachbeherrschung
Vergleich (m)	AB	7.5.2	Vergleich; Entsprechung/Unterschiedlichkeit
– im Vergleich zu	AB	7.5.2	Vergleich; Entsprechung/Unterschiedlichkeit
vergleichen	AB	+ 7.5.2	Vergleich; Entsprechung/Unterschiedlichkeit
Vergnügen (n)			
– mit Vergnügen	SA	4.5.1	einwilligen
	SA	4.5.3	Angebote annehmen
– viel Vergnügen	SA	5.3.6.1	gute Wünsche aussprechen
verhandeln	SB	15.1	aktuelles Geschehen
Verhandlung (f)	SB	15.1	aktuelles Geschehen
verheiratet sein	SB	+ 1.7	Familienstand
sich verirren	SB	4.1	Orientierung
verkaufen	SB	+ 6.1	Einkaufen, Geschäfte
	SB	+ 15.2	Lebensverhältnisse/Wirtschaft/Soziales
Verkäufer, -in (m, f)	SB	+ 1.10	berufliche Tätigkeit
	SB	+ 6.1	Einkaufen, Geschäfte
Verkehr (m)	SB	+ 4.5	Privatverkehr
Verkehrsamt (n)	SB	+ 4.3	(Ferien-)Reisen
verlangen	SB	15.1	aktuelles Geschehen
sich verlassen auf	SA	4.4.6	versprechen
verletzt sein	SB	+ 8.4	Krankheit/Unfall
verlieren	SB	+ 4.4	öffentlicher Verkehr
	SB	+ 7.5	Polizei
	SB	+ 13.5	Sport
	SB	+ 15.3	Politik
vermieten	SB	2.5	Mietverhältnis
Vermieter, -in (m, f)	SB	2.5	Mietverhältnis
Vermietung (f)	SB	4.5	Privatverkehr
vermuten	SA	1.4.4	Vermutungen ausdrücken
vermutlich	SA	1.4.4	Vermutungen ausdrücken
verpassen	SB	+ 4.4	öffentlicher Verkehr
Verpflegung (f)	SB	5.1	Essen, Trinken, Mahlzeiten
verpflichtet sein	SA	4.6.4.1	auf Verpflichtung hinweisen
verreisen	SB	4.3	(Ferien-)Reisen
verrückt	SA	3.23	Verärgerung ausdrücken
Versammlung (f)	SB	14.4	Vereine
verschieden	AB	+ 7.5.1	Identität
	AB	+ 7.5.2	Vergleich; Entsprechung/Unterschiedlichkeit
Versehen (n)			
– aus Versehen	SA	2.3.3	sich entschuldigen
versichert sein	SB	8.6	Versicherung
Versicherung (f)	SB	+ 8.6	Versicherung
Verspätung (f)	AB	4.10	Frühzeitigkeit/Späte
	SB	4.4	öffentlicher Verkehr

versprechen	SA	4.4.6	versprechen
	SA	4.5.6	zögern
verstehen	SA +	3.2	Mitgefühl ausdrücken
	SA	4.6.3.2	Zuständigkeit ausdrücken
	SA	6.1.4	Aufmerksamkeit des Hörers suchen
	SA +	6.2.4	Nicht-Verstehen signalisieren
	SA +	6.2.6	um Explizierung, Kommentierung bitten
	SA +	6.2.8	Verstehen signalisieren
	SA +	6.2.10	kontrollieren, ob Inhalt/Zweck eigener Äußerungen verstanden werden
	SA	6.3.11	Äußerung abschließen
	AB +	6.1.8	Hörbarkeit, Geräusch
	AB +	6.2.1	Denken, Wissen
	SB +	7.3	Telefondienst
	SB +	9.1	sinnliche Wahrnehmung
	SB +	12.1	Verständigung
	SB +	12.2	Sprachbeherrschung
– es versteht sich	SA	4.5.1	einwilligen
versuchen	AB +	6.3.15	Gelingen, Erfolg
	SB +	5.1	Essen, Trinken, Mahlzeiten
	SB +	9.1	sinnliche Wahrnehmung
Vertrag (m)	SB +	2.5	Mietverhältnis
	SB +	15.1	aktuelles Geschehen
Verwaltung (f)	SB	1.10	berufliche Tätigkeit
verwandt sein	SB +	1.12	Familie
Verwandte(r) (m, f)	SB +	1.12	Familie
verwechseln	AB	7.5.2	Vergleich; Entsprechung/Unterschiedlichkeit
Verzeihung!	SA	2.3.3	sich entschuldigen
	SA	5.1.4.1	j. ansprechen
	SA	5.3.1.1	sich entschuldigen
	SA	6.2.2	um Wiederholung bitten
	SA	6.3.4	sich korrigieren
verzollen	SB	4.6	Grenzübergang
Vieh (n)	SB	3.2	Tiere
viel	AB +	1	Gegenstände; Personen, Sachverhalte
	AB	4.18	Häufigkeit
	AB +	5.2	Menge
	AB +	5.3	Grad
	GR +	5.7.4	Indefinitpronomen/Indefinitdeterminativ
– vielen Dank	SA +	2.2.3	dankend anerkennen
	SA +	4.5.3	Angebote annehmen
	SA +	4.5.5	Angebote ablehnen
	SA +	5.3.2.1	sich bedanken
– viel Glück	SA	5.3.6.1	gute Wünsche aussprechen
– viele Grüße	SA +	5.2.2.1	jm. Grüße auftragen
	SA +	5.2.4	Schluß-, Grußformeln in Briefen
– viel Spaß	SA +	5.3.6.1	gute Wünsche aussprechen
– viel Vergnügen	SA	5.3.6.1	gute Wünsche aussprechen
vielleicht	SA +	1.1.2.7	als möglich darstellen
	SA +	1.1.11.1	von Eventualfällen sprechen
	SA +	1.4.4	Vermutungen ausdrücken
	SA +	1.5.2	nach Überzeugung, Glauben, Vermutungen fragen
	SA +	2.5.4	einräumen
	SA	4.1.1	j. auffordern
	SA	4.1.3	bitten
	SA	4.1.6	Wünsche äußern
	SA +	4.1.17	vorschlagen
	SA	4.3.4	um Rat fragen
	SA	4.4.3	anbieten, etwas zu tun
	SA +	4.5.6	zögern
	SA +	4.6.1.3	Unentschlossenheit ausdrücken
Viertel (n)	AB +	4.1	Zeitpunkt, Zeitraum

	AB + 5.1	Zahl
	SB 3.1	Gegend, Stadt, Land
Viertelstunde (f)	AB + 4.1	Zeitpunkt, Zeitraum
vierzehn Tage	AB + 4.1	Zeitpunkt, Zeitraum
vis-à-vis	AB 3.1.3	relative Lage
Visum (n)	SB + 4.7	Ausweispapiere für Reise und Verkehr
Vogel (m)	SB + 3.2	Tiere
Volk (n)	SB 15.3	Politik
voll	AB + 3.3.4	Volumen
	SB + 7.8	Tankstelle
voll machen	SB + 9.3	manuelle Tätigkeiten
völlig	SA 3.8	Überraschung ausdrücken
Vollpension (f)	SB 2.6	auswärts wohnen
von	SA 1.1.9	Äußerungen wiedergeben
	AB + 3.1.4	Nähe/Distanz
	AB + 3.2.5	Herkunft
	AB + 6.1.11	Alter
	AB + 7.3.1	Agens
	AB 7.3.2	Objekt
	AB + 7.5.2	Vergleich
	AB + 7.6.1	Besitz
	AB + 7.6.2	Teil-Ganzes
	SB + 1.9	Herkunft
	SB + 1.12	Familie
– von . . . an	AB + 3.2.6	Weg
	AB + 4.12	Beginn
– von . . . aus	AB 3.2.6	Weg
– von . . . bis	AB + 3.2.6	Weg
	AB + 4.11	Zeitdauer
– von . . . her	AB 3.2.5	Herkunft
– von . . . nach	AB + 3.2.6	Weg
– von hier sein	SB + 4.1	Orientierung
– von mir aus	SA 3.13	Gleichgültigkeit ausdrücken
	SA 4.2.1	erlauben
	SA 4.2.2	dispensieren
	SA 4.5.1	einwilligen
vor	AB + 3.1.3	relative Lage
	AB 3.2.3	Bewegungsrichtung
	AB + 3.2.4	Richtung, Ziel
	AB + 4.1	Zeitpunkt, Zeitraum
	AB + 4.2	Vorzeitigkeit
– vor allem	SA 2.6.4	Vorliebe ausdrücken
	SA 2.7.4	nach Vorliebe fragen
– vor kurzem	AB + 4.8	Vergangenheitsbezug
voran	SA 4.1.13	drängen
voraussichtlich	SA 1.1.2.6	als wahrscheinlich darstellen
vorbei	AB + 3.2.6	Weg
vorbei-	AB + 3.2.6	Weg
	SB 14.2	Einladungen/Verabredungen
	GR 6.1.3	Wortbildung
vorbei sein	AB 4.15	Abschluß, Ende
(sich) vorbereiten	SB 11.3	Prüfungen, Diplome
vorder-	AB 3.1.2	Ort, Lage
	GR 6.1.1	Wortbildung
vorgehen	AB 4.10	Frühzeitigkeit/Späte
vorgestern	AB + 4.1	Zeitpunkt, Zeitraum
vorhaben	SA 4.6.1.1	Absicht ausdrücken
	SA 4.6.1.4	Absichtslosigkeit ausdrücken
	SA 4.7.1.1	nach Absicht fragen
	AB 6.2.3	Wollen
vorher	AB + 4.2	Vorzeitigkeit
vorig-	AB 4.1	Zeitpunkt, Zeitraum

vorkommen	AB	2.4	Vorkommen/Nicht-Vorkommen
Vormittag (m)	AB +	4.1	Zeitpunkt, Zeitraum
vorn	AB +	3.1.2	Ort, Lage
Vorname (m)	SB +	1.1	Name
Vorort (m)	SB +	3.1	Gegend, Stadt, Land
Vorschlag (m)	SA	4.1.17	vorschlagen
	SA	4.3.3	um Vorschläge bitten
vorschlagen	SA	4.1.17	vorschlagen
	SA	4.3.3	um Vorschläge bitten
	SA	4.4.3	anbieten, etwas zu tun
	SA	4.5.1	einwilligen
Vorschrift (f)	SA	4.6.4.1	auf Verpflichtung hinweisen
Vorsicht!	SA +	4.1.14	warnen
vorsichtig	SA +	4.1.14	warnen
Vorspeise (f)	SA	5.2	Nahrungsmittel, Speisen, Getränke
vorstellen			
– j. vorstellen	SA	5.1.3.2	j. vorstellen
– sich etw. vorstellen	SA	1.1.6	auf etwas aufmerksam machen
	SA	1.4.4	Vermutungen ausdrücken
	SA	3.20	Unzufriedenheit ausdrücken
Vorteil (m)	AB	6.3.9	Nützlichkeit
vorübergehend	AB	4.11	Zeitdauer
Vorverkauf (m)	SB	13.2	Besuch von Veranstaltungen
Vorwahl (f)	SB	7.3	Telefondienst
vorziehen	SA	2.6.4	Vorliebe ausdrücken
	SA	2.7.4	nach Vorliebe fragen
	SA	4.6.2.2	Präferenz ausdrücken
	SA	4.7.2.2	nach Präferenz fragen
	AB	6.3.8	Erwünschtheit

W

wach	SB +	8.2	physisches und psychisches Befinden
Wagen (m)	SB +	4.4	öffentlicher Verkehr
	SB +	4.5	Privatverkehr
Wahl (f)	SB	15.3	Politik
wählen	SB	7.3	Telefondienst
	SB	15.3	Politik
wahr	SA +	1.1.12	versichern, beteuern
	SA +	1.2.2	sich vergewissern
	SA +	2.5.1	zustimmen, beipflichten
	SA +	2.5.2	widersprechen
	SA +	2.5.5	einwenden
	SA +	3.8	Überraschung ausdrücken
	SA +	6.1.7	zur Kenntnis nehmen
	SA +	6.3.4	sich korrigieren
	AB +	6.3.6	Richtigkeit, Wahrheit
während	AB +	4.5	Gleichzeitigkeit
wahrscheinlich	SA +	1.1.2.6	als wahrscheinlich darstellen
	SA +	1.1.2.9	als unwahrscheinlich darstellen
	SA +	1.4.3	Glauben ausdrücken
Wald (m)	SB +	3.1	Gegend, Stadt, Land
Wand (f)	SB +	2.2	Räume
wandern	SB	4.3	(Ferien-)Reisen
wann	SA +	1.2.1	Informationen erfragen
	SA +	4.1.13	drängen
	SA +	4.7.3.3	nach Bereitsein fragen
	AB +	4.1	Zeitpunkt, Zeitraum
	AB +	6.1.11	Alter
	GR +	5.8	w-Wörter
warm	AB +	6.1.2.2	Temperatur
	SB +	2.4	Haushalt, Komfort, technische Einrichtungen

	SB	+ 3.3	Klima, Wetter
	SB	+ 8.2	physisches und psychisches Befinden
warten	SA	4.1.13	drängen
	SA	+ 4.4.4	Hilfe anbieten
	SA	+ 6.3.2	zögern, nach Worten suchen
-wärts	AB	3.2.3	Bewegungsrichtung
	GR	6.2.4	Wortbildung
warum	SA	+ 2.4.4	Rechtfertigung verlangen
	SA	+ 4.1.13	drängen
	SA	4.1.17	vorschlagen
	SA	4.1.18	raten
	SA	4.2.1	erlauben
	SA	4.5.1	einwilligen
	SA	4.5.3	Angebote annehmen
	SA	+ 4.7.2.3	nach Handlungszweck fragen
	AB	+ 7.11	Kausalität: Grund, Ursache
	GR	+ 5.8	w-Wörter
was	SA	+ 1.2.1	Informationen erfragen
	SA	2.2.1	loben, positiv bewerten
	SA	2.2.5	kritisieren, negativ bewerten
	SA	2.2.7	Vorwürfe machen, beschuldigen
	SA	+ 2.4.1	Meinungen erfragen
	SA	+ 2.4.4	Rechtfertigung verlangen
	SA	3.8	Überraschung ausdrücken
	SA	+ 3.15	Ratlosigkeit ausdrücken
	SA	5.1.4.2	reagieren, wenn man angesprochen wird
	SA	6.1.7	zur Kenntnis nehmen
	SA	6.2.2	um Wiederholung bitten
	SA	6.2.4	Nicht-Verstehen signalisieren
	SA	+ 6.3.5	umschreiben
	AB	+ 1	Gegenstände
	GR	+ 5.6.4	Interrogativpronomen
	GR	+ 5.6.5	Relativpronomen
	GR	+ 5.6.6	Indefinitpronomen
	GR	+ 5.7.4	Indefinitpronomen/Indefinitdeterminativ
	GR	+ 5.8	w-Wörter
– was für ein	SA	+ 1.2.1	Informationen erfragen
	AB	+ 1	Gegenstände, Personen, Sachverhalte
	SB	+ 1.14	Charakter, Temperament
	GR	+ 5.7.3	Interrogativpronomen/Interrogativdeterminativ
	GR	+ 5.8	w-Wörter
Waschbecken (n)	SB	+ 2.4	Haushalt, Komfort, technische Einrichtungen
Wäsche (f)	SB	+ 6.4	Kleidung, Accessoires
	SB	8.3	Körperpflege/Hygiene
(sich) waschen	SB	+ 2.4	Haushalt, Komfort, technische Einrichtungen
	SB	+ 8.3	Körperpflege/Hygiene
Waschmaschine (f)	SB	2.4	Haushalt, Komfort, technische Einrichtungen
Wasser (n)	SB	+ 2.4	Haushalt, Komfort, technische Einrichtungen
	SB	+ 5.2	Nahrungsmittel, Speisen, Getränke
WC (n)	SB	+ 2.2	Räume
	SB	+ 8.2	physisches und psychisches Befinden, Bedürfnisse
	SB	+ 13.2	Besuch von Veranstaltungen
Wechsel (m)	SB	7.4	Bank
wechseln	SB	+ 6.2	Preis/Bezahlen
	SB	+ 7.4	Bank
Wechselstube (f)	SB	7.4	Bank
wecken	SB	+ 2.6	auswärts wohnen
weder . . . noch	SA	1.1.2.2	als nicht gegeben, nicht wahr darstellen
	AB	7.7	Konjunktion
Weg (m)	SA	4.6.3.5	Nicht-Machbarkeit ausdrücken
	AB	+ 3.2.6	Weg
weg	AB	+ 2.2	Anwesenheit/Abwesenheit

	AB	+ 3.2.3	Bewegungsrichtung
weg-	AB	+ 3.2.3	Bewegungsrichtung
	SB	+ 4.2	alltägliche Wege, Fahrten
	GR	+ 6.1.3	Wortbildung
wegen	AB	+ 7.11	Kausalität: Grund, Ursache
wegmachen	SB	+ 9.3	manuelle Tätigkeiten
wegwerfen	SB	+ 2.4	Haushalt
	SB	+ 9.3	manuelle Tätigkeiten
-weh (n)	SB	8.4	Krankheit/Unfall
wehe!	SA	4.1.15	drohen
weh tun	SA	+ 3.25	Schmerz ausdrücken
	SB	+ 8.4	Krankheit/Unfall
(sich) weh tun	SB	+ 8.4	Krankheit/Unfall
weiblich	SB	1.6	Geschlecht
weich	AB	+ 6.1.5	Materialbeschaffenheit
Weihnachten (n)	AB	+ 4.1	Zeitpunkt, Zeitraum
– frohe Weihnachten	SA	+ 5.3.6.1	gute Wünsche aussprechen
weil	AB	+ 7.11	Kausalität: Grund, Ursache
Wein (m)	SB	+ 5.2	Nahrungsmittel, Speisen, Getränke
weinen	AB	+ 6.2.2	Gefühl
weiß	AB	+ 6.1.3	Farbe
Weißwein (m)	SB	+ 5.2	Nahrungsmittel, Speisen, Getränke
weit	AB	+ 3.1.4	Nähe/Distanz
	AB	3.3.1	Größe
	AB	+ 3.3.2	Längenmaß
– zu weit gehen	AB	+ 6.3.4	Akzeptabilität
weiter	AB	+ 3.2.3	Bewegungsrichtung
	AB	4.13	Fortdauer, Fortsetzung
weiter-	AB	+ 3.2.3	Bewegungsrichtung
	AB	+ 4.13	Fortdauer, Fortsetzung
	GR	+ 6.1.3	Wortbildung
welch-	SA	1.2.1	Informationen erfragen
	AB	+ 1	Gegenstände; Personen, Sachverhalte
	GR	+ 5.6.6	Indefinitpronomen
	GR	+ 5.7.3	Interrogativpronomen/Interrogativdeterminativ
	GR	+ 5.8	w-Wörter
Welt (f)	SB	+ 15.3	Politik
Weltkrieg (m)	SB	+ 15.3	Politik
wenig	AB	+ 1	Gegenstände; Personen, Sachverhalte
	AB	+ 5.2	Menge
	AB	+ 5.3	Grad
	GR	+ 5.7.4	Indefinitpronomen/Indefinitdeterminativ
– weniger	AB	+ 5.1	Zahl
	AB	+ 5.3	Grad
	AB	+ 7.5.2	Vergleich; Entsprechung/Unterschiedlichkeit
– am wenigsten	AB	+ 5.3	Grad
	AB	+ 7.5.2	Vergleich; Entsprechung/Unterschiedlichkeit
wenigstens	AB	+ 5.3	Grad
wenn	SA	+ 1.1.11.1	von Eventualfällen sprechen
	SA	+ 1.1.11.2	von irrealen Sachverhalten sprechen
	SA	+ 2.6.3	Wunschvorstellungen ausdrücken
	SA	+ 2.7.3	nach Wunschvorstellungen fragen
	SA	4.1.1	j. auffordern
	SA	+ 4.1.6	Wünsche äußern
	SA	+ 4.1.11	instruieren
	SA	+ 4.1.15	drohen
	SA	4.1.17	vorschlagen
	SA	+ 4.1.18	raten
	SA	+ 4.2.1	erlauben
	SA	4.2.2	dispensieren
	SA	4.4.3	anbieten, etwas zu tun
	SA	+ 4.5.1	einwilligen

	SA	+ 4.5.3	Angebote annehmen
	AB	+ 4.2	Vorzeitigkeit
	AB	+ 4.5	Gleichzeitigkeit
	AB	+ 4.18	Häufigkeit
	AB	6.3.8	Erwünschtheit
	AB	+ 7.14	Bedingungsverhältnis
	AB	+ 7.15	Deduktion, Folge
wer	SA	+ 1.2.1	Informationen erfragen
	AB	+ 1	Gegenstände; Personen
	GR	+ 5.6.4	Interrogativpronomen
	GR	5.6.5	Relativpronomen
	GR	5.6.6	Indefinitpronomen
	GR	+ 5.8	w-Wörter
Werbung (f)	SB	13.7	Lektüre/Presse
werden	SA	1.1.3	verallgemeinern, generalisieren
	SA	1.1.10	ankündigen
	SA	1.4.4	Vermutungen ausdrücken
	SA	4.1.13	drängen
	SA	4.4.6	versprechen
	AB	4.6	Zukunftsbezug
	AB	+ 4.16	Veränderung/Beständigkeit
	SB	+ 3.3	Klima, Wetter
	GR	3.3.2	Verbalkomplex
	GR	5.1.2 b	Tempus (Futur)
	GR	5.2.1 e	Passiv
– werden wollen	SB	+ 10.5	Berufsausbildung/Laufbahn
– würde	SA	+ 1.1.11.2	von irrealen Sachverhalten sprechen
	SA	1.1.9	Äußerungen wiedergeben
	SA	2.2.7	Vorwürfe machen, beschuldigen
	SA	+ 4.1.1	j. auffordern
	SA	4.1.3	bitten
	SA	4.1.4	um Hilfe bitten
	SA	4.1.8	bestellen
	SA	+ 4.1.9	Aufträge geben
	SA	4.1.17	vorschlagen
	SA	+ 4.1.18	raten
	SA	+ 4.3.3	um Vorschläge bitten
	SA	+ 4.3.4	um Rat fragen
	SA	+ 4.5.5	Angebote ablehnen
	SA	6.3.1	Äußerung einleiten
	AB	+ 6.3.8	Erwünschtheit
	AB	+ 7.14	Bedingungsverhältnis
	GR	+ 5.1.2 c	Konjunktiv
– würde gern	SA	+ 2.6.3	Wunschvorstellungen ausdrücken
	SA	+ 2.7.3	nach Wunschvorstellungen fragen
	SA	+ 4.1.6	Wünsche äußern
	SA	+ 4.1.17	vorschlagen
	SA	+ 4.3.3	um Vorschläge bitten
	SA	+ 4.4.1	nach Wünsche fragen
	SA	4.4.5	einladen
	SA	+ 4.5.5	Angebote ablehnen
	SA	+ 4.6.2.1	Handlungswunsch ausdrücken
	SA	+ 4.7.2.1	nach Handlungswunsch fragen
– würde lieber	SA	4.1.18	raten
	SA	+ 4.6.2.2	Präferenz ausdrücken
	SA	+ 4.7.2.2	nach Präferenz fragen
werfen	SB	+ 9.3	manuelle Tätigkeiten
Werk (n)	SB	1.10	berufliche Tätigkeit
Werkstatt (f)	SB	+ 7.7	Autoreparatur/Pannenhilfe
Werktag (m)	AB	4.1	Zeitpunkt, Zeitraum
werktags	AB	4.18	Häufigkeit
Werkzeug (n)	SB	+ 6.6	Haushaltartikel

wert	AB	6.3.1	Wert, Preis
wertvoll	AB	6.3.1	Wert, Preis
Wertzeichen (n)	SB	7.1	Post
wesentlich	AB	5.3	Grad
	AB	6.3.10	Wichtigkeit
weshalb	SA	2.4.4	Rechtfertigung verlangen
	SA	4.7.2.3	nach Handlungszweck fragen
	AB	7.11	Kausalität: Grund, Ursache
	GR	5.8	w-Wörter
West	AB	3.1.3	relative Lage
	GR	6.1.1	Wortbildung
Westen (m)	AB +	3.1.3	relative Lage
	AB +	3.2.3	Bewegungsrichtung
	AB	3.2.4	Richtung, Ziel
	SB +	15.3	Politik
westlich	AB	3.1.3	relative Lage
weswegen	SA	2.4.4	Rechtfertigung verlangen
	SA	4.7.2.3	nach Handlungszweck fragen
	AB	7.11	Kausalität: Grund, Ursache
	GR	5.8	w-Wörter
wetten	SA	1.4.2	Überzeugung ausdrücken
Wetter (n)	SB +	3.3	Klima, Wetter
Wetterbericht (m)	SB	3.3	Klima, Wetter
	SB	13.6	Radio/Fernsehen
wichtig	SA +	3.12	Gelassenheit ausdrücken
	AB +	6.3.10	Wichtigkeit
wie	SA +	1.2.1	Informationen erfragen
	SA	2.2.1	loben, positiv bewerten
	SA	2.2.5	kritisieren, negativ bewerten
	SA	2.2.7	Vorwürfe machen, beschuldigen
	SA	2.2.8	bedauern
	SA +	2.4.1	Meinungen erfragen
	SA +	2.4.2	um Beurteilung bitten
	SA +	2.4.4	Rechtfertigung verlangen
	SA	3.5	Begeisterung ausdrücken
	SA	3.11	Bestürzung ausdrücken
	SA	4.1.17	vorschlagen
	SA	4.2.2	dispensieren
	SA +	4.3.5	um Instruktion bitten
	SA	4.5.1	einwilligen
	SA +	5.1.2.1	nach dem Befinden fragen
	SA +	6.2.7	buchstabieren
	AB +	3.2.6	Weg
	AB	4.2	Vorzeitigkeit
	AB	4.5	Gleichzeitigkeit
	AB +	7.3.5	Art und Weise
	AB +	7.5.2	Vergleich; Entsprechung/Unterschiedlichkeit
	SB +	1.14	Charakter, Temperament
– wie bitte?	SA +	6.2.2	um Wiederholung bitten
	SA +	6.2.4	Nicht-Verstehen signalisieren
– wie kommt es?	AB	7.11	Kausalität: Grund, Ursache
– wie lange	SA	4.1.13	drängen
	AB +	4.11	Zeitdauer
– wie oft	AB +	4.18	Häufigkeit
– wie spät ist es?	AB +	4.1	Zeitpunkt, Zeitraum
– wie + *Adj.*	AB +	3.1.4	Nähe/Distanz
	AB +	3.3.1	Größe
	AB +	3.3.2	Längenmaß
	AB +	3.3.3	Flächenmaß
	AB +	3.3.4	Volumen, Inhalt
	AB +	3.3.5	Gewicht
	AB +	6.1.2.2	Temperatur

	AB + 6.1.11	Alter
	AB + 6.3.1	Wert/Preis
	GR + 5.8	w-Wörter
wieder	SA + 1.4.1	Wissen ausdrücken (Erinnerung)
	AB + 4.19	Wiederholung
	SB + 4.2	alltägliche Wege, Fahrten
– immer wieder	AB 4.19	Wiederholung
wieder-	AB + 3.2.3	Bewegungsrichtung
	SB + 4.2	alltägliche Wege, Fahrten
	GR + 6.1.3	Wortbildung
wiederholen	SA + 6.2.2	um Wiederholung bitten
	SB + 12.1	Verständigung
Wiederhören		
– auf Wiederhören	SA 5.2.3.1	sich am Telefon verabschieden
Wiedersehen		
– auf Wiedersehen	SA + 5.2.1.1	sich verabschieden
	SA + 5.2.3.1	sich am Telefon verabschieden
wiegen	AB 3.3.5	Gewicht
Wiese (f)	SB + 3.1	Gegend, Stadt, Land
wieso	SA + 2.4.4	Rechtfertigung verlangen
	SA + 4.7.2.3	nach Handlungszweck fragen
	AB + 7.11	Kausalität: Grund, Ursache
	GR + 5.8	w-Wörter
wieviel	AB + 3.3	Dimensionen, Maße
	AB + 5.2	Menge
	GR + 5.7.3	Interrogativpronomen/Interrogativdeterminativ
	GR + 5.8	w-Wörter
– wieviel Uhr ist es?	AB + 4.1	Zeitpunkt, Zeitraum
– der wievielte	AB + 4.1	Zeitpunkt, Zeitraum
wievielmal	AB 4.18	Häufigkeit
willkommen	SA 5.1.1.1	j. begrüßen
Wind (m)	SB + 3.3	Klima, Wetter
Winter (m)	AB + 4.1	Zeitpunkt, Zeitraum
wir	AB + 1	Gegenstände; Personen
	GR + 1.1	Deixis
	GR + 5.6.1	Personalpronomen
wirklich	SA + 1.1.12	versichern, beteuern
	SA + 1.2.2	sich vergewissern
	SA + 2.5.5	einwenden
	SA + 3.8	Überraschung ausdrücken
	SA + 3.15	Ratlosigkeit ausdrücken
	SA + 4.2.3	Erlaubnis ausdrücken
	SA + 4.5.5	Angebote ablehnen
	SA + 6.1.7	zur Kenntnis nehmen
	AB + 5.3	Grad
	AB + 6.3.6	Richtigkeit, Wahrheit
Wirtschaft (f)	SB + 5.3	Restaurant, Café
	SB 15.2	Lebensverhältnisse, Wirtschaft, Soziales
wirtschaftlich	SB 15.2	Lebensverhältnisse, Wirtschaft, Soziales
wissen	SA + 1.1.2.8	als unsicher, ungewiß darstellen
	SA + 1.1.6	auf etwas aufmerksam machen
	SA + 1.1.7	an etwas erinnern
	SA + 1.2.1	Informationen erfragen
	SA + 1.4.1	Wissen ausdrücken
	SA 1.4.3	Glauben ausdrücken
	SA + 1.4.5	Zweifel ausdrücken
	SA + 1.4.6	Nichtwissen ausdrücken
	SA + 1.5.1	nach Wissen fragen
	SA + 2.3.2	zugeben, eingestehen
	SA + 3.8	Überraschung ausdrücken
	SA + 3.12	Gelassenheit ausdrücken
	SA + 3.15	Ratlosigkeit ausdrücken

	SA 4.1.17	vorschlagen
	SA + 4.3.3	um Vorschläge bitten
	SA + 4.3.4	um Rat fragen
	SA + 4.5.1	einwilligen
	SA + 4.5.6	zögern
	SA + 4.6.1.2	Entschlossenheit ausdrücken
	SA + 4.6.1.3	Unentschlossenheit ausdrücken
	SA + 4.6.1.4	Absichtslosigkeit ausdrücken
	SA + 4.6.3.1	Fähigkeit ausdrücken
	SA + 4.6.3.2	Zuständigkeit ausdrücken
	SA + 4.6.3.8	Unfähigkeit ausdrücken
	SA + 4.7.1.2	nach Entschlossenheit fragen
	SA + 4.7.3.1	nach Fähigkeit fragen
	SA + 4.7.3.2	nach Zuständigkeit fragen
	SA 6.1.4	Aufmerksamkeit des Hörers suchen
	SA + 6.1.7	zur Kenntnis nehmen
	SA + 6.2.6	um Explizierung, Kommentierung bitten
	SA 6.3.1	Äußerung einleiten
	SA + 6.3.2	zögern, nach Worten suchen
	SA + 6.3.3	um Ausdruckshilfe bitten
	SA + 6.3.5	umschreiben
	SA + 6.3.8	Thema wechseln
	SA 6.3.11	Äußerung abschließen
	AB + 6.2.1	Denken, Wissen
	AB + 6.3.13	Fähigkeit
	SB + 4.1	Orientierung
	SB + 12.2	Sprachbeherrschung
– Bescheid wissen	SA 4.6.3.2	Zuständigkeit ausdrücken
– wissen wollen	SA + 1.1.9	Äußerungen wiedergeben
Wissenschaft (f)	SB 11.2	Unterrichtsfächer
wo	SA + 1.2.1	Informationen erfragen
	SA + 4.3.5	um Instruktion bitten
	AB + 1	Gegenstände; Personen
	AB + 3.1.2	Ort, Lage
	AB + 3.1.3	relative Lage
	GR + 5.6.5	Relativpronomen
	GR + 5.8	w-Wörter
– von wo	AB + 3.2.5	Herkunft
	SB + 1.9	Herkunft
wo-/wo(d)r-	AB + 1	Gegenstände; Sachverhalte
	GR + 5.6.4	Interrogativpronomen
	GR + 5.8	w-Wörter
	GR + 6.1.4	Wortbildung
woanders	AB + 3.1.2	Ort, Lage
woandershin	AB + 3.2.3	Bewegungsrichtung
Woche (f)	AB + 4.1	Zeitpunkt, Zeitraum
Wochenende (n)	AB + 4.1	Zeitpunkt, Zeitraum
Wochentag (m)	AB 4.1	Zeitpunkt, Zeitraum
wöchentlich	AB 4.18	Häufigkeit
wofür	SA + 2.4.1	Meinungen erfragen
	SA + 2.4.4	Rechtfertigung verlangen
	SA + 4.7.2.3	nach Handlungszweck fragen
	AB + 7.13	Zweck
	GR + 5.8	w-Wörter
woher/wo . . . her	AB + 3.2.5	Herkunft
	SB + 1.9	Herkunft
	GR + 5.8	w-Wörter
wohin/wo . . . hin	AB + 3.2.3	Bewegungsrichtung
	AB + 3.2.4	Richtung, Ziel
	GR + 5.8	w-Wörter
wohl	SA 1.2.1	Informationen erfragen
	SA 1.4.5	Zweifel ausdrücken

Wohl (n)			
– zum Wohl	SA	+ 5.3.7.1	j. zutrinken
sich wohl fühlen	SA	3.7	Zufriedenheit ausdrücken
	SB	8.2	physisches und psychisches Befinden
wohnen	SB	+ 1.2	Adresse
	SB	+ 2.1	Art der Wohnung
	SB	+ 14.1	Art der persönlichen Beziehung
Wohnort (m)	SB	1.2	Adresse
Wohnung (f)	SB	+ 2.1	Art der Wohnung
Wohnwagen (m)	SB	+ 2.6	auswärts wohnen
Wohnzimmer (n)	SB	+ 2.2	Räume
Wolke (f)	SB	+ 3.3	Klima, Wetter
Wolle (f)	SB	6.4	Kleidung, Accessoires
wollen	SA	+ 2.3.3	sich entschuldigen
	SA	4.1.3	bitten
	SA	4.1.16	ermuntern
	SA	+ 4.1.17	vorschlagen
	SA	4.1.18	raten
	SA	+ 4.2.1	erlauben
	SA	4.2.2	dispensieren
	SA	4.3.3	um Vorschläge bitten
	SA	+ 4.4.1	nach Wünschen fragen
	SA	+ 4.4.2	Dinge anbieten
	SA	4.4.3	anbieten, etwas zu tun
	SA	+ 4.5.1	einwilligen
	SA	+ 4.6.1.1	Absicht ausdrücken
	SA	+ 4.6.1.2	Entschlossenheit ausdrücken
	SA	+ 4.6.2.1	Handlungswunsch ausdrücken
	SA	+ 4.6.2.2	Präferenz ausdrücken
	SA	+ 4.7.1.1	nach Absicht fragen
	SA	+ 4.7.1.2	nach Entschlossenheit fragen
	SA	+ 4.7.2.1	nach Handlungswunsch fragen
	SA	+ 4.7.2.2	nach Präferenz fragen
	SA	+ 4.7.2.3	nach Handlungszweck fragen
	SA	+ 6.2.6	um Explizierung, Kommentierung bitten
	SA	+ 6.2.10	kontrollieren, ob Inhalt/Zweck eigener Äußerungen verstanden werden
	SA	+ 6.2.11	eigene Äußerungen explizieren, kommentieren
	SA	6.3.4	sich korrigieren
	AB	+ 3.2.1	Bewegung, Fortbewegung
	AB	+ 6.2.3	Wollen
	AB	+ 6.3.8	Erwünschtheit
	SB	+ 12.1	Verständigung
	SB	+ 15.1	aktuelles Geschehen
Wort (n)	SA	+ 6.2.3	bitten zu buchstabieren
	SA	+ 6.3.2	zögern, nach Worten suchen
	SA	+ 6.3.3	um Ausdruckshilfe bitten
	SB	+ 7.2	Telegrammdienst
	SB	+ 12.1	Verständigung
– mit anderen Worten	SA	6.2.11	eigene Äußerungen explizieren, kommentieren
Wörterbuch (n)	SB	+ 12.1	Verständigung
wozu	SA	4.7.2.3	nach Handlungszweck fragen
	AB	7.13	Zweck
	GR	5.8	w-Wörter
Wunde (f)	SB	8.4	Krankheit/Unfall
wunderbar	SA	3.5	Begeisterung ausdrücken
	AB	6.3.2	Qualität (allgemeine Wertung)
Wunsch (m)	SA	2.6.5	Indifferenz ausdrücken
	SA	4.1.6	Wünsche äußern
	SA	4.4.1	nach Wünschen fragen
	AB	6.3.8	Erwünschtheit
wünschen	SA	2.6.3	Wunschvorstellungen ausdrücken

	SA	3.7	Zufriedenheit ausdrücken
	SA	4.4.1	nach Wünschen fragen
	SA	5.3.6.1	gute Wünsche aussprechen
	AB	6.3.8	Erwünschtheit
Wurst (f)	SB	+ 5.2	Nahrungsmittel, Speisen, Getränke
Würstchen (n)	SB	5.2	Nahrungsmittel, Speisen, Getränke
wütend	SA	3.23	Verärgerung ausdrücken

Z

Zahl (f)	AB	+ 5.1	Zahl
zahlen	SB	6.2	Preis/Bezahlen
zählen	AB	+ 5.1	Zahl
Zahn (m)	SB	+ 8.1	Körperteile
	SB	8.3	Körperpflege/Hygiene
Zahnarzt, -ärztin (m, f)	SB	+ 8.5	medizinische Versorgung
Zahnbürste (f)	SB	+ 8.3	Körperpflege/Hygiene
Zahnpasta (f)	SB	+ 8.3	Körperpflege/Hygiene
zeichnen	SB	13.4	bildende Kunst/Ausstellungen
Zeichnung (f)	SB	13.4	bildende Kunst/Ausstellungen
zeigen	SA	+ 4.1.11	instruieren
	SA	+ 4.3.5	um Instruktion bitten
	AB	+ 6.2.4	Ausdruck
	SB	+ 4.1	Orientierung
	SB	+ 6.1	Einkaufen, Geschäfte
Zeit (f)	AB	+ 4.1	Zeitpunkt, Zeitraum
	AB	+ 4.5	Gleichzeitigkeit
– Zeit haben	SA	+ 4.6.3.3	Bereitsein ausdrücken
	SA	+ 4.7.3.3	nach Bereitsein fragen
	AB	+ 4.10	Frühzeitigkeit/Späte
– zur Zeit	AB	4.7	Gegenwartsbezug
Zeitschrift (f)	SB	+ 13.7	Lektüre/Presse
Zeitung (f)	SB	+ 13.7	Lektüre/Presse
Zelle (f)	SB	7.3	Telefondienst
Zelt (n)	SB	+ 2.6	auswärts wohnen
Zentimeter (m)	AB	+ 3.3.2	Längenmaß
Zentner (m)	AB	3.3.5	Gewicht
Zentralheizung (f)	SB	2.4	Haushalt, Komfort, technische Einrichtungen
Zentrum (n)	SB	+ 3.1	Gegend, Stadt, Land
Zertifikat (n)	SB	11.3	Prüfungen, Diplome
Zettel (m)	SB	14.3	Korrespondenz
Zeug (n)	AB	1	Gegenstände
	AB	6.1.4	Material
Zeugnis (n)	SB	+ 11.3	Prüfungen, Diplome
ziehen	SB	+ 9.3	manuelle Tätigkeiten
Ziel (n)	AB	7.13	Zweck
	SB	15.3	Politik
ziemlich	SA	+ 2.2.2	billigen
	AB	+ 5.3	Grad
Zigarette (f)	SB	+ 6.5	Rauchwaren
Zimmer (n)	SB	+ 2.1	Art der Wohnung
	SB	+ 2.2	Räume
	SB	+ 2.6	auswärts wohnen
	SB	+ 8.5	medizinische Versorgung
zirka	AB	5.3	Grad
Zitrone (f)	SB	+ 5.2	Nahrungsmittel, Speisen, Getränke
Zoll (m)	SB	+ 4.6	Grenzübergang
zu	SA	+ 2.2.6	mißbilligen
	SA	+ 3.20	Unzufriedenheit ausdrücken
	AB	+ 3.2.4	Richtung, Ziel
	AB	+ 5.3	Grad

	AB +	6.3.4	Akzeptabilität
	AB +	6.3.5	Adäquatheit
	AB +	7.13	Zweck
	SB +	2.1	Wohnung
	SB +	6.2	Preis/Bezahlen
	SB	13.5	Sport
	GR +	5.1.2 f	Infinitiv
– zu weit gehen	AB +	6.3.4	Akzeptabilität
zu-	SB	9.3	manuelle Tätigkeiten
	GR	6.2.3	Wortbildung
zu Fuß	SB +	4.2	alltägliche Wege, Fahrten
	SB +	4.5	Privatverkehr
zu Hause	AB +	3.1.3	relative Lage
	SB +	2.1	Art der Wohnung
	SB +	4.2	alltägliche Wege, Fahrten
Zucker (m)	SB +	5.2	Nahrungsmittel, Speisen, Getränke
zuerst	AB +	4.4	Abfolge, Reihenfolge
zufällig	SA	1.2.1	Informationen erfragen
	SA	4.1.6	Wünsche äußern
	SB +	14.1	Art der persönlichen Beziehung
zufrieden	SA +	3.7	Zufriedenheit ausdrücken
	SA +	3.20	Unzufriedenheit ausdrücken
	AB +	6.2.2	Gefühl
Zug (m)	SB +	4.4	öffentlicher Verkehr
zuhören	SA	6.2.2	um Wiederholung bitten
	SB	9.1	sinnliche Wahrnehmung
Zukunft (f)	AB	4.6	Zukunftsbezug
zulassen	SA	4.2.3	Erlaubnis verweigern
zuletzt	AB +	4.4	Abfolge, Reihenfolge
zumachen	SB +	2.4	Haushalt, technische Einrichtungen
	SB +	9.3	manuelle Tätigkeiten
Zuname (m)	SB	1.1	Name
zurück/zurück-	AB +	3.2.3	Bewegungsrichtung
	SB +	4.2	alltägliche Wege, Fahrten
	SB +	4.4	öffentlicher Verkehr
	GR +	6.1.3	Wortbildung
zurückgeben	SB +	6.1	Einkaufen, Geschäfte
zusammen	AB +	7.9	Inklusion/Exklusion
	SB +	14.1	Art der persönlichen Beziehung
zusammenstoßen	SB +	4.5	Privatverkehr
zusätzlich	SB	2.5	Mietverhältnis
Zuschauer (m)	SB	13.2	Besuch von Veranstaltungen
Zuschlag (m)	SB	4.4	öffentlicher Verkehr
zusein	SB +	2.4	Haushalt, technische Einrichtungen
	SB +	13.2	Besuch von Veranstaltungen
Zustand (m)	AB	6.1.12	(äußerer) Zustand, Verfassung
zuständig sein	SA	4.6.3.2	Zuständigkeit ausdrücken
zwar . . . aber	SA	2.5.4	einräumen
	AB	7.10	Opposition, Einschränkung
Zweck (m)	SA	3.14	Resignation ausdrücken
	AB	7.13	Zweck
Zweifel (m)			
– Zweifel haben	AB	6.2.1	Denken, Wissen
– ohne Zweifel	SA	1.4.2	Überzeugung ausdrücken
zweifeln	SA	1.4.2	Überzeugung ausdrücken
	SA	1.4.5	Zweifel ausdrücken
	AB	6.2.1	Denken, Wissen
zweifellos	SA	1.4.2	Überzeugung ausdrücken
zwischen	AB +	3.1.3	relative Lage
	AB +	3.2.4	Richtung, Ziel
	AB +	4.1	Zeitpunkt, Zeitraum

Begriffsregister

Das Register erfaßt die in den linken Spalten der Listen von Teil II verwendeten Ausdrücke der Beschreibungssprache, d. h. die gewählten Benennungen für Sprechakte und Begriffe. Aus der Liste ,,Spezifische Begriffe" wurde nicht die gesamte linke Kolonne aufgenommen, sondern es wurden nur die in den numerierten Titeln und Untertiteln enthaltenen Wörter ausgezogen.

Als Suchhilfe wurden in beschränktem Umfang vor allem für die Sprechakte auch andere geläufige Bezeichnungen aufgenommen, die in den Listen selbst nicht als Termini vorkommen. In diesen Fällen wird durch einen Pfeil auf die in den Listen gebrauchte Benennung verwiesen.

Nicht berücksichtigt ist im Register der einleitende erste Teil der Lernzielbestimmung, für den das detaillierte Inhaltsverzeichnis eine ausreichende Orientierung ermöglicht.

Grammatische Termini sind separat am Schluß des Grammatik-Inventars verzeichnet.

sich abfinden	
→ Resignation ausdr.	SA 3.14
Abfolge	AB 4.4
ablehnen	
– Angebote ablehnen	SA 4.5.5
– Einladungen ablehnen:	
Angebote ablehnen	SA 4.5.5
→ kritisieren	SA 2.2.5
→ mißbilligen	SA 2.2.6
→ sich weigern (Re auf:	
Aufforderung/Bitte/Vorschlag)	SA 4.5.4
→ widersprechen	SA 2.5.2
abmachen	
→ vereinbaren	SA 4.5.2
Abneigung ausdr.	
→ Antipathie ausdr.	SA 3.3
→ Geringschätzung ausdr.	SA 2.6.6
abraten	
→ raten	SA 4.1.18
Abscheu ausdr.	SA 3.24
Abschied	
→ Kontaktbeendigung	SA 5.2
abschlagen	
→ sich weigern	SA 4.5.4
abschließen, Äußerungen	SA 6.3.11
Abschluß, Ende	AB 4.15
Absicht	
– ausdrücken	SA 4.6.1.1
– fragen nach	SA 4.7.1.1
→ Wollen	AB 6.2.3
– siehe auch: Wunsch	
Absichtslosigkeit ausdr.	SA 4.6.1.4
abstreiten	
→ verneinen	SA 1.3.2
→ versichern, beteuern	SA 1.1.12
→ widersprechen	SA 2.5.2
Abwesenheit	AB 2.2
Adäquatheit	AB 6.3.5
Adressat (Benefaktiv)	AB 7.3.3
Adresse	SB 1.2
Affirmation	
→ als gegeben, wahr darstellen	SA 1.1.2.1
→ bejahen	SA 1.3.1
Agens	AB 7.3.1
Ähnlichkeitsbeziehungen	AB 7.5
Aktualität	SB 15
akustisch	
– Hörbarkeit, Geräusch	AB 6.1.8
→ Verständigungssicherung	AB 6.2
Akzeptabilität	AB 6.3.4
akzeptieren	
→ Angebote annehmen	SA 4.5.3
→ billigen	SA 2.2.2
→ einwilligen	SA 4.5.1
Alter	

– allgemein	AB 6.1.11
– von Personen	SB 1.5
Anaphorik	AB 1
	GR 1.2
anbieten	
–, etwas zu tun	SA 4.4.3
– Dinge anbieten	SA 4.4.2
– Hilfe anbieten	SA 4.4.4
→ nach Wünschen fragen	SA 4.4.1
androhen	
→ drohen	SA 4.1.15
anerkennen	
– dankend anerkennen	SA 2.2.3
→ Komplimente machen	SA 5.3.3.1
→ loben	SA 2.2.1
Anfang	
→ Beginn	AB 4.12
Angebot	
– ablehnen	SA 4.5.5
– annehmen	SA 4.5.3
– machen	SA 4.4
Angst ausdr.	SA 3.17
ankündigen	SA 1.1.10
Anlässe, gesellige	SB 13.8
anleiten	
→ instruieren	SA 4.1.11
Annehmbarkeit	
→ Akzeptabilität	AB 6.3.4
annehmen	
– Angebote annehmen	SA 4.5.3
→ billigen	SA 2.2.2
→ einwilligen	SA 4.5.1
→ Glauben ausdr.	SA 1.4.3
→ Vermutungen ausdr.	SA 1.4.4
anordnen	
→ gebieten	SA 4.1.10
Anrede	
– in Briefen	SA 5.1.7
– j. ansprechen	SA 5.1.4.1
– vgl. Name	SB 1.1
– vgl. Restaurant	
(Bedienungspersonal)	SB 5.3.
– vgl. personale Deixis	GR 1.1
anregen	
→ vorschlagen	SA 4.1.17
anrufen	
– sich als Angerufener	
am Telefon melden	SA 5.1.6.2
– sich als Anrufender am	
Telefon melden	SA 5.1.6.1
– vgl. Telefondienst	SB 7.3
Anschein	
→ als offenbar, augenscheinlich	
darstellen	SA 1.1.2.5
Ansicht	

Gesamtverzeichnis: Sprechakte
Allgemeine Begriffe
Spezifische Begriffe

SA Sprechakte

AB Allgemeine Begriffe

SB Spezifische Begriffe